Konzepte der
Humanwissenschaften

Diana Sullivan Everstine, Louis Everstine
Krisentherapie
Mit einem Vorwort
von Paul Watzlawick
Klett-Cotta

Verlagsgemeinschaft Ernst Klett Verlag –
J. G. Cotta'sche Buchhandlung
Aus dem Amerikanischen übersetzt von Ulrike Stopfel
Die Originalausgabe erschien unter dem Titel
»People in Crisis«
im Verlag Brunner/Mazel, Inc., New York 1983
© 1983 Diana Sullivan Everstine und Louis Everstine
Über alle Rechte der deutschen Ausgabe verfügt die
Ernst Klett Verlage GmbH u. Co. KG, Stuttgart
Fotomechanische Wiedergabe
nur mit Genehmigung des Verlages
Printed in Germany 1985
Umschlag: Heinz Edelmann
Satz und Druck:
Hieronymus Mühlberger GmbH, Augsburg

CIP-Kurztitelaufnahme der Deutschen Bibliothek

Everstine, Diana Sullivan:
Krisentherapie / Diana Sullivan Everstine ; Louis Everstine.
[Aus d. Amerikan. übers. von Ulrike Stopfel]. –
Stuttgart : Klett-Cotta, 1985.
(Konzepte der Humanwissenschaften)
Einheitssacht.: People in crisis ⟨dt.⟩
ISBN 3-608-95258-6
NE: Everstine, Louis:

Inhalt

Vorwort

Als ich etwa acht Jahre alt war und gerade anfing, Zeitung zu lesen, verblüffte und fesselte mich eines Tages die folgende Meldung: Ein Gendarm (also ein Angehöriger der österreichischen Landespolizei, die in jenen fernen Tagen mit Säbel, Pistole und einem Armeegewehr schwer bewaffnet war) sah, wie ein Mann in der eindeutigen Absicht, sich das Leben zu nehmen, von einer Brücke in die Donau sprang. Er richtete das Gewehr auf den Mann und rief: »Kommen Sie augenblicklich heraus, oder ich schieße!« Der Mann schwamm ans Ufer.

Seitdem sind mehr als fünfzig Jahre vergangen, und die Geschichte beschäftigt mich mehr denn je. Ich wollte, der Polizist wäre noch da, und ich könnte mich mit ihm unterhalten. Daß er Karl Menninger, Edwin Shneidman und Milton Erickson nicht gelesen haben konnte, liegt auf der Hand. Welcher vage, angeborene Sinn für die irrationale Seite der menschlichen Natur trieb ihn zu seinem vollkommen absurden, aber höchst erfolgreichen Vorgehen?

Wie kommt eine so von Verantwortungsbewußtsein und Menschlichkeit erfüllte Persönlichkeit wie Victor Frankl dazu, einen depressiven Menschen zu fragen: »Warum haben Sie sich eigentlich noch nicht umgebracht?« Weshalb treibt eine solche Frage den Patienten nicht endgültig über Bord, sondern weckt statt dessen die Motivation in ihm, den ersten Schritt aus seiner düsteren Verfassung herauszutun? Wieso hungert eine magersüchtige Heranwachsende trotz aller Beschwörungen ihrer Angehörigen, dieses selbstzerstörerische Verhalten aufzugeben, hartnäckig weiter, fängt aber in dem Augenblick an zu essen, in dem Mara Selvini ihr rät, ihre loyale und aufopferungsvolle Haltung im Interesse des anhaltenden Wohlergehens ihrer Familie nur ja beizubehalten?

Genug der rhetorischen Fragen. Sie haben nur mit einem einzigen Aspekt dieses Buches zu tun. Aber was sie deutlich machen, ist wichtig: daß unsere herkömmliche Ausbildung uns nicht darauf vorbereitet, mit ungewöhnlichen und lebensgefährlichen Situationen fertigzuwerden, in denen es entscheidend darauf ankommt, daß wir sofort handeln. Wollten wir in solchen Situationen immer nur anwenden, was wir gelernt haben, also das geduldige, passive Zuhören und Reflektieren, das Aufdecken und Bewußtmachen – der Patient könnte darüber den Verstand oder gar das Leben verlieren.

Zunächst einmal besteht ein himmelweiter Unterschied zwischen jenen menschlichen Tragödien, die uns enthüllt werden, während wir bequem in unserem Sessel lauschen, und jenen anderen, die ganz plötzlich – durch einen Unfall oder ein gewalttätiges Verbrechen – eintreten oder uns am Telefon in früher Morgenstunde von einer unbekannten Stimme vorgetragen werden und von der panischen Angst handeln, daß diese Nacht wohl niemals enden wird – von der Erfahrung der Unendlichkeit in einem viereckigen Hof, wie Dostojewski es einmal ausdrückte.

Auch das Territorium spielt selten, wenn überhaupt, eine Rolle in der täglichen Praxis des Therapeuten, ganz einfach weil ja sein Sprechzimmer *sein* Territorium ist. Aber die außergewöhnlichen Situationen, die Unglücksfälle, die das Thema dieses Buches ausmachen und das tägliche Brot der Notfallhelfer und Krisentherapeuten sind, treten auf dem Territorium anderer Menschen ein. Wenn wir diesen Umstand außer acht lassen, können die Folgen verhängnisvoll sein – denken wir nur an die vielen Polizeibeamten, die im Dienst verletzt werden, weil sie versuchen, den gewalttätigen Auseinandersetzungen von Familien in deren eigenen vier Wänden ein Ende zu machen.

Und schließlich hat die Krisentherapie es mit Geschehnissen zu tun, auf die kein Mensch in dem Sinne vorbereitet ist, daß er nur auf seine Erfahrungen oder zutreffenden Vorahnungen zurückzugreifen braucht, um sie zu bewältigen. Wir alle fahren Auto, aber wie viele von uns wissen, wie es ist, wenn wir aus einer Geschwindigkeit von 60 Stundenkilometern heraus eine Vollbremsung durchführen müssen? Wir alle haben von Erdbeben gehört und gelesen und glauben, uns eine solche Naturerscheinung ungefähr vorstellen zu können – aber die tatsächliche Erfahrung, daß die Erde einige scheinbar endlose Minuten oder auch nur Sekunden lang bebt, ist – so sagen uns alle, die es schon erlebt haben – etwas, was man sich nicht im entferntesten vorstellen kann. Um wieviel mehr gilt dies für den heftigen physischen Schmerz, für die niederschmetternden Folgen eines schweren emotionalen Traumas, für die erschreckende Erfahrung blinder Wut oder unmenschlicher Grausamkeit und für die vielen anderen traumatischen Erlebnisse, die in diesem Buch beschrieben werden und die durchaus geeignet sind, das altgewohnte Weltbild des Opfers restlos zu zerstören. Um überhaupt Hilfe in irgendeiner Form leisten zu können, muß der Helfer mehr mitbringen als die gemächlichgefälligen Methoden, wie sie in der Therapie schon immer angewandt worden sind, nämlich die Suche nach den in der Vergangenheit liegenden Ursachen und den Appell an die Vernunft. Psychologisches Geschick auch in Krisensituationen und die Fähigkeit, mit den Manifestationen gewalttätiger Auseinandersetzungen angemessen umzugehen – das sind Fertigkeiten, mit denen die meisten von uns, unabhängig vom Umfang unserer klinischen Erfahrung, noch so gut wie gar nicht vertraut sind.

Das vorliegende Buch, das auf den Erfahrungen langjähriger praktischer Krisenhilfe aufbaut, ist eine ausgezeichnete Einführung in dieses schwierige therapeutische Spezialgebiet. Je nach seiner theoretischen und berufspraktischen Ausrichtung wird der Leser den Ansichten der Autoren zustimmen oder auch einmal eine davon abweichende Meinung vertreten. Was zählt, ist allerdings nicht die »Richtigkeit« der einen oder anderen Lehrmeinung über die *Ursachen* gewalttätiger Interaktionen, sondern die Fähigkeit, mit ihren konkreten Manifestationen im Hier und Jetzt immer besser umgehen zu lernen.

Paul Watzlawick

Einführung

Gegen halb vier Uhr nachmittags wird die junge Frau unruhig, weil ihre neunjährige Tochter noch immer nicht aus der Schule nach Hause gekommen ist. Schließlich macht sie sich selbst auf den Weg und entdeckt das Kind, das weinend und ganz verwirrt draußen herumläuft. Seine Kleider sind zerrissen, und auf die bestürzte Frage der Mutter, was denn geschehen sei, bricht das Kind zunächst von neuem in Tränen aus und verstummt dann vollkommen. Später wird der Mutter klar, daß ihr Kind sexuell belästigt worden ist.

18.30 Uhr. Georges Mutter wirft mit der heißen Kaffeekanne nach ihrem Sohn und verbrennt ihm die eine Hälfte des Gesichtes. George ist vierzehn Jahre alt, seine Mutter ist geschieden und trinkt. Immer wieder einmal kommt ein fremder Mann ins Haus und lebt eine Zeitlang mit George und der Mutter zusammen, aber keiner bleibt lang. Häufig kommt es zu heftigen Auseinandersetzungen, und die Mutter wird besonders gewalttätig, wenn sie betrunken ist. Heute abend wird George sich aus dem Haus schleichen und fortlaufen. Seine Mutter wird ihn niemals wiedersehen.

Spät in der Nacht verlangsamt ein Auto seine Fahrt in einer verlassenen Seitenstraße. Männer stoßen eine junge Frau aus dem Wagen, der gleich darauf in der Dunkelheit verschwindet. Die Frau bleibt einen Augenblick wie gelähmt liegen, dann steht sie langsam und mit großer Mühe auf. Sie ist vergewaltigt und böse geschlagen worden. Nun wankt sie die Straße entlang, wobei sie im Schock vor sich hin murmelt.

Gegen halb drei Uhr nachts läuft eine etwa dreißigjährige Frau wie gehetzt aus dem Haus, ohne zu wissen wohin. Ihr Mann hat sie soeben schwer mißhandelt. In ihrer Panik bemerkt sie nicht, daß ihre Lippen stark bluten. Ihr Gesicht ist von Schmerz und Kummer verzerrt. Wohin kann sie gehen? Was kann sie tun? Es ist nicht das erste Mal, daß so etwas passiert ist, und die Freunde von einst werden ihr nicht mehr helfen, weil sie nicht in die Dinge hineingezogen werden möchten.

Fünf Uhr morgens. Mike hat schon allzu lange allein gelebt, und das Leben hat ihm allzu oft übel mitgespielt. Er greift nach dem

12

Röhrchen mit dem Schlafmittel, das auf dem Nachttisch liegt, und spült die Tabletten mit einem Schluck Whisky hinunter. Bald wird er wiederum allein einschlafen, und diesmal wird er nicht wieder erwachen.

An wen können diese Menschen sich um Hilfe wenden? Wen können sie herbeirufen? Wenn sie überhaupt um Hilfe bitten, dann gewöhnlich bei der Polizei, denn das Polizeirevier ist die einzige Stelle, von der sie wissen, daß sie rund um die Uhr geöffnet ist und daß ihre Dienstleistungen kostenlos sind. Außerdem kann die Polizei in jedem Fall an den Schauplatz des Geschehens kommen. Aber was kann die Polizei denn eigentlich – über den augenblicklichen Rechtsschutz hinaus – für solche Menschen tun, die in ihrer unglücklichen oder katastrophalen Situation Hilfe brauchen? Die Polizei versteht sich darauf, Ruhestörungen zu beenden, die Ordnung wiederherzustellen, Beschwerden entgegenzunehmen, Berichte abzufassen und Erkundungen anzustellen, um den oder die Schuldigen zu finden. Aber was ist mit der emotionellen und psychischen Gewalttätigkeit, denen diese Opfer ausgesetzt waren?

Was kann ein Polizeibeamter tun, um der Mutter und dem Kind über die Tatsache hinwegzuhelfen, daß das Kind belästigt worden ist, und wie kann er verhindern, daß diese quälende Erfahrung die beiden ihr Leben lang verfolgt? Was kann die Polizei vorbeugend unternehmen, damit die geprügelte Ehefrau (die in der Regel wieder nach Hause zurückkehrt und dort weiter geprügelt werden wird) nicht eines Tages als Opfer in der Statistik der Tötungsdelikte auftaucht? Die Frau, die vergewaltigt worden ist, bleibt mit ihren häßlichen Erinnerungen an das brutale und erniedrigende Erlebnis allein, und es wird vermutlich lange Zeit dauern, bis sie wieder mit sich selbst im reinen ist. Der selbstmordwillige Mike könnte in seiner Einsamkeit und Verzweiflung die Polizei um Hilfe bitten, und wenn er das täte, dann würde man ihm vermutlich die Telefonnummer einer Hilfseinrichtung oder irgendeiner weitentfernten Beratungsstelle geben, die erst sehr viel später am Tag Sprechstunde haben. Wenn er Glück hat, wird man ihn noch rechtzeitig finden – im anderen Fall hat er eben Pech gehabt.

Vielleicht denkt der eine oder andere Leser jetzt, daß es sich hier doch um sehr seltene und ungewöhnliche Dinge handelt, die immer nur »den anderen« passieren, aber leider haben die meisten

Polizeireviere täglich solche Vorkommnisse zu verzeichnen, und ganz offensichtlich nehmen sie an Häufigkeit noch zu. Nach den vom FBI veröffentlichten Unterlagen ist die Zahl der Gewaltverbrechen in den Vereinigten Staaten seit 1977 jedes Jahr gestiegen. Tabelle 1 macht diese Entwicklung deutlich; sie gibt an, in welchem zeitlichen Abstand die verschiedenen Arten von Gewaltverbrechen in unserem Land aufeinander folgen. Der zeitliche Abstand wird von Jahr zu Jahr geringer; das heißt, die Gewaltverbrechen mehren sich, und damit wächst die Wahrscheinlichkeit für jeden Bürger, eines Tages Opfer eines solchen Verbrechens zu werden. Interessant in diesem Zusammenhang ist, daß (nach dem Bericht des FBI) in den gleichen Jahren die Zahl der sogenannten »Eigentumsdelikte« – also nichtgewalttätiger Straftaten wie Einbruch, Diebstahl, Autodiebstahl – nicht im gleichen Maße zugenommen hat. Das heißt also, auch wenn die Gesamtzahl der gesetzwidrigen Handlungen nicht zunimmt, so steht doch fest, daß in den letzten Jahren zunehmend mehr strafbare Handlungen unter Anwendung von Gewalt begangen worden sind, und das wiederum bedeutet ganz zwangsläufig, daß die Zahl der Opfer von Gewaltverbrechen in unserer Gesellschaft wächst und ihre Erfahrungen vermutlich im höchsten Maße traumatisch für sie gewesen sind.

Tabelle 1: Der zeitliche Abstand von Gewaltverbrechen

Art des Gewaltverbrechens	1977	1978	1979	1980
Mord	27 Minuten	27 Minuten	24 Minuten	23 Minuten
Vergewaltigung	8 Minuten	8 Minuten	7 Minuten	6 Minuten
Überfall	78 Sekunden	76 Sekunden	68 Sekunden	48 Sekunden
Insgesamt	31 Sekunden	30 Sekunden	27 Sekunden	24 Sekunden

Diese Entwicklung tritt zu einer Zeit auf, da die Mittel und Möglichkeiten der psychohygienischen Versorgung und Betreuung der Bevölkerung geringer werden. Fast überall muß der Geschädigte es hinnehmen, daß die Dienststunden der Hilfseinrichtungen und

Beratungsstellen in die Zeit zwischen acht Uhr morgens und siebzehn Uhr nachmittags fallen. Sucht er dann tatsächlich eine solche Stelle auf, ist sein Problem damit noch weit von einer Lösung entfernt, denn nun muß er zunächst dem ihm unbekannten Mitarbeiter am Empfang – der möglicherweise von anderem ethnischen Hintergrund und anderer Schichtzugehörigkeit ist als er selbst – berichten, daß er Opfer einer Schlägerei oder Vergewaltigung geworden ist oder in der vergangenen Nacht einen Selbstmordversuch unternommen hat. Bei den meisten öffentlichen Anlaufstellen muß das Opfer sich außerdem, bevor es überhaupt mit einem Therapeuten sprechen darf, über seine finanziellen Verhältnisse befragen lassen, damit festgestellt werden kann, ob es überhaupt in der Lage ist, die Gebühr zu bezahlen. Diese erste Erfahrung kann außerordentlich demütigend sein, und das ist auch der Grund, weshalb nur wenige Menschen, die sich in einer seelischen Notlage oder in einer Krise befinden, tatsächlich die Hilfe bekommen, die sie so dringend benötigen. Viele suchen die Beratungsstelle nach diesem ersten Erkundungsgang kein zweites Mal mehr auf.

Daß die Menschen in vielen Fällen die benötigte Hilfeleistung nicht erhalten, hat seinen Grund aber auch darin, daß sie ihr augenblickliches Unglück nicht als »seelisch-geistige« oder als psychische Alarmsituation bezeichnen und daß sie, wenn sie an eine Beratungsstelle überwiesen werden, nur selten von sich aus den Kontakt mit dieser Stelle herstellen. (Aus einer von der Polizeibehörde im Staat California angefertigten Untersuchung geht hervor, daß nicht einmal 15 Prozent der Bürger, die von den für die Krisenintervention zuständigen Mitarbeitern an die verschiedenen psychohygienischen Einrichtungen und Beratungsstellen überwiesen worden waren, sich anschließend tatsächlich bei der entsprechenden Stelle gemeldet hatten). Es ist eine Tatsache, daß viele Menschen sich noch immer scheuen, derartige Dienste in Anspruch zu nehmen. Sie haben Angst, als »verrückt« oder »neurotisch« bezeichnet zu werden, und fürchten sich vor möglichen Weiterungen in ihrem sozialen und beruflichen Umfeld, wenn die Sache »herauskäme«.

Auf der anderen Seite haben allerdings auch die Mitarbeiter im psychotherapeutischen und psychohygienischen Bereich nach Kräften dafür gesorgt, sich und ihre Arbeitsmethoden gegenüber den Laien, insbesondere gegenüber den Angehörigen der Arbeiterschicht und den unterprivilegierten Teilen der Bevölkerung, mit dem Schleier des Geheimnisses zu umgeben. So erklärt es sich, daß die Angehörigen dieser Gruppen, die ja im allgemeinen glauben, die Aufgaben der Polizei zu kennen, statt des zuständigen Fachmannes die Polizei rufen, wenn irgendeine psychische Alarmsituation eintritt. Wenn sie die notwendige Hilfe dann von der einzigen Stelle, die sie kennen und der sie vertrauen, nicht bekommen können, dann kann damit ein Kreislauf von gewalttätigen Handlungen in Gang gesetzt oder am Leben gehalten werden.

Dieses Buch beschäftigt sich mit dem gegenwärtigen Stand der sachkundigen Hilfe und zweckmäßigen Versorgung in psychischen Notsituationen. Es präsentiert ein neues Modell für die Bereitstellung von Hilfeleistungen zugunsten eines Teiles der Bevölkerung, der bisher nicht angemessen – wenn überhaupt – versorgt worden ist. In erster Linie sollen hier Strategien aufgezeigt werden, die sich für den Neuling auf dem Gebiet der Krisenhilfe als nützlich erweisen können. Daneben dürften sie sich auch solchen Therapeuten als nützlich erweisen, die mit ganz bestimmten Klienten oder ganz bestimmten Fällen (etwa den unten genannten) befaßt sind oder im Laufe ihrer Arbeit ganz plötzlich mit einem Notfall konfrontiert werden.

Das Buch schildert zunächst die Tätigkeit und die Erfolge unseres »Emergency Treatment Center«, einer psychotherapeutischen Einrichtung, die von den Autoren gemeinsam mit Dr. Arthur M. Bodin im Jahre 1975 gegründet wurde (Kapitel 1). Daran schließt sich eine Erörterung der allgemeinen Grundsätze der Kommunikation mit Menschen, die unter eine extreme Belastung geraten sind oder bereits längere Zeit unter einer solchen Belastung stehen (Kapitel 2). Dann werden spezifische Techniken der Intervention in Situationen beschrieben, die in hohem Maße »gewaltträchtig« sind – dazu gehört auch die Überlegung, daß der Therapeut eventuell gleichzeitig mit der Polizei am Schauplatz des kritischen Geschehens eintreffen sollte (Kapitel 3).

Es folgen zwei Kapitel, die sich mit gewalttätigen Ausschreitungen in der Familie befassen. Zunächst werden allgemeine Strategien für die Arbeit mit solchen Familien erörtert (Kapitel 4). Dann wird dem Phänomen der gewalttätigen ehelichen Auseinandersetzung nachgegangen (Kapitel 5). Ein eigenes Kapitel befaßt sich mit dem Thema der geprügelten Ehefrau (Kapitel 6).

In Kapitel 7 geht es um Kinder und Jugendliche, die geschlagen und mißhandelt werden, in Kapitel 8 um die sexuelle Belästigung und Nötigung von Kindern und Jugendlichen. Kapitel 9 hat den Inzest und die Dynamik der inzestuösen Familie zum Inhalt.

Kapitel 10 befaßt sich mit den Opfern von Gewaltverbrechen ganz allgemein und untersucht daneben die Dynamik des Entführtwerdens bzw. der Geiselrolle. Anschließend befassen wir uns ausführlich mit der Situation der erwachsenen Frau, die Opfer einer Vergewaltigung geworden ist (Kapitel 11).

In Kapitel 12 wird zunächst eine theoretische Betrachtung der Ursachen des Suizidverhaltens vorgetragen; anschließend werden Methoden in Vorschlag gebracht, wie man versuchen kann, den Selbstmord zu verhindern.

Das Kapitel 13 schließlich enthält eine Reihe von gesetzlichen Vorschriften und moralischen Richtlinien für die Tätigkeit des Psychotherapeuten. Dieser Teil soll vor allem das Bewußtsein des Therapeuten in bezug auf seine Pflichten gegenüber dem Klienten und der größeren Öffentlichkeit schärfen.

Ganz allgemein soll dieses Buch beschreiben, untersuchen, kommentieren und erklären. Es hat keinen anderen Ausgangspunkt als den der Beobachtung und der Analyse und kein anderes Anliegen als das der Information, der Anregung und Empfehlung. Wenn dem Leser überhaupt zugemutet wird, etwas »blind zu glauben«, dann ist es die schlichte Erfahrung, daß sich die Techniken der Krisentherapie und Krisenintervention auch in nichtkritischen Situationen als nützlich erweisen können und daß von einem Therapeuten, der in der Krisenarbeit tätig ist, natürlich erwartet wird, daß er die besten Methoden überhaupt kennt und anwendet.

Dank

Dieses Buch ist ein Bericht über die Entstehung einer Beratungsstelle, unseres »Emergency Treatment Center«. Wie das bei den meisten »institutionellen« Geburten zu sein pflegt, standen auch hier viele Helfer bereit, und unzählige andere sprachen dem Neuankömmling ihre Glückwünsche aus. Wir wollen einigen dieser Helfer an dieser Stelle unseren Dank übermitteln.

Ohne Dr. Arthur M. Bodin wäre unsere Beratungsstelle nicht entstanden. Er hat sie anfangs gemeinsam mit Diana Everstine geleitet und nimmt als *Senior Clinical Psychologist* auch heute eine führende Stellung darin ein.

Vom Anfang an war unsere Beratungsstelle im *Mental Research Institute* willkommen, unter dessen Mitarbeitern sich Paul Watzlawick als Förderer unseres Unternehmens besondere Verdienste erworben hat. Er ist der Verfasser des Vorwortes und hat unsere Arbeit nach Kräften unterstützt und mit seinem Rat und seinem Zuspruch begleitet.

In der kurzen Zeit seit Gründung unseres Emergency Treatment Center haben sich viele Förderer auch in der Gemeinde gefunden, der es dient. Zu ihnen zählen u. a. Rebecca Morgan und Rodney Diridon, ferner Lillian Silberstein, die Leiterin des *County's Victim-Witness Assistance Program*.

Unsere Mitarbeiter haben sich von Anfang an als außergewöhnlich verläßlich und beharrlich erwiesen, obwohl es zuzeiten nicht sicher war, ob die öffentlichen Zuschüsse weiterhin fließen würden und unser Zentrum überhaupt würde weiterarbeiten können. Vom ersten Tag an gehörte Eileen Valcov zu unserem Beraterstab, wenig später kam David Rasch hinzu. In jüngerer Zeit ist Richard Toft dazugestoßen, der sich um die weitere Entwicklung unseres Zentrums schon sehr verdient gemacht hat. Auch in Viola Mecke, die uns als klinische Psychologin zur Verfügung steht, haben wir eine unschätzbare Hilfe gefunden.

Ein prägendes Kennzeichen unserer Tätigkeit, wie sie in diesem Buch beschrieben wird, sind die engen Beziehungen zu den Dienststellen der Polizei. Viele Polizeibeamte arbeiten gut mit uns zusammen, und unser besonderer Dank gilt in diesem Zusammenhang dem County Sheriff von Santa Clara, Robert Winter, ferner Lt. Rick Houston vom Sheriff's Department, Sgt. Tom Sing, Sgt. Wes Bolling und Jim Greer, der dem Team der für Entführungsfälle zuständigen Beamten angehört.

Hilfe haben wir auch von den Beamten anderer Polizeidienststellen erfahren, insbesondere von Bob Lockwood aus Campbell, von Bob Stevenson und Russ Biehn aus Sunnyvale, von Peter Graves und Joe Weinreb aus San Jose, von Lucy Carlton aus Milpitas, von Steve Mello aus Mountain View und schließlich von Tony Hernandez und Stephanie Wheaton aus Palo Alto.

Theresa Coombs und Claire Gilchrist haben das Manuskript dieses Buches sorgfältig getippt, und wir danken ihnen für ihre Geduld und ihre Ausdauer. Susan Barrows und Ann Alhadeff von Brunner/Mazel haben uns mit ihrem Interesse, ihrer Aufmerksamkeit auch für Einzelheiten und ihrem geduldigen Einsatz sehr geholfen. Auch Richard J. Kohlman hat sich um die Herausgabe sehr verdient gemacht.

Schließlich sind wir unseren vielen Lehrern dankbar, die uns diesen Weg erst gewiesen haben, insbesondere John Perry und Roy M. Hamlin, die uns durch ihr Beispiel und ihre Überlegungen Mut und Vertrauen einflößten. Viele Freunde trieben uns immer wieder an, unser Vorhaben durchzuführen, und unser besonderer Dank gilt Ray und Gerry und David und Lies, die sich mit uns der großzügigen Gastfreundschaft der Familie Roux in der »Colombe d'or« erfreuten.

1 Krisenpsychologie

Die Menschen

Die alten Griechen stellten sich ihre Götter als Wesen von durchaus menschlichem Zuschnitt vor, die sich in ihren Nöten und Schwierigkeiten nicht von den gewöhnlichen Sterblichen unterschieden. Wenn Nöte und Schwierigkeiten universelle Erscheinungen sind, dann spricht alles dafür, daß sie wohl in den »Stoff« eingegangen sind, der uns erst zu Menschen macht, und wenn das zutrifft, dann sollte es uns nicht verwundern, daß auch unsere besten Freunde nicht davon verschont bleiben und daß sowohl unsere nächsten Nachbarn als auch der uns fernstehende Stammesangehörige der Sherpas sich damit herumschlagen müssen. Insofern wendet sich das vorliegende Buch an beinahe alle Menschen. Es will Techniken beschreiben, die denjenigen Menschen nützen können, die ihren Mitmenschen bei der Lösung ihrer Schwierigkeiten zu helfen versuchen. Die Schwierigkeiten, von denen hier die Rede sein wird, sind nicht gering, und die Methoden, die wir vorschlagen, um den betroffenen Menschen bei deren Bewältigung zu helfen, sind komplexer Natur. Dieses Buch unterscheidet sich von anderen Büchern seiner Art vor allem in bezug auf die Qualität der Probleme, die darin behandelt werden.

Das Problem

Zu den schlimmsten Erfahrungen, denen der menschliche Körper ausgesetzt ist, gehören die physischen Traumata der Lähmung, des Herzanfalls, des Insulinkomas, der Verbrennung, des epileptischen Anfalls. Ohne die Schrecklichkeit dieser Erscheinungen oder die Furcht, die sie uns einflößen, irgend verharmlosen zu wollen, müssen wir sagen, daß es Formen des psychischen Traumas gibt, die gleichermaßen schrecklich sind. Wir wollen hier versuchen zu schildern, was Menschen, die ein akutes psychisches Trauma erleiden, empfinden und wie sie denken. Daneben wollen wir den Psychotherapeuten zeigen, wie sie sich in solche Menschen hineindenken und einfühlen können. Vor allem aber wollen wir ihnen neue Methoden nahebringen, wie sie diesen Menschen helfen können.

Unser geistig-seelisches Wohlbefinden wird am schlimmsten durch solche Schwierigkeiten und Probleme beeinträchtigt, die auf Gewaltanwendung zurückgehen oder durch Gewaltanwendung verschärft werden. Man kann sich nur schwer vorstellen, welche ungeheure Wirkung beispielsweise eine Vergewaltigung auf eine Frau ausübt. Wer kann sagen, daß die physische Gewaltanwendung ihr mehr Leid und Schmerz (wie immer wir es nennen wollen) bereitet habe als ihre Gedanken im Augenblick des Gewaltaktes? Wo hat »Schändung« ihren eigentlichen Ort? Wo sind Erniedrigung und Entpersönlichung angesiedelt? An welchem Ort wohnt die Wut, wohnt das Gefühl der Verzweiflung?

Solche Fragen haben sich schon vielen berufsmäßigen Helfern aufgedrängt, und innerhalb unseres Berufsstandes wird nach einer neuen Perspektive für die Behandlung eines solchen traumatischen Erlebnisses gesucht. Es ist wohl so, daß wir zwar das Verbrechen der Vergewaltigung nicht aus der Welt schaffen werden; wohl aber können wir den Opfern mit Rat und Verständnis zur Seite stehen. Wir sind überzeugt, daß die physische Gewalt, die dem Opfer durch die Vergewaltigung angetan wird, etwa jenem Teil des Eisbergs entspricht, der über die Wasseroberfläche hinausragt. Vergewaltigung ist nicht in erster Linie ein Problem, mit dem sich die Medizin oder die Vollzugsorgane zu befassen haben. Sie reißt eine Wunde auf, die das seelisch-geistige Leben bedrohen kann.

Dabei steht Vergewaltigung hier ja nur als Beispiel für eine Vielzahl von Fällen seelischer Bedrängnis, und deshalb wollen wir in diesem Buch noch eine Reihe anderer traumatischer Erfahrungen herausgreifen und jeweils für sich betrachten, nämlich
die Kindesmißhandlung
die sexuelle Belästigung von Kindern
den Inzest
die gewalttätigen Auseinandersetzungen in der Familie
das Prügeln in der Ehe
das Suizidverhalten
die stationäre Aufnahme von akut gestörten Personen.
Die Mehrheit der Psychotherapeuten hat in solchen Geschehnissen von jeher eher Symptome, nicht aber ausgewachsene Störun-

gen sehen wollen. So hat man beispielsweise das Prügeln der Ehefrau viele Jahre lang als eine Variante des ehelichen Konfliktes in solchen Ehen betrachtet, in denen der männliche Partner nun einmal dazu neigte, seine Dominanzvorstellung tätig auszuleben, oder in denen eine übermäßig angriffslustige Frau »in ihre Schranken verwiesen« werden mußte. Bis vor kurzem galt die Kindesmißhandlung nur als außergewöhnlich harte Form der Bestrafung durch Eltern, denen es darum ging, dem Kind Disziplin gewissermaßen einzuimpfen. Das therapeutische Klima, innerhalb dessen das eben Gesagte Geltung hatte, ist jedoch im Begriff, sich zu verändern.

In den richtungweisenden Grundsätzen und Überzeugungen der Psychotherapie spiegelten sich lange Zeit gewisse tiefverwurzelte Tabus wider, wie sie das tägliche Leben bestimmten. Wie wir wissen, stellte Freud bei seinen Patientinnen Hysterie fest, in einer Zeit, in der die Hysterie ein kulturelles Phänomen war. Er selbst und ganze Scharen von Nachfolgern glaubten auch eher an das Auftreten von inzestuösen Phantasien als an tatsächlich vorkommenden Inzest, und dies über viele Jahrzehnte hinweg, in denen noch in kaum einer Kultur offen zugegeben wurde, daß der Inzest ein verbreitetes Geschehen war. Und wie lange hat das amerikanische Credo »Schon' die Rute und du verdirbst das Kind« jenen Eltern eine Entschuldigung geliefert, die ihren Kindern gegenüber gewalttätig werden, und dies in einem Maß, daß manche dieser Kinder für ihr ganzes Leben verstümmelt oder entstellt sind? Lange Zeit hat unsere Disziplin es zugelassen, daß die Wertvorstellungen der Gesellschaft Vorrang hatten vor unserem besseren Urteil. Während sie in diesem verschlafenen Zustand verharrte, ist die Psychotherapie in gewissem Ausmaß das Opfer ihrer eigenen unanalysierten Abwehrmanöver geworden. Das geistig-seelische Leben spielt für unser Wohlbefinden eine erheblich größere Rolle, als man früher einmal annahm, und wenn wir verletzt und gekränkt werden, müssen wir der emotionalen Wunde unsere Aufmerksamkeit zuwenden. Wenn wir ein Trauma durchleben, dann müssen wir seine Wirkung auf unser Seelenleben abzuschätzen suchen, sorgfältig im Auge behalten und früher oder später lindern oder wiedergutmachen. Das heißt, wir müssen uns mit den tragischen Ereignissen in unserem Leben auseinandersetzen. Dieses Buch befaßt sich mit der Behandlung solcher Personen, die ein schweres psychisches Trauma erlitten haben. Folglich werden wir uns hier auch mit Problemen beschäftigen, wie sie in den meisten privaten Sprechstunden und ambulanten Beratungsstellen nicht gerade täglich auftauchen. Da sie aber ebenfalls psychischer Natur sind, und zwar um nichts weniger als die »üblichen« Probleme, die dem Psychotherapeuten vorgetragen werden, gehören sie ohne Frage ebenfalls in seine »Obhut«.

Wer einer etablierten Disziplin neue Anstöße geben möchte, muß nicht nur die Motivation zur Veränderung »mitliefern«, sondern auch die Mittel aufzeigen, durch die sich die neuen Ziele erreichen lassen, und die Auswahl unter mehreren Methoden offenhalten. Viele Therapeuten werden auf den folgenden Seiten therapeutische Vorgehensweisen wiederfinden, die ihnen bereits vertraut sind und die sie in ihrer eigenen Arbeit längst anwenden; andere Vorgehensweisen wiederum werden ihnen vielleicht neu erscheinen. Wir wollen nicht behaupten, daß die hier empfohlenen therapeutischen Vorgehensweisen etwa der Weisheit letzter Schluß seien. Vielmehr möchten wir einer bestimmten Einstellung und geistigen Haltung das Wort reden, die sich für den Therapeuten, der mit *Klienten* zu tun hat, die ihm *diese* Art von Problemen vortragen, vielleicht als nützlich erweist.

Im nächsten Teil dieses Kapitels wollen wir schildern, wie wir bei der Gründung unseres Zentrums vorgingen. Dabei geht es uns nicht so sehr um die Beschreibung dieser Einrichtung als vielmehr um die Darstellung der therapeutischen Konzepte, die hier gelten. Durch die eingehende Erörterung dieser Konzepte wird dem Leser sicher deutlich, warum wir uns auf die Arbeit mit dieser ganz bestimmten Klientenpopulation mit diesen ganz bestimmten Problemen spezialisiert haben.

Das Zentrum

Als klinische Aufgabe hat die Krisenintervention bereits eine lange Vergangenheit, aber eine kurze Geschichte. Unter Krisenintervention verstehen wir ganz einfach das unverzügliche therapeutische Handeln angesichts einer menschlichen Notsituation. Die sogenannten paramedizinischen Einrichtungen, wie sie in den meisten amerikanischen Städten bestehen, leisten diese Art von Betreuung sozusagen in verkürzter Form. So haben beispielsweise viele Laien freiwillig einen Kurs über Wiederbelebungstechniken von Herz und Lunge absolviert, so daß sie sogar schon einiges tun können, bevor der Krankenwagen eintrifft. Der Grund für diese bemerkenswerte Entwicklung ist, daß erstaunlich viele Menschenleben gerettet werden können, wenn nur die Hilfsmaßnahmen sofort einsetzen. Wie wichtig diese unverzüglich einsetzende Hilfe ist, wird in den nachstehenden Schilderungen in aller Deutlichkeit hervorgehoben.

Unser »Emergency Treatment Center« (ETC) ist eine unabhängige gemeinnützige Vereinigung, die dem *Mental Research Institute* von Palo Alto in Kalifornien angeschlossen ist (Einzelheiten über die Organisation, die Administration und die finanzielle Absicherung finden sich bei Everstine, 1974, und bei Everstine u. a., 1977 und 1981). Wie schon der Name sagt, wurde das ETC in der Absicht gegründet, in Fällen schwerer psychischer Bedrängnis unverzüglich Hilfe zu leisten. Es ist keine Beratungsstelle im üblichen Sinne und braucht, wie der Leser noch sehen wird, weder ein eigenes Gebäude noch eine besondere Ausstattung. Seit der Übernahme des ersten Falles im Februar 1975 steht das Krisenzentrum jeden Tag rund um die Uhr zur Verfügung.

Das ETC wurde in der Absicht gegründet, in dringenden Notsituationen zu helfen: bei Familienstreitigkeiten, bei Selbstmorddrohungen und -versuchen, in Fällen, in denen ein Kind oder ein Jugendlicher von zu Hause fortgelaufen ist oder sich der elterlichen Kontrolle entzogen hat; in Fällen, in denen die Einweisung eines Menschen in eine Klinik für notwendig gehalten wird; bei Vergewaltigung und allen Formen von Kindesmißhandlung und/oder überall, wo es zu Aufruhr im persönlichen und häuslichen Bereich gekommen ist und die betroffenen Menschen Hilfe brauchen. Wenn ein Hilfesuchender selbst von einer Notsituation spricht, dann *ist* es auch eine Notsituation. (Falls ärztliche Behandlung erforderlich ist, sorgt das Krisenzentrum dafür, daß sie sofort geleistet wird.) Die Telefonnummer des Krisenzentrums ist überall zu finden, sie wird durch das Fernsehen bekanntgegeben und findet sich unter dem Eintrag »Krisenintervention« auf der inneren Umschlagseite jedes Telefonbuches, das im Tätigkeitsbereich des Krisenzentrums benutzt wird.

Unser Zentrum hat seinen Sitz im Verwaltungsbezirk von Santa Clara im Staat California, der insgesamt etwa 1,5 Millionen

Einwohner hat. Rund die Hälfte (etwa 760 000 Menschen) gehören zum Einzugsbereich des ETC (zwei weitere Stellen von ähnlichem Zuschnitt versorgen die übrigen Regionen im *Santa Clara County*). Die demographische Zusammensetzung des Bezirks Santa Clara ist insofern einigermaßen unüblich, als der Anteil der Kinder und Jugendlichen an der Bevölkerung hier besonders hoch ist. Innerhalb des vom Krisenzentrum versorgten Gebietes sind beispielsweise fast zwanzig Prozent der Bevölkerung zwischen zehn und siebzehn Jahren alt (Bezirksvolkszählung von 1975). Das liegt unter anderem daran, daß sich hier sehr viele alleinerziehende Eltern angesiedelt haben, wobei es sich in der Regel um geschiedene Mütter von rund dreißig Jahren mit einem oder zwei Kindern handelt.

Die an allen sieben Tagen in der Woche rund um die Uhr währende Tätigkeit des Zentrums ist koordiniert mit der Arbeit der Polizeidienststellen in allen zwölf Stadtgemeinden unseres Einzugsbereichs. Acht von diesen Stadtgemeinden haben ihre eigenen Polizeidienststellen, die übrigen vier werden vom *County Sheriff's Department* mitversorgt, mit dem das ETC ebenfalls zusammenarbeitet. Diese enge Verbindung mit den Exekutivorganen hat ihren Grund unter anderem darin, daß die meisten Fälle, die dem ETC überwiesen werden (das heißt also Fälle, in denen die Betroffenen nicht aus eigenem Antrieb kommen), von der Polizei kommen. In Kapitel 3 werden wir im einzelnen darlegen, wie das ETC seine Arbeit mit den Polizeidienststellen koordiniert.

Die Überlegung, die unserem Programm zugrunde liegt, lautet, daß es wichtig ist, auf die Menschen, die sich in einer Krise befinden, aktiv zuzugehen. Im Grunde bildet diese Haltung das genaue Gegenteil dessen, was man von jeher von einer Beratungsstelle oder einem gemeindepsychiatrischen Zentrum erwartet hat: dort warten die Therapeuten darauf, daß die Klienten sie aufsuchen. Wir sind allerdings der Meinung, daß eine Beratungsstelle ihren Zweck total verfehlt, wenn sie nur während 40, 50 oder auch 60 Stunden in der Woche geöffnet ist. Viele Menschen erwarten von den Organen der Exekutive, daß sie die Wächter ihrer Nächte (und ihrer Wochenenden und Ferien) sind, und diese Rolle erfüllt die meisten Polizeibeamten und -beamtinnen mit Stolz. Dennoch glauben wohl nur wenige von sich selbst, sie seien erfahrene Psychotherapeuten. Wenn man allerdings einen Therapeuten braucht, ihn aber nicht auftreiben kann, dann tut die Polizei, was in ihren Kräften steht.

Die Mitarbeiter des Krisenzentrums sind zu jeder Tages- und Nachtstunde auf dem Posten und bereit, sogleich an den Schauplatz des kritischen Geschehens zu kommen. Auf diese Weise können wir Menschen zu Hilfe kommen, die von sich aus vielleicht nicht den Weg zu der für sie geeigneten Hilfseinrichtung gefunden hätten und die in ihrer Not oft die Polizei zu Hilfe rufen. Häufig werden uns solche Fälle dadurch bekannt, daß die Polizei diese Leute zu uns schickt; sie sind dann oft erleichtert zu hören, daß das ETC nicht Teil jener riesigen Bürokratie ist, wie sie das »öffentliche« System der psychohygienischen Versorgung darstellt. Häufig fürchten sie nämlich das Stigma, das mit der Etikettierung als »Patient« bzw. damit verbunden ist, daß ihre emotionalen Schwächen oder Unzulänglichkeiten bekannt werden. Wir haben den Namen »Emergency Treatment Center« ganz bewußt gewählt, um von vornherein jedes Mißtrauen dieser Art aufzufangen, Etikettierungen zu vermeiden und alle denkbaren Befürchtungen zu zerstreuen.

Das wichtigste Kennzeichen unserer Arbeitsweise ist die sofortige Reaktion auf den Hilferuf. Dazu kommt, daß wir kein Hilfersuchen ignorieren und keinen Hilfesuchenden etwa deshalb abweisen, weil er nicht laut und deutlich genug darauf hinweist, daß sein Fall dringend ist. Jede Bitte um Hilfe wird ernstgenommen, und niemand wird abgewiesen, der uns bittet, daß wir uns seines Falles annehmen. Auch die Mitteilung eines Polizeibeamten, daß in einem bestimmten Fall wohl psychologische Hilfe vonnöten sei, wird immer und ohne Einschränkung akzeptiert. Für die Mitarbeiter des ETC gilt der Grundsatz, daß eine Notsituation gegeben ist, wenn sie uns als solche dargestellt wird.

Ein zweites sehr wichtiges Kennzeichen unseres Modells besteht darin, daß wir uns direkt an den Schauplatz des kritischen Geschehens begeben. Unsere Therapeuten sind – im Gegensatz zu den Initiatoren etwa von »Krisentelefonen« oder »therapeutischen Gesprächsrunden« im Rundfunk und im Fernsehen – nicht der Meinung, daß man Menschen allein durch ein Telefongespräch helfen könne, ihre Schwierigkeiten zu lösen. Vielmehr glauben wir, daß ein Mensch, der in einer akuten Krise steckt, der seelisch schwer leidet, der das Opfer eines Verbrechens geworden ist, der ein Kind mißhandelt hat oder in Gefahr ist, Hand an sich selbst zu legen, ein Recht darauf hat, daß ein anderer Mensch tatsächlich zugegen ist, der in dieser Situation mitfühlen kann und bereit ist, ihm nach Möglichkeiten zu helfen. Aus diesem Grunde kommen unsere Therapeuten in die Wohnung des Hilfesuchenden, wenn dieser ihnen die Erlaubnis dazu gibt. Wenn er es dagegen vorzieht, den Therapeuten an einem dritten Ort zu treffen, dann kann die Begegnung beispielsweise in der Wohnung eines Nachbarn oder Verwandten stattfinden. Unsere Klienten haben sich schon in einer Hotelhalle, im Notaufnahmeraum eines Krankenhauses, in einer Bar, auf dem Flughafen, auf einem Parkplatz, im Schnellimbiß oder an der Telefonzelle eines Einkaufszentrums mit ihrem Therapeuten getroffen. Auch Restaurants, die die ganze Nacht geöffnet haben, sind ein beliebter Treffpunkt, vor allem für Teenager, die vorübergehend von zu Hause fortgelaufen sind, oder für geprügelte Ehefrauen, die sich ihrer blauen Flecken wegen schämen und Angst haben, nach Hause zurückzukehren.

Ein drittes und nicht weniger bedeutsames Element besteht darin, daß wir alles daran setzen, den jeweiligen Fall bis zu seiner Lösung zu verfolgen und zu begleiten. Es genügt nicht, sofort dort aufzutauchen, wo ein Mensch sich in einer Krise befindet. Wichtig ist darüber hinaus, daß die geeigneten therapeutischen Techniken in der richtigen Weise zur Anwendung kommen und ihre Wirkung tun. Das kann um drei Uhr morgens zum erstenmal notwendig werden, und höchstwahrscheinlich an einem Schauplatz, der dem Therapeuten ganz und gar unbekannt ist. Die Krise ist damit noch nicht behoben, im besten Fall ist unmittelbar vor Eintreffen des Therapeuten ein vorübergehender »Waffenstillstand« geschlossen worden. Es gehört zwar auch zu den Aufgaben eines Therapeuten, eine deutliche Unterscheidung zu treffen – hier die augenblickliche Krise, dort die pathologischen Muster, wie sie für den betreffenden Menschen, das Paar oder die Familie kennzeichnend sind. Aber in der akuten Notsituation sollte er seine Aufmerksamkeit allein auf die Dinge richten, die hier und jetzt notwendig sind.

Für die meisten Therapeuten bedeutet es eine große Befriedigung, wenn sie mit Hilfe ihrer Kombinationsgabe und ihres Einfühlungsvermögens ihren Klienten allmählich verstehen, die Symptome deuten, Empfehlungen aussprechen und Fortschritte beobachten können. Das allerdings braucht Zeit, auch wenn uns von den Kollegen, die in der Kurztherapie engagiert sind, immer wieder versichert wird, daß es nicht endlos dauern muß (Watzlawick u. a., 1974). Im übrigen ähnelt das intellektuelle Vorgehen, wie es in der Krisentherapie gefragt ist, jenem der kurzfristigen Therapie insoweit, als auch hier spontane strategische Fähigkeiten und die unverzügliche Konzentration auf ein anstehendes Problem notwendig sind, ohne daß die Qualität des Einblicks in die Zusammenhänge darunter leidet, daß relativ wenig Zeit zur Verfügung steht. Dagegen kommt der zwar sehr befriedigende, aber auch zeitraubende Prozeß der Deutung innerpsychischer Abläufe in der Krisensituation nicht in Frage. Eben weil dieses allmähliche Herausschälen und Transparentmachen, wie es für die traditionelle langfristige Psychotherapie kennzeichnend ist, in einer Notsituation nicht angebracht ist, gibt es Therapeuten, die die Erfahrungen bei der Krisenintervention als wenig befriedigend empfinden.

Therapeuten, denen unser Ansatz zusagt und die damit mit gutem Erfolg arbeiten, sind häufig jung, haben ihre Ausbildung in einer Institution noch nicht allzu lange abgeschlossen und möchten sich jetzt ein Bild davon machen, wie praktische Therapie »draußen« wirklich aussieht. Das soll nun nicht heißen, daß unsere Mitarbeiter alle überdurchschnittlich jung wären. Die meisten sind »gestandene« Fachleute, die neben der Krisenintervention noch eine private Praxis von traditionellem Zuschnitt betreiben. Unser ältester Mitarbeiter hat vor kurzem seinen sechzigsten Geburtstag gefeiert. Wir wollen damit vielmehr sagen, daß ein Therapeut, der Krisenintervention betreiben möchte, unabhängig von seinem Alter einen gewissen Sinn für das »Abenteuer« besitzen sollte. Wenn er in früher Morgenstunde von einem Polizeibeamten angerufen wird oder wenn sein Rufgerät zu piepen beginnt, während er gerade mit seinem Auto unterwegs ist, dann wird er eine Mischung aus gespannter Erregung und Furcht verspüren. Er weiß: Von dem Augenblick an, in dem er eine ihm völlig fremde Wohnung betritt, ist buchstäblich alles möglich.

In Krisensituationen sind Menschen gefragt, die Zuwendung und Mitgefühl zeigen können, die sich darauf verstehen, die Dinge zu erkunden, und dabei möglichst furchtlos sind. Sie sollten auch noch umfassender und besser über therapeutische Techniken unterrichtet sein als ihre Kollegen, die nicht direkt mit Krisenfällen zu tun haben. Diesem Erfordernis tragen die jüngsten Entwicklungen in der Medizin bereits Rechnung – so hat sich beispielsweise in den Krankenhäusern inzwischen ein spezielles System der Notaufnahme herausgebildet, und die in diesem Bereich arbeitenden Ärzte, Schwestern und Techniker werden intensiv auf ihre besondere Tätigkeit vorbereitet. Die Krankenhausleitungen haben damit ihre Bereitschaft zu erkennen gegeben, die »Frontlinie« mit Mitarbeitern zu besetzen, die optimal auf ihre Aufgaben vorbereitet sind.* Das ist eine Entwicklung, die wir voll und ganz unterstützen. Wenn ein Therapeut in eine Situation eingreift, in der er mit dem Verlust des Realitätssinnes, mit einem Ausbruch körperlicher Gewalt oder gar mit der Selbsttötung des Patienten rechnen muß, dann muß er ein Höchstmaß an fachlicher Qualifikation besitzen.

Schließlich unterscheidet sich das ETC von vielen anderen Notfalldiensten insofern, als unsere Therapeuten, wenn sie auf einen Hilferuf hin erstmals tätig geworden sind, auch die weitere Behandlung übernehmen, nachdem die akute Krise überwunden ist. Dieses Merkmal unseres Modells ist insofern sehr wichtig, als es unseren Therapeuten die Möglichkeit gibt, sich die bereits mit dem Klienten begründete Beziehung und das Wissen, das sie durch ihre Intervention im Augenblick der Krise erworben haben, bei ihren anschließenden therapeutischen Bemühungen voll zunutze zu machen. So gelingt es uns in vielen Fällen, auch sehr schwierige oder potentiell gefährdete bzw. gefährliche Klienten dazu zu bewegen, sich der empfohlenen Behandlung auch wirklich bis zum Ende zu unterziehen. Zugleich kann der Therapeut auf diese Weise die Krise als den Beginn eines therapeutischen Prozesses sehen, in den er vermutlich mit Haut und Haaren hineingezogen werden wird. So vermeiden wir die unglückliche Tendenz mancher Notfalldienste, nicht mehr zu tun als ein »Buschfeuer« zu löschen.

Die wesentlichen Merkmale unseres Modells sind also, kurz zusammengefaßt, die folgenden:

1. Das unverzügliche Eingreifen zu einem Zeitpunkt, zu dem die Notsituation tatsächlich noch eine Notsituation ist.

---

* Im psychiatrischen Bereich ist eine derartige Entwicklung nicht zu entdecken. Im Gegenteil: Um die Personalkosten zu senken, werden auf den psychiatrischen Stationen zunehmend sogenannte paraprofessionelle Mitarbeiter beschäftigt. Allerdings sind wir der Meinung, daß Patienten, die so krank sind, daß sie stationär aufgenommen werden müssen, Anspruch auf ein Höchstmaß an Betreuung haben.

2. Das aktive und kreative Echo (nicht das passive Zuhören), das heißt die Fähigkeit, auf die akuten Bedürfnisse des Klienten und die akuten Erfordernisse der Situation einzugehen, nicht aber die Erwartung, der Klient werde sich schon für die richtige Therapie entscheiden.

3. Die bestmögliche Betreuung und Behandlung durch besonders ausgebildete Therapeuten mit dem erklärten Ziel, einen Fall bis zu seiner Lösung zu begleiten, und zwar auch durch weitergehende Behandlung, wo dies notwendig ist.

Diese ganz bestimmten Merkmale unserer Einrichtung sind nur innovativ durch die Art ihrer Verknüpfung miteinander. Wir wollen um Himmels willen nicht behaupten, den Hausbesuch erfunden oder die Krisenintervention entdeckt zu haben. Wie wir noch zeigen werden, liegt der Unterschied in der Gewichtung und das Neuartige in einem neuen begrifflichen Ansatz.

Vor einigen Jahren stellte der Theoretiker Gerald Caplan drei Kategorien der *Prävention* in bezug auf seelisch-geistige Störungen auf, die primäre, die sekundäre und die tertiäre Prävention (1964). Hier interessiert uns nur die sekundäre Prävention, die mit der Früherkennung solcher Störungen zu tun hat. Früherkennung ist eine wichtige präventive Maßnahme, denn sie bedeutet ja das Erkennen einer pathologischen Entwicklung, bevor sie noch voll ausgereift ist, oder von Symptomen, bevor sie sich zu Syndromen verdichten, oder sogar von Schwierigkeiten, bevor sie sich zu Problemen auswachsen. Obwohl Caplans Arbeit weithin gelesen, diskutiert und zitiert wurde, ist in unserem Land kaum etwas unternommen worden, um seine Gedanken praktisch anzuwenden. Nur einige wenige Programme auf der einen oder anderen Ebene haben mehr als eine symbolische Förderung erfahren oder sind wenigstens so lange verfolgt worden, bis man eindeutig sagen konnte, ob sie das Auftreten neuer Krankheitsfälle tatsächlich zu reduzieren vermochten. Es gibt kein nationales Programm zur Prävention seelisch-geistiger Störungen und erst recht keines, das darauf angelegt wäre, die seelisch-geistige Gesundheit zu fördern.

Vielleicht kommt der Tag, an dem diese so erstrebenswerten Ziele tatsächlich verwirklicht sind. Im Augenblick demonstriert unser Notfallprogramm sehr wirkungsvoll, wie das Modell der sekundären Prävention funktioniert: Indem wir unsere Dienste einer möglichst breiten Öffentlichkeit bekannt machen und dabei alle

31

sozioökonomischen Schichten und auch alle Minderheiten ansprechen, suchen wir solche Menschen zu erreichen, die gefährdet sind. Dadurch, daß wir ihren Bedürfnissen umgehend Rechnung tragen, können wir auf präventivem Wege unter Umständen mehr erreichen als durch eine später notwendig werdende Behandlung. Dazu kommt, daß die Techniken der kurzfristigen Psychotherapie, die wir anwenden, die nachsorgende Behandlung auf einige wenige Sitzungen zu beschränken vermögen, so daß die Behandlungskosten gering gehalten werden können und den Klienten nicht noch längere Zeit belasten.

Mit dieser Darstellung der Richtlinien und Zielsetzungen des ETC wollten wir dem Leser einen ersten Begriff von unserer Einrichtung vermitteln und ihn in großen Zügen damit bekannt machen. Wir wollten in ganz allgemeiner Form aufzeigen, wie wir in Kontakt mit Menschen kommen, die in akute psychische Bedrängnis geraten sind, und ebenso allgemein auf unsere größeren Ziele und Zwecke verweisen. In Kapitel 3 werden wir dann zeigen, wie unsere Reaktion auf ein krisenhaftes Geschehen im einzelnen aussieht, und in den folgenden Kapiteln stellen wir unsere therapeutischen Methoden vor. Zunächst wollen wir aber noch aufzeigen, mit welcher Art von Fällen wir es in der Hauptsache zu tun haben, und im Zusammenhang mit unserer Arbeit einige Zahlen nennen.

Fakten und Zahlen

Jedes Jahr bekommt das Krisenzentrum ungefähr 700 neue Fälle. Bei den Klienten handelt es sich um Einzelpersonen, um Paare und um Familien. Der erste – durch die akute Notsituation ausgelöste – Besuch bei den Klienten dauert durchschnittlich 3,3 Stunden. Das steht in deutlichem Gegensatz zur durchschnittlichen Dauer des ersten Gesprächstermins bei einem Therapeuten, der seine Klienten in seiner Sprechstunde oder in den Räumen der Einrichtung empfängt, für die er tätig ist – ein solcher Termin dauert in aller Regel höchstens eine Stunde. Dabei kann es vorkommen, daß der Klient einer öffentlichen Beratungsstelle die erste halbe Stunde seines ersten Besuches mit dem Ausfüllen von Formularen verbringen muß oder ebenso lange von einer Büroangestellten befragt wird, die festzustellen hat, ob er ein Anrecht auf kostenlose Beratung und Behandlung hat.

32

Zwischen dem ersten Hilfersuchen und dem Eintreffen unserer Mitarbeiter am Schauplatz der kritischen Situation vergehen im Durchschnitt zwanzig Minuten. Im Dienst sind unsere Mitarbeiter jederzeit durch das Rufgerät, das sie bei sich tragen, mit der Zentrale verbunden, bei der der Hilferuf ankommt. Wenn er über sein Rufgerät angesprochen wird, ruft der Therapeut in der Zentrale an, erhält dort die notwendigen Auskünfte, sucht sich per Funkruf einen Kotherapeuten und verabredet mit diesem, wann man sich bei der angegebenen Adresse treffen wird. Alle technischen Möglichkeiten werden genutzt, um rasch reagieren zu können.

Ein wichtiges Element unserer Arbeit ist die nachsorgende Beratung. Die Zahl der entsprechenden Sitzungen beläuft sich im Jahr auf durchschnittlich 1800 (zusätzlich zur Zahl der durch den Ausbruch der Krise notwendig gewordenen Erstbesuche). Diese Besuche dauern durchschnittlich 1,7 Stunden. Ein Vergleich der dafür aufgewendeten Zeit mit der Zeit, die für den ersten, im Augenblick der Krise notwendig werdenden Besuch aufgewendet wird, ergibt folgendes Bild: Von den durchschnittlich 4893 Dienststunden, die wir pro Jahr ableisten, sind 45 Prozent der Beratung im Augenblick der eigentlichen Krise gewidmet.

Wer veranlaßt oder bestimmt, daß ein Klient unsere Dienste in Anspruch nimmt? Zunächst einmal kommen viele Klienten von sich aus zu uns. Jedes Jahr sind es mehr als 200 neue Klienten, die unsere Telefonnummer auf den Gelben Seiten entdecken, über den Fernsehansagedienst von unserer Einrichtung hören, in der Zeitung davon lesen oder ein Poster über unsere Tätigkeit zum Beispiel am Schwarzen Brett einer Schule entdecken. Daneben werden uns viele neue Fälle – etwa 100 im Jahr – durch die Polizei überwiesen. Auch über die Bewährungshilfe erhalten wir eine beträchtliche Anzahl von Klienten; in der Regel schicken die Bewährungshelfer jährlich etwa 90 Jugendliche zu uns. Fachlehrer und Beratungslehrer führen uns jährlich ungefähr 50 weitere Fälle zu. Das sind nur die »ergiebigsten« Quellen, aus denen sich unsere Klientenpopulation speist. Weitere Klienten werden uns von allen möglichen psychotherapeutischen Einrichtungen geschickt, von den Gerichten, von Ärzten nahezu jeder Fachrichtung, von Krankenhäusern, Selbstmordverhütungszentren und von Beratungsstellen, zu denen Drogensüchtige, Alkoholiker oder auch Eltern kommen, die zur Kindesmißhandlung neigen, usw.

Ein Blick über das Modell hinaus

Um Menschen helfen zu können, die ein psychisches Trauma erlitten haben, bedarf es selbstverständlich nicht unbedingt eines Krisenprogramms, wie wir es im ETC entwickelt haben. Allerdings wird sich in den folgenden Kapiteln noch deutlich zeigen, daß die sofortige Intervention im Augenblick der Krise gewisse Vorteile gegenüber der später einsetzenden Hilfe hat. Man vergleiche dies zum Beispiel mit dem Fall einer schweren Verbrennung: Auch hier hängt das Ausmaß der Wiederherstellung ja ganz entscheidend davon ab, wie rasch die Behandlung einsetzt. Richtig ist ferner, daß ein psychisches Trauma nicht ignoriert werden darf, daß seine Nachwirkungen nicht von selbst verschwinden und daß der Therapeut, der ein solches Trauma sogleich, also im schlimmsten Augenblick, zu lindern sucht, dem betroffenen Menschen dann auch in den *späteren* Stadien der Konfliktbewältigung wirksamer zu helfen vermag. Trotzdem ist es vielen Therapeuten einfach nicht möglich, den Schauplatz einer Krise unmittelbar aufzusuchen. Dies sollte allerdings keinen Therapeuten davon abhalten, trotzdem auch Menschen in Behandlung zu nehmen, die Opfer eines Verbrechens geworden sind oder Hilfe in einer plötzlichen großen Bedrängnis brauchen. Ein einfühlsamer Therapeut wird seine Tür auch nicht vor Menschen verschließen, die »dem System« der psychotherapeutischen Hilfeleistungen aus dem Weg gehen, weil sie das Stigma fürchten, das mit ihrem Status als Klient dieses Systems verbunden wäre.

Entscheidend dafür, ob man auf die Art von Fällen stößt, von denen in diesem Buch die Rede sein soll, ist allerdings der entsprechende Wunsch und das aufrichtige Interesse an solchen Fällen. Die Schwierigkeit besteht nicht so sehr darin, solche Fälle zu finden, als vielmehr darin, gut ausgebildete Therapeuten zu finden, die sich ihrer annehmen können. Noch immer wächst die Zahl der Therapeuten, die gegenüber ihren hilfesuchenden Klienten gewissermaßen nur »Horchposten« einnehmen. Es ist aber an der Zeit, daß die helfenden Disziplinen ihren Teil an der Arbeit übernehmen.

2 Grundsätze der Kommunikation in besonders belastenden oder gefährlichen Situationen

In diesem Kapitel wollen wir bestimmte Aspekte der Kommunikation mit extrem agitierten oder zornigen Menschen bzw. mit solchen Menschen erörtern, die unter einer akuten Belastung stehen. Viele dieser Methoden entstammen den Erfahrungen, die wir inzwischen aus den Verhandlungen mit Geiselnehmern gewonnen haben; sie sind aber als Kommunikationsprinzipien auf eine Vielzahl von problematischen Situationen anwendbar, so zum Beispiel auf die Arbeit mit Familienangehörigen, die zu gewalttätigen Handlungen neigen, oder auf den Umgang mit einem Menschen, der damit gedroht hat, er werde sich umbringen. Manche dieser Grundsätze mögen allzu vereinfachend klingen, denn es ist ja die Sprache des Therapeuten, mit der wir uns hier befassen. Andererseits passiert es jedoch nur zu leicht, daß man *nicht* darauf achtet, wie man die Sprache benutzt, daß man sich gehen läßt, der Sprache gegenüber nachlässig wird und in Sprachmuster verfällt, die im täglichen Leben vermutlich nicht weiter auffallen würden, die aber sofort zu Schwierigkeiten führen, wenn man es als Therapeut mit einem Klienten zu tun hat, der unter einer starken Belastung steht.

Zunächst wollen wir uns kurz einige Grundregeln der Kommunikation ins Gedächtnis rufen. Die erste dieser Regeln lautet, daß man »nicht NICHT kommunizieren kann« (Watzlawick, 1964, S. 2). Wenn der eine auch nur »Hallo« sagt und der andere darauf nichts erwidert und sich abwendet, so hat dieser zweite mit seinem Verhalten sehr deutlich etwas zum Ausdruck gebracht.

Die zweite Grundregel lautet, daß die menschliche Kommunikation ein »vieldimensionales Phänomen« ist (Watzlawick, 1964, S. 3). Das heißt, der Versuch zu kommunizieren kann sich als sinnlos erweisen, wenn er nur auf einer einzigen Ebene stattfindet. Wenn ein Mensch durch seine Sprechweise den *Kontext* der Kommunikation ignoriert, dann kann das, was er sagt, sehr leicht bedeutungslos sein. Die Aussage: »Ich bin nicht derjenige, der mit dir spricht«, klingt seltsam, denn sie paßt nicht in den Kontext, in dem sie gefallen ist. Das heißt also, Kommunikation hat einen *Inhalt*, nämlich die Information, die der Sprecher übermittelt, und Kommunikation kann nur in einem spezifischen *Kontext* erfolgen. Wenn wir beispielsweise einen Laden betreten und die Verkäuferin auf uns zukommt und fragt »Kann ich Ihnen helfen?«, dann wird dieser Frage wohl kaum die Information vorangeschickt »Ich bin Verkäuferin, und meine Aufgabe hier lautet, Ihnen etwas zu verkaufen«. Dieser Umstand versteht sich von selbst, und das Verhältnis zwischen der Verkäuferin und dem potentiellen Kunden ist bereits festgelegt. Eine Nichtübereinstimmung bezüglich des *Inhalts* der Kommunikation läßt sich im allgemeinen leicht beheben. Stellen wir uns beispielsweise vor, daß ein Mensch auf einen anderen zugeht und zu ihm sagt: »An dir ist ja alles blau«; der andere kann dann sagen: »Nein, das stimmt nicht. Mein Pullover ist blau, mein Gesicht ist fleischfarben, meine Haare sind braun«; beide können sich dann mit der Bitte, diese Meinungsverschiedenheit aufzulösen, an einen Dritten wenden. Die Behauptung eines Sprechers, die Erde drehe sich um den Mond, kann vom Zuhörer als richtig oder als falsch angesehen werden. Was dagegen den *Kontext* angeht, so kann die Nichtübereinstimmung zu größeren Schwierigkeiten führen und erheblich stärker mit Emotionen befrachtet sein, wie wir im weiteren Verlauf dieses Kapitels noch sehen werden.

Zur Nichtübereinstimmung bezüglich des Kontextes kommt es etwa, wenn in einer Unterhaltung ein Partner den anderen falsch wahrnimmt oder die Äußerungen des anderen mißversteht. Wir finden zwar Gefallen an dem Gedanken, daß wir in einer Welt der Realitäten leben; *die Realität ist aber die, daß wir in einer Welt der persönlichen Meinungen leben* (Watzlawick, 1976). Ein Großteil dessen, was jeder von uns für die Realität hält, besteht aus der Gesamtheit unserer Meinungen, zu denen wir ganz persönlich gekommen sind und die absolut einmalig sind. Das ist ein sehr wichtiger Umstand, den der Therapeut beachten muß, wenn er es mit einer Krisensituation zu tun hat. In einer solchen Situation wird er nämlich mit großer Wahrscheinlichkeit mit einem Menschen zu kommunizieren versuchen, der seine Realität oder seine Sicht der Welt nicht teilt. Der andere besitzt vielleicht ein völlig anderes Wertesystem, er hat einen völlig anderen sozioökonomischen Hintergrund, er gehört einer ganz anderen ethnischen Gruppe an; ja er ist vielleicht sogar in einem anderen Land geboren. Fragen der Beziehung und die Frage, wie der andere sich wahrgenommen glaubt, können in der Kommunikation mit Menschen, die sich in einer seelischen Notsituation befinden oder unter einer starken Belastung stehen, entscheidende Bedeutung annehmen.

Zu den wichtigsten Aufgaben des Therapeuten gehört es, das »Weltbild« des in eine Krise geratenen Menschen zu verstehen und in einer Weise mit diesem Menschen zu kommunizieren, die dessen Weltbild entspricht. Wenn der Therapeut dieses Weltbild aufmerksam untersucht, dann wird er wahrscheinlich feststellen, daß sein Klient die gegenwärtige Realität ganz anders wahrnimmt, als er selbst dies tut (Watzlawick, 1978, beschäftigt sich im fünften Kapitel seines Buches sehr eingehend mit der Diskrepanz zwischen Weltbild und Realität). Angesichts dieser Widersprüche hat der Therapeut zwei Möglichkeiten: Er kann 1. die realen Umstände, unter denen sein Klient lebt, verändern, indem er ihn zum Handeln bewegt, ihm praktische Ratschläge erteilt oder dritte Personen hinzubittet, die der Klient als signifikante Bezugspersonen bezeichnet hat, und er kann 2. darauf hinarbeiten, daß sich das Weltbild seines von der Krise betroffenen Klienten ändert. Dieses zweite Vorgehen erscheint auf den ersten Blick vielleicht undurchführbar, für den erfahrenen Therapeuten ist es aber oft das Mittel der Wahl und in vielen Fällen auch der vernünftigere Weg. Dagegen kann es außerordentlich schwierig sein, die realen Lebensumstände des Klienten zu verändern; eine rasche Veränderung dieser Umstände wird bei dem betroffenen Menschen unter Umständen auf Widerstand stoßen und damit gerade nicht die gewünschte Wirkung haben. Deshalb versucht der Therapeut gewöhnlich, seinem Klienten zu einer anderen Wahrnehmung der Realität zu verhelfen, so daß dieser andere, gewaltlose Möglichkeiten zur Überwindung seiner augenblicklichen Schwierigkeiten erkennt.

Eine dritte Grundregel der Kommunikationslehre lautet, daß »die ausgesandte Botschaft nicht notwendig identisch ist mit der empfangenen Botschaft« (Watzlawick, 1964). Daß eine Person etwas gesagt hat, bedeutet noch nicht, daß die andere verstanden hat, was gesagt wurde. Wir nehmen häufig an, daß die Menschen, mit denen wir sprechen, unsere Ansichten, Wertvorstellungen und Empfindungen teilen, und daß die Worte, die wir gebrauchen, für andere die gleiche Bedeutung haben wie für uns. In diesem Zusammenhang ist es nützlich, sich einmal den folgenden Ablauf vorzustellen: Der eine Gesprächspartner, ein Therapeut, sagt etwas zum anderen, einem Menschen, der sich in einer Krise befindet. Der Therapeut rechnet damit, daß der andere verstanden hat, was gesagt wurde, das heißt, daß er sowohl den eigentlichen Inhalt als auch die Konnotationen der Botschaft verstanden hat. In Wahrheit aber hat der von einer Krise Betroffene irgendwie mißverstanden, was sein Therapeut gesagt hat, und seine Antwort baut nun auf diesem Mißverständnis auf. Daraufhin antwortet der Therapeut auf das, was der Klient ihm erwidert hat und was ja von vornherein auf einem Mißverständnis beruhte – und so geht es immer weiter.

Ein weiteres Beispiel, auf das diese Kommunikationsregel zutrifft, haben wir in dem Ehepaar, das zur Beratung kommt. Die hier bestehende Beziehung ist nicht einmal schwer gestört, aber die beiden Partner haben wegen ihres sehr verschiedenen ethnischen Hintergrundes gewisse Schwierigkeiten mit der Kommunikation (die Frau ist Skandinavierin, der Mann entstammt einer romanischsprachigen Familie und ist bereits in Amerika geboren). Einer ihrer Hauptstreitpunkte betrifft eine Bekannte der Frau, über die sie sich schon mindestens ein halbes Jahr lang immer wieder in die Haare geraten. Der Mann kann die Freundin seiner Frau nicht ausstehen, und die Frau hat das Gefühl, sie verteidigen zu müssen. Der Mann beschreibt diese Bekannte als unreif, laut und rücksichtslos gegenüber dem eigenen Ehemann.

Gleich zu Beginn der Beratung wurden die beiden aufgefordert, die betreffende Frau genau zu beschreiben, und zwar mit den folgenden Worten: »Ich möchte sichergehen, daß ich auch wirklich beide Seiten der Geschichte höre. Beschreiben Sie mir die Frau bitte einer nach dem anderen.« Die nun folgenden Beschreibungen der beiden schienen etwa das gleiche über die Frau auszusagen. Deshalb bat der Berater beide um nähere Erläuterungen, z. B. fragte er: »Meinten Sie das und das damit?« Nachdem er so einige Zeit darauf verwendet hatte, die Sprache der einen Person in die Sprache der anderen Person zu übersetzen, wurde klar, daß die Worte, die sie benutzt hatten, den Partner jeweils geärgert und zum Widerspruch herausgefordert hatten. Wegen des unterschiedlichen kulturellen Hintergrundes hatten die gleichen Worte offensichtlich unterschiedliche Konnotationen (also für jeden von ihnen eine andere Bedeutung). Damit war das Mißverständnis bereinigt. Am Ende war den Partnern klar, daß sie die Bekannte der Frau eigentlich beide nicht mochten. Dieses Beispiel zeigt, daß und wie es zu Mißverständnissen kommen kann, wenn zwei Menschen vergessen, daß die ausgesandte Botschaft nicht notwendig mit der empfangenen Botschaft identisch ist. Diese Regel wird um so leichter vergessen, je stärker der Therapeut selbst unter erheblichem Druck steht und versucht, mit einer ihm gänzlich fremden Person zu kommunizieren, also mit jemandem, der höchstwahrscheinlich ein ganz anderer Mensch ist als er selbst.

Sobald Menschen einander zum ersten Mal begegnen, beginnen sie ihre Beziehung zu strukturieren und gewisse Regeln festzulegen. In Situationen großer Belastung oder Bedrängnis muß der Therapeut sich das unbedingt vor Augen halten, denn er möchte ja die weitere Entwicklung dieser Beziehung im Rahmen der Therapie unter Kontrolle behalten und sie für seinen Klienten so gestalten, daß dieser sich dabei einigermaßen wohl fühlt und eine gewisse Bindung an ihn, den Therapeuten, herzustellen vermag. Wenn eine solche solide Bindung zustande gekommen ist, dann kann man den Klienten dazu bewegen, daß er sich aktiv an der Bewältigung seiner mißlichen Situation beteiligt. Dabei kommt es entscheidend auf den Inhalt dessen an, was der Therapeut sagt, denn er hat vielleicht nicht immer die Möglichkeit, auch noch andere Kanäle der Kommunikation zu nutzen, also etwa zur nonverbalen Kommunikation überzugehen, und im Eifer des Gefechts nicht immer die Muße, um in die Metakommunikation (in die Erörterung der Kommunikation selbst) auszuweichen. In vielen Fällen ist es auch so, daß der Therapeut nur telefonisch etwa mit einem potentiellen Selbstmörder spricht, der seinen Gesichtsausdruck oder die kleinen Gesten, die so oft die Rede begleiten, gar nicht sehen kann; beispielsweise weiß dieser Gesprächspartner nicht, wann der Therapeut lächelt, wann er besorgt oder besonders engagiert aussieht. In einem solchen Fall kann jeder der beiden nur das aus dem Gespräch »ablesen«, was über das Telefon, also »hörbar« vermittelt wird.

In der Tat ist gerade die englische Sprache ein recht schwieriges Medium für die Begründung einer Beziehung. Viele andere Sprachen besitzen so etwas wie einen eingebauten »Code« für die

Beziehung der Gesprächspartner zueinander. So hat beispielsweise das Französische in dem Wort »tu« eine vertraute Form der Anrede, während das Wort »vous« den förmlicheren Beziehungen vorbehalten ist (beide entsprechen dem englischen »you«). Viele andere Sprachen besitzen eine ähnliche Möglichkeit der Unterscheidung, während das Englische diese einander ausschließenden Formen der Anrede nicht kennt. In diesen anderen Sprachen ist also schon ein beträchtliches Maß an sozialer Information eingebaut, und viele Europäer, die unser Land besuchen, halten uns für unhöflich, weil wir selten auf soziale Faktoren achten, wenn wir sprechen. In gewissem Maße haben sie recht damit, denn in Fragen der Beziehung kann man leicht einen Fehler machen, besonders wenn es darum geht, innerhalb des Kontinuums von Förmlichkeit und Vertraulichkeit den richtigen Ton zu treffen. Das französische *tu, toi* deutet auf eine enge oder intime Beziehung zwischen zwei Menschen, also etwa zwischen zwei Liebenden. In diesem Fall wird die grammatische Struktur der Sprache (im Gegensatz zum tatsächlichen Inhalt) zur Beschreibung bestimmter Merkmale der Interaktion benutzt. Da dem Englischen eine solche Unterscheidungsmöglichkeit fehlt, ist die Gefahr größer, daß man einen Fehler begeht, eine »Grenze« übersieht oder zu rasch allzu vertraulich mit anderen Menschen umgeht.

Die Begründung einer Beziehung durch das Mittel der Sprache ist ein sehr subtiler Prozeß, dessen Signifikanz gar nicht genügend hervorgehoben werden kann. Eine herausragende Bedeutung kommt diesem Prozeß dann zu, wenn man unter kritischen Umständen mit einem Psychotiker ins Gespräch zu kommen versucht. Viele Psychotiker schreckt der Gedanke an eine enge Beziehung, und sie fühlen sich im höchsten Maße bedroht, wenn ihr Gesprächspartner versucht, möglichst rasch so etwas wie Nähe und Vertrautheit herzustellen. Das heißt, ein in diesem Sinne »falsches« Wort an die Adresse eines solchen Menschen kann seinen Angstpegel rapide ansteigen lassen. Was hier nottut, sind Zurückhaltung, Einfühlungsvermögen und eine klare Ausdrucksweise.

Meinungsverschiedenheiten in bezug auf den Beziehungsaspekt einer Kommunikation sind oft nur unter Schmerzen und Schwierigkeiten zu beseitigen. Wenn zwei Menschen sich nämlich über diesen Aspekt ihrer Kommunikation nicht einig sind, dann vielleicht deshalb, weil der Wunsch des einen, in einem bestimmten

Licht zu erscheinen, nicht erfüllt wird. Der eine interpretiert dann das Verhalten des anderen so, als enthalte es die Botschaft: »Du bist für mich kein Mensch, der Achtung oder Wertschätzung verdient; ich sehe in dir jemanden, dem gegenüber ich das Recht habe, mir gewisse Freiheiten herauszunehmen.« Eine solche Art des Umgangs ist besonders gefährlich, wenn man sich einem Menschen gegenübersieht, der gegen das Gefühl der Ohnmacht und der Hilflosigkeit anzukämpfen hat. Daß ein solcher Mensch »agiert«, liegt unter anderem daran, daß er seine Umgebung zwingen möchte, ihn so zu sehen, wie er sich selbst gerne sehen möchte: er möchte mächtig und stark erscheinen. Wenn dem Therapeuten eine Bemerkung entschlüpft, aus der der Klient entnehmen könnte, daß der Therapeut ihn nicht so sieht, wie er selbst sich sieht, dann wird der Klient unter Umständen in Wut geraten. Solche Menschen verbergen hinter ihrer nach außen zur Schau getragenen Grandiosität ein tiefverwurzeltes Gefühl der Unzulänglichkeit, und wenn der Therapeut irgend etwas tut, wodurch sich dieses Gefühl der Unzulänglichkeit noch verstärkt, dann kann das zu einer gefährlichen Eskalation führen.

Wir kennen zwei grundlegende Arten menschlicher Beziehungen, die wir als »komplementär« bzw. als »symmetrisch« bezeichnen. Die klassische komplementäre Beziehung ist die zwischen Mutter und Kind. In einer komplementären Beziehung ist die eine Person dominant bzw. übergeordnet, die andere ihr ergeben bzw. untergeordnet; die eine definiert die Beziehung, die andere akzeptiert diese Definition (das hat nicht das geringste zu tun mit der Stärke oder der Schwäche *per se* der beiden Personen, und tatsächlich kann der »Schwächere« bzw. der Untergeordnete die Beziehung sehr nachhaltig beeinflussen). Eine symmetrische Beziehung besteht dagegen zwischen zwei einander gleichgestellten Menschen oder zwischen zwei Menschen, die einander als »gleich« betrachten.

Wenn es zu Mißverständnissen über eine Beziehung kommt, dann in den allermeisten Fällen deshalb, weil die eine Person sie als komplementär definiert: Der eine möchte als dem anderen gleichgestellt betrachtet werden, wird aber von diesem anderen so behandelt, als sei er die untergeordnete (oder gar die übergeordnete) Figur innerhalb dieser Beziehung. Wenn ein Therapeut seinen Klienten als die übergeordnete Figur behandelt, dem Klienten das aber unbehaglich ist (weil diese Behandlung als »dem Therapeuten überlegen« ihn ängstigt), wird der Klient unter Umständen feindselige Gefühle entwickeln.

Der Therapeut muß mit großer Vorsicht an die Gestaltung der Beziehung herangehen, wenn die Situation ein besonderes Risiko birgt, beispielsweise wenn er mit einem Geiselnehmer verhandelt. Er muß außerordentlich flexibel sein und von einem Augenblick zum anderen seine Haltung ändern, und zugleich muß er viel Geduld aufbringen. Wichtig ist, daß er auf alle Anhaltspunkte achtet, die ihm sagen können, wie sein bedrängter Gesprächspartner die Beziehung definieren möchte oder definieren muß. Wenn der Therapeut beispielsweise mit einem Geiselnehmer verhandelt, der als Verbrecher bekannt und in seinen eigenen Augen immer der Verlierer ist, dann wird dieser Mensch sich höchst unbehaglich fühlen, wenn der Therapeut ihm achtungsvoll begegnet. Es wäre ihm angenehmer, wenn der Therapeut in der Definition ihrer beiderseitigen Beziehung als der Grundlage ihrer dann folgenden Kommunikation eine Position einnehmen würde, die eher auf Überlegenheit deutet.

Ein Fehler, den Menschen häufig begehen, wenn sie geängstigt sind und möglichst freundlich sein möchten, besteht darin, daß sie allzu vertraulich mit jemandem sprechen, den sie gar nicht wirklich kennen – daß sie diesen anderen beispielsweise mit seinem Vornamen oder seinem Spitznamen anreden. Der eigene Name ist den Menschen sehr wichtig, und die Empfindungen, die sich darum ranken, sind stark und tief in ihnen verwurzelt. Wenn der Therapeut zum ersten Mal mit einem »Peter« zu tun hat, dann weiß er vielleicht nicht, daß Peter seine Mutter, die diesen Namen ausgewählt hat, immer gehaßt hat oder daß sein Vorname ihm zeit seines Lebens mißfallen hat. Viel lieber hätte er »Tony« geheißen, und so nennen ihn vielleicht seine Freunde; dagegen stört es ihn sehr, wenn er als »Peter« oder als »Pete« angeredet wird.

Wenn man einen Menschen nach seinem Namen gefragt hat, sollte man sich also auch noch erkundigen, wie er am liebsten genannt werden möchte. Man kann beispielsweise fragen: »Möchten Sie mit ›Peter‹ angeredet werden, oder gefällt Ihnen ein anderer Name besser?« Auf eine solche Frage antworten die meisten Menschen, denn sie ist ein Zeichen von Höflichkeit, das ihnen Eindruck macht. Im Zweifelsfall empfiehlt es sich, nicht etwa Vertraulichkeit vorzugeben, wo Vertraulichkeit nicht besteht oder gar nicht aufkommen kann. In vielen Ländern nennt man den anderen erst dann beim Vornamen, wenn man einander schon lange kennt. Beispielsweise fühlen sich Menschen, die aus dem romanischen Sprach- und Kulturbereich kommen, oft wie vor den Kopf gestoßen, wenn sie von einem Amerikaner, den sie erst vor wenigen Minuten kennengelernt haben, sogleich mit dem Vornamen angeredet werden.

Die soeben angestellten Überlegungen gelten auch, wenn es darum geht, eine Beziehung zu einem Menschen zu begründen, der sich in einer kritischen Situation befindet und zur Behandlung kommt oder hergeschickt wird. Das Gespräch mit einem Therapeuten kann für einen Menschen, dessen Selbstachtung sehr gering ist, der plötzlich wütend wird und seine Wut auch auslebt, der einen anderen Menschen in seine Gewalt gebracht hat oder der in Gefahr ist, sich umzubringen, die erste Gelegenheit in seinem Leben sein, bei der er eine gewisse Macht ausübt. Wenn man diesen Menschen dann mit seinem Vornamen oder mit seinem Spitznamen anreden würde, dann würde man ihm seine Machtträume zerstören und, was noch schlimmer ist, man wäre sich über diese Zerstörung gar nicht im klaren.

Grundsätzlich sollte ein Therapeut sich zunächst selbst vorstellen und dann den Klienten fragen, wie er gerne angeredet werden möchte. Wenn darauf keine Antwort erfolgt, dann sollte man diese Sache im Augenblick nicht weiter verfolgen, sondern sich auf das einfache »Sie« bzw. »Du« beschränken. Wenn der Therapeut sich schon lange mit dem Klienten unterhalten hat und es ihn allmählich stört, daß er immer noch nicht weiß, wie er den Klienten anreden soll, dann könnte er etwa folgendes sagen: »Irgendwie gefällt es mir nicht, daß ich Sie nicht anreden kann; würden Sie mir vielleicht Ihren Vornamen oder irgendeinen Namen nennen, den wir zunächst mal verwenden können?« Auch jetzt sollte man nicht insistieren, wenn man auf großen Widerstand stößt. Der Klient ist dann entweder ganz außerordentlich verängstigt oder aber psychisch gestört und möchte seine Identität vorläufig verbergen. In einem solchen Fall ist es das Beste, wenn man »nimmt, was da ist« und sich bemüht, die augenblickliche psychische Verfassung des Klienten zu verstehen und für ihn als Individuum ein Gespür zu entwickeln. Dieses Vorgehen ist besonders dann dringend angezeigt, wenn man es mit einem Psychotiker zu tun hat, mit jemandem, dessen Denken unter Umständen sehr primitiv und gelegentlich auch in magischen Bahnen verläuft. Was ein solcher Mensch sagt und tut, kann zwar sehr bizarr sein, aber der Therapeut sollte deshalb nicht etwa meinen, er sei gefühllos oder dumm – im Gegenteil: höchstwahrscheinlich lauscht er aufmerksam auf jedes Wort.

Es gibt noch weitere Aspekte der Kommunikation, die ein erfolgreiches Verhandeln in schwierigen und belastenden Situationen erleichtern oder aber erschweren können. Ein Fehler, der häufig begangen wird, ist der Gebrauch des Pluralis majestatis, des »Wir«. Auch wenn es freundlich gemeint ist, klingt es doch immer etwas herablassend, es sei denn, daß es sich tatsächlich auf etwas bezieht, was der Sprecher jetzt gleich gemeinsam mit dem Angesprochenen tun möchte. Viel wichtiger ist, daß man sich auf die Welt des anderen Menschen konzentriert und sich bemüht, sie zu verstehen – daß man sich also für eine Weile »an seine Stelle« versetzt. In diesem Zusammenhang ist Weaklands und Jacksons (1958) Konzept der »Illusion der Alternativen« besonders relevant. Bei Erickson (Erickson u. a., 1976) findet sich ein Beispiel dafür aus der Zeit, da er noch ein kleiner Junge war. Seine Eltern hielten Schweine und Hühner, und sein Vater pflegte den Sohn zu fragen, ob er zuerst die Hühner oder zuerst die Schweine füttern wolle. Dem Sohn wurde die Illusion vermittelt, daß er wählen könne, was er in Wahrheit doch gar nicht konnte, denn die Frage, ob er arbeiten wollte oder nicht, stand überhaupt nicht zur Debatte. Der Vater hatte, gewitzt wie er war, gar nicht erst erwähnt, daß es auch noch eine dritte Möglichkeit geben könnte – sich nämlich zu weigern, die Tiere überhaupt zu füttern, und lieber gar nichts zu tun.

Im größeren Rahmen kann man dieses Muster auch in der politischen Propaganda entdecken. Watzlawick zitiert einen Slogan der Nazis, der als Frage formuliert war (»Nationalsozialismus oder bolschewistisches Chaos?«) und andere Möglichkeiten von vornherein ausschloß (1978, S. 68). Wenn man dieses Muster mit Erfolg anwenden will, muß man das »Weltbild« des Ansprechpartners kennen und die Wahlmöglichkeiten (so illusorisch sie auch sein mögen) sorgfältig an den entsprechenden Schemata ausrichten.

Um das Weltbild eines anderen wirklich zu verstehen, muß man aufmerksam auf die Sprache achten, in der er seine persönliche »Welt« beschreibt. Sind seine Äußerungen eher abstrakter Natur, oder kommen darin persönliche Emotionen und Empfindungen zum Ausdruck? Welchen Elementen in seiner Umgebung wendet er seine Aufmerksamkeit zu, und welche Elemente ignoriert er? Wenn der Therapeut das Weltbild seines Klienten erst einmal näher kennt, dann weiß er auch, daß von den Millionen theoretisch zur Verfügung stehenden Möglichkeiten nur einige wenige sich mit dem Weltbild speziell dieses Menschen vereinbaren lassen. Als nächstes muß er herausfinden, wofür sein Klient sich nun tatsächlich entschieden hat und ob er seine Entscheidung etwa in dem Wahn getroffen hat, er könne frei unter mehreren Möglichkeiten wählen. (In Kapitel 3 werden wir noch ausführlicher auf diesen Punkt zu sprechen kommen, insbesondere im Zusammenhang mit krisentherapeutischen Maßnahmen.)

Gleich zu Beginn ist es wichtig, daß man den Klienten dazu bringt, daß er irgendeinem Gedanken zustimmt, also »ja« sagt. Das läßt sich erreichen, indem man ihm ganz belanglose Fragen stellt, die positiv zu beantworten sind. Der Therapeut muß herausfinden, wie häufig er seinen Gesprächspartner dazu veranlassen kann, »ja« oder »einverstanden« zu sagen. Er streckt gewissermaßen verbale Fühler aus, wenn er fragt: »Wollen Sie darüber mal eine Weile nachdenken?« »Erscheint Ihnen das vernünftig?« »Könnten wir uns darauf einigen?« Wenn der Klient erst einmal anfängt, auf solche doch anscheinend ganz belanglose Fragen zu antworten, dann kann der Therapeut hoffen, etwas zu erreichen. Eine positive Sprache ist sehr viel wirkungsvoller als eine negative (Watzlawick, 1978).

Wenn man mit einem Menschen zu verhandeln hat, den man noch nicht kennt, ist es darüber hinaus von Vorteil, sich auf sein sichtbares Verhalten zu konzentrieren. Dadurch vermeidet man das sogenannte »Gedankenlesen«, das manche Klienten außerordentlich verärgert. Sie empfinden es als dreist; es stört sie, daß der Therapeut ihre Gedanken und Empfindungen kennt. Wenn der Therapeut beispielsweise fragt: »Sie haben Angst, nicht wahr?«, dann läßt er erkennen, daß er weiß, was sein Gegenüber empfindet. Besser ist es, wenn er etwa folgendes sagt: »Was Sie da gerade gesagt haben, klingt so, als hätten Sie Angst. Stimmt das?« Auf diese Weise läßt er seinem Gesprächspartner den notwendigen

»Raum«, um eine Empfindung näher zu erklären oder aber abzustreiten. Auch die beiden folgenden Äußerungen klingen vielleicht ganz ähnlich, sind aber doch völlig verschieden voneinander: »Sie sind feindselig« ist etwas ganz anderes als: »Was Sie eben gesagt haben, klang feindselig. Habe ich irgend etwas getan, was Sie geärgert hat?« Die erste Äußerung impliziert: »Sie sind ein feindseliger Mensch« (das heißt »Sie sind schlecht«, »Sie haben etwas an sich, das nicht schön ist«). Die zweite Äußerung bedeutet: »Ihre Worte (nicht etwas, was ich in Ihre Worte ›hineinlese‹) klingen zornig, und ich würde gerne wissen, warum Sie sich so ausgedrückt haben.« Das ist ein feiner, aber sehr wichtiger Unterschied.

Als Therapeut sollte man sich nach Möglichkeit nicht schon vertraulich oder allzu freundschaftlich geben, solange man den Klienten noch nicht kennt. Am besten vermeidet man Äußerungen wie: »Sie sind ein prima Kerl«. Ein Therapeut, der so etwas sagt, meint es vermutlich gut und möchte seinen ärgerlichen oder erschreckten Gesprächspartner damit beruhigen. Der Klient aber denkt vielleicht: »Woher willst du denn das wissen? Du kennst mich doch gar nicht.« Menschen, die zum Agieren neigen, wenn sie in Bedrängnis sind, halten sich oft keineswegs für »nett« oder »prima«; sie denken im Gegenteil häufig sehr gering von sich. Deshalb sollte der Therapeut auf keinen Fall den Eindruck erwecken, als wolle er den Charakter seines Klienten beurteilen oder dessen Absichten erkunden. Er sollte es auch vermeiden, seine eigenen Wünsche auf den anderen zu projizieren, und statt dessen seine Aufmerksamkeit lieber auf das Verhalten des Klienten richten. Wenn er beispielsweise sagt: »Was Sie für X getan haben, leuchtet mir ein«, dann sind das glaubwürdige Bemerkungen, weil sie im Gegensatz zu subjektiven Annahmen oder Phantasien einen realen Hintergrund haben.

Bei der Schilderung oder Erklärung eines Vorkommnisses, einer Handlung oder einer Äußerung ist es wichtig, daß der Therapeut sich einfach ausdrückt und nicht ständig Worte gebraucht wie »immer«, »niemals«, »jeder« oder »alle«, also etwa: »Das sagen Sie *immer*«, oder »Das ist *alles*, was Sie tun müssen«.

»Immer« kommt nämlich selten vor, und »niemals« ist ebenfalls rar, und Übertreibungen dieser Art haben etwas Gönnerhaft-Herablassendes an sich. Es geschieht nur zu leicht, daß ein Therapeut in diese Sprechweise verfällt, vor allem wenn er erregt ist, wenn er einen Umstand möglichst eindrucksvoll darstellen will oder wenn er unter Druck steht und sich gar nicht überlegt, »wie er klingt«.

Das eben Gesagte gilt gleichermaßen für den Fall, daß der Therapeut eine Bitte aussprechen möchte: Sie sollte einfach und direkt formuliert sein. Auf die Frage: »Hätten Sie etwas dagegen, mir das Gewehr zu geben?« könnte der Angesprochene sich veranlaßt sehen zu antworten: »O ja, ich habe allerdings etwas dagegen, Ihnen das Gewehr zu geben« – und das wäre eine logische und vermutlich auch ehrliche Antwort auf die gestellte Frage. Diese unglückliche und falsche Kommunikation verzögert dann die Lösung des eigentlichen Problems, das darin besteht, daß der Therapeut das Gewehr haben möchte. Den Therapeuten interessiert es herzlich wenig, ob der Angeredete »etwas dagegen hat«, ihm die Waffe auszuhändigen. Auch die Bitte: »Möchten Sie mir mal eben die Tür aufmachen?« hat etwas Herablassend-Leutseliges an sich; in ihr klingt nämlich an, daß der Angeredete 1. die Tür öffnen und 2. das auch noch gern tun soll (wie ein »braves Kind«). Ein letztes Beispiel für eine wohlgemeinte Frage, die die Dinge aber nur kompliziert: »Warum sagen Sie mir nicht, weshalb Sie zornig sind?« Es kann passieren, daß der Klient daraufhin wirklich sagt, warum er Ihnen das nicht erzählen will, anstatt daß er sagt, *warum* er zornig ist. »Bitte sagen Sie mir, weshalb Sie zornig sind«, ist einfach und direkt und läßt die Unterhaltung nicht auf irgendwelche absurden Fragestellungen abgleiten.

Im Gespräch mit psychisch gestörten Menschen ist es wichtig, nicht in den herablassenden Ton zu verfallen, den manche Eltern ihren Kindern gegenüber anschlagen. Viele von diesen Klienten hatten kein gutes Verhältnis zu ihren Eltern, und wenn der Therapeut seine Fragen oder Bemerkungen so formuliert, wie die Eltern dies damals auch getan haben, dann hat das unter Umständen zur Folge, daß sein Gesprächspartner ärgerlich wird oder ihm die Rolle eines Vater- oder Mutter-Ersatzes zuschiebt. Die meisten Menschen handeln ja aufgrund ganz bestimmter Überlegungen, und auch ein akut gestörter Mensch muß darin keine Ausnahme bilden. Das logische System eines gestörten Menschen kann sich natürlich beträchtlich von dem des Therapeuten unterscheiden, aber *ein solches System existiert,* und der Therapeut hat die Aufgabe, es in

47

seiner speziellen Ausprägung aufzudecken. Wenn das geschehen ist, erscheint das Verhalten des betreffenden Menschen möglicherweise verständlicher. Die meisten Menschen kommen einer Bitte, die höflich vorgetragen worden ist und vernünftig klingt (z. B. »Bitte geben Sie mir das Gewehr«), auch dann nach, wenn sie agitiert sind. »Bitte« ist ein Wort, vor dem sich viele Menschen, die eine gewisse Machtstellung bekleiden, fürchten oder dessen Nützlichkeit ihnen ganz und gar entfallen ist. Menschen, die eine Krise durchleben, haben häufig das Gefühl, in einer Falle zu sitzen; sie wissen einfach nicht, was sie tun sollen. Wenn der Therapeut dann einen annehmbaren Vorschlag hat, wie der betreffende Mensch aus seiner augenblicklichen Situation herauskommen und dabei sein Gesicht wahren könnte, dann wird der Klient diesen Vorschlag vermutlich annehmen. Allerdings kann darüber eine Menge Zeit vergehen.

Der Therapeut, der eine Frage oder eine Bitte äußert, sollte nach Möglichkeit keinen Zweifel an der Fähigkeit seines Klienten erkennen lassen, irgendeine Aufgabe zu erfüllen. Er sollte beispielsweise nicht fragen: »Können Sie das tun?« oder »Können Sie mir das Gewehr geben?« Was ihn interessiert, ist ja nicht, ob der Angeredete *imstande*, sondern ob er *bereit* ist, etwas zu tun. Zweifel an den Fähigkeiten eines anderen Menschen sind kränkend und versetzen diesen Menschen in die Rolle eines Kindes. Derartige Fragen an die Adresse eines erwachsenen Menschen (insbesondere eines Menschen, der eine geringe Meinung von sich selbst hat) ärgern oder kränken diesen oft, ohne daß er weiß, warum er eigentlich ärgerlich oder gekränkt ist. In der Kommunikation mit einem Menschen, der sich in einer Krise befindet, empfiehlt es sich ferner dringend, nichts fest zuzusagen oder zu versprechen, von dem man nicht sicher weiß, daß man es einlösen kann. Wenn die Zusage nämlich nicht eingehalten bzw. das Versprechen nicht erfüllt wird, dann hat der Therapeut seine Glaubwürdigkeit verspielt. Lieber sollte er sich bescheiden geben und etwa sagen: »Ich werde versuchen, was ich kann.«

Wenn es notwendig wird, einem in eine Krise geratenen Menschen gewisse Grenzen aufzuzeigen, dann sollte dies etwa in dem Rahmen geschehen, wie er im folgenden Beispiel vorgeschlagen wird: Ein Therapeut will seinen agitierten, psychotischen Patienten dazu bringen, ihm seine Schußwaffe auszuhändigen und sich freiwillig ins Krankenhaus zu begeben. Er sagt zu dem Patienten: »Ich möchte Ihnen helfen; das kann ich aber nur, wenn Sie ins Krankenhaus gehen. Ich glaube nicht, daß die Polizisten draußen es zulassen werden, daß Sie auf jemanden schießen, und ich glaube auch nicht, daß sie Sie laufen lassen werden. Was wollen Sie also tun?« Auf diese Weise wird das Verhältnis der beiden Interaktionspartner zueinander gewissermaßen begradigt; es ist jetzt nicht mehr so, daß der eine »eins höher« und der andere »eins tiefer« steht bzw. der eine der Übergeordnete und der andere der Untergeordnete ist. Dieses Vorgehen läßt sich in vielen Situationen anwenden. Wenn der Therapeut so mit seinem bedrängten Klienten spricht, hört dieser heraus, daß der Therapeut an ihm interessiert ist und ihm helfen möchte; er wird aber schwerlich auf den Gedanken kommen können, der Therapeut habe sich hier so stark engagiert, daß es ein Leichtes wäre, ihn zu manipulieren.

Selbstmordgefährdete Menschen neigen dazu, einen anderen zu manipulieren, wenn sie der Meinung sind, daß dieser andere sehr heftig an ihrem Ergehen interessiert ist. Sie drohen dann mit selbstzerstörerischen Handlungen, um dem anderen Schuldgefühle einzuflößen oder sein Mitleid zu wecken, so daß er schließlich tun wird, was sie wollen. Der Therapeut kann einem selbstmordgefährdeten Menschen seine grundsätzliche Haltung etwa mit den folgenden Worten erklären: »Mir liegt an Ihnen; ich möchte nicht, daß Sie sich etwas antun; aber wenn Sie so etwas vorhaben, dann ist das selbstverständlich allein Ihre Sache.« Das ist eine ehrliche und glaubwürdige Aussage, und es ist zugleich eine Aussage, die sich zu manipulativen Zwecken nicht eignet. Das gilt übrigens auch für andere potentiell gefährliche Situationen. Wenn der Therapeut eine zu starke Reaktion zeigen würde, wenn er etwa allzu betroffen und besorgt wäre, weil sein Klient agiert und einem Dritten Schlimmes androht, dann könnte diese »Überreaktion« den Klienten in seiner ursprünglichen Drohung noch bestärken. Und wenn tatsächlich ein Mensch verletzt wird und der Therapeut auf sein Schreien hin »überreagiert«, dann wird der Täter wohl endgültig zu der Überzeugung gelangen, daß er seinen Therapeuten am besten dadurch unter Druck setzen kann, daß er diesen Dritten wiederum angreift. Wenn die Dinge nun schon so weit gediehen sind, muß der Therapeut versuchen, den geschlagenen oder verletzten Menschen aus dem Mittelpunkt des Geschehens herauszunehmen und seine Aufmerksamkeit lieber auf die Wünsche und Bedürfnisse dessen zu richten, der hier »agiert hat«. Wenn er das Opfer nämlich weiterhin im Mittelpunkt hält und seinerseits vor allem dann reagiert, wenn etwas passiert ist oder angedroht wird, dann kann das zur Folge haben, daß der unbeherrschte Wüterich *noch weniger bereit ist*, sein Opfer in Ruhe zu lassen. Der Therapeut wird sich natürlich nach der gesundheitlichen Verfassung des Opfers erkundigen, aber das tut er besser zu einem Zeitpunkt, da der Täter nicht gerade mit dem Opfer interagiert oder die Situation sich etwas entspannt hat.

Geschickte und erfolgreiche Kommunikation mit einem bedrängten Menschen kostet oft viel Zeit, Geduld und Überlegung. Das alles aufzubringen mag schwierig sein, zumal Menschen, die in der Notfallhilfe arbeiten, auf Aktion orientiert sind. Aber je langsamer das Tempo der Kommunikation in einer solchen Situation, desto länger wird sie anhalten, und desto größer ist die Wahrscheinlichkeit, daß sie zum Erfolg führt. Durch geduldiges Warten und aufmerksames Zuhören gewinnt der Therapeut Zeit, um Antworten und Lösungen zu finden. Seine Reaktion kann den Klienten noch stärker zum Agieren veranlassen, es kann ihn aber auch gelassener machen und seinen augenblicklichen Streßpegel senken. Das bedachte und überlegte Verhalten des Therapeuten enthält die subtile, aber wichtige Botschaft: »Ich will Ihnen zuhören; was Sie sagen, ist wichtig.«

Der Therapeut sollte es nach Möglichkeit vermeiden, Geschehnisse vorauszusagen und Versprechungen abzugeben, und statt dessen lieber über das sprechen, was er sicher weiß. Wenn er sich über die Zukunft äußern muß, dann sollte er das nicht in allzu optimistischen Tönen tun, denn sein Klient weiß ja, daß seine Zukunftsaussichten nicht eben rosig sind, und glaubt ihm unter Umständen gar nicht. Man sollte auch keine festen Zusagen machen. Wenn der Therapeut von irgendwelchen Plänen spricht, dann sollte er immer auch zu bedenken geben, daß er vermutlich auf gewisse Schwierigkeiten treffen wird. Eine wirklich signifikante Veränderung der Situation zum Guten hin sollte nach Möglichkeit so dargestellt werden, daß sie als Aktivposten dem Konto des Klienten gutgeschrieben wird. Dadurch erreicht man, daß er sich – wenn das Unternehmen glücklich oder positiv ausgeht – dafür verantwortlich fühlt und daß der Therapeut nicht als derjenige erscheint, der die Macht hat, Dinge geschehen zu lassen. Der Therapeut verhält sich korrekt, wenn er eine neutrale Position einnimmt, nicht aber eine »Machtposition«. Wenn er nämlich als Machtträger angesehen wird, dann wird der Klient versuchen, ihn zu manipulieren, so daß der Therapeut tut, was er, der Klient, möchte, beispielsweise ihm Konzessionen macht oder Gefälligkeiten zusagt. Einem auf Aktion hin orientierten Therapeuten wird es nicht immer leicht fallen, eine solche neutrale Position einzunehmen, aber in Situationen, die gefährlich werden könnten, ist sie dringend anzuraten.

Im Rahmen stark belastender Interaktionen wird häufig allzu freigebig mit Lob und Beifall umgegangen. Ein Lob sollte wohlüberlegt und mit Bedacht ausgesprochen werden. Schon nach flüchtiger Überlegung müssen wir uns sagen, daß es außerordentlich schwierig ist, ein Lob von seiten eines Menschen zu akzeptieren, den man nicht kennt und dem man nicht vertraut, besonders wenn man darüber hinaus auch noch ängstlich oder wütend ist. Zuzeiten können lobende Worte einen Menschen sogar mehr verärgern als eine neutrale oder kritische Bemerkung − dann nämlich, wenn er dem Lob nicht traut oder nicht daran glauben kann. Die meisten von uns sind mit ihrem Werdegang und ihrer Lebensgeschichte ganz zufrieden und vergessen deshalb leicht, wie sehr Menschen unter bestimmten Umständen durch ein Lob erschreckt und geängstigt werden können. Therapeuten haben nun einmal nicht ihr ganzes Leben abwechselnd in Kliniken, Krankenhäusern und Gefängnissen verbracht, und sie haben auch nicht ständig mit Demütigungen, Mißerfolgen und Rückschlägen fertigwerden müssen. Im Gespräch mit einem Menschen, dessen Selbstachtung erkennbar gering ist, möchte der Therapeut vielleicht zwischen alle seine neutralen oder negativen Bemerkungen auch einmal ein Kompliment einfließen lassen. Er kann beispielsweise sagen: »Sie haben es im Leben schwer gehabt und sind augenblicklich sehr übel dran, und es ist wirklich erstaunlich, daß Sie so lange durchgehalten haben. Sie sind vermutlich eine starke Natur, wenn ich auch nicht weiß, ob Sie gerade jetzt in der Verfassung sind, sich das anzuhören.« In dieser Bemerkung ist Lob enthalten, und ein so »verpacktes« Lob kann man dem bedrängten und unglücklichen Menschen in einer Weise nahebringen, die sich mit seinem negativen Selbstbild verträgt. Wenn man dagegen einen wirklich unsicheren Menschen mit Lob nur so überschüttet, dann wird er sich sehr rasch höchst unbehaglich fühlen.

Ein ähnlicher und weitverbreiteter Fehler ist der Versuch, einen depressiven Menschen aufzuheitern. Es ist allgemein bekannt, daß viele Menschen, die eine Krise durchleben, zum gleichen Zeitpunkt auch unter einer akuten Depression zu leiden haben. Ein Therapeut, der einen solchen Menschen aufheitern und dazu bringen möchte, daß er »die positiven Seiten des Lebens sieht«, disqualifiziert damit nur die Realitätswahrnehmung des Klienten und tut so, als seien dessen Schwierigkeiten gering und jedenfalls nichts, worüber man sich Sorgen machen müßte. Aber diese Schwierigkeiten sind ja ganz im Gegenteil so bedeutsam, daß der betroffene Mensch ihretwegen einem anderen Menschen oder auch sich selbst etwas antun könnte. Die erste Aufgabe des Therapeuten besteht also darin, dem depressiven Menschen zu vermitteln, daß er seine Schwierigkeiten begreift und sie als Problem akzeptiert und daß er sich dann in aller Ruhe anhört, was den Klienten denn so sehr kränkt und ärgert. Er kann ihm sogar bestätigen, daß er es erstaunlich lange »ertragen hat«, indem er etwa sagt: »Ich weiß nicht, ob ich das auch so lange ausgehalten hätte.« Damit erkennt er an, daß das Problem existiert und daß sein Gegenüber durchaus Respekt und Achtung verdient. An diesem Punkt ist der bedrängte Patient dann vielleicht eher zur aktiven und positiven Kommunikation bereit.

Es ist von allergrößter Wichtigkeit, daß der bedrängte und unglückliche Mensch sich verstanden fühlt oder zumindest weiß, daß der Therapeut sich ernsthaft bemüht, seine Sicht der Realität zu verstehen. Der Therapeut möchte, daß sein Klient so viel Vertrauen entwickelt, daß er sich auf ein großes Risiko einlassen kann, auf das Risiko nämlich, von seinem pathologischen Verhalten abzulassen und einen neuen Versuch zur Lösung seiner Schwierigkeiten zu unternehmen.

3 Intervention in Notsituationen

Der erste telefonische Kontakt

Wenn ein Mensch in einer Notsituation um Hilfe bittet (gleichgültig, wer es ist – ein Polizeibeamter, ein Angehöriger der helfenden Berufe, ein Jugendlicher, der von zu Hause weggelaufen ist und aus der Telefonzelle anruft, ein suizidgefährdeter Erwachsener, eine Frau, die von ihrem Mann geschlagen worden ist), dann hat er bereits erkannt, daß diese Situation sich seiner Kontrolle entzogen hat. Leider kommt es immer wieder vor, daß solch ein Hilferuf nicht ernst genug genommen oder falsch behandelt wird, weil derjenige, der ihn entgegennimmt, nicht das richtige Gespür für das Anliegen oder die Empfindungen des Ratsuchenden aufbringt. Auch wer berufsmäßig Hilfeleistungen erbringt, mag besorgt sein und fürchten, daß die Situation bereits eine Stufe erreicht hat, auf der man sie nicht mehr in den Griff bekommt. Da solche Gespräche und Begegnungen mit Menschen, die sich in einer Notsituation befinden, aber so wichtig für die Betroffenen sind, bedarf es gerade hierfür eines besonderen Einfühlungsvermögens und Verständnisses.

Zu Beginn dieses Kapitels wollen wir uns mit den Vorgehensweisen beschäftigen, wie sie sich für den ersten telefonischen Kontakt empfehlen. Es geht dabei um das Zusammentragen der Informationen, auf die man bereits beim ersten Telefongespräch angewiesen ist. Auch die Frage, wie man die Polizei um ihre Mithilfe bitten und sich diese Mithilfe in einer potentiell gefährlichen Situation zunutze machen kann, wird hier behandelt werden.

Bei einem Hilferuf über das Telefon muß man zuallererst den Namen und die Telefonnummer des Anrufers erfragen. Das klingt vielleicht banal, aber wir kennen eine ganze Reihe von Fällen, in denen ein Menschenleben nur deshalb gerettet werden konnte, weil die entsprechende Telefonnummer bekannt war. Es kommt vor, daß ein Mensch, der bereits in höchster Erregung ist, im Laufe des Telefongesprächs endgültig in Panik gerät und den Hörer auflegt. Gerade zum Selbstmord neigende Menschen überlegen sich die Sache oft mitten im Gespräch anders und legen auf; der

Therapeut kennt dann alle möglichen Einzelheiten ihrer traurigen Geschichte, weiß aber nicht, wer der Anrufer war oder wie er ihn von neuem erreichen könnte. Gewöhnlich nennen die Menschen aber ihren Namen und ihre Telefonnummer ganz automatisch und ohne lange zu zögern, wenn man sie gleich anfangs in ganz sachlichem Ton darum bittet. Am leichtesten erreicht man das, wenn man sagt, daß die Verbindung sehr schlecht ist, das heißt also, wenn man sich besorgt zeigt, daß das Gespräch vielleicht unterbrochen werden könnte. In der Regel veranlaßt das den agitierten Gesprächspartner dazu, seine Telefonnummer zu nennen, ohne lange darüber nachzudenken, was er da tut. Selbst wenn er dann das Gespräch plötzlich beendet, läßt sich seine Adresse mittels eines Verzeichnisses, in dem die Adressen nach Telefonnummern geordnet sind, in Erfahrung bringen. Nachts und an den Wochenenden ist die Polizei oder die Telefongesellschaft dabei behilflich. Es ist ein verbreiteter Irrglaube, daß man leicht feststellen könnte, von welchem Apparat aus der Anrufer spricht, wenn man ihn nur dazu bringen kann, nicht aufzulegen. Diese Feststellung ist – wenn überhaupt – außerordentlich schwierig zu treffen. Im besten Fall dauert es eine Stunde, häufig aber auch zwei oder drei Stunden, die Adresse des Anrufers ausfindig zu machen.

2.) Sobald er sich diese wichtige Angabe verschafft hat, sollte der Therapeut versuchen, eine klare Schilderung des Problems durch den Anrufer zu bekommen, und in Erfahrung bringen, wie viele Personen an der bedrohlichen Situation beteiligt sind. Aus wie vielen Mitgliedern besteht die Familie, und wie viele von ihnen sind im Augenblick des Anrufs zugegen? Als nächstes muß der Therapeut sich darüber unterrichten, ob sich Waffen im Haus befinden und ob Drogen oder Alkohol im Spiel sind. Es ist nicht notwendig, daß er sich ganz direkt und offen danach erkundigt – die Erwähnung von Waffen beispielsweise könnte den Anrufer erschrecken oder mißtrauisch machen. Der Therapeut könnte beispielsweise fragen: »Ist jemand verletzt worden?« oder »Sind Sie verletzt?«, und wenn diese Frage bejaht wird: »Hat man Sie geschlagen oder mit irgendeinem Gegenstand angegriffen?« Gewöhnlich kann der Therapeut sich derartige Informationen verschaffen, wenn er seine Fragen entsprechend allgemein hält oder das Gespräch wie eine leichte Unterhaltung führt und damit den Eindruck vermeidet, daß der Anrufer irgendwie »ausgefragt« wird.

Allgemein gilt, daß man versuchen sollte, kurz mit jedem der Anwesenden zu sprechen, bevor man sich in die Wohnung des Anrufers begibt. Das muß keine lange Unterhaltung werden; wichtig ist nur, daß jeder der Beteiligten grundsätzlich mit einem Hausbesuch einverstanden ist. Zugleich wird so auch jedem einzelnen klar, daß der Therapeut an ihm interessiert ist und die individuellen Rechte der Familienmitglieder respektiert. Im Verlauf dieser Bemühungen sollte man auch erkunden, ob ein Beteiligter bereits im Zorn fortgegangen ist und unter Umständen später wiederkommen und dann überrascht sein wird, noch eine »dritte Partei« anzutreffen. Diese Situation sollte man natürlich nach Möglichkeit vermeiden, notfalls dadurch, daß man sich an einem dritten Ort oder jedenfalls nicht am Schauplatz des Geschehens mit dem Anrufer verabredet. Der einzige Fall, in dem die ETC-Therapeuten sich nicht erst der Zustimmung aller Beteiligten versichern, bevor sie einen Hausbesuch machen, ist der, in dem es um Leben und Tod geht, also wenn jemand einen Selbstmordversuch unternommen hat oder wenn jemand droht, sich oder einen anderen lebensgefährlich zu verletzen. In den meisten Fällen ist es bei einem dringend erbetenen Hausbesuch aber unbedingt erforderlich, die bürgerlichen Freiheiten der Betroffenen zu respektieren – also vor allem ihr Recht auf ihre Privatsphäre – und sich der Zustimmung aller Beteiligten zu einem solchen Besuch zu versichern. Von dieser Regel sollte der Therapeut einzig dann abgehen, wenn das Leben oder die Gesundheit eines Menschen auf dem Spiel stehen.

In vielen Fällen wird es dem einen oder anderen Familienmitglied nicht recht sein, daß ein Therapeut ins Haus kommt, zum Beispiel wenn ein Mann seine Frau geschlagen hat oder wenn ein Jugendlicher sich extrem ungebärdig aufführt. Der prügelfreudige Ehemann wird keineswegs gewillt sein, sich mit irgend jemandem über sein Benehmen zu unterhalten, aber natürlich gibt es gute Gründe, ihn nach Möglichkeit dazu zu bewegen. Auf diese Weise kann der Therapeut ihm nämlich zu verstehen geben, daß er bereit ist, in ihm einen Menschen mit berechtigten Interessen zu sehen, und damit erscheint der Therapeut auch seinerseits weniger bedrohlich. Außerdem kann dieses unerwartete oder geradezu paradox anmutende Vorgehen dazu beitragen, die Ansichten dieses Ehemannes über Therapeuten ganz allgemein zu verändern, so daß sich sein Widerstand bis zu einem gewissen Grade überwinden läßt.

Wenn der Therapeut die Zustimmung zum Hausbesuch erhalten hat und die Sache für einigermaßen ungefährlich hält, kann er sich auf den Weg machen. Wenn dagegen der Ehemann, der seine Frau geschlagen hat, nicht mit dem Besuch einverstanden ist, dann ist es vernünftiger und sicherer, sich an einem anderen Ort mit der Ehefrau zu treffen, bei einer ihrer Freundinnen, in einem Café oder an einem anderen neutralen Schauplatz. Wenn eines der Familienmitglieder vor Wut rast und in letzter Zeit schon einmal gewalttätig geworden ist oder gar eine Waffe benutzt hat, dann empfiehlt es sich, die Polizei um Mithilfe zu bitten.

Bevor ein Therapeut sich überhaupt auf Krisenhilfe einläßt bzw. wenn ein Therapeut es bei seiner Arbeit häufig mit Menschen zu tun hat, die gefährdet oder gefährlich sind, weil sie zu gewalttätigen Handlungen neigen, sollte er ein gutes Verhältnis zur Polizei, zur Feuerwehr und zu den ambulanten Hilfseinrichtungen herstellen. (Leider stehen viele Therapeuten den Mitarbeitern der Polizei eher feindselig oder zumindest doch gleichgültig gegenüber). Wenn an der kritischen Situation, zu der man ihn gerufen hat, ein Kind oder ein Jugendlicher beteiligt ist und die Polizei eingeschaltet werden muß, dann kann er sich gewöhnlich an einen speziell für diesen Personenkreis zuständigen Beamten wenden. In den meisten Polizeirevieren gibt es einen Mitarbeiter, der eigens für die Arbeit mit Jugendlichen ausgebildet ist. In Fällen, in denen es zu Schlägereien unter Erwachsenen gekommen ist, kann er sich ebenfalls an eine Sonderabteilung der Polizei wenden, und in manchen Dienststellen gibt es auch Mitarbeiter, die auf die Aufnahme von Sexualdelikten spezialisiert sind. Solche Mitarbeiter tragen Zivilkleidung und haben eine Zusatzausbildung genossen, die sie befähigt, Menschen beizustehen, die sich in höchster Aufregung befinden oder in eine akute Notsituation geraten sind. Wo es keine solchen Spezialisten gibt, empfiehlt es sich, dem aufnehmenden Beamten zu erklären, daß es sich um eine Familienangelegenheit handelt und daß es gut wäre, wenn der Beamte, der den Fall zur Bearbeitung annimmt, einige Erfahrung im Umgang mit Familien besäße und keine Bedenken hätte, Krisenarbeit mit Familien zu leisten. Nach Möglichkeit sollte dieser Mitarbeiter zivile Kleidung tragen und ein Auto mit einer Privatnummer fahren. Man muß sich immer ins Gedächtnis rufen, daß Menschen, die in eine solche Situation geraten sind und um Hilfe gebeten haben, sich ja den Beistand eines Therapeuten oder eines Beraters wünschen und gerade *nicht* die Polizei einschalten wollten – vielleicht sogar aus guten Gründen. Dennoch muß der Therapeut geeignete Maßnahmen zu seiner eigenen und zur Sicherheit des Klienten treffen.

Häufig kommt es ganz entscheidend darauf an, wie der Therapeut sein eigenes Handeln und den Beistand der Polizei im Fall eines Notrufs koordiniert und in welcher Weise die Polizei beteiligt wird. Natürlich muß er die Polizei sofort um ihre Mithilfe bitten, wenn ein Mensch tatsächlich gewalttätig geworden ist und einen anderen verletzt hat oder gefangenhält. Aber auch dann, wenn der Anrufer von einem psychotischen Ausbruch oder von tätlichen Auseinandersetzungen in der Familie spricht und die Dinge so schildert, daß es dem Therapeuten nicht ganz geheuer erscheint, die Sache allein in Angriff zu nehmen, empfiehlt es sich, daß er die Polizei bei dem Besuch um ihre Mithilfe bittet. Falls es aus irgendeinem Grunde nicht ratsam ist, der Familie oder dem Anrufer zu sagen, daß auch die Polizei unterwegs ist, dann sollte der Therapeut sich in der Nähe des Hauses, das er aufsuchen muß, mit einem Beamten treffen, aber so, daß er nicht beobachtet werden kann. Dagegen empfiehlt es sich nicht, einfach die Polizei anzurufen, ihr mitzuteilen, was vorgefallen ist, und sie zu bitten, den Schauplatz des Geschehens aufzusuchen. Dann nämlich kann es passieren, daß ein irgendwo auf seiner Runde befindlicher Beamter eine falsche Schilderung des Sachverhaltes durch seine Zentrale bekommt und zu allem Unglück mit seinem falschen Bild von der Situation auch noch als erster am Schauplatz ankommt. In diesem Fall wird sich der Anrufer hintergangen fühlen und ärgerlich werden, und es wird sehr schwierig oder sogar unmöglich sein, eine therapeutische Beziehung herzustellen.

Wenn eine Mitteilung in großer Eile weitergegeben werden muß, kommt es leicht zu Mißverständnissen und Fehlern. Das erfuhr auch einer unserer Therapeuten, der um Verstärkung gebeten hatte. Er mußte sich auf einem Parkplatz mit einem psychotischen Jugendlichen auseinandersetzen, der sehr groß war und mit dessen Selbstbeherrschung es jeden Augenblick vorbei sein konnte. Die Polizeistreife erhielt die Mitteilung »Scharfschütze mit Gewehr auf dem Parkplatz von...« Zum Erstaunen und Befremden des Therapeuten erschien kurz darauf das SWAT-Team.* Wenn man also die Polizei einschaltet, muß man bedenken, daß die Bitte um Hilfe oft mehrfach weitergeleitet und damit in ihrem Inhalt möglicherweise verändert wird. In besonders schwierigen und heiklen Fällen kann man die Zentrale bitten, den draußen diensttuenden Beamten zurückrufen zu lassen. Dann kann der Therapeut direkt mit ihm sprechen und sicher sein, daß sein Gesprächspartner weiß, worum es geht. Therapeut und Polizeibeamter können sich dann in einer gewissen Entfernung vom Schauplatz des Geschehens treffen und die betreffende Wohnung gemeinsam zu Fuß aufsuchen. Dort kann der Therapeut dem Anrufer erklären, warum die Polizei mit von der Partie ist. Wenn alles ruhig ist, wird der Therapeut dem Beamten dann vielleicht anraten, wieder zu gehen; im anderen Fall wird er ihn bitten, noch eine Weile dazubleiben, bis die Dinge sich so weit entschärft haben, daß der Therapeut sich auch ohne die Anwesenheit eines Polizeibeamten sicher fühlt.

Ein verläßliches System der Kommunikation zwischen dem Therapeuten, der »vor Ort« seinen Dienst tut, und seiner Dienststelle erweist sich immer wieder als höchst vorteilhaft. Er kann dann um Hilfe oder Unterstützung bitten, wenn ein unerwartetes Problem auftaucht. Diese Verständigung mit den Kollegen sollte so diskret gehandhabt werden, daß die Menschen, mit denen er sich im Augenblick unmittelbar und hautnah auseinanderzusetzen hat, nicht bemerken, daß er um Verstärkung bittet. Wir haben gefährliche Augenblicke erlebt, in denen der eine oder andere unserer Mitarbeiter sich in akuter Gefahr befand, aber glücklicherweise konnte er sich jedesmal »heraus-reden«. In einem dieser Fälle war der Therapeut dem Hilferuf einer geschlagenen Frau gefolgt und in die Wohnung gekommen, in die wenig später auch der betrunkene und mit einem Messer bewaffnete Ehemann zurückkehrte (obwohl die Polizei ihn erst am Tag zuvor aus seiner Wohnung geholt und bei einem Freund untergebracht hatte). Dem Therapeuten gelang es, sich unter einem Vorwand mit dem ETC-Büro in Verbindung zu setzen und verdeckt mitzuteilen, daß er ernstlich in Gefahr sei und polizeiliche Hilfe brauche. Auf unsere Bitte nahm die Polizei sich der Sache sofort an.

---

* Eine Spezialtruppe der Polizei. Die Abkürzung bedeutet »Special Weapons and Tactics« (Anm. d. Übers.).

Nachdem einer unserer Therapeuten in einem Fall von Kindesmißhandlung sich gleichfalls in ernster Gefahr befunden hatte,
führten wir das folgende Notrufsystem beim ETC ein: Wenn unsere Mitarbeiter dringend zu einem Notfall gerufen werden (das ist
jede Situation, von der man annehmen kann, daß es bereits zu
Tätlichkeiten gekommen ist oder jederzeit zu Tätlichkeiten kommen könnte), dann sagen sie gleich bei ihrer Ankunft, daß sie mit
ihrem Büro telefonieren müssen. Wenn die Sache gefährlich aussieht, meldet der Therapeut sich mit den folgenden Worten: »Hier
ist John Doe. Hat jemand für mich angerufen?« In diesem Fall
wissen die Kollegen im Büro (und nachts der Bereitschaftsdienst),
daß der Therapeut draußen in Schwierigkeiten ist, und schicken
sofort polizeiliche Hilfe hin. Wenn dagegen am Ort des Geschehens
alles ruhig ist, nennt der Therapeut (beispielsweise) nur seinen
Vornamen und läßt den Mitarbeiter im Büro auf diese Art und
Weise wissen, daß er sich sicher fühlt. In uneindeutigen Fällen
nennt er zunächst nur seinen Vornamen und sagt dann: »Vielen
Dank. Ich rufe in einer Viertelstunde (oder was immer ihm ratsam
erscheint) noch mal an.« Dann weiß der Mitarbeiter im Büro, daß
man die Polizei einschalten muß, wenn in der nächsten Viertelstunde kein weiterer Anruf kommt.

Die erste Reaktion des Therapeuten angesichts einer kritischen Situation

Bevor wir aufzeigen, wie die erste Reaktion des Therapeuten angesichts einer kritischen Situation aussehen sollte, wollen wir
überlegen, was an dieser Form der therapeutischen Arbeit so einmalig und besonders ist. Ein Therapeut trifft hier auf bestimmte
Aspekte, wie sie bei der Notfallarbeit im Krankenhaus, in der
Beratungsstelle oder in seiner privaten Sprechstunde nicht vorkommen. Diese Unterschiede sind nicht besonders auffällig, aber
wenn er sie nicht beachtet, dann kann sich das ungünstig auf Ablauf und Ergebnis seiner Tätigkeit auswirken. Wir wollen uns im
folgenden mit diesen Unterschieden beschäftigen und des weiteren
aufzeigen, welche eher ungewöhnlichen Möglichkeiten der Arbeit
mit Familien bestehen, die sich den traditionellen psychotherapeutischen Bemühungen vermutlich widersetzen würden.
Häufig ist der Therapeut überrascht zu sehen, daß eine Familie,

die sich in einer kritischen Lage befindet, für den Gedanken einer Veränderung durchaus aufgeschlossen ist, wenn er sich dem System nur mit der notwendigen Vorsicht und Einfühlungsgabe nähert. Tatsächlich ist eine Familie, die sich schon lange mit ihrem Problem herumgeschlagen hat, unter Umständen eher für eine Veränderung zu haben, einfach weil sie schon so lange darunter leidet. Selbst wenn die Familienmitglieder auf den ersten Blick sehr zornig und zerstritten wirken, so ist doch zumindest einem von ihnen in der Regel klar, daß ein Außenstehender bei der Lösung des Problems gute Dienste leisten kann. In diesem Fall kommt es entscheidend darauf an, daß der Therapeut, der sich dem Familiensystem von außen her nähert, dies mit einem Höchstmaß an Gespür und Einfühlungsvermögen für den Stolz und die Selbstachtung der Familienmitglieder tut und sich hütet, voreilige Schlüsse zu ziehen oder eines der Familienmitglieder, und sei es auch ganz unbeabsichtigt, zu demütigen oder in die Enge zu treiben.

Es mag paradox klingen, aber je eher der Therapeut eine akut bedrängte Familie aufsuchen kann, desto besser ist es, selbst wenn das eine oder andere Familienmitglied noch immer agitiert ist oder in irgendeiner Form über die Stränge schlägt (die einzige Ausnahme ist der Fall, in dem eines der Familienmitglieder zu betrunken ist, um zusammenhängend zu sprechen, oder unter dem Einfluß von Drogen steht. Unter diesen Umständen ist es natürlich klüger zu warten, bis alle nüchtern sind und sich zusammenhängend äußern können). Im Augenblick der Krise wird die Familie nämlich seinen Bemühungen weniger Widerstand entgegensetzen. Alle Beteiligten empfinden ein schmerzliches Unbehagen und sind deshalb sehr viel stärker motiviert, sich zu verändern oder an ihren Problemen zu arbeiten. Wenn erst eine gewisse Zeit verstrichen und das Unbehagen abgeklungen ist, zögern sie vielleicht wieder, etwas gegen ihre Schwierigkeiten zu unternehmen. Es gibt noch einen anderen Grund, weshalb man das Gespräch mit der Familie so rasch wie möglich suchen sollte: Alle Beteiligten erfahren auf diese Weise, daß hier ein Mensch zugegen ist, dem aufrichtig an ihrem Wohlergehen und an ihrem zukünftigen Schicksal gelegen ist. Dieser Gesichtspunkt kann gar nicht genügend betont werden. Viele von den Familien, die wir mit Erfolg behandelt haben, hätten von sich aus niemals eine der herkömmlichen Beratungseinrichtungen aufgesucht. Daß wir ihnen helfen konnten, lag in erster Linie daran, daß wir in einem Augenblick auf sie zugingen, der für sie außerordentlich schmerzlich war.

An dieser Stelle sollten wir darüber nachdenken, welche Schritte ein Mensch unternehmen muß, der mit sich selbst oder im Umgang mit anderen Menschen Schwierigkeiten hat und deshalb Hilfe sucht. Zunächst einmal muß er sich (zumindest zu einem gewissen Grade) darüber klar werden, daß es sich um ein psychisches Problem handelt. Weiterhin muß er imstande sein, sich zu überlegen, bei welcher Adresse bzw. bei welchem »Fachmann« er diese Hilfe bekommen könnte, was keine leichte Aufgabe ist, wenn man bedenkt, wie unendlich viele verschiedene – öffentliche und private – Hilfseinrichtungen und -programme es gibt. Wenn er glaubt, die richtige Stelle gefunden zu haben, dann muß er sie aufsuchen (und zwar zu den üblichen Geschäftszeiten). Der Gedanke daran ist unter Umständen erschreckend für ihn, und dies aus mehreren Gründen – denken wir nur an die möglichen sprachlichen und kulturellen Barrieren, an Schichtunterschiede usw. Anschließend muß er einem ihm völlig fremden Menschen (in einer Umgebung, die ihn vielleicht einschüchtert) alle möglichen Einzelheiten über sein Leben berichten. Zieht man dies alles in Betracht, ist es in der Tat recht erstaunlich, daß die Menschen überhaupt Hilfe für ihre Schwierigkeiten suchen. Wenn der Therapeut einen Hausbesuch macht, dann sollte er daran denken, daß er damit im Grunde in die persönliche Sphäre eines anderen Menschen eindringt. Das ist sogar dann der Fall, wenn er diesen Menschen an irgendeinem öffentlich zugänglichen Ort trifft, denn es fehlen auch hier gewisse Schlüsselelemente, die ihn als Fachmann mit Autorität ausweisen. Herausfordernde Bemerkungen, ja sogar Konfrontationen, wie der Therapeut sie in seinem eigenen Büro mit größter Selbstverständlichkeit ausspricht und nutzt, werden von seinem Gegenüber häufig als Bedrohung oder als Beleidigung aufgefaßt, wenn sie Teil eines Gespräches sind, das in der Wohnung des Klienten oder an einem neutralen Ort stattfindet.

Wer sich als Therapeut der Krisenhilfe zugewandt hat, muß sich darüber im klaren sein, daß ein Klient, der sich in einer Krise befindet, ihn unter Umständen als eine Bedrohung empfindet, obwohl er sich selbst natürlich nicht als bedrohlich wahrnimmt, sondern als jemanden, der anderen helfen möchte. So kann beispielsweise

die Tatsache, daß er sich, ohne es zu wissen, auf den Lieblings-
stuhl eines Familienangehörigen gesetzt hat, dieses Familienmitglied aufbringen, ohne daß es wüßte, was der Grund des Unbehagens oder der Verärgerung ist. Oder der Umstand, daß der
Therapeut in einer Familie, mit der er arbeiten will, allzu rasch als
Autorität aufgetreten ist, wird von der Mutter bzw. vom Vater
übel vermerkt – sie sehen sich dadurch in ihrer elterlichen Rolle
angegriffen, weil sie nicht imstande gewesen sind, das hier bestehende Problem selbst zu lösen. In seinem eigenen Büro ist der
Therapeut freier in seinen Handlungen, vor allem, weil die Klienten ja (mehr oder weniger) aus eigenem Antrieb hergekommen
sind und damit seine, des Therapeuten, Domäne betreten haben.

Wenn der Therapeut sich dagegen wegen einer kritischen oder
gefährlichen Situation »nach draußen« begibt, dann häufig auf die
Bitte eines Dritten hin, etwa eines Familienmitgliedes, einer
Nachbarin, eines Bewährungshelfers oder der Polizei. Da die
Klienten ursprünglich vermutlich nicht vorhatten, sich an einen
Therapeuten zu wenden, haben sie wahrscheinlich ihr Problem
noch nicht als ein Problem psychologischer Natur identifiziert. Sie
haben sich zwar damit einverstanden erklärt, dem Therapeuten
ihre Sache vorzutragen, aber vielleicht nur versuchsweise oder gar
widerstrebend; ihre erste Reaktion auf sein Auftauchen mag daher
Furcht oder Zorn oder beides sein. Es kann sein, daß sie ganz
falsche Vorstellungen von der Person und der Tätigkeit eines Therapeuten hegen und – aufgeschreckt und gedemütigt, wie sie angesichts der soeben durchgestandenen Situation ohnehin schon sind –
eine bedrohliche Figur in ihm erblicken.

Deshalb empfiehlt es sich in aller Regel, daß der Therapeut bei
einem Hausbesuch eine sehr viel langsamere Gangart anschlägt
und seine therapeutischen Ziele anders setzt als sonst. Es kommt
vor, daß Mitarbeiter, die neu zu uns gestoßen sind, nach ihrem
ersten Besuch bei einer in die Krise geratenen Familie den Mut
verlieren und glauben, nicht viel erreicht zu haben. Aber wenn der
Therapeut das Einverständnis einer Familie zu einem weiteren
Hausbesuch erhalten oder die Familie dazu bewegen kann, am
folgenden Tag oder in der folgenden Woche zu einem zweiten Gespräch in sein Büro zu kommen, dann hat er bei dieser ersten
Begegnung schon ein wichtiges Ziel erreicht.

Am Fall der Familie, die wir im folgenden beschreiben wollen und die ein ganz typisches Beispiel für die Art von Familien ist, mit der unsere Therapeuten es zu tun haben, sollen einige der soeben angestellten Überlegungen veranschaulicht werden. Harry und Mabel sind seit achtzehn Jahren verheiratet und haben zwei heranwachsende Kinder, den sechzehnjährigen Wayne und die vierzehnjährige Debbie. Beide Eltern trinken viel und haben ein- bis zweimal im Monat heftige Auseinandersetzungen. Wieder einmal hat Harry die Beherrschung verloren und »auf seine Tochter eingeschlagen«, nachdem diese ihm »frech gekommen war«. Debbie ist ein unglückliches Mädchen, das Marihuana raucht und, wie man weiß, manchmal viel zu viele Tabletten schluckt. Sie hat bereits eine Abtreibung hinter sich, von der die Eltern beide nichts wissen. Debbies Bruder Wayne ist in letzter Zeit nicht viel zu Hause gewesen, aber das fällt den Eltern anscheinend nicht weiter auf. Auch er nimmt Drogen und ist schon einmal wegen Ladendiebstahls festgenommen worden, etwas, was sein Vater als einen Dummejungenstreich abgetan hat; seit kurzem handelt er mit Marihuana. Mabel nimmt manchmal zusätzlich zum Alkohol noch Tranquilizer und ist schon zweimal auf die Notaufnahmestation eingeliefert worden, nachdem sie »aus Versehen« eine Überdosis an Beruhigungsmitteln eingenommen hatte.

Die Polizei ist ein häufiger Gast in der Wohnung von Harry und Mabel, denn wenn Harry zuviel getrunken hat, verliert er oft die Beherrschung und verprügelt seine Frau. Im vergangenen Jahr war er sechs Monate lang arbeitslos, und die häusliche Situation wurde immer schlechter, aber Mabel schämte und fürchtete sich damals allzusehr, irgend jemandem etwas davon zu sagen. Einmal hat sie bei einer sozialen Dienststelle angerufen, ist dann aber zu dem vereinbarten Gespräch nicht erschienen. Der Schulpsychologe und auch die Bewährungshelfer machen sich Sorgen um die Familie, aber was können sie schon tun? Alle Bekannten und Verwandten sagen, daß die Familie Hilfe braucht, aber Harry und Mabel wollen davon nichts wissen. Wenn einer ihrer Bekannten es wagen würde, ihnen zu sagen, daß sie mit ihren Schwierigkeiten eigentlich ein Fall für den Psychotherapeuten wären, dann würden sie ihm höchstwahrscheinlich beide antworten, er solle sich zum Teufel scheren, sie seien schließlich nicht verrückt!

Eines Tages geraten Harry und Mabel wieder einmal in Streit. Beide sind betrunken, und es sieht ganz so aus, als ob Mabel wieder einmal Prügel bekommen würde. Wenn sie erkennt, daß sie in Gefahr schwebt – der Streit zwischen ihr und ihrem Mann hat dann einen sehr gefährlichen Punkt erreicht –, ruft sie vielleicht die Polizei an. Psychiatrische Hilfe in Anspruch zu nehmen kommt ihr gar nicht in den Sinn. Den Polizisten wird es wohl gelingen, den Ehekrach zu schlichten, aber darüber hinaus können sie kaum etwas für dieses zerstrittene Paar tun. Wenn Harry und Mabel Glück haben, ruft einer der Beamten vielleicht eine Einrichtung wie das ETC an und bittet um therapeutische Hilfe. Wenn Leute wie Harry und Mabel überhaupt ihre Zustimmung dazu geben sollen, daß ein Therapeut zu ihnen in die Wohnung kommt und sie später vielleicht noch ein zweites Mal aufsucht, dann muß man es natürlich verstehen, rasch mit ihnen in Kontakt zu treten. Will der Therapeut die große Zahl solcher Menschen tatsächlich »erreichen«, muß er Techniken entwickeln, mit deren Hilfe er flexibel sein und sich rasch auf die Erfordernisse des Augenblicks einstellen kann. Die Mabels und Harrys, mit denen wir es immer wieder zu tun haben, würden durch die herkömmlichen psychotherapeutischen Methoden vermutlich eher verwirrt und in ihrer Abneigung noch bestärkt. Der Therapeut hat also gute Gründe, sich Methoden und Vorgehensweisen zurechtzulegen, die sich mit Harrys und Mabels Realitätswahrnehmung und mit ihrem Wertesystem vereinbaren lassen.

In der Unterhaltung mit Harry und Mabel tut der Therapeut gut daran, von »Schwierigkeiten« und »Problemen« zu sprechen, anstatt die ihm vertrauten psychologischen Begriffe zu verwenden. Er wird durchaus verstanden, wenn er etwa sagt, man müsse die Schwierigkeiten auf andere und bessere Weise angehen, damit sie sich gar nicht erst zu ernsthaften Problemen auswachsen. Er kann seinen Klienten auch versichern, daß es ganz normal ist, hin und wieder Probleme zu haben, und daß es keinen Menschen gibt, der keine Schwierigkeiten hätte. Er kann hinzufügen, daß die Menschen sich immer wieder für eine von drei Möglichkeiten des falschen Umgangs mit Schwierigkeiten entscheiden: 1. Sie neigen dazu, ein durchaus gewichtiges Problem zu bagatellisieren (Beispiel: die Mutter tut den Drogenkonsum und die kleinen Diebereien ihres heranwachsenden Sohnes als »Entwicklungserscheinungen« ab); 2. sie machen umgekehrt viel zu viel Aufhebens von einer eher belanglosen Sache und verleihen ihr damit Dimensionen, die ihr überhaupt nicht zukommen (Beispiel: die Eltern, die auf einen geringfügigen Ausrutscher ihres heranwachsenden Kindes unangemessen heftig reagieren und dem Jugendlichen damit das Gefühl vermitteln, er müsse die Schwere seiner Vergehen der Schwere der darauf folgenden Bestrafung »anpassen«); 3. sie versuchen, dem Problem mit ihrem »gesunden Menschenverstand« beizukommen, und machen es damit nur schlimmer (Beispiel: sie versuchen, einen depressiven Menschen »aufzuheitern«, was genau das Falsche ist, weil es die Botschaft enthält, daß er keinen Grund hat, depressiv zu sein – wohingegen er doch felsenfest davon überzeugt ist, einen Grund zu haben).

Um Menschen wie Harry und Mabel überhaupt zu »erreichen«, muß der Therapeut lernen, so mit ihnen zu sprechen, daß sie ihn verstehen. Der Hauptakzent muß auf den realen Sachverhalten des Hier und Jetzt liegen und nicht auf innerpsychischen Prozessen, die aus der Vergangenheit herrühren und die sie ja gar nicht als relevant betrachten würden. Weiter muß der Therapeut sich ein Bild von der Realitätswahrnehmung seiner Klienten machen und sich vor Augen halten, daß das, was ein Mensch als »Realität« ansieht, in der Regel nichts anderes ist als seine ganz persönliche Sicht dessen, was Realität sein sollte. Die Realitätswahrnehmung des Therapeuten kann sich natürlich sehr stark von der eines Menschen unterscheiden, der in eine Krise geraten ist, und wenn der Therapeut und sein Klient nun miteinander ins Gespräch kommen, muß der Therapeut die Unterschiede natürlich beachten und es verstehen, seine Worte so zu wählen, daß der Klient sich in seiner Haltung akzeptiert fühlt. Er muß sich auch der Tatsache bewußt sein, daß Menschen unter dem Eindruck eines traumatischen Erlebnisses in der Regel starr und konkret denken. Mit anderen Worten, ein agitierter oder verschreckter Klient hält besonders starr an seiner privaten Realität bzw. seinem persönlichen Weltbild fest. Unter kritischen oder gefährlichen Umständen ist es also ganz besonders wichtig, daß man die Realitätswahrnehmung eines Menschen entschlüsselt und die therapeutische Intervention so ausrichtet, daß sie sich mit ebendieser Realität verträgt.

Ankunft am Schauplatz der Krise ohne Polizeischutz

Die meisten Menschen leben ihr Leben in der Überzeugung, daß es nicht nur Freude, sondern auch Leid bereithält, aber die wenigsten Menschen müssen damit rechnen, im Rahmen ihrer beruflichen Arbeit jemals tätlich angegriffen zu werden. Aus irgendeinem Grunde glauben viele Menschen, daß so etwas nur immer »den anderen« zustoße, und das gilt ganz besonders für diejenigen, die von Berufs wegen ihren Mitmenschen zu Hilfe kommen, deren Einstellung also von humanitärem Denken geprägt ist und die grundsätzlich an das Gute im Menschen glauben. Im ETC haben wir schon oft festgestellt, daß gerade Psychotherapeuten zögern, die notwendigen Vorsichtsmaßnahmen zu ergreifen, wenn sie an den Schauplatz eines gefährlichen Geschehens gerufen werden. Das soll natürlich nicht heißen, daß Menschen, die sich in einer Krise befinden, grundsätzlich eine Gefahr darstellen. Viele von ihnen sind erschreckt, wissen weder aus noch ein und empfinden tiefe Niedergeschlagenheit, weil man sie unerträglich verletzt oder gekränkt hat; manche würden unter anders gelagerten Umständen nicht einmal im Traum daran denken, einem anderen Menschen etwas zuleide zu tun. Und doch – im Aufruhr oder in einer Krise verlieren manche die Fassung und wenden sich in blinder Wut gegen ihre Mitmenschen. Deshalb empfiehlt es sich, gewisse Vorsichtsmaßnahmen zu ergreifen.

Zunächst einmal ist es nicht ratsam, sich allein in eine kritische oder gefährliche Situation zu begeben, schon gar nicht bei Nacht. Nicht einmal Polizeibeamte tun dies. Sie bitten ausnahmslos um »Sicherung« (durch einen oder mehrere Kollegen), wenn sie an einen gefährlichen Schauplatz gerufen werden. Wenn also nicht einmal ein Polizist (der doch mit Funkgerät, Pistole, Schlagstock usw. gut ausgerüstet ist) sich allein in die Wohnung einer Familie wagt, in der es zu heftigen Auseinandersetzungen und Tätlichkeiten gekommen ist, dann sollte ein Therapeut, dem diese ganze Ausrüstung ja nicht zur Verfügung steht, dies erst recht nicht wagen.

Nach unseren Erfahrungen ist es bei familiären Krisen das Beste, wenn das therapeutische Team sich aus einem Mann und einer Frau zusammensetzt. Das empfiehlt sich deshalb, weil es zunächst häufig notwendig ist, die streitenden Familienmitglieder voneinander zu trennen und mit jedem von ihnen allein zu sprechen, damit jeder die Möglichkeit hat, seine Gefühle zu äußern und sich zu beruhigen, bevor irgendeine therapeutische Maßnahme ergriffen wird, die dann die ganze Familie betrifft. Häufig ist es für eine Therapeutin leichter, mit der Ehefrau zu sprechen – es kommt dann nämlich nicht zu Empfindungen von Zorn und Eifersucht auf seiten ihres Mannes oder Liebhabers; ihr männlicher Kollege hat es seinerseits leichter, mit dem in die Auseinandersetzungen verwickelten Mann zu sprechen.

Der Therapeut, der im Begriff ist, den Schauplatz der Krise zu betreten, sollte dabei behutsam und wohlüberlegt vorgehen. Selbst wenn das, was er soeben am Telefon zur Begründung der Bitte um sein Eingreifen gehört hat, so klang, als herrsche hier große Angst und Verzweiflung, muß er sich doch sehr genau überlegen, wie er auftreten will. Er tut mit Sicherheit gut daran, nicht »hereinzuplatzen, wo selbst Engel kaum aufzutreten wagen«, wie es im Lied heißt. Wir empfehlen das folgende Vorgehen: Parken Sie ein wenig abseits des Hauses, das Sie aufzusuchen haben, und gehen Sie langsam und ganz ruhig darauf zu. Hören Sie Geräusche, die auf gewalttätige Auseinandersetzungen schließen lassen? Achten Sie immer weiter auf etwaige Geräusche, wenn Sie nun auf die Tür zugehen, und betreten Sie die Wohnung nicht, solange Sie nicht dazu aufgefordert werden. Selbst wenn Sie auf dem Weg zu einem Menschen sind, der Ihnen zutiefst bekümmert erschienen ist, sollten Sie jetzt nicht Hals über Kopf in die Wohnung hineinstürmen; denken Sie daran, daß es »fremdes« Territorium ist und daß das plötzliche Betreten einer fremden Wohnung als Angriff gedeutet werden kann und nicht als Interesse und Anteilnahme. Außerdem kann es sein, daß der Anrufer Ihnen nicht die Wahrheit gesagt oder aber die Situation so dargestellt hat, wie es für seine Zwecke am günstigsten ist. Ein verletztes oder gekränktes Familienmitglied, das im ersten Zorn angerufen hat, kann das Geschehen ganz und gar falsch dargestellt haben. Wir brauchen nur an die geprügelte Ehefrau oder den mißhandelten Jugendlichen zu denken, die bzw. der nun natürlich den Wunsch hat, den Schläger »in seine Schranken verwiesen« zu sehen. Ein in dieser Weise gequälter und verletzter Mensch merkt vielleicht gar nicht, daß er die Tatsachen verdreht und dem Therapeuten falsche Angaben über das Verhalten der übrigen Familienmitglieder gemacht hat. Menschen, die bei schweren Familienstreitigkeiten um Hilfe bitten, sind in der Regel dankbar, daß jemand gekommen ist, und oft angenehm überrascht, daß dieser andere so viel Anteilnahme an ihrer Situation aufbringt und in dem Augenblick, in dem man ihn braucht, auch tatsächlich erscheint. Es kann allerdings auch ganz anders kommen; der Therapeut ist unter Umständen sofort und unmittelbar bedroht, und deshalb ist es das Beste, wenn man mit größter Vorsicht an diese Situationen herangeht. Wenn der Therapeut auf dem Weg zur Wohnung von fremden Leuten ist, sollte er sich, wie schon gesagt, ganz deutlich vor Augen führen, daß es ja »deren« Wohnung ist. Wenn er nun geklingelt hat und darauf wartet, eingelassen zu werden, sollte er ein kleines Stück von der Tür zurücktreten. Damit erreicht er zweierlei: Derjenige, der die Tür öffnet, hat dadurch 1. genügend »Raum«, er fühlt sich also nicht beengt oder bedroht; und er wird 2., wenn er vielleicht zornig wird, in dem wartenden Therapeuten dann nicht sogleich eine Zielscheibe für seine Aggressionen sehen, bzw. dieser kann ihm aus dem Weg gehen. Wir müssen uns auch darüber im klaren sein, daß ein Therapeut ja nicht die gleichen Rechte und rechtlichen Möglichkeiten hat wie ein Polizeibeamter. Wenn der Therapeut beispielsweise ohne die entsprechende Erlaubnis eine fremde Wohnung betritt, hat er sich eindeutig einer Übertretung schuldig gemacht. Es ist also unter rechtlichen wie unter moralischen Gesichtspunkten das Klügste, abzuwarten.

Wenn die Wohnung schlecht oder überhaupt nicht beleuchtet ist, muß der Therapeut noch vorsichtiger vorgehen, um sich an die Dunkelheit zu gewöhnen. Als erstes sollte er sich vorstellen und etwas zu seiner Person sagen. Zugleich sollte er sich nach möglichen Anzeichen einer gewalttätigen Auseinandersetzung umsehen, etwa zerbrochenen Gegenständen auf dem Fußboden oder kreuz und quer herumstehenden oder -liegenden Möbelstücken. Große Vorsicht ist auch in bezug auf den persönlichen »Raum« jedes einzelnen geboten, mit dem der Therapeut spricht. Im allgemeinen gilt sowohl in Amerika wie auch in Europa ein »persönlicher Raum« von 50 bis 60 cm unter nichtbedrohlichen Umständen als sicher und angenehm. In einer kritischen Situation ist es nicht ratsam, sich einem anderen Menschen auf weniger als einen Meter zu nähern, es sei denn, dieser andere gibt deutlich zu erkennen, daß es ihm recht ist, wenn jemand noch näher tritt.

Wenn die Situation sich so weit beruhigt hat, daß die Familienmitglieder nun allem Anschein nach bereit und imstande sind, mit dem Therapeuten zu sprechen, dann sollte dieser sich überlegen, in welchem Raum man sich am besten zusammensetzt. Die Wahl wird in der Regel nicht gerade auf die Küche fallen, denn dort gibt es Messer und andere gefährliche kleine Gegenstände, die sich als Waffe verwenden lassen, wenn der Streit wieder heftig aufflammen sollte. Dagegen lassen sich die Dinge recht gut am Eßtisch oder im Wohnzimmer besprechen. Wenn man sich für das Wohnzimmer entscheidet, wird der Therapeut sich nach einem unbequemen Stuhl umsehen oder sich sogar einen solchen Stuhl hereinbringen lassen. Damit kann er es nämlich vermeiden, sich aus Versehen auf den Lieblingssessel eines der Anwesenden zu setzen und diesen damit ganz ungewollt zu verärgern. Im übrigen ist es gut, wenn der Therapeut eine angemessene Entfernung von der »Hauptperson« wahrt, ohne sich dabei allzu deutlich »entfernt zu halten«, bis er die Situation überschaut. Er kann dazu etwa sagen: »Ich möchte so sitzen, daß ich Sie alle sehen kann.« Eine solche Erklärung wird wohl kaum als ungewöhnlich oder beleidigend empfunden werden. Während dieser Vorbereitungen läßt sich feststellen, ob die Beteiligten ihre Probleme als Familie zu diskutieren vermögen oder nicht. Wenn sie es nicht können, ohne daß einer von ihnen in Wut gerät, dann kann der Therapeut vorschlagen, das Gruppengespräch (vorübergehend) auszusetzen, und zunächst einmal mit jedem einzeln sprechen. Auf diese Weise kann jeder seiner Verärgerung Luft machen, und erst anschließend setzt man sich dann wieder als Gruppe zusammen.

Wenn er herausfinden möchte, ob eine Familie oder ein Paar imstande ist, ruhig miteinander zu sprechen, wird der Therapeut sich auf die Regel besinnen, nach der »jeweils nur *eine* Person spricht«: alle tragen der Reihe nach ihre Sicht des Problems vor. Dabei unterbricht keiner den andern, und keiner braucht in Unruhe oder Erregung zu geraten. Wenn eine Familie imstande ist, diese Regel einzuhalten, dann können ihre Mitglieder meistens auch als Gruppe zusammenarbeiten. Zugleich kann mit dieser Regel jedem Anwesenden bedeutet werden, daß dem Therapeuten alle Seiten der Geschichte wichtig sind. Am besten fordert man zuallererst dasjenige Familienmitglied auf, seine Sicht der Dinge darzulegen, das am ehesten zum »Explodieren« neigt. Auf diese

Weise läßt der Therapeut erkennen, daß er diesen Menschen anerkennt und respektiert; und er kann seinerseits rasch feststellen, ob man mit ihm im Rahmen der Familie arbeiten kann oder ob man sich ihm ganz individuell zuwenden muß.

Erste Schritte und Zielsetzungen

Eine erste und sehr wesentliche Aufgabe besteht für den Therapeuten zunächst darin, mit dem in die Krise geratenen Menschen in Kontakt zu treten und sein Vertrauen zu gewinnen. Wie wichtig gerade dieser Punkt ist, kann gar nicht deutlich genug gesagt werden. Er bedeutet, daß ein Therapeut, der Krisenhilfe leisten möchte, imstande sein muß, mit ganz verschiedenen Menschen von ganz verschiedener Herkunft in Beziehung zu treten. Er muß es verstehen, mit jedem zu sprechen: mit jugendlichen Ausreißern, mit Alkoholikern, mit streng fundamentalistischen Christen, mit Angehörigen der Oberschicht, die ihn in ihrem luxuriösen Eigenheim erwarten. In der Krisenarbeit und besonders in Fällen, in denen auch die Polizei tätig wird, muß der Therapeut flexibel genug sein, um mit *jedem* Menschen umzugehen. Wenn er Krisenhilfe leistet, kann er sich seine Klienten nicht aussuchen, wie dies in der privaten Praxis und auch in der Arbeit einer privaten Beratungsstelle ja durchaus möglich ist. Seine erste Aufgabe lautet also, in Kontakt mit dem von der Krise betroffenen Menschen zu treten, und auch wenn das das einzige ist, was er bei seinem ersten Besuch erreicht, so muß man es doch bereits als einen Erfolg ansehen.

Wenn ein allererster Kontakt zustande gekommen ist, besteht der nächste Schritt darin, sich um eine deutliche Definition des Problems zu bemühen: Was geht hier eigentlich vor, und welche Verhaltensweisen haben zu den Vorgängen geführt? Es ist erstaunlich, wie viele Menschen gar nicht wirklich darüber nachdenken, worin ihre Schwierigkeiten denn eigentlich bestehen und wie es gekommen ist, daß sie sich nun zu einer Krise ausgewachsen haben. Allerdings gibt es (mindestens) zwei Möglichkeiten, das Problem zu definieren: Der Therapeut definiert es auf die eine, der von der Krise betroffene Mensch definiert es auf eine andere Weise. Nicht immer wird der Therapeut seine eigene Definition des Problems als erster vortragen wollen. Es mag sinnvoller sein, das

Problem zunächst einmal mit dem Hinweis auf gewisse Verhaltensweisen, also in einer für die Familie verständlichen und einfachen Sprache zu erklären: Was wird hier falsch gemacht, und wer macht es falsch?

Als nächstes muß der Therapeut sich danach erkundigen, was sein Klient bzw. was diese Familie bisher getan hat oder gegenwärtig tut, um mit dem Problem fertigzuwerden oder es zu lösen. Man würde ja nur Zeit und Kraft verschwenden, wenn man es ein zweites Mal mit Lösungen versuchen wollte, die sich schon einmal als unbrauchbar erwiesen haben.

Im Anschluß daran wird der Therapeut eine Reihe von Behandlungszielen aufstellen wollen. Um eine verhaltensorientierte Darstellung des Problems zu erhalten, die sich dann auch bei der Zielformulierung als nützlich erweist, kann er fragen: »Was wird sich denn ändern, wenn das Problem nicht mehr besteht?« Woran wird die Familie also erkennen, daß die Dinge sich geändert haben, daß es zu einer Besserung gekommen oder das Problem ganz und gar verschwunden ist? Auch die Ziele müssen, ebenso wie die Definition des Problems, klar und in bezug auf Verhaltensweisen formuliert werden. Ziele wie zum Beispiel: »Ich möchte wirklich meinen Kopf wieder beisammen haben« oder »Ich möchte nicht mehr so depressiv sein« sind natürlich ganz unsinnig. »Nicht mehr so depressiv sein«, »sich nicht mehr so unglücklich fühlen« – das sind vage Bestrebungen, aber keine klar definierten Ziele. Eine wirkliche Veränderung aufgrund therapeutischer Bemühungen setzt voraus, daß klare Definitionen und spezifische Ziele bestehen, die von allen an der augenblicklichen Situation beteiligten Menschen verstanden und überprüft werden können. Der Therapeut muß wissen, wozu die betroffenen Menschen fähig sind, wenn die Dinge sich ändern, und welche Situationen dann nicht mehr eintreten. Vor allem wenn er es mit depressiven Menschen zu tun hat, muß der Therapeut immer wieder zum Nachdenken darüber auffordern, welche konkreten verhaltensmäßigen Veränderungen denn (im Licht der Ziele, die sie erreichen wollen) bereits zu beobachten sind. Depressive Menschen geben nämlich nicht gerne zu, daß sie Fortschritte gemacht haben, wenn man sie auf diese Fortschritte nicht immer wieder und in einer Weise aufmerksam macht, die keinen Widerspruch zuläßt.

Schließlich muß der Therapeut sich auf die Realitätswahrneh-

71

mung des oder der betroffenen Menschen konzentrieren. Die Realitätswahrnehmung eines Menschen, der sich in einer Krise befindet, ist einigermaßen begrenzt und starr. Wir können in diesem Zusammenhang auch von einer Art »Tunnelblick« sprechen. Dies ist der Grund, weshalb Menschen, die in eine Krise geraten sind, auf bestimmte therapeutische Techniken besonders gut ansprechen – etwa auf die von Milton Erickson (Erickson u. a., 1976) entwickelten Techniken oder auf die indirekten bzw. paradoxen Methoden der Kurztherapie (Watzlawick u. a., 1974). Dagegen können die traditionellen therapeutischen Vorgehensweisen, die auf Einsicht, Argumentation und Interpretation abzielen, einen agitierten oder wütenden Menschen noch stärker in die Defensive und in den Widerstand treiben. Mit anderen Worten, es wäre ganz und gar unvernünftig zu erwarten, daß ein Mensch in einer Krise sich »vernünftig« verhält. Unserer Meinung nach sollte der Therapeut deshalb lieber versuchen, aus der Not eine Tugend zu machen, das heißt, er sollte die starre Art der Wahrnehmung mit Hilfe der Methoden, die wir ihm dafür vorschlagen, in therapeutischer Absicht nutzen.

Der Versuch einer »Entschärfung« der kritischen Situation

Der Therapeut muß versuchen, das Weltbild und das Selbstbild seines Klienten in die Interaktion, wie er sie aufbauen will, hineinzunehmen. Die Sprache des Klienten kann ihm in diesem Zusammenhang außerordentlich wertvolle Informationen liefern. Sie gibt nämlich Auskunft über seine Wertvorstellungen, über seine Ängste und Befürchtungen, über seine Sicht der eigenen Person und der Mitmenschen ganz allgemein. Da die Menschen sich gerade in einer Krise zäh an diese Vorstellungen klammern, hat ein geschickter Therapeut hier einen ganz besonders großen Spielraum; er kann nämlich erwünschte wie unerwünschte Verhaltensweisen im Einklang mit dem starren Realitätsbild seines Klienten »umdefinieren«. Wenn also beispielsweise Begriffe wie Stärke und Männlichkeit eine große Rolle im Selbstbild eines Menschen spielen, dann lassen sich auch Selbstdisziplin und Selbstbeherrschung als männliche Eigenschaften darstellen (umdefinieren), und Aggressivität kann als kindisches und unmännliches Attribut bezeichnet werden (umfassende Ausführungen zu dieser Technik des Um- und Neudefinierens finden sich bei Watzlawick, 1978, S. 119).

Eine Umdefinition kann auch bei dem Klienten versucht werden, der eine geliebte Bezugsperson mit seinem Selbstmord dafür bestrafen möchte, daß sie ihn verlassen hat. Der Therapeut stellt dem »selbstmordwilligen« Klienten seine Realität dann in folgender Weise dar: Wenn er wirklich den Wunsch hat, den ehemaligen Partner zu bestrafen, dann sollte er sich einen neuen Partner suchen und eine neue glückliche Zweierbeziehung aufbauen. Damit zeigt er dem früheren Partner, daß dieser ihm ja gar nicht so wichtig ist und sich ohne große Mühe ersetzen läßt. Und er selbst, der eine Zeitlang mit dem Gedanken an Selbstmord gespielt hat, genießt das seltene Vergnügen, Augenzeuge dieser seiner Rache zu werden.

Realität ist ein subjektives Phänomen, und daher kann der Therapeut an einer Veränderung des Realitätsbildes seines Klienten nur dadurch arbeiten, daß er bestimmte Komponenten dieses Bildes neu faßt oder »umdefiniert«, wie dies bei Watzlawick geschildert wird:

> »In dieser Veränderbarkeit der subjektiven ›Realitäten‹ liegt der Erfolg jener Art von therapeutischen Interventionen, die wir inzwischen unter der Kategorie der Neudefinition oder Umdefinition zusammenfassen. Erinnern wir uns: Wir haben es niemals mit der Realität *an sich* zu tun, sondern mit *Bildern* der Realität – das heißt also mit Deutungen. Obwohl die Anzahl der insgesamt möglichen oder denkbaren Interpretationen sehr groß ist, läßt unser Weltbild uns in der Regel nur eine einzige erkennen – und diese *eine und einzige* erscheint uns deshalb als die einzig mögliche, einzig vernünftige und zulässige Sicht« (1978, S. 119).

Diese Beschreibung trifft genau für Menschen zu, die sich in einer Krise befinden und mithin den therapeutischen Bemühungen und Lösungsversuchen einen besonders großen Widerstand entgegensetzen. Die Krise hat sie erschreckt und verwirrt, und deshalb klammern sie sich nun geradezu an die gewohnten – aber neurotischen – Verhaltensmuster, die in der Regel nur dafür sorgen, daß das Problem fortbesteht.

Die herkömmlichen direkten und »rationalen« Versuche, einen bedrängten Menschen zur Aufgabe seiner alten und unbrauchbaren Techniken der Problemlösung zu bewegen, erweisen sich oft als erfolglos; die vertrauten Techniken vermitteln ihm – auch wenn sie nutzlos sind – das Gefühl größerer Sicherheit. Man tut also besser daran, die Widerstände des Patienten zu akzeptieren und sie in die therapeutischen Bemühungen gewissermaßen einzubauen. Im folgenden wollen wir an einem Beispiel zeigen, wie sich dieser Widerstand positiv nutzen läßt:

Eine Mitarbeiterin unseres ETC erhielt den Auftrag, ein junges Ehepaar aufzusuchen. Es ging um die Frage, ob der Mann ins Krankenhaus eingeliefert werden müsse oder nicht. Bei ihrer Ankunft erfuhr die Therapeutin, daß der junge Mann sich schon eine ganze Weile auf dem Fußboden hin- und hergewälzt und immer wieder geschrien habe, er wolle sterben. Er hatte erfahren, daß seine Frau ein Verhältnis mit einem anderen Mann unterhielt. Die Therapeutin war eine kleine zierliche Frau und erkannte sogleich, daß es töricht und sinnlos wäre, es hier mit einer direkten Maßnahme zu versuchen, zumal der Ehemann sehr groß und stattlich war. Dazu kam, daß sein Betragen ihm gefühlsmäßig durchaus etwas »einbrachte«: den Anblick seiner zunehmend gedemütigten und verzweifelten Frau. Die Therapeutin beschloß daher, den Widerstand des Mannes zu akzeptieren und sich alle weiteren Versuche von seiner Seite, sich in dieser Weise aufzuspielen, für ihre Zwecke zunutze zu machen.

Zunächst wandte sie sich an die Frau und sagte in ernstem Ton (und so laut, daß der Ehemann ihre Worte ebenfalls hören konnte), ihrer Meinung nach habe die Frau ihren Mann sehr tief »verwundet«. Ja, der Mann müsse sich tatsächlich auf dem Boden hin- und herwälzen, um seinen großen Kummer über das, was sie ihm angetan habe, zum Ausdruck zu bringen. Höchstwahrscheinlich müsse er sogar noch eine weitere Stunde so hin- und herrollen, um seinen ganzen Schmerz auszudrücken und eine gewisse Erleichterung zu verspüren. Anschließend forderte die Therapeutin den Ehemann auf, lauter zu schreien und heftiger hin- und herzurollen. Nachdem er das einige Augenblicke lang getan hatte, hielt der Mann inne und fragte: »Was ist denn mit Ihnen los? Sind Sie verrückt?« Die Therapeutin antwortete, sie sei nicht verrückt, aber sie wisse, daß er tief verletzt sei und seiner Frau deutlich zeigen müsse, daß er entsetzliche Qualen leide. Dieser letzten Bemerkung stimmte der Mann zu.

Hätte die Therapeutin in diesem speziellen Fall einen direkteren Weg einschlagen wollen, um den Mann von seinem unbeherrschten Verhalten abzubringen, dann wäre er vermutlich ganz anders ausgegangen. Höchstwahrscheinlich hätte man die Polizei zu Hilfe gerufen, und der Mann wäre zur Beobachtung in eine psychiatrische Klinik eingewiesen worden. Die Intervention wirkt in der Beschreibung vielleicht allzu simpel und so, als sei sie kaum geeignet, eine emotional hochgeladene Situation zu entschärfen, aber vielleicht war es gerade ihre Schlichtheit, die schließlich zum Erfolg führte. Auf jeden Fall konnte die Therapeutin eine Konfrontation umgehen, indem sie das Verhalten des Mannes zunächst akzeptierte und ihm dann ein Motiv dafür lieferte, es von sich aus zu ändern.

Eine weitere Möglichkeit, eine akut gefährliche oder kritische Situation zu entschärfen, liefert die (im Kapitel 2 schon erwähnte) »Illusion der Alternativen«, wie sie von Watzlawick und Jackson (1958), von Erickson und Rossi (1975) und erneut von Watzlawick (1978) erörtert wird. Bei Watzlawick (1978) heißt es, daß mit diesem Konzept

»ein Kontext geschaffen wird, innerhalb dessen es möglich ist, sich angeblich frei zwischen zwei Alternativen zu entscheiden, die beide zum gleichen Ergebnis führen – nämlich zum therapeutisch intendierten Wandel. So wird eine Illusion genährt, indem man nämlich vorgibt, daß es nur diese beiden Möglichkeiten gebe, oder es wird, anders gesagt, ein Zustand der Blindheit in bezug auf die Tatsache herbeigeführt, daß es *außerhalb* dieses Kontextes selbstverständlich noch andere Möglichkeiten gibt« (S. 120).

Dieses Vorgehen läßt sich in Krisensituationen gerade deshalb mit Erfolg nutzen, weil der betroffene Mensch zur Flexibilität in seiner Wahrnehmung nicht mehr fähig ist. Stellen wir uns zum Beispiel vor, daß ein Therapeut zu dem Schluß gekommen ist, sein Klient müsse ins Krankenhaus eingeliefert werden, während der Klient noch zögert. Im Verlauf ihrer »Verhandlungen« über dieses gewichtige Thema könnte der Therapeut sich anbieten, für den Transport ins Krankenhaus zu sorgen, entweder mit dem Krankenwagen oder mit dem Polizeiauto – der Klient könne sich da ganz nach Wunsch entscheiden.

Es kommt immer wieder einmal vor, daß ein Therapeut sich in

den ersten Phasen der Behandlung blockiert fühlt und den Wunsch hat, sich umfassender und rascher über das anstehende Problem zu unterrichten. Um das zu erreichen, könnte er die Menschen beispielsweise bitten, sich nicht etwa jetzt plötzlich ganz und gar anders zu verhalten. (Natürlich wäre es nicht klug, nach dieser Empfehlung in einer Situation zu verfahren, in der es zu tätlichen Auseinandersetzungen gekommen ist). Er könnte seinen Klienten auffordern, sich von Sitzung zu Sitzung bestimmte Verhaltensweisen zu notieren oder eine Art Tagebuch darüber zu führen. Er soll Handlungen und Vorfälle festhalten, über die der Therapeut mehr wissen muß, und das bedeutet, daß er seine Aufmerksamkeit in dieser Zeitspanne verstärkt auf das eigene Verhalten und seine Interaktionen richten wird. Mit der Zeit wird tatsächlich eine gewisse Veränderung eintreten, denn das gespannte Interesse gilt ja nun nicht mehr der Eskalation der Konflikte, sondern ihrer Dokumentation. Zugegeben, die Veränderung mag hierbei recht gering sein, aber vielleicht ist sie dennoch bedeutsam – falls sie nämlich Informationen liefert, die der Therapeut bei seinen späteren Interventionen nützen kann.

Für den Fall, daß eine Krise von neuem eskaliert, kann der Therapeut versuchen, die Dinge dadurch wieder in den Griff zu bekommen, daß er die beteiligten Personen ablenkt, und zwar durch im Grunde belanglose, aber doch irgendwie »einschlägig« klingende Fragen nach dem Leben und der »psychischen Vergangenheit« jedes einzelnen Familienmitgliedes: »Wie viele Geschwister hatte Ihre Mutter? Was war Ihr Vater von Beruf? Welche Schulen haben Sie besucht?« Die meisten von uns kennen das – wir gehen zum Arzt, und er stellt uns Fragen, die uns komisch vorkommen, aber harmlos sind. Die Antworten darauf erfolgen beinahe automatisch, weil wir davon ausgehen, daß der Fachmann solche Fragen stellen und sein Klient sie beantworten muß. Im allgemeinen hat der Therapeut, der so vorgeht, die Situation innerhalb weniger Minuten wieder unter Kontrolle und kann seine Gedanken wieder auf die eigentliche Intervention richten.

Eine weitere Technik, die dazu beitragen kann, die erregten und verwirrten Gemüter zu beruhigen, besteht darin, daß der Therapeut vorgibt, etwas »schwer von Begriff« oder etwas »durcheinander« zu sein oder noch nicht ganz verstanden zu haben, was die Familienmitglieder ihm eigentlich mitteilen wollen. Die Erklärung

76

für den Erfolg dieses Vorgehens liegt darin, daß die meisten Menschen – und seien sie noch so aufgeregt oder ärgerlich – doch möchten, daß ihr Gesprächspartner ihren Standpunkt in der jeweiligen Angelegenheit begreift. Wenn also der Therapeut zwar offensichtlich Interesse bezeigt, aber die Dinge anscheinend noch nicht so ganz verstanden hat, dann wird der zornige Klient sich in aller Regel verstärkt darum bemühen, ihm seinen Standpunkt deutlich zu machen. Natürlich ist auch hier Vorsicht geboten, damit man den Klienten nicht noch mehr verärgert. Der Therapeut könnte zum Beispiel sagen: »Ich möchte sichergehen, daß ich Sie auch wirklich verstehe«, und dann die erhaltene Mitteilung in geringfügig veränderter Form »wiederholen«. Daraufhin muß der erregte und ärgerliche Klient nun doch gewisse Anstrengungen unternehmen, um genau zu erklären, was er vorhin zu sagen versucht hat. Das heißt, ein Teil seiner Energien ist jetzt von seinem Zorn abgezogen und wird dazu eingesetzt, dem Therapeuten *seinen* Standpunkt in der strittigen Sache zu erklären.

Man kann einen Menschen dadurch beruhigen oder zum geduldigen Zuhören veranlassen, daß man sein Verhalten positiv definiert. Das soll nicht heißen, daß man nun alles in den leuchtendsten Farben darstellen oder unentwegt Optimismus verbreiten sollte; es soll lediglich heißen, daß man nach den positiven Aspekten im Verhalten dieses Menschen suchen und seine Aufmerksamkeit darauf lenken sollte, um sein Vertrauen zu gewinnen. Zu einem aggressiven und zu Tätlichkeiten neigenden Ehemann könnte der Therapeut beispielsweise sagen, sein Verhalten sei das eines »starken« Mannes; Stärke sei eine wichtige Eigenschaft und sein Klient allem Anschein nach ein Mensch, der es liebe, seine Umgebung unter Kontrolle zu haben, und der gerne einen gewissen Überblick über die Vorgänge habe, die um ihn herum ablaufen. So kann der Therapeut gewisse positive Aspekte im Verhalten des Mannes herausstreichen, die dieser dann vielleicht auch selbst »hört«, und sich damit so etwas wie einen Hebel verschaffen, um den Klienten dazu zu bewegen, aufzumerken und zuzuhören.

Auch die paradox erscheinende Aussage oder Frage kann für eine gewisse Beruhigung sorgen und die Menschen zum Zuhören veranlassen. Manchmal kann eine solche Maßnahme die Situation oder die augenblickliche Verfassung eines Menschen gerade so weit verändern, daß der immer weiter eskalierende Kreislauf von

Ärger und Zorn damit durchbrochen ist. Der Therapeut, der die Wohnung soeben betreten hat, bittet beispielsweise höflich um eine Tasse Kaffee oder ein Glas Wasser. Diese Bitte, mit der man ja keineswegs gerechnet hat, kann zur Folge haben, daß der Streithahn und »Gegner« in der augenblicklichen Krise unversehens in die ihm vertrautere Rolle des Gastgebers überwechselt, und gerade weil sie von so entwaffnender Schlichtheit ist und so ganz und gar überraschend kommt, führt sie häufig zu einem Erfolg – sie lenkt den Adressaten nämlich lange genug ab, so daß sein Zorn allmählich nachläßt. Ein ETC-Mitarbeiter unterbrach einmal ein Paar in seinem hitzigen Wortwechsel mit der Frage: »Ist das nicht Gas, was da so merkwürdig riecht?« Mit einem Schlag richtete sich die Aufmerksamkeit der beiden auf etwas anderes als ihren Konflikt. Auf diese Weise konnte der Therapeut eine weitere Eskalation verhindern und der Kommunikation eine andere Richtung geben.

Und schließlich ist auch der Humor ein wahres Wundermittel, wenn es darum geht, einen zornigen Menschen abzulenken, seine Wut zu dämpfen und ihn zu beruhigen. Allerdings muß er höchst vorsichtig und mit dem notwendigen Gespür für die Selbstachtung und die Würde des anderen gehandhabt werden. Man muß darauf achten, daß die humorvolle Bemerkung in Inhalt und Form nicht etwa mißverstanden oder so aufgefaßt wird, als wollte man sich über den anderen lustig machen. Manche Therapeuten bedienen sich dieses Hilfsmittels ganz zwanglos, andere können es nicht. Wenn ein Therapeut leicht und geschickt damit umgehen kann, leistet ihm sein Humor gerade in kritischen Situationen oft sehr wertvolle Dienste. Ein Therapeut, dem Humor nun einmal nicht gegeben ist, sollte diese Gabe aber nicht herbeizwingen wollen.

4 Die Einweisung in eine Klinik

Zu den schwierigsten Entscheidungen, die ein Therapeut zu treffen hat, gehört gelegentlich auch die Frage, ob er einen Menschen, der sich in einer Krise befindet, in eine Klinik einweisen soll oder nicht. Besonders gewichtig wird diese Entscheidung dann, wenn der Betroffene selbst mit seiner Einweisung nicht einverstanden ist. Ein Therapeut, der an die Arbeit in der Klinik gewöhnt ist, vergißt häufig, wie erschreckend der Gedanke an eine stationäre Einweisung für den »Patienten« sein kann und was diese Maßnahme real und symbolisch für ihn bedeutet: Sein Leben ist nun für eine Zeitlang der Aufsicht anderer Menschen unterstellt, die er in den meisten Fällen nicht kennt. Seine Einlieferung in eine psychiatrische Einrichtung bedeutet darüber hinaus ein Stigma, das ihm unter Umständen verbleibt – denken wir nur an die automatische Registrierung und Speicherung unserer Daten und an den ungenügenden Schutz gerade auch von Krankenblättern. Das heißt also, dieser eine Klinikaufenthalt kann von Einfluß auf sein ganzes weiteres Leben sein.

In kritischen Situationen von der Art, wie sie in diesem Kapitel beschrieben werden, steht der Therapeut häufig unter erheblichem Druck von seiten der Freunde und Angehörigen des Klienten, die für oder gegen dessen Einweisung in eine Klinik sind. Der Therapeut muß alle Überlegungen, die ihm vorgetragen werden, unparteiisch gegeneinander abwägen und seine Entscheidung auf das gründen, was seiner Meinung nach den Interessen des Klienten am ehesten dient. Das vorliegende Kapitel soll dem Therapeuten in den schwierigen Fällen, in denen eine solche Entscheidung ansteht, eine Hilfe sein. Die rechtlichen Gesichtspunkte im Zusammenhang mit einer stationären Einweisung werden in Kapitel 13 zur Sprache kommen. Hier wollen wir uns mit Fragen der Vorbereitung einer stationären Einweisung beschäftigen, ob sie nun mit dem Einverständnis des Klienten oder gegen seinen Willen erfolgt, und einige Kriterien für die Beurteilung der Frage nennen, ob und inwieweit der Klient etwa zur Gewalttätigkeit gegenüber anderen Menschen fähig ist. (Zur Beurteilung des Selbstmordrisikos siehe Kapitel 12). An zwei Fallbeispielen wird dann der Vorgang der

Klinikeinweisung veranschaulicht. Daneben enthält dieses Kapitel auch eine Reihe von Empfehlungen für den Fall, daß der Therapeut entgegen den Wünschen des Klienten oder seiner Angehörigen zu der Überzeugung gelangt, daß diese Unterbringung den Interessen des Betroffenen gerade *nicht* dienlich ist.

Stationäre Einweisung – ja oder nein?

Selbst wenn eine Beziehung zwischen einem Therapeuten und seinem Klienten schon lange Zeit besteht, ist es nicht immer einfach, den Klienten in eine therapeutische Einrichtung einzuweisen. Letzten Endes sollte diese Entscheidung von den folgenden Überlegungen abhängig gemacht werden: Ist der Therapeut der Meinung, daß der Zustand des Klienten sich aller Wahrscheinlichkeit nach verschlechtern wird, wenn er nicht in eine geschützte Umgebung gebracht wird; ist der Klient psychisch so krank, daß er eine Bedrohung für sich selbst oder für andere Menschen darstellt; ist er durch seine psychische Krankheit so schwer behindert, daß er nicht mehr für sich selbst sorgen kann?

Eine so gewichtige Entscheidung sollte nicht allein deshalb getroffen werden, weil der Klient gerne ins Krankenhaus gehen möchte. Manche Klienten begrüßen ihre stationäre Einweisung nämlich als ein Mittel, mit dem sie ihre Umgebung bestrafen oder manipulieren können, und manche chronisch kranken Menschen sehen im Krankenhaus einen Ort der Zuflucht vor den Pflichten und Aufgaben des Lebens. Auch sollte die Entscheidung zugunsten der Einweisung nicht deshalb erfolgen, weil ein Mensch bizarre Gewohnheiten hat oder das Zusammenleben mit ihm sich schwierig gestaltet. Für den Therapeuten ist es mitunter nicht einfach, dem Druck zu widerstehen, den Freunde, Nachbarn und Verwandte des Klienten auf ihn ausüben, damit er diesen unbequemen und seltsamen Menschen ins Krankenhaus einweist. In solchen Fällen muß der Therapeut die Verantwortung für die Betreuung dieses Menschen wieder an die Familie oder die Freunde zurückgeben, wohin sie gehört, und diesen »signifikanten Bezugspersonen« des Klienten begreiflich machen, daß ein zeitlich begrenzter stationärer Aufenthalt sie zwar für eine Weile von dem auf ihnen lastenden Druck befreien, den schwierigen Angehörigen aber nicht zwangsläufig verändern oder das Zusammenleben mit ihm auf Dauer vereinfachen werde. Die Aussichten dafür, daß der Klient sein unannehmbares Verhalten ändert, wären sehr viel besser, wenn sie selbst sich ihm gegenüber anders verhielten.

Diagnose und Vorgehen

Kennt der Therapeut denjenigen nicht, über dessen Zustand und mögliche Einlieferung ins Krankenhaus er zu befinden hat, erfordert die Situation häufig besonders großes Geschick. Zunächst empfiehlt es sich, den Klienten aufmerksam zu beobachten und dabei ganz allmählich auf ihn zuzugehen. Man muß auf sein nonverbales Verhalten und zugleich darauf achten, daß ihm genügend persönlicher Raum bleibt und er nicht das Gefühl hat, in einer Falle zu sitzen und nicht ausweichen zu können. Gestörte und hochgradig erregte Menschen fühlen sich sehr leicht bedroht und verlieren dann unter Umständen jede Selbstbeherrschung, wenn ein anderer Mensch ihnen zu nahe kommt. In solchen Fällen sollte also der übliche »Sicherheitsabstand« von ca. einem halben Meter zumindest auf das Doppelte vergrößert werden. Wie in allen anderen kritischen Situationen auch sollte der Therapeut sich zunächst darauf konzentrieren, eine Beziehung herzustellen, und zugleich herauszufinden suchen, aus welchen Gründen der Mensch so erregt und aufgewühlt ist. Dabei sollte der Therapeut nicht vergessen, daß dieser Mensch ihn ja nicht aus freien Stücken zum Therapeuten gewählt hat und seine gegenwärtige Situation möglicherweise nicht als »Krise« oder Notlage definiert. Häufig ist ja der Mensch, dessen Krankheit »diagnostiziert« wird, nicht der gleiche, der um Hilfe gebeten hat, und möglicherweise ist er vor Eintreffen des Therapeuten auch sehr wenig einfühlsam behandelt oder sogar provoziert worden. Der Therapeut hat also unter Umständen nicht nur die Aufgabe, einen ersten Kontakt zu einem gestörten Menschen herzustellen, sondern er muß darüber hinaus versuchen, diesen Menschen vergessen zu machen, wie unmenschlich und gefühllos seine Umgebung ihn behandelt hat. Unter Umständen kommt noch hinzu, daß der betreffende Mensch zu einem früheren Zeitpunkt schon einmal in eine Klinik eingeliefert worden ist und schlimme persönliche Erinnerungen daran bewahrt.

Bevor man mit den eigentlichen diagnostischen Erhebungen beginnt, sollte man sich Salamons (1976, S. 110) Empfehlung ins Gedächtnis rufen, wonach der Therapeut sich »mit den gesunden Dingen beschäftigen« muß, denn selbst akut gestörte Menschen besitzen ein gewisses Maß an Ichstärke. Es empfiehlt sich, die Situation in einer Weise anzugehen, die Vertrauen weckt, und dem Klienten zu verstehen zu geben, daß es in allererster Linie um seine Sicherheit und sein Wohlergehen geht. Dann sollte man versuchen herauszufinden, welche Gründe hinter dem Verhalten dieses Menschen stehen. Auch akut gestörte Menschen, die sich bizarr verhalten, haben einen Grund für ihre Handlungen, und häufig wird ein auf den ersten Blick bizarres Verhalten verständlich, wenn man weiß, welche Überlegungen dahinter stecken. Es kann nicht nachdrücklich genug gesagt werden, daß akut gestörte Personen – selbst wenn sie gewalttätig werden und ihre Umgebung mißhandeln – in der Regel selbst hochgradig verschreckt sind. Sie fürchten sich nicht nur vor ihren eigenen Impulsen, sondern ebenso vor den – eingebildeten oder tatsächlichen – Impulsen anderer. Wie gut sich diese erste Fühlungnahme anläßt, hängt also sehr weitgehend davon ab, ob der Therapeut es versteht, dem gestörten Klienten Vertrauen einzuflößen und tatsächlich in Kontakt mit ihm zu kommen.

Gestörte Menschen sind außerordentlich hellhörig und feinfühlig, was das Verhalten ihrer Mitmenschen angeht, auch wenn sie selbst nicht imstande oder nicht willens sind, sich angemessen zu verhalten. Häufig merken sie auch, wenn der Therapeut sich uneindeutig äußert oder ihnen etwas vormacht, wenn er also beispielsweise zu Unrecht behauptet, er habe keine Angst, oder wenn er vorgibt, sein Gegenüber zu mögen. Klüger ist es in einer solchen Situation, wenn der Therapeut seine Empfindungen sachlich-neutral zugibt. Er kann beispielsweise sagen, daß er sich in Gegenwart des anderen unbehaglich fühlt, anstatt zu behaupten, er habe keine Angst – was von dem Klienten ja zu Unrecht als eine Aufforderung betrachtet werden könnte, sich jetzt erst recht auffällig zu benehmen. Dieses ganz sachliche Eingeständnis eines gewissen Unbehagens empfiehlt sich deshalb, weil es dem verstörten und wütenden Klienten, der seine Wut zum Ausdruck bringen oder aber auf Distanz gegenüber dem Therapeuten gehen möchte, sagt, daß der Therapeut das sehr wohl verstanden hat. Umgekehrt könnte der Therapeut dadurch, daß er sein unbehagliches Gefühl leugnet, den Zorn seines Klienten unwillentlich noch vergrößern,

82

weil dieser sich darüber ärgert, daß seine Botschaft an den Therapeuten »nicht angekommen« ist. Vor allem aber ist ein solches Eingeständnis einfach ehrlicher, und der Klient wird es mit der Zeit zu würdigen wissen.

Der Therapeut muß Festigkeit zeigen und zugleich Zuversicht wecken, und er muß den Gang und die Richtung des Gesprächs unter Kontrolle haben. Seine ersten Fragen sollten klar und direkt ausfallen und so formuliert sein, daß sie leicht beantwortet werden können. Im Fortgang der Unterhaltung kann der Therapeut dann allmählich auch solche Fragen stellen, die eher »offen enden«, wenn er nämlich sieht, daß der Klient etwas von seiner Ängstlichkeit und Unruhe verloren hat. Wenn der Klient aber nicht sprechen möchte, kann der Therapeut die Spannung lindern und eine Konfrontation vermeiden, indem er zum Beispiel vorschlägt, sein Gegenüber solle, wenn es ihm lieber wäre, jeweils nur nicken bzw. mit dem Kopf schütteln, um sein Ja oder sein Nein anzuzeigen. Wenn der Klient sich weiterhin weigert zu sprechen, dann kann der Therapeut es mit einer paradoxen Methode versuchen, nämlich so tun, als »beauftrage« er den Klienten, nicht zu sprechen. Er sagt dann beispielsweise: »Ich habe den Eindruck, daß Sie völlig durcheinander sind und das Sprechen Sie zu sehr anstrengt. Es wäre also wohl das Beste, wenn Sie gar nichts sagten.« Dieser paradoxe Ansatz kann eine von zwei möglichen Wirkungen haben: Wenn der Mensch jetzt spricht, hat der Therapeut die drohende Konfrontation vermieden; wenn er weiterhin schweigt, dann ist ihm vermutlich ein gewaltiger Druck von den Schultern genommen.

Es ist von größter Wichtigkeit, daß der Therapeut die Kontrolle über die Situation behält und seine eigenen Reaktionen zügelt, was immer sein Gegenüber sagt oder tut. Akut gestörte Menschen verstehen es oft außerordentlich gut, einen anderen Menschen in Wut oder Empörung zu versetzen, und machen sich diese Fähigkeit häufig auch zunutze, um dadurch die Oberhand über die Situation zu gewinnen oder zu erreichen, daß man sie in Ruhe läßt. Ihr feines Wahrnehmungsvermögen ermöglicht es ihnen, haargenau das zu sagen oder zu tun, was ihren Gesprächspartner irritiert oder wütend macht. Für den Therapeuten heißt das, daß er sich selbst aufmerksam beobachten muß, und für seine Kollegen oder Kotherapeuten bedeutet es, daß sie Verständnis für seine im

Augenblick so schwierige Aufgabe aufbringen und ihn nach Kräften unterstützen müssen.

Im Laufe des diagnostischen Gesprächs sollte der Therapeut seinem Klienten zu verstehen geben, daß er alles Erforderliche tun wird, um ihm zu helfen, daß er die als notwendig erkannten Schritte aber auch dann unternehmen wird, wenn der Klient damit nicht einverstanden ist. Kurzum, der Therapeut wird *sehr wohl* auf ein äußeres Mittel der Kontrolle wie etwa die stationäre Einweisung zurückgreifen, wenn der Klient sich selbst nicht kontrollieren kann. Nach anfänglichen Protesten ist ein gestörter Mensch oft erleichtert zu hören, daß der Therapeut die Verantwortung dafür, daß die Kontrolle wiederhergestellt wird, bereitwillig übernimmt.

Wenn der Therapeut sich zur Klinikeinweisung entschlossen hat, dann sollte er diese Maßnahme so umsichtig wie möglich vorbereiten und dem Klienten sein Vorhaben unmißverständlich, aber in positiven Worten vermitteln. Im Idealfall sollten die praktischen Vorkehrungen dazu schon getroffen sein, wenn er dem Klienten seine Entscheidung mitteilt. Hinter dieser Empfehlung steht die folgende Überlegung: Wenn ein Mensch alle Selbstkontrolle verliert oder so stark dekompensiert, daß seine Unterbringung in einer Klinik erforderlich wird, dann können die äußeren Umstände einer Einlieferung sehr erschreckend für ihn sein. Auch Menschen, die sehr streitsüchtig sind und zu heftigen Ausbrüchen neigen, erschrecken gelegentlich über ihre Impulse und den zunehmenden Verlust ihrer Selbstkontrolle. In einer solchen Situation kann es sehr zu ihrer Beruhigung beitragen (auch wenn sie zunächst lautstark protestieren), wenn die Einlieferung ins Krankenhaus in mitfühlender Weise, dabei aber auch wohlorganisiert erfolgt. Wenn der Therapeut die Dinge dagegen schlecht vorbereitet und lasch betreibt, dann kann das die unbeabsichtigte Folge haben, daß der gestörte Klient sich noch zügelloser verhält. Es ist also ratsam, schon im voraus im Krankenhaus anzurufen, zu fragen, ob ein Bett frei ist, und sich mit dem Klinikpsychiater über den Fall zu besprechen. Wenn der Therapeut dann von der stationären Einweisung doch noch einmal absieht, ist es eine Kleinigkeit, im Krankenhaus anzurufen und mitzuteilen, daß der Patient nun doch nicht eintreffen wird.

Die Einlieferung gegen den Willen des Klienten

Abgesehen von gewissen Unterschieden im Wortlaut der einzelstaatlichen Bestimmungen gestatten so gut wie alle amerikanischen Bundesstaaten die Zwangseinweisung im Falle der Selbstgefährdung (Selbstmord), der Gefährdung anderer (Totschlag oder Mord) oder der schweren Behinderung (siehe Kapitel 13). Die einzelstaatlichen Bestimmungen unterscheiden sich untereinander unter anderem in bezug darauf, welche (amtlich zugelassenen) therapeutischen Fachkräfte eine zwangsweise Einlieferung ihres Patienten ins Krankenhaus anordnen dürfen; in den meisten Staaten können daneben auch höhere Polizeibeamte eine solche Anordnung erteilen. Wenn also ein Therapeut nicht berechtigt ist, seinen Klienten ohne dessen Zustimmung in eine Institution einzuweisen, dann kann die Polizei ihm Hilfe leisten. Wenn der Therapeut nicht zugleich Arzt ist und der diensttuende Psychiater den Klienten untersuchen muß, dann wird dessen Aufgabe sehr erleichtert, wenn er über die im folgenden genannten Punkte informiert wird – denn auch schwer gestörte Menschen verhalten sich unter Umständen ganz anders als sonst, sobald sie ins Krankenhaus eingeliefert worden sind:

1. Angaben zur Person: Name, Geschlecht, Geburtsdatum, Adresse, Telefonnummer, Personenstand, überweisende Stelle
2. Allgemeine Erscheinung
3. Kurzer Lebenslauf
4. Gegenwärtiges Problem
5. Einstellung des Patienten zu seinem gegenwärtigen Problem, gegenüber dem Therapeuten und angesichts der Einlieferung ins Krankenhaus (Ergebenheit, Widerstand etc.)
6. Motorisches Verhalten: Körperhaltung, Gang, Muskelzittern, Posieren
7. Sprechweise
8. Gefühlsmäßige Verfassung: Zorn, Furcht, Hochstimmung; ist die jeweilige Stimmung angebracht oder nicht?
9. Denkprozesse: sind sie logisch oder unlogisch?
10. Denkinhalte, Delusionen
11. Wahrnehmung, Wahrnehmungsverzerrungen
12. Intellektuelles Verhalten
13. Orientierung in bezug auf Identität, Ort und Zeit

14. Beurteilungsvermögen (Fähigkeit, Dinge zu planen und Pläne auszuführen)
15. Deutliche Beschreibung des Verhaltens des Patienten in der Krisensituation

Der gefährliche Klient und potentielle Mörder

Wie wir schon sagten, fürchten sich viele Menschen, die ihre Selbstkontrolle eingebüßt haben, die zur Aggressivität neigen oder gar imstande sind, einen anderen Menschen umzubringen, vor ihren eigenen Impulsen. Diese Behauptung klingt möglicherweise recht kühn, zumal wenn es sich bei diesen Personen um große, kräftige und/oder hochgradig erregte Menschen handelt. Wie groß und furchterregend solche Menschen aber auch aussehen mögen, sie sind unter Umständen über ihre eigenen Handlungen erstaunt und bestürzt. Es empfiehlt sich also, sie von allem abzuschirmen, was ihre Situation erschweren oder ihnen als Provokation erscheinen könnte. Ein Therapeut sollte für das Gespräch mit einem solchen Klienten einen ruhigen, aber nicht total abgeschiedenen Ort wählen, denn ein abgeschlossener Bereich kann einen solchen Menschen in Panik versetzen, weil er sich unter Umständen dort »in der Falle« wähnt. Es empfiehlt sich auch, wie Salamon (1976) schreibt, einem aggressiven Menschen stets freien Zugang zur Ausgangstür zu ermöglichen, damit er bei einem eventuellen Versuch, aus dem Zimmer zu laufen, nicht etwa den Therapeuten angreift, weil dieser ihm im Weg steht oder sitzt. Meistens ist es möglich, den »Flüchtling« durch die Polizei wieder zurückzuholen.

Wenn ein Klient tatsächlich in einen Zustand höchster Erregung und Unruhe gerät und es nötig wird, ihn festzuhalten, dann sollte der Therapeut das nach Möglichkeit nicht allein versuchen, sondern sich nach Helfern umsehen. Salamon (1976, S. 111) gibt auch zu bedenken, daß der Therapeut bei seinen Bemühungen, einen aggressiven Klienten in Schach zu halten, bei diesem nicht den Eindruck aufkommen lassen sollte, er werde hier »als Mann« herausgefordert oder angegriffen; wenn dagegen drei oder vier Personen sich darum bemühen, ihn zu beruhigen, dann wird er das vermutlich nicht als Provokation oder als Bedrohung seiner Männlichkeit ansehen. Natürlich sollte der Therapeut im voraus dafür sorgen, daß er im Notfall die entsprechende Unterstützung erhält. Wenn er nämlich von stationärer Einweisung spricht und dann nicht in der Lage ist, dieser Ankündigung auch Aktionen folgen zu lassen, weil niemand ihm zu Hilfe kommt, dann wird der ohnehin verstörte Klient sich vielleicht noch ungebärdiger verhalten.

Kommen wir nun zur Beurteilung der potentiellen Gefährlichkeit eines Menschen. Zu bedenken ist in jedem Fall, daß der Klient im Gespräch mit dem Therapeuten vielleicht gar nicht den Eindruck macht, er könnte zu gewalttätigen Handlungen fähig sein. Es gibt Paranoiker, die ihre gewalttätigen Neigungen durchaus eine Weile unterdrücken können, wenn es nötig ist. Für diesen Fall kann der Therapeut sich dadurch zu helfen versuchen, daß er eine oder mehrere signifikante Bezugspersonen des Klienten bittet, an dem Gespräch teilzunehmen. Vor diesen Personen, denen er ja emotional verbunden ist, wird der Klient nämlich seine Gedanken und Handlungen nicht so leicht verbergen können. Es gibt allerdings auch Paranoiker, die sich so ruhig und gelassen geben können, daß auch der geschickteste und erfahrenste Therapeut diese Fassade nicht zu durchdringen vermag.

Nicht alle gewalttätigen Menschen sind potentielle Mörder. Zur Unterscheidung zwischen dem »nur gewalttätigen« Klienten und dem potentiellen Mörder schlägt Salamon (1976, S. 113, 114) vor, die folgenden Überlegungen anzustellen: Welche *Bedeutung* steckt hinter dem augenblicklichen gewalttätigen Verhalten? Kommt darin eine nichtspezifische Wut zum Ausdruck, oder richtet es sich ganz deutlich gegen einen bestimmten Menschen? Natürlich ist die Lage ernster, wenn die Gewalttätigkeit sich gegen ein ganz bestimmtes Opfer richtet. War das gewalttätige Verhalten bisher so unverhüllt, daß es entdeckt werden mußte, oder hat der Klient versucht, seine wahren Absichten zu verschleiern? Ist das ausersehene Opfer ein »unschuldiger Dritter«, oder hat diese Person etwas getan, was den Klienten in seinen aggressiven Neigungen bestärkt und herausgefordert hat? Welche Rolle spielen die Wahnvorstellungen des Klienten; ist er zur Realitätsprüfung überhaupt noch imstande, oder sind seine wahnhaften Vorstellungen so bizarr und so wohlausgebildet, daß ihm Gewaltanwendung auch mit Todesfolge als gerechtfertigt erscheinen könnte? Hat er einen ausgearbeiteten Plan, und kann er sich die Hilfsmittel (zum Beispiel eine Waffe) verschaffen, um diesen Plan auszuführen?

Gewisse Anhaltspunkte für die Beurteilung der potentiellen Gefährlichkeit eines Klienten kann der Therapeut aus der Lebensgeschichte des betreffenden Menschen gewinnen. Hat der Klient schon als Kind gewalttätige Auseinandersetzungen in seinem Elternhaus erlebt? Ist er selbst damals mißhandelt und brutal geschlagen worden? Hat man ihn jemals aus seinem Elternhaus geholt (der elterlichen Fürsorge entzogen), sind die Eltern früh gestorben oder haben sie ihn im Stich gelassen? War er Bettnässer, hat er gern gezündelt, hat er Tiere grausam behandelt (Salamon, 1976, S. 115)? Das bisherige Verhalten eines Menschen ist der beste Indikator für sein zukünftiges Verhalten. Man muß also danach fragen, ob er in seiner eigenen Familie schon Gewalt in irgendeiner Form geübt hat. Auch wiederholte Autounfälle, Trunkenheit am Steuer, rücksichtslose Fahrweise deuten unter Umständen auf aggressive, schwer kontrollierbare Impulse. Daß Autofahren als symbolisches Ventil für aggressive Impulse dienen kann, ist bekannt.

Wenn der Therapeut bemerkt, daß sein Klient eine Waffe bei sich trägt, muß er sich als erstes sagen, daß er dies ja tut, um sich selbst zu schützen. Er sollte dann nichts tun, was in den Augen dieses Menschen einer Aggression oder einer Bedrohung gleichkommt. Es klingt vielleicht paradox, aber ein Klient, der eine Waffe mit sich führt, hat mehr Angst vor dem Therapeuten als umgekehrt: er muß eine Waffe bei sich haben, um sich sicher zu fühlen. Wenn der Therapeut sich diese Zusammenhänge klar macht, ist es nicht mehr so schwierig für ihn, mit einem agitierten Klienten zu verhandeln, der bewaffnet ist, denn er weiß ja, welche Furcht und welche Verzweiflung dahinter verborgen sind.

Es ist besser, man fragt den Klienten, warum er eine Waffe in der Tasche hat, als daß man ihn bittet, sie herauszugeben. Wenn der Therapeut den Grund erst weiß, kann er ihn vielleicht davon überzeugen, daß das gar nicht nötig ist, weil ihm nämlich nichts geschehen wird. Danach kann er dann sagen, daß er sich sehr viel wohler fühlen würde, wenn der Klient ihm die Waffe aushändigen oder sie auf den Tisch legen würde. Unter keinen Umständen sollte der Therapeut versuchen, seinen Klienten selbst zu entwaffnen. Wenn der Klient sich weigert, die Waffe herzugeben, dann sollte der Therapeut dafür sorgen, daß die Polizei oder der Sicherheitsdienst des Krankenhauses sich der Sache annimmt.

Als sehr aufschlußreich für die Beurteilung der Frage, ob ein Mensch gefährlich ist, gilt auch seine – positive oder negative – Reaktion auf das Angebot therapeutischer Hilfe. Ein Mensch, der Hilfe annehmen kann und in seinen Angehörigen und Freunden eine Stütze hat, ist längst nicht so gefährlich wie ein anderer, der keine Hilfe annehmen möchte und kein funktionierendes soziales Netzwerk hinter sich weiß.

Klinikeinweisung – ein Fallbeispiel

Eines Abends gegen zwanzig Uhr rief ein Polizeibeamter an und bat um den Besuch eines unserer Therapeuten auf dem Revier: Dort sei ein junger Mann aufgetaucht, der sich außerordentlich seltsam benehme. Er wisse nicht, was er mit dem Mann anfangen solle, aber jedenfalls sei der Besucher erkennbar in großen Schwierigkeiten. Unser Therapeut wurde sofort nach seinem Eintreffen in das Zimmer geführt, in dem Richard McMillan wartete. Der Beamte stellte ihn vor und bat Richard, seine Geschichte zu erzählen. Richard war zunächst mißtrauisch und bemerkte ärgerlich, das habe er jetzt schon dreimal getan. Der Therapeut versicherte ihm, er sei hergekommen, um ihm zu helfen, und das sei nun bestimmt das letzte Mal, daß er seine Geschichte erzählen müsse. Richard zögerte zunächst und vollführte aufgeregte Gesten, aber dann erklärte er sich doch bereit, die Geschichte noch ein weiteres Mal zu erzählen. Nach Richards Worten hielt sich im Wohnwagen seines Vaters ein Mann auf, der vorgab, sein Vater zu sein. Wie es dazu gekommen war, konnte er nicht sagen, aber jedenfalls stand fest, daß der Mann nicht sein wirklicher Vater war. Sein Vater hatte blaue Augen, und dieser Fremde hatte braune Augen. Der Therapeut fragte, ob der Mann dem Vater ähnlich sehe. Richard gestikulierte, schnitt Grimassen und sagte dann, der Mann sei außerordentlich gerissen und wisse eine Menge, aber sein Auto habe eine andere Farbe. Auf die Frage des Therapeuten, ob Freunde oder Verwandte von Richard hier in der Nähe lebten, die seinen Vater eindeutig identifizieren könnten, erklärte Richard, alle seine Verwandten seien Betrüger. Sie seien ebenfalls schlau und glaubten, alles über ihn zu wissen, aber in Wahrheit lögen sie. Sie waren freundlich zu ihm, sie luden ihn oft ein, sie zu besuchen oder bei ihnen zu Abend zu essen, aber er wußte, daß sie nur so freundlich und nett waren, damit er sie nicht verpfeifen würde. Sie würden sonst wohl versuchen, seine »Vergangenheit« aufzudecken, aber das spiele ja jetzt gar keine Rolle. Der Therapeut fragte, was es denn da möglicherweise aufzudecken gäbe. Daraufhin geriet Richard in große Unruhe und Erregung und rief aus: »Darüber wollen wir doch jetzt überhaupt nicht sprechen! Das hat doch gar nichts damit zu tun!«

Der Therapeut meinte, man müsse jetzt einmal überlegen, wie man sich Gewißheit darüber verschaffen könnte, ob der Vater oder diese anderen Leute, die Richard erwähnt hatte, tatsächlich Betrüger seien. Zunächst war Richard dagegen, denn seiner Meinung nach war das nicht notwendig – er hatte ja Beweise, daß sie alle Betrüger waren! Der Therapeut erwiderte, es wäre aber schon aus rechtlichen Gründen besser, sich zu überlegen, wie man sie einwandfrei identifizieren könne. Er bat Richard, ihm die Namen aller Verwandten aufzuschreiben, die seiner Meinung nach nur so taten, als seien sie seine Verwandten, dazu die Adressen und Telefonnummern anzugeben und alle Personen zu beschreiben. Was die Angabe der Adressen und Telefonnummern anging, so zögerte Richard zunächst, denn er fürchtete, jemand werde die Verwandten dann anrufen oder aufsuchen wollen. Sie würden sehr böse werden, wenn irgend jemand sie noch spät abends stören würde. Der Therapeut sagte, er werde nur tagsüber telefonieren, und nun nannte Richard ihm die Telefonnummern. Auf die Frage des Therapeuten, ob Richard hier in der Nähe wohne und eine Arbeit habe, erwiderte er, er sei seit vier Monaten hier und gerade in ein Hotel in der Nähe gezogen. Eine Arbeit habe er nicht, aber er erhalte von der Sozialversicherung einen Beitrag zu seinem Unterhalt. Er sei ganz allein und wünsche sich sehnlichst, seinen »wirklichen« Vater zu finden.

Der Therapeut sagte, an diesem Abend werde man vermutlich nicht mehr viel unternehmen können, zumal Richard ja nicht wolle, daß irgend jemand die Leute anrufe, die sich als seine Angehörigen ausgaben. Er werde einen der (angeblichen) Verwandten bitten, morgen früh in das ETC-Büro zu kommen, damit Richard ihn identifizieren könne. Richard war zwar immer noch etwas mißtrauisch, erklärte sich dann aber mit dem Zusammentreffen einverstanden. Der Therapeut verfolgte mit diesem Treffen den Zweck, mehr Informationen über den Fall zusammenzutragen, denn Richard war ja trotz seines sehr bizarren und deutlich wahnhaften Verhaltens jedenfalls im Augenblick nicht so gestört, daß man ihn in eine geschlossene Einrichtung hätte bringen müssen.

Der Therapeut fragte, ob Richard schon daran gedacht habe, sich eine andere Unterkunft zu suchen als das Hotelzimmer, in dem er jetzt lebte, und Richard antwortete, er sei auf der Suche nach einer Wohnung und »nach einer Dame, mit der ich leben könnte«. Er habe sich überlegt, vorübergehend in ein Übergangsheim* zu ziehen, damit er nicht so allein sei. Der Therapeut sagte, das ETC könne ihm möglicherweise bei der Suche nach einem Platz in einem Übergangsheim helfen, wo er so lange bleiben könne, bis er eine Arbeit und eine Wohnung gefunden habe. Er schrieb sich den Namen und die Telefonnummer von Richards Hotel auf und versprach, er werde Richard am nächsten Vormittag anrufen. Dann bot er ihm an, ihn noch bis zum Hotel zu begleiten, und Richard schien außerordentlich erleichtert, daß jemand bereit war, ihm zu helfen. Der Therapeut sagte sich, daß Richard zwar schizophren, seine Störung aber nicht so gravierend sei, daß man ihn hätte einweisen müssen. Er würde versuchen, ihn in einem Übergangsheim unterzubringen und in ein therapeutisches Tagesprogramm einzubeziehen, um eine Eskalation der schizophrenen Episode zu vermeiden.

Auf dem Weg zu seinem Hotel wurde Richard immer ängstlicher. Vor der Eingangstür blieb er stehen und fragte: »Könnten wir uns vielleicht noch eine Weile unterhalten? Ich möchte noch nicht hineingehen; ich könnte jetzt ohnehin nicht einschlafen.« Dann schlug er vor, man könne doch in die Bar an der Ecke gehen und bei einem Bier noch etwas miteinander reden. Der Therapeut willigte ein, und Richard schien sehr erleichtert. Der Therapeut versprach, Richard nicht im Stich zu lassen. Auf die Frage, ob er bisher irgendwelche Medikamente genommen habe, sagte Richard ja, das habe er, aber er könne sich an die Namen der Mittel nicht mehr erinnern, außerdem sei das nicht so wichtig, denn er würde nie wieder etwas nehmen. Lange Zeit sprach er darüber, daß seine Mutter gestorben sei und wie sehr er sie vermisse. Richard war 26 Jahre alt, aber so wie er sprach und sich benahm, wirkte er wie ein

---

* eine Einrichtung des »geschützten Wohnens« bzw. der beruflichen und sozialen Wiedereingliederung

verwirrter Zwölfjähriger. Nach etwa einer Stunde meinte Richard, er könne jetzt wohl ins Hotel zurückkehren und werde sicher schlafen können.

Am nächsten Tag bemühte sich der Therapeut, Richards Angehörige zu suchen und ein Zimmer in einem Übergangsheim für ihn zu bekommen. Schließlich machte er einen älteren Bruder von Richard mit Namen Ralph ausfindig, der verheiratet war und ganz in der Nähe wohnte, und er fand auch ein Übergangsheim, in dem ein Zimmer frei war. Um dort Aufnahme zu finden, mußte der Klient sich nur damit einverstanden erklären, zu einem psychologischen Interview zu kommen, und seine finanziellen Verhältnisse darlegen. Die Mitarbeiter dieser Einrichtung legten darüber hinaus Wert darauf, daß der potentielle neue Mitbewohner von sich aus den Kontakt aufnahm und so ein aufrichtiges Interesse bewies.

Nun telefonierte der Therapeut mit Richard und sagte ihm, daß er mit seinem angeblichen Bruder Ralph gesprochen und daß Ralph sich bereit erklärt habe, am Samstag nachmittag in das ETC-Büro zu kommen. Bei diesem Zusammentreffen, so fügte er hinzu, werde man dann feststellen können, ob Ralph tatsächlich Richards Bruder war oder ob er nur vorgab, sein Bruder zu sein. Richard sagte seine Teilnahme an dem Gespräch zu. Der Therapeut sagte ihm, daß er in dem Übergangsheim unterkommen könne. Diese Mitteilung wurde von Richard nicht eben mit Begeisterung aufgenommen; er sagte wiederholt, lieber würde er mit einer Frau zusammenziehen, aber er wolle doch über den Vorschlag nachdenken.

Am Wochenende hatte Richard das Übergangsheim noch immer nicht angerufen, obwohl der Therapeut mehrfach versucht hatte, ihn dazu zu bewegen. Als Richard am Samstag nachmittag ins ETC-Büro kam, meldete der Therapeut ein Ferngespräch mit Richards (angeblichem) Vater an. Richard telefonierte eine Zeitlang mit dem Vater, und dieser sagte zu, sich zu einem späteren Zeitpunkt mit ihm und dem Therapeuten zu treffen. Richards einziger Kommentar nach dem langen Telefongespräch lautete: »Er ist doch ein ganz toller Betrüger!« Das Zusammentreffen mit seinem Bruder Ralph war kein Erfolg – der Bruder wurde plötzlich sehr ärgerlich und ging mit den Worten, er habe Richard und diesen »ganzen Blödsinn« jetzt satt. Der Therapeut kam zu dem Schluß, es sei für diese Familie wohl typisch, daß auf einen Schwall herzlicher und von Anteilnahme zeugender Worte ganz plötzlich Ärger und Ablehnung folgten.

Bei dem Zusammentreffen mit dem Vater, das der Therapeut später arrangierte, wiederholte sich dieses Muster aus anfänglicher Herzlichkeit und nachfolgender Ablehnung und Zurückweisung, das dem Therapeuten schon bei der früheren Begegnung zwischen den beiden Brüdern aufgefallen war. Der Therapeut erfuhr, daß Richards Vater vor einigen Jahren einmal zehn Monate in einem psychiatrischen Landeskrankenhaus verbracht hatte; von der damaligen Störung und seinem stationären Aufenthalt zu sprechen war ihm offensichtlich unangenehm. Richard gegenüber zeigte der Vater sich wiederholt kühl und ablehnend (weil der Sohn ihn an den eigenen schizophrenen Zusammenbruch erinnerte), empfand dann Schuldgefühle wegen dieses Verhaltens und versuchte sich in vagen väterlichen Gesten. Aber immer wenn Richard auf diese flüchtigen Freundschaftsbezeigungen eingehen wollte und sich um den Vater zu bemühen begann, wies dieser ihn sogleich wieder zurück. Er gab sich fast die ganze Zeit über brüsk und geschäftsmäßig, wohingegen Richard ganz offensichtlich damit gerechnet hatte, der Vater werde ihm doch ein gewisses Interesse entgegenbringen. Der Vater sprach es nicht aus, gab aber unmißverständlich zu erkennen, daß er nichts mit Richard zu tun haben wollte. Er blieb nur etwa eine halbe Stunde, obwohl ursprünglich eine einstündige Unterredung geplant war, und verabschiedete sich mit der Bemerkung, er habe noch eine geschäftliche Verabredung.

Nachdem Bruder wie Vater ihn in dieser Weise zurückgestoßen hatten, verschlechterte sich Richards Verfassung. Der Therapeut hatte große Bedenken, ihn weiterhin allein und unbeaufsichtigt zu lassen, aber Richard hatte keine Angehörigen und keine Freunde, die ihm in dieser Zeit hätten helfen und ihn unterstützen können. So redete der Therapeut ihm immer wieder dringend zu, in das Übergangsheim zu ziehen. Richard weigerte sich jedoch standhaft und behauptete immer wieder, er müsse seinen wirklichen Vater finden. Schließlich beschloß der Therapeut, Richard gegen seinen Willen ins Krankenhaus einzuweisen, denn sein Zustand verschlechterte sich rapide und in einem Ausmaß, daß er sich schließlich nicht mehr angemessen versorgen konnte. Nachdem dieser Entschluß gefaßt war, traf der Therapeut die notwendigen Vorbereitungen, bevor er Richard darüber unterrichtete, denn er war sich im klaren darüber, daß Richard einem Krankenhausaufenthalt ganz und gar ablehnend gegenüber stand. Die Klinik war bereits informiert und der Fall mit dem Klinikpsychiater besprochen, der dem Therapeuten versicherte, es sei ein Bett auf einer geschlossenen Station frei. Der Therapeut wies darauf hin, daß man zwei kräftige Stationswärter brauche, falls Not am Mann sei, denn Richard war ein muskulöser Mann und überdurchschnittlich groß.

Als der Therapeut Richard von seinem Plan in Kenntnis setzte, geriet dieser in größte Erregung und begann, ruhelos im Zimmer herumzulaufen. Der Therapeut bat telefonisch um Unterstützung; als daraufhin zwei weitere Mitarbeiter im Sprechzimmer erschienen, sprang Richard auf, ergriff eine Schale, die auf dem Schreibtisch gestanden hatte, und schmetterte sie im Zorn zu Boden, so daß sie zerbrach. Aber angesichts der entschlossenen Gesichter der Therapeuten erklärte er sich schließlich damit einverstanden, ins Krankenhaus zu gehen. Sein Therapeut begleitete ihn und wartete, bis alle Formalitäten erledigt waren. Er besuchte ihn regelmäßig und beriet sich mehrfach mit den psychiatrischen Mitarbeitern. Anfangs setzte Richard der Behandlung heftigen Widerstand entgegen, aber nach etwa einer Woche zeigte sich eine erste Besserung. Als Richard so weit war, daß er die geschlossene Abteilung wieder verlassen konnte, wurde auch der ETC-Therapeut zu der Frage gehört, wo man ihn am besten unterbringen könnte. Richard war sogleich mit seiner Verlegung in eine offene Einrichtung einverstanden, die auf die nachsorgende Betreuung von ehemals akut gestörten Patienten spezialisiert war.

Auf die dortige Behandlung sprach Richard gut an. Selbst sein Bruder Ralph bemerkte, er könne sich nicht erinnern, Richard je »in so guter Form« gesehen zu haben. Übrigens machte Ralph auch seinerseits gewisse Fortschritte, was sein Verhältnis zu Richard anging. Die Einstellung des Vaters gegenüber seinem Sohn änderte sich allerdings nicht. Richard rief in der Folge noch mehrfach beim ETC an, um sich zu bedanken und dem Therapeuten über seine Fortschritte zu berichten.

Ein anschauliches Beispiel dafür, daß die
Dinge nicht immer sind, was sie zu sein scheinen

Dan Wilson war 51 Jahre alt und ein chronischer Trinker. Sein Fall wurde uns durch einen Polizeibeamten bekannt, der sich vor etwa zwei Jahren mit Dan angefreundet hatte. Eines Tages entdeckte Dan, was bisher keinem seiner Angehörigen und Bekannten aufgefallen war: eine Wucherung auf seiner Oberlippe hatte sich entzündet und seine Form verändert. Der Arzt, den Dan Wilson aufsuchte, überwies ihn an einen Chirurgen. Der Chirurg betrachtete ihn kurz und sagte, seiner Meinung nach sei das ein Karzinom, und Wilson müsse es sich in der nächsten Woche im Krankenhaus wegschneiden lassen. Mit diesen Worten entließ er ihn und wandte sich dem nächsten Patienten zu. Wilson sollte mit der Sekretärin sprechen, die ihn im Krankenhaus anmelden und einen Termin für ihn vereinbaren würde. Bei dem Wort »Karzinom« war Wilson sogleich der Gedanke gekommen, er sei unheilbar krebskrank, der Eingriff werde ihn entsetzlich entstellen, und er werde schon bald eines qualvollen Todes sterben.

Wilson verließ die Arztpraxis, kaufte sich eine Pistole und betrank sich an diesem Abend schwer. Er unternahm einen Selbstmordversuch, indem er sein Auto mit hoher Geschwindigkeit gegen eine Mauer lenkte. Das Auto hatte Totalschaden, aber Wilson blieb wie durch ein Wunder unverletzt. Am nächsten Tag versuchten seine Angehörigen (das heißt sein Sohn und seine Schwiegertochter), ihn auf die Alkoholikerstation des örtlichen *Veterans Hospital* zu bringen, aber als sie vor dem Gebäude ankamen, bekam er es mit der Angst zu tun und weigerte sich hineinzugehen. Sohn und Schwiegertochter wurden ärgerlich, ließen ihn vor dem Krankenhaus stehen und fuhren allein wieder nach Hause. Wilson legte einen langen Fußmarsch bis zum Haus eines Bekannten zurück, der ihn nach Hause fuhr. Zu Hause rief er seinen Sohn an und sagte, er habe eine Pistole, und wer immer versuchen wolle, ihn ins Krankenhaus zu bringen, den werde er niederschießen, sobald er sich ihm nähere, und anschließend werde er sich selbst erschießen. Der Sohn rief daraufhin Wilsons Freund, den Polizisten, an, weil er glaubte, sein Vater habe ganz schlicht den Verstand verloren und müsse hinter Schloß und Riegel. Als der Polizist mit Wilson telefonierte, wiederholte dieser seine Drohung, sich in seiner Wohnung zu verbarrikadieren und dann Selbstmord zu begehen. Der Beamte bat daraufhin das ETC um Hilfe und traf sich kurz danach mit zwei der diensttuenden Therapeuten vor Wilsons Haus. Alle drei begannen, durch die Tür hindurch auf Wilson einzureden. Allmählich zeigte sich, daß Wilson wegen seines »Karzinoms« große Angst hatte; es wurde auch klar, daß Wilson nicht etwa gewalttätig war und daß er keineswegs vorhatte, einem anderen Menschen etwas anzutun. Er war vielmehr zu Tode erschrocken über das Gewächs an seiner Lippe, das ihn entstellen würde, und über die Aussicht, schließlich einen qualvollen und langsamen Tod sterben zu müssen. Nach langer Zeit gelang es den Therapeuten, den verschreckten Wilson davon zu überzeugen, daß es noch andere Möglichkeiten gebe und daß er zumindest noch die Diagnose eines weiteren Arztes einholen müsse. Brummend erklärte er sich dann damit einverstanden, von sich aus die psychiatrische Station eines Allgemeinen Krankenhauses aufzusuchen (denn inzwischen war er wieder vollkommen nüchtern).

Als die ETC-Therapeuten Wilson noch am gleichen Abend im Krankenhaus besuchten, lernten sie einen sehr sympathischen Mann kennen. Wilson sagte, es tue ihm sehr leid, daß er ihnen allen so viele Ungelegenheiten bereitet habe, aber zugleich war offensichtlich, daß es ihn sehr hart ankam, seine entsetzliche Angst vor dem Krebs nicht durch sein Mienenspiel zu verraten. Er wiederholte, daß der Chirurg von einem Karzinom gesprochen und angekündigt hatte, daß wohl die halbe Oberlippe entfernt werden müsse. Einer der Therapeuten meinte daraufhin, das Personal hier im Krankenhaus könne ihm doch sicher noch einen anderen Chirurgen empfehlen. Wilson war ebenfalls der Meinung, daß es vernünftig sei, noch einen weiteren Fachmann zu befragen, und sagte dann, er habe früher einmal eine Zeitlang als OP-Pfleger gearbeitet. Er hatte allzu viele Krebsoperationen mitangesehen, die schließlich nichts gebessert hatten. Offensichtlich bereitete es ihm aber eine gewisse Erleichterung, über seine Ängste im Zusammenhang mit der Operation sprechen zu können.

Nach diesem Gespräch mit Wilson waren die Therapeuten sich darüber einig, daß er noch immer selbstmordgefährdet sei. Sie schärften der Oberschwester ein, Wilson dürfe nicht entlassen werden, bevor nicht ein weiterer Chirurg das Gewächs in seinem Gesicht begutachtet hatte. Die Schwester sagte ihre Mithilfe zu und versprach, Wilson bei seinem Gang in die Praxis des Chirurgen eine Begleitperson mitzugeben. Schon am nächsten Tag wurde Wilson von einem berühmten Krebsspezialisten untersucht.

Zwei Tage später rief Wilson einen der ETC-Therapeuten an und erzählte, daß er den Spezialisten aufgesucht und daß dieser sich die Zeit genommen habe, ihm die Sache genau zu erklären. Der Chirurg hatte gesagt, er wisse noch nicht, ob es sich um ein Karzinom handele oder nicht; er müsse zunächst eine Biopsie vornehmen. Er werde das Gewächs ambulant entfernen und dann eine Biopsie durchführen und Wilson das Ergebnis in der nächsten Woche wissen lassen. Wenn es wirklich ein Karzinom sein sollte, dann würde er noch etwas mehr Gewebe entfernen, damit auch ganz bestimmt alles beseitigt wäre.

Dan Wilson rief noch zweimal beim ETC an. Das erste Mal berichtete er, daß die Operation gut verlaufen sei. Beim zweiten Mal teilte er mit, die Biopsie habe ergeben, daß sein Geschwür nicht bösartig gewesen sei. In diesem Fall war es möglich gewesen, einen Selbstmord und eine Zwangseinweisung ins Krankenhaus zu verhindern, und ein Faktor, der einen alkoholischen Exzeß zumindest mitheraufbeschworen hatte, war ausfindig und im Wortsinn unschädlich gemacht worden.

5 Gewalttätige Auseinander-
setzungen in der Familie*

Das Ausmaß des Problems

Gewalttätigkeit in der Familie gilt von jeher als »private Angelegenheit« oder als etwas, das in einer guten Familie »nicht vorkommt«. Häufig unternehmen die Beteiligten (sowohl Opfer als auch Täter) alles mögliche, um vor Außenstehenden zu verbergen, daß in ihrer Familie gelegentlich gewaltsame Auseinandersetzungen stattfinden. Gelles (1972) stellt fest, daß manche Menschen gewalttätiges Verhalten zwar nach außen hin verurteilen, sich selbst dieses Verhalten aber zubilligen bzw. es – als Opfer – dem Täter nachsehen. Bei Marsden und Owens (1975) ist von dem »Jekyll-und-Hyde«-Typus des Ehemannes die Rede, der im einen Augenblick freundlich und umgänglich ist, vor allem in der Öffentlichkeit, im nächsten aber, wenn er sich unbeobachtet weiß, seiner Frau oder seinen Kindern gegenüber plötzlich gewalttätig werden kann. Die Opfer sind fast immer der Meinung, sie seien die einzigen Menschen, denen so etwas zustößt. Dabei ist Gewalttätigkeit in der Familie eine sozusagen internationale Erscheinung, die in vielen Gesellschaften – offen oder verdeckt – geduldet wird.

Erst in jüngster Zeit wächst die Bereitschaft, offen über das Ausmaß solcher Ausschreitungen in der Familie zu sprechen. Jahrhundertelang galt der familiäre Bereich als ein Heiligtum, in das einzudringen niemand ein Recht hatte, schon gar nicht, wenn er ganz außerhalb der Familie stand. Zu Beginn der öffentlichen Diskussion über Gewalttätigkeit in der Familie und über die Tatsache, daß manche Frauen von ihren Männern verprügelt werden, wurden solche Vorfälle oft mit der Bemerkung abgetan, daß sie sehr selten und doch nur bei armen Leuten oder in Auslän-

---

* Die Autoren danken Arthur M. Bodin für seinen sehr wesentlichen Beitrag zu diesem Kapitel. Der Abschnitt über die heftigen Zusammenstöße zwischen zwei Partnern geht im wesentlichen auf seine Überlegungen zurück.

derfamilien zu finden seien. Oder man suchte die Schuld bei der Frau, die sich »herausfordernd« verhalten hatte und die von Zeit zu Zeit eben »in ihre Schranken verwiesen werden wollte«. Erst seit einigen Jahren weiß man, daß Gewalttätigkeit in der Familie eine reale Erscheinung von weit komplexeren Dimensionen ist, als man bisher immer angenommen hatte – und dies vor allem dank der Arbeiten von Gayford (1978), von Steinmetz und Strauss (1974), von Strauss (1973, 1974) und nicht zuletzt dank dem bewegenden Bericht von Pizzey (1974).

Ein sehr gewichtiger und überall zu beobachtender Faktor in diesem Zusammenhang ist die »Nuklearisierung« der Familie. Die moderne Industriegesellschaft hat dazu geführt, daß die große erweiterte Familiengruppe in kleine (Kern-)Familien auseinandergebrochen ist. Wir Mitarbeiter des »Emergency Treatment Center« haben, wie übrigens auch Glick (1975), festgestellt, daß es in der Großfamilie in der Regel weniger Gewalttätigkeit gibt. Durch das Auseinanderbrechen der Familie verschwindet das stützende System rasch, das oft dafür gesorgt hat, einen innerfamiliären Konflikt zu vermeiden. Ohne die Großeltern, die Onkel und Tanten, die Cousine usw. wird die Familie zu einem noch »privateren« Ort, und Gefühle wie Gekränktheit, Zorn und Enttäuschung können sich ganz gezielt auf einen oder zwei Menschen konzentrieren. Da die Kernfamilie in immer größere Isolation geraten kann, werden immer weniger Menschen überhaupt bemerken, ob es in ihrem Innern zu gewalttätigen Handlungen kommt oder nicht.

Wir alle neigen dazu zu glauben, daß gewalttätige Handlungen, also etwa tätliche Angriffe auf die Ehefrau oder Kindesmißhandlung, nur in »kranken« oder devianten Familien vorkommen. Dieser verbreitete Irrglaube isoliert die Opfer häuslicher Ausschreitungen nur noch weiter und bestärkt sie in der Meinung, daß *nur ihnen* immer wieder Gewalt angetan wird. Und da *nur ihnen* so etwas zustößt, liegt der Schluß nahe, daß mit ihnen irgend etwas nicht in Ordnung ist. Woher dieses Denken kommt, haben Steinmetz und Strauss (1974) aufzudecken versucht: Sie gingen der Frage nach, wie in den Massenmedien (insbesondere im Fernsehen und im Kino) gewalttätige Auseinandersetzungen in der Familie wiedergegeben werden, und stellten fest, daß in keinem Fall eine »normale« oder eine »Durchschnitts«familie daran beteiligt war.

Wann immer gewalttätige Auseinandersetzungen gezeigt wurden, mußte als Täter vielmehr ein Krimineller herhalten.

Viele Menschen glauben auch, daß gewalttätige Familien einem anderen ethnischen oder zumindest doch einem anderen sozialen Hintergrund entstammen als sie selbst, aber nach unseren Erfahrungen und auch nach den Erkenntnissen von Freitas (1979) und von Gelles (1978; in dessen Bereicht es heißt, daß 50 Prozent aller verheirateten Frauen von ihren Männern irgendwann in ihrer Ehe einmal tätlich angegriffen werden und daß ständig etwa eine Million amerikanischer Kinder mißhandelt oder vernachlässigt werden) ist dies ein Mythos, der von der Realität weit entfernt ist. Einschlägige Erkenntnisse finden sich auch in Wolfgangs (1958) klassischer Untersuchung über den Mord: Danach waren nur zwölf Prozent der Opfer von ihnen unbekannten Personen umgebracht worden, in den meisten Fällen war der Täter ihnen bekannt oder mit ihnen verwandt gewesen; und schließlich gehörten Täter und Opfer in 94 Prozent aller untersuchten Fälle der gleichen Rasse an. Bei Gelles (1978) heißt es lakonisch: ». . . die häufigste Beziehung zwischen dem Mörder und seinem Opfer ist eine familiäre Beziehung« (S. 172).

Ganz offensichtlich hat Gewalttätigkeit also sehr viel mehr mit familiären Beziehungen zu tun, als wir gerne glauben würden. Gewalttätigkeit, die in unserem Freundes- oder Verwandtenkreis auftritt, wird noch schmerzlicher empfunden, als wenn es sich bei dem Täter um einen Fremden handelt, der vielleicht einer anderen Rasse angehört und uns damit angeblich sehr fernsteht. Die Gründe, die hinter dieser merkwürdigen Betrachtung der Dinge liegen, sind vielschichtiger Natur. Einer dieser Gründe ist vielleicht, daß es vielen Verhaltenstheoretikern schwerfällt zu begreifen, daß »ganz normale Leute«, also ihresgleichen, sich unter bestimmten Umständen gegenüber ihrem Ehepartner, ihren Kindern oder guten Freunden zu einer Gewalttat hinreißen lassen. Eben dieses »Nichtwahrhabenwollen« war wohl auch der Grund, weshalb in der Vergangenheit manche Therapeuten Patienten, die ein Familienmitglied des Inzests beschuldigten, keinen Glauben schenkten und diese Vorwürfe immer wieder ins Reich der Phantasie verwiesen – das Inzestthema war ihnen so zuwider, daß sie es nicht fertigbrachten, sich mit dem Inzest als einer realen Erscheinung zu befassen.

Daß wir Gewalttätigkeit in der Familie nicht gern als das betrachten, was sie ist, zeigt sich auch darin, daß solche Verhaltensweisen nicht Gegenstand des öffentlichen Interesses und der wissenschaftlichen Erforschung oder auch nur der Diskussion der Therapeuten untereinander waren, bevor Kempe u. a. (1962) ihre klassische Abhandlung über die Kindesmißhandlung in den Vereinigten Staaten veröffentlichten bzw. bevor 1974 Erin Pizzeys dramatischer Bericht über Mißhandlungen in der Familie *(Schrei leise)* erschien. Gewisse Ereignisse haben allerdings inzwischen zwangsläufig dafür gesorgt, daß der Öffentlichkeit die Augen für das leidige Thema Gewalt in der Familie geöffnet wurden: 1. Nach den Morden an John F. Kennedy und Martin Luther King entstand die *National Commission on the Causes and Prevention of Violence*, die mit aufsehenerregenden Mitteilungen über Art und Ausmaß der Gewalttätigkeit in Amerika aufwartete (siehe dazu insbesondere Mulvihill u. a., 1969); 2. die Frauenbewegung weckte das Bewußtsein der Öffentlichkeit dafür, daß viele Frauen in ihrer eigenen Familie Opfer gewalttätiger Handlungen waren und sind. Bestätigt wurden diese Erkenntnisse noch durch die Feststellung von Gelles und Wolfgang, daß die am häufigsten anzutreffende Beziehung zwischen dem Mörder und seinem Opfer eine verwandtschaftliche oder freundschaftliche Beziehung ist. In den letzten Jahren ist auch deutlich geworden, daß es sich bei sehr vielen bei der Polizei eingehenden Hilferufen um Fälle von tätlichen Auseinandersetzungen in der Familie handelt. Diese Art von Hilferufen gelten der Polizei als die gefährlichsten, denn durch ihr Einschreiten bei Familienstreitigkeiten sind mehr Polizeibeamte verletzt oder getötet worden als bei anderen Fällen, mit denen die Polizei zu tun hat (Parnas, 1967).

Gewalttätigkeit in der Familie hängt nach unseren Erkenntnissen sehr eng mit übermäßigem Alkohol- oder Drogenkonsum zusammen: In etwa 40 Prozent der von uns behandelten Fälle von Gewalttätigkeit in der Familie spielt der Alkoholmißbrauch oder der Mißbrauch anderer Drogen eine gewichtige Rolle. Unsere diesbezüglichen Erkenntnisse decken sich mit Gayfords (1978) Feststellungen über gewalttätige Familien. Gayford kam zu dem Schluß, daß in etwa der Hälfte der Fälle, in denen Frauen von ihren Männern geschlagen worden waren, übermäßiger Alkoholkonsum vorausgegangen war. Das soll nicht heißen, daß derartige

Konsumgewohnheiten schon in sich ein unmittelbarer Grund für gewalttätiges Verhalten darstellen, aber Alkohol und andere Drogen wirken sich nun einmal ungünstig auf die Fähigkeit zur Selbstbeherrschung in belastenden Situationen aus; sie sorgen dafür, daß Furcht, Zorn oder Eifersucht, die bisher noch unter Kontrolle gehalten wurden und nicht an die Oberfläche dringen durften, in heftiger Form zum Ausbruch kommen.

Wir wollen hier noch einmal wiederholen, daß wir nicht der Meinung sind, Gewalttätigkeit in der Familie sei ein Produkt der sozialen Schicht oder der jeweiligen Kultur. Es gibt aber Autoren (zum Beispiel Gelles), die sich mit dem Thema Gewalttätigkeit befaßt und festgestellt haben, daß gewalttätige häusliche Auseinandersetzungen relativ häufiger in Arbeiterfamilien mit geringem Einkommen zu beobachten sind. Der Grund dafür liegt nicht in einer diesen Menschen von Natur aus innewohnenden größeren Neigung zur Gewalttätigkeit, sondern, wie Gelles (1972, 1978) zutreffend bemerkt, darin, daß Familien mit bescheidenem Einkommen häufiger als andere in soziale Zwangslagen geraten, wie sie durch Arbeitslosigkeit und finanzielle Unsicherheit, durch beengte Wohnverhältnisse, eine ungewollte Schwangerschaft und eine Fülle weiterer Probleme auftreten können. Solche Zwangslagen führen einfach häufiger dazu, daß Menschen einander attackieren oder quälen. Zudem können solche Familien nicht auf die privaten Hilfseinrichtungen zurückgreifen, die den Angehörigen der Mittel- und Oberschicht zur Verfügung stehen, und werden daher ihre Schwierigkeiten eher einer öffentlich zugänglichen Stelle vortragen. Damit ist ihr Fall »aktenkundig« und Bestandteil der öffentlichen Statistik geworden.

Wie wir einem großen Teil der einschlägigen Forschung in den Vereinigten Staaten und anderswo entnehmen können (z. B. Bakan, 1971; Gayford, 1978; Gil, 1971; Gelles, 1976; Kempe u. a., 1962; Levine, 1975; Sears, Maccoby und Levin, 1957; Steele und Pollock, 1968), ist es für die Entstehung gewalttätiger häuslicher Auseinandersetzungen von entscheidender Bedeutung, was ein Mensch im Verlauf seiner Kindheit und Jugend in der eigenen Familie erlebt hat. Es ist eine traurige Wahrheit, daß Kinder aus gewalttätigen Familien vermutlich zu Erwachsenen, zu Ehepartnern und zu Eltern heranwachsen, die sich wiederum gewalttätig verhalten werden, wenn wir diesen tragischen Kreislauf nicht auf einfühlsame und realistische Weise zu durchbrechen vermögen.

Leider bieten nur wenige unserer sozialen, medizinischen oder psychotherapeutischen Programme auch ein angemessenes und wirksames Hilfsangebot für Familien, die zu gewalttätigen Auseinandersetzungen neigen. Von den Vertretern der Justiz und der Polizei heißt es dazu gewöhnlich, das seien private Angelegenheiten oder »Zivilsachen« (nicht aber Strafsachen), mit denen sie gar nichts zu tun hätten. In manchen Teilen unseres Landes wandelt sich diese Einstellung ganz allmählich, aber oft trifft man noch auf ganz archaische Vorstellungen (»Frauen brauchen und mögen es sogar, daß sie gelegentlich geschlagen werden, damit sie sehen, wer der Herr im Haus ist« oder »Eltern haben ein Recht, ihr Kind so zu bestrafen, wie sie es für richtig halten«). Eines Tages – davon sind wir überzeugt – wird sich auch die Haltung der Öffentlichkeit wandeln; sie wird dann nicht mehr zögern, sich auch in die »privaten« Familienangelegenheiten einzumischen. Auch ein »Herr im Haus« hat nicht das Recht, seine Frau oder seine Kinder zu schlagen.

Heftige Zusammenstöße zwischen zwei Partnern

Viele Unstimmigkeiten zwischen zwei Partnern enden in gewalttätigen Auseinandersetzungen, in deren Verlauf der eine Partner auf den anderen einschlägt oder mit einem Gegenstand nach ihm wirft. Diese Art der chronischen gewalttätigen Auseinandersetzung unterscheidet sich jedoch erheblich von jenen häuslichen Ausschreitungen, bei denen ein Mann seine Frau verprügelt und auf die wir in Kapitel 6 ausführlich eingehen werden. Hier wollen wir uns auf die Betrachtung wiederkehrender heftiger Zusammenstöße zwischen zwei Partnern beschränken.

Zu gewalttätigem Verhalten kommt es leicht, wenn ein oder mehrere Faktoren, die es gewöhnlich verhindern, daß ein Mensch »über die Stränge schlägt«, an Wirksamkeit verlieren, oder wenn derjenige, der gewalttätig wird, ohnehin nur eine dürftige Impulskontrolle besitzt. Die Faktoren, die dafür sorgen können, daß die Selbstbeherrschung eines Menschen zusammenbricht, können chemischer (Alkohol, Drogen) neurophysiologischer (Hirnschädigung), psychologischer und soziologischer Natur sein. Im folgenden wollen wir unsere Aufmerksamkeit auf die psychologischen (mit der Kommunikation zusammenhängenden) und die soziologischen Faktoren richten, die einen Menschen zu gewalttätigem Verhalten veranlassen können.

Wenn von gewalttätigen häuslichen Auseinandersetzungen die Rede ist, fällt häufig der Ausdruck »Eskalation«. Unglücklicherweise verbinden wir mit diesem Ausdruck inzwischen mehr als nur eine einzige Bedeutung, und deshalb empfiehlt es sich, zunächst zwischen seinen beiden Bedeutungen zu unterscheiden und ihn in eben dem Sinne zu definieren, in dem er hier verwendet wird. Watzlawick u. a. (1967) sprechen dann von »Eskalation«, wenn es um eine pathologische Entwicklung innerhalb »symmetrischer Beziehungen« geht; beide Partner empfinden es als im höchsten Maße unangenehm, wenn die Beziehung auch nur ganz von ferne »ungleich« aussieht. Dadurch entsteht auch in einer symmetrischen Beziehung ein Konkurrenzverhalten, das sich äußert als »Ich kann alles besser als du«. Zum anderen bezeichnet »Eskalation« die Verschlimmerung einer ganz normalen Lebens*schwierigkeit*, die allmählich als *Problem* angesehen wird; das wiederum kann der Fall sein, wenn die Betroffenen mit der Schwierigkeit in einer Weise umgehen, durch die sie noch vergrößert wird. Bei Weakland u. a. (1974, S. 149) heißt es: »Die Handlung, die das Verhalten des anderen *abschwächen* soll, *verstärkt* es gerade noch; die ›Kur‹ wird schlimmer als die ›Krankheit‹.« Dieser zweite Gebrauch des Begriffs »Eskalation« kommt den Begriffen »Intensivierung« oder »Verschärfung« näher. Immerhin besteht ein Zusammenhang zwischen der Art, in der das Wort »Eskalation« ursprünglich gebraucht wurde (nämlich zur Beschreibung des exzessiven Wettbewerbs in einer symmetrischen Beziehung), und seiner zweiten Verwendung zur Bezeichnung des Umstandes, daß eine »ganz vernünftige« Maßnahme aus einer alltäglichen Schwierigkeit ein wirkliches Problem entstehen läßt. Der Zusammenhang besteht darin, daß eine erste noch unbewußte Verschärfung einer belanglosen Schwierigkeit oder Unstimmigkeit der Familie (oder dem Paar) ein größeres Problem bewußt macht. Ist sie sich dieses Problems erst einmal bewußt, kommt es oft zu ausgeprägten Bemühungen, die Dinge unter Kontrolle zu bringen. In diesem Sinne – also im Sinne einer Kette von Ereignissen, die teils beabsichtigt, teils nicht beabsichtigt waren und ganz bewußte Bemühungen nach sich ziehen, die Situation unter Kontrolle zu bringen – wollen wir den

Ausdruck »Eskalation« in der nun folgenden Diskussion gebrauchen.

Eskalation kann beispielsweise eintreten, wenn »Familienregeln« oder Muster durchbrochen werden (siehe Jackson, 1965). Dabei kann es sich um Regeln handeln, die unausgesprochen und für jede Familie einmalig sind, im Gegensatz zu den durchaus verbreiteten Familienregeln der Loyalität, der Privatheit, der elterlichen Autorität. Bestimmte Familienregeln werden bewußt bejaht, andere werden es nicht.

Zu den subtileren Regeln zählen beispielsweise die strikte Vermeidung bestimmter Themen (oder ihre Vermeidung in Gegenwart bestimmter Menschen) sowie jene Mythen oder »gemeinsamen Unwahrheiten«, die alle Familienmitglieder gemäß einer geheimen Absprache akzeptieren und schützen. Familienregeln können auch dem Status oder der Machtstellung des einen oder anderen Familienmitgliedes gelten. Die Verletzung einer dieser Regeln, ob sie nun zu den bewußt akzeptierten oder zu den unbewußten Regeln gehört, kann eine Eskalation in Gang setzen. Das ist vor allem dann wahrscheinlich, wenn ein Mitglied der Familie versucht, durch eine »ganz vernünftige, weil naheliegende« (und also falsche) Maßnahme einen Schaden wiedergutzumachen oder den Status quo der Familie wiederherzustellen.

Wie die Eskalation verläuft, das hängt davon ab, ob die übertretene Regel zu den bewußt akzeptierten oder zu den unbewußten Regeln gehörte. Die Verletzung einer bewußt akzeptierten Regel wird eher einen sofortigen Zornesausbruch hervorrufen, während die Verletzung einer unbewußten Regel einen solchen Ausbruch vermutlich verzögert eintreten läßt. Daß die Eskalation langsamer erfolgt, wenn eine Regel durchbrochen worden ist, die *ohne* bewußte Kenntnis befolgt worden war, ist selbstverständlich, denn der Mensch, der auf der »Empfängerseite« dieser Regelverletzung steht (den wir hier Rezipient nennen), bemerkt den Bruch erst einige Zeit später (nachdem er bereits erfolgt ist); erst dann kommen die daraus resultierenden Gefühle von Verletzung und Zorn an die Oberfläche. Ein Mensch, der den vagen Verdacht hat, daß eine Regel gebrochen worden ist, wird sich unbehaglich fühlen, er wird den Eindruck haben, daß ihm Unrecht getan worden oder daß er »verletzt« worden ist, ohne daß er den anderen genau sagen könnte, warum er so empfindet. Ein solcher Rezipient wird es dem

»Regelbrecher« vielleicht mit seinem Zorn heimzahlen und sich dabei durchaus im Recht fühlen. Es kann auch sein, daß der Rezipient es nicht fertigbringt, dem Regelbrecher gegenüber irgendeinen annehmbaren Grund zu nennen, wenn dieser ihn direkt auf seine Haltung anspricht, weil der Rezipient sich mit seiner Vergeltungsmaßnahme wahrscheinlich »im Recht« fühlt. Und da die Vergeltung für den Regelbrecher keine erkennbare Berechtigung hat, wird er sich unter Umständen dann seinerseits rächen, weil er »ohne jeden Grund angegriffen worden« ist.

Auf diese Weise werden Ehepartner oder zwei Familienmitglieder oft zu empörten Widersachern, und jeder von ihnen hält sich für das unschuldige Opfer der Provokationen des anderen. Was beide nicht sehen, ist, daß jeder in gewisser Weise recht und jeder zu einem Teil auch unrecht hat. Jeder reagiert auf einen Stimulus, den ihm der andere geliefert hat, und natürlich wird sich jeder die nun folgende Eskalation in einer Weise erklären, die seine Sicht der Realität dieser Situation stärkt. Eine solche Situation läßt sich noch schwieriger entschlüsseln, wenn der eine sich an unbewußte Regeln hält, die sich mit den Regeln des anderen nicht vereinbaren lassen. Dann setzen die beiden ihren Kampf fort, und jeder entschuldigt sein »Antwort«verhalten als durch das »provokative« oder »ungerechte« Verhalten des anderen gerechtfertigt. Jeder hat das Gefühl, daß der andere ihm Unrecht getan hat, aber keiner kann deutlich angeben, warum oder wie das Ganze angefangen hat. Auf diese Weise kann die zwischen ihnen ablaufende Interaktion, an deren Beginn der Bruch einer unbewußten (oder extrem subtilen) Regel stand, sich plötzlich zu einem ganz bewußten und erbitterten Kampf um Macht und Kontrolle entwickeln.

Ein sehr gewichtiger psychologischer Faktor, der nach unseren Erfahrungen gewalttätige Auseinandersetzungen unter Ehepartnern heraufbeschwören kann, besteht darin, daß der eine dem anderen bewußt oder unbewußt die Furcht einflößt, im Stich gelassen zu werden und eines Tages allein zu sein. Menschen, die ohnehin schon das Gefühl haben, daß sie nicht geliebt werden und nicht liebenswert sind – teils weil die geliebte Person sich in einer bestimmten Weise verhält, teils weil man schon immer dafür gesorgt hat, daß sie sich selbst nicht für liebenswert hielten –, reagieren besonders empfindlich auf die – reale oder eingebildete – Gefahr, verlassen zu werden. Da sie den Gedanken an dieses »Allerschlimmste, was passieren kann« (das Verlassenwerden) nicht ertragen können, ist es nicht verwunderlich, wenn eine Situation, in der ebendiese Bedrohung enthalten ist, sie zu gewalttätigen Handlungen verleitet. Das gilt ganz besonders, wenn noch andere psychosoziale Faktoren (etwa die in der Kindheit gemachte Beobachtung gewalttätiger Handlungen bei anderen Menschen, wirtschaftliche Schwierigkeiten oder die Furcht vor öffentlicher Bloßstellung) dazukommen und für den Zusammenbruch jener Kontrollmöglichkeiten sorgen, die der betreffende Mensch normalerweise auf den Plan zu rufen vermag.

Eine angespannte Situation kann sich verschlechtern, wenn ein solcher Mensch »in guter Absicht« etwas tut, was ihm sein »gesunder Menschenverstand« eingibt, was aber gefährlich sein kann: »Wenn ich sie ein paarmal schlage, dann wird sie schon erkennen, wie sehr ich sie liebe«; »Wenn ich ihm etwas ins Gesicht werfe, dann wird er begreifen, wie sehr er mich verletzt hat, und aufhören«; »Wenn ich ihm androhe, daß ich ihn verlassen werde, wird er furchtbar erschrecken und sich ändern«. Auch in sexuellen Dingen lassen sich Menschen, die sich im Grunde für nicht liebenswert halten, gelegentlich von ihrem »gesunden Menschenverstand« leiten, das heißt von dem Irrglauben, daß »Sex nach einem anständigen Krach besser ist«. Hinter solchen Vorstellungen steht gewöhnlich die Überzeugung eines oder beider Beteiligten, daß einer von ihnen unter »normalen« Umständen kein adäquater Sexualpartner ist. Entsprechend entwickeln die beiden Partner ein bestimmtes Muster bzw. gewisse Regeln, die auf diesem stillschweigenden Einverständnis basieren, daß dem intimen Beisammensein eine Auseinandersetzung vorauszugehen hat. Wenn aber im Verlauf einer solchen Auseinandersetzung, die ja als Vorspiel zum intimen Miteinander begonnen wird, der eine den anderen wirklich trifft, nämlich ihm etwas sagt, was ihn tatsächlich verletzt, dann kann sich dieses »Geplänkel« rasch zu einem heftigen und häßlichen Krach auswachsen.

Zorn ist bekanntlich ansteckend, und deshalb können solche »vom gesunden Menschenverstand diktierten,« pathetisch-naiven Versuche, den Partner zu liebevollem und zärtlichem Verhalten zu veranlassen, ein paradoxes Ergebnis hervorrufen. Tatsächlich müßte ja jeder der beiden Partner, um in der ersehnten Weise zu reagieren, die Gefühle von Furcht und Verzweiflung, die sich hinter der zornigen Fassade des anderen verbergen, kennen, und das erfordert ein Maß an Wahrnehmungsvermögen und Einfühlung, wie es bei diesen Paaren selten vorhanden ist. In der Regel wird also dieser verständliche Versuch, den Partner zu manipulieren und sich so die ersehnte Bestätigung zu verschaffen, zwangsläufig fehlschlagen – ein solcher Versuch setzt nämlich voraus, daß der ärgerliche oder zornige Partner »liest«, wie es im anderen Partner aussieht. Noch aus einem anderen Grund übrigens werden die Wünsche dieses glücklosen Manipulierers keine Erfüllung finden: Sein Bedürfnis, geliebt und umsorgt zu werden, hat seinen Ursprung in den Bedürfnissen des abhängigen Kindes, die nicht befriedigt worden sind. Derartige Bedürfnisse können aber, wenn überhaupt, nur zu einem sehr geringen Teil vom Ehepartner befriedigt werden.

Wir wollen jetzt an einem Beispiel zeigen, wie eine Auseinandersetzung zwischen zwei Menschen eskalieren kann, wenn die Beteiligten die Realität der Situation unterschiedlich wahrnehmen bzw. wenn ihre jeweiligen Wahrnehmungen einander geradezu widersprechen. Unser Therapeut hatte es mit einem Ehepaar zu tun, das immer wieder in die heftigsten Auseinandersetzungen geriet. Beide Partner waren Ende zwanzig, seit fünfeinhalb Jahren verheiratet, und sie hatten fast ebenso lang täglich miteinander gestritten. Etwa alle zwei Monate kam dann ein Tag, an dem es nicht bei den verbalen Auseinandersetzungen blieb, sondern zur physischen Konfrontation bis an die Grenze der Gewalttätigkeit kam. Wenn man die Frau hörte, bestand das Problem darin, daß der Mann sie nicht beachtete und ihr nicht so zärtlich begegnete, wie sie sich das wünschte, so daß sie gezwungen war, zu extremen Mitteln zu greifen, um seine Aufmerksamkeit auf sich zu lenken. Von Zeit zu Zeit erhielt sie die Bestätigung dafür, daß er sie brauchte, und zwar in Form von Eifersuchtsanfällen, die sie bewußt in ihm provozierte, wenn sie es mit der Angst zu tun bekam. Der Mann wiederum sagte, er könne nicht zärtlich zu ihr sein, weil sie ihn immer auf Distanz halte. Immer dann, so sagte er, wenn er sich ganz besonders unsicher fühle und große Angst habe, sie könnte sich vielleicht für einen anderen Mann interessieren, verlasse sie das Haus und weigere sich zu sagen, wohin sie gehe und wann sie wiederkomme. Wenn er sie fragte, sagte sie: »Wohin ich gehe und was ich tue, ist meine Sache.« An diesem Punkt pflegte der Mann sie von der Tür wegzuzerren, und dann kam es in der Regel zu einem erbitterten Kampf.

Viele tätliche Auseinandersetzungen in der Familie, bei denen auf den ersten Blick scheinbar klar ist, wer das »Opfer« und wer der »Bösewicht« ist (je nachdem, welches Familienmitglied gefragt wird), haben ihre eigentlichen Wurzeln im Kontext der familialen Interaktionen. Familienmitglieder und Ehepartner haben eine beträchtliche gemeinsame Geschichte, und sie haben unendlich viele Gelegenheiten gehabt, die Muster zu erlernen, aus denen sich dann die Familienregeln ergeben. Tatsächlich hätte der Mann in dem soeben beschriebenen Fall sehr wohl wissen müssen, daß seine Frau wütend werden würde, wenn er sie nicht beachtete und nicht zärtlich zu ihr war (und ihm damit klarmachen würde, daß sie seine Liebe brauchte). Aber da er nicht imstande war, ihr jene Gewißheit zu geben, die sie brauchte, wurde sie immer ängstlicher und wütender, bis es wieder einmal so weit war, daß sie ihre provokativen »Abschiedsworte« sprach; die Reaktion des Mannes bestand dann in der physischen Gewaltanwendung. Zu diesem Zeitpunkt war die Frau schon viel zu wütend, um noch erkennen zu können, daß die Bemühungen ihres Mannes, sie festzuhalten, nichts anderes waren als der fehlgeschlagene Versuch, sich zärtlich zu zeigen. Sie setzte sich zur Wehr und wurde immer wütender. Der Mann rächte sich, indem er sie schlug, damit sie »endlich begreifen« würde, wie sehr er sie liebte, und ihn dann doch nicht verlassen würde.

Auch die Frau hatte immer wieder Gelegenheit gehabt zu sehen, wie eifersüchtig und heftig ihr Mann auf die Androhung ihres Weggangs reagierte. Aber wir erhielten, wie schon gesagt, immer zwei völlig verschiedene Schilderungen der Situation, je nachdem, wen wir befragten. Für die Frau sah die Sache so aus, daß sie, die doch ein warmherziger Mensch war, von ihrem gefühllosen und egozentrischen Ehemann ignoriert und emotionell ausgehungert wurde. Der Ehemann sah die »Realität« anders: Er hatte versucht, sich seiner Frau gegenüber auf seine Weise zärtlich zu zeigen, aber sie hatte mit ihrer unbestimmten und verschlossenen Art immer für eine gewisse Distanz gesorgt.

Daß diese Art der Interaktion nun schon länger als fünf Jahre anhielt, legt den Gedanken nahe, daß jeder der Partner den Zyklus hätte durchbrechen können, wenn er ihn als ganz und gar unerträglich empfunden hätte. Daß keiner von beiden etwas unternommen hatte, um den Kreislauf der zunehmend heftigeren Auseinandersetzungen anzuhalten (anfangs widersetzten sie sich jeder Maßnahme von außen, obwohl die Nachbarn sich bereits beschwerten und die Polizei mehrfach ins Haus gekommen war), läßt darauf schließen, daß mit diesem wiederkehrenden Muster irgendein Bedürfnis befriedigt wurde. Der Ehemann beispielsweise könnte so gehandelt haben, um seine Frau zu veranlassen, ihn einmal aus seiner üblichen egozentrischen, passiven und gleichgültigen Haltung aufzuscheuchen. In den eifersüchtigen Ausbrüchen des Mannes wiederum kam auf höchst dramatische und emotional getönte Weise die Bestätigung dessen zum Ausdruck, was die Frau sich so dringend wünschte – die Bestätigung nämlich, daß sie von einem anderen Menschen geliebt wurde.

Um ein solches Paar mit Erfolg behandeln zu können, muß der Therapeut zunächst die beiden grundverschiedenen »Realitäten« entschlüsseln. Dann läßt sich aufzeigen, daß diese beiden Realitäten in gesunder Weise zusammenwirken können, daß ihr Zusammentreffen aber auch schädliche und zerstörerische Auswirkungen haben kann. Anschließend wird er sich der Frage zuwenden, was jeder der beiden Beteiligten in bezug auf den anderen wahrzunehmen imstande ist – was wiederum davon abhängt, wie das jeweilige Selbstbild im Augenblick beschaffen ist. Ängstliche oder zornige Menschen neigen dazu, starren Denkmustern zu folgen, und deshalb muß der Therapeut das Verhalten beider Partner klären, deuten und neu definieren (das heißt in einer Weise darstellen, die sich mit dem kognitiven System des jeweiligen Partners vereinbaren läßt und sein Selbstbild nicht bedroht). Schließlich muß der Therapeut neue und andere Verhaltensweisen empfehlen, die ihrerseits ein neues und gesünderes Interaktionsmuster herbeiführen werden.

Im oben geschilderten Fall konzentrierte sich unser Therapeut zunächst auf die offenkundige Tatsache, daß die beiden Partner einander zwar liebten, Zuneigung aber weder angemessen zum Ausdruck brachten noch ihr Bedürfnis danach in einer Weise erkennen ließen, die der jeweilige Partner verstehen konnte. Der Mann war in einer Arbeiterfamilie aufgewachsen, in der die Männer eher barsch und nicht besonders gesprächig waren; sie zeigten Zuneigung und Liebe dadurch, daß sie hart arbeiteten und »gute

Familienväter« waren. Vor diesem Hintergrund hielt er sich durchaus für einen guten, ja sogar für einen fürsorglichen und treuen Ehemann. In den ständigen Forderungen seiner Frau nach Aufmerksamkeit und Zuneigung sah er aber ein Anzeichen dafür, daß sie nicht mit ihm zufrieden war.

Die Frau dagegen kam aus einer Familie, in der beide Eltern Alkoholiker waren. Sie hatte rasch erwachsen werden müssen, um ihre jüngeren Geschwister zu versorgen, denn die Eltern waren nur selten zu Hause. Zu ihrem späteren Mann fühlte sie sich hingezogen, weil sie ihn für einen starken, gefestigten und verläßlichen Menschen hielt, der sie anders als ihre Eltern niemals im Stich lassen würde. Der Therapeut machte ihr klar, daß sie sich eine idyllische Phantasie zurechtgelegt hatte, wonach alle Menschen – abgesehen von ihrer eigenen schrecklichen Familie – lieb und gut waren, und daß mit ihrem Weggang aus ihrem Elternhaus alles anders werden würde. Dem Ehemann verhalf der Therapeut mit der Zeit zu der Erkenntnis, daß es durchaus in Ordnung, ja vielleicht sogar ein Zeichen von Männlichkeit sei, Zuneigung zu zeigen. Schließlich verhalf der Therapeut den beiden Partnern zu der Fähigkeit, so miteinander zu kommunizieren, daß jeder den anderen verstand und keiner befürchten mußte, »das Gesicht zu verlieren«.

Dieser Fall ist ein typisches Beispiel dafür, daß und wie konfligierende Selbstbilder zu einer Art von Interaktion führen können, durch die die Beteiligten sich zunehmend zu Gewaltanwendung »aufgerufen« sehen. Wenn die beiden Partner besonderes Pech haben, dann werden durch diese periodischen Ausschreitungen ihre jeweiligen Bedürfnisse so weitgehend befriedigt, daß sie dieser Entwicklung tatenlos zusehen, ja daß sie sie gelegentlich sogar tätig in Gang setzen und nichts unternehmen, was ihrem erbarmungslosen Ablauf etwa ein Ende bereiten könnte.

Im folgenden schildern wir zwei Fälle der therapeutischen Arbeit mit Menschen, die in gewalttätige häusliche Auseinandersetzungen verstrickt waren, und eine Reihe therapeutischer Techniken, die sich in der Arbeit mit diesen Familien als besonders nützlich erwiesen haben.

Ein gewalttätiger Ehemann

Das ETC erhielt den Anruf eines Polizeibeamten, der zu einer gewalttätigen familiären Auseinandersetzung gerufen worden war. Die Sache war dringlich, so sagte er, weil das Ehepaar (Herr und Frau Campbell) noch immer in Kampfstimmung war. Als unsere Therapeuten vor dem Haus der Campbells mit dem Polizisten zusammentrafen, berichtete dieser, es gehe drinnen noch immer sehr »heiß« her. Der Mann war mit einem Messer auf seine Frau losgegangen, aber zum Glück war ein Bekannter dazwischengetreten. Der Polizeibeamte fügte hinzu, jetzt sitze der Mann in einer Ecke und fluche und murmele vor sich hin.

In der spärlich beleuchteten und bescheiden eingerichteten Wohnung der Campbells fiel den eintretenden Therapeuten sogleich auf, daß einige Möbelstücke wohl mit Gewalt umgeworfen oder verrückt worden waren. Auf dem Fußboden lagen leere Flaschen und Bierdosen herum. Herr Campbell saß in der hintersten Ecke des Wohnzimmers; seine Frau befand sich mit einem weiteren Polizisten in einem Nebenzimmer. Die Polizisten waren wohl zu der Erkenntnis gekommen, daß die beiden sogleich wieder aufeinander losgehen würden, wenn man sie nicht beaufsichtigte. Jetzt wurde beschlossen, daß außer den beiden Therapeuten auch noch einer der Polizisten hierbleiben sollte.

Die Therapeuten kamen überein, zunächst mit dem Ehemann zu sprechen, der bei weitem der zornigere von beiden war und den Eindruck machte, als könne er jeden Augenblick wieder explodieren. Nachdem Herr Campbell sich etwas beruhigt hatte, fragte ihn der eine der beiden Therapeuten, was denn seiner Meinung nach das eigentliche Problem sei. Herr Campbell antwortete, er könne den Anblick seiner Frau nicht ertragen. Wie lange er sie denn schon »nicht mehr sehen könne«, wurde er gefragt, und Herr Campbell antwortete, seit drei Jahren mache sie ihm unentwegt Vorhaltungen, weil er trinke. Er sei im Augenblick arbeitslos, aber er suche eine Arbeit. Die Therapeuten sprachen noch eine Weile mit Herrn Campbell, aber es war klar, daß er viel zu betrunken war, als daß man ihn noch mit Erfolg hätte befragen können. Einer der Therapeuten meinte, er solle sich so rasch wie möglich um eine Entziehungskur bemühen, da er seit langer Zeit doch sehr heftig trinke. Zögernd sagte Herr Campbell, er werde dies tun.

Dann wurde Frau Campbell gebeten, das Problem aus ihrer Sicht darzustellen. Sie berichtete, ihr Mann werde immer gewalttätig und unberechenbar, wenn er betrunken sei. Er sei »zu stolz und zu blind«, um zu sehen, was das Trinken für sein Familienleben und seine Arbeit bedeutete. Elf Jahre lang sei er Vorarbeiter gewesen, und wegen seiner Trunksucht hatte man ihm diesen Posten schließlich genommen. Sie habe genug von ihm und ihm auch schon mit der Scheidung gedroht. Der Therapeut sprach davon, daß Herr Campbell eine Klinik aufsuchen könne, um eine Entziehungskur zu machen, und Frau Campbell hielt das angesichts seines übermäßigen Alkoholkonsums in der letzten Zeit für eine gute Idee.

Wir riefen in der Klinik an und baten, ein Bett zu reservieren und einen Wagen zu schicken, um Herrn Campbell zu holen. Zunächst schien es, als ob Herr Campbell sich nicht widersetzen wolle, aber als das Auto kam, weigerte er sich, aus dem Haus zu gehen, und leistete heftigen Widerstand. Schließlich mußte der Polizeibeamte eingreifen und ihm sagen, man werde ihn zwangsweise in die Heilstätte bringen, wenn er nicht von sich aus mitgehen wolle, denn er habe ja zuvor seine Frau mit dem Messer bedroht. Nachdem Herr Campbell weggebracht worden war, blieb einer der Therapeuten noch im Haus, um mit Frau Campbell, den Kindern und dem Freund der Familie zu sprechen, der dem Trinker das Messer weggenommen hatte. Der Freund berichtete, er habe früher auch stark getrunken, sei aber seit sechs Jahren »trocken«. Mit seinem Freund Campbell sei die Sache die, daß er sich gegenüber Fremden und »Gegnern« liebenswürdig zeige, sich seinen Freunden und seiner Familie gegenüber aber »ekelhaft« verhalte. Seine Frau und seine Kinder seien von ihm erbarmungslos tyrannisiert worden. Er hacke dauernd auf den Kindern herum, prahle aber mit ihren Leistungen, wenn sie nicht zugegen seien.

Der Therapeut faßte die Situation noch einmal kurz zusammen und verabredete ein weiteres Gespräch mit Frau Campbell, das zwei Tage später in den Räumen des ETC stattfand. Er riet ihr auch, gleich am nächsten Tag mit ihrem Anwalt wegen der offiziellen Einlieferung ihres Mannes und wegen ihrer Scheidungsabsichten zu telefonieren, und bot an, selbst mit dem Rechtsanwalt über die Abfassung einer speziellen Einweisungsanordnung zu sprechen, einer Anordnung, aus der die Polizei entnehmen mußte, daß sie auf Wunsch der Frau zustande gekommen war (die übliche Praxis sah so aus, daß die Polizei der Ehefrau mitteilte, es handele sich hier um eine Zivilsache, und sie möge die Gerichte anrufen). Ferner sagte der Therapeut, die Polizei halte es für besser, wenn sie das Schloß an ihrer Wohnungstür auswechseln würde – für den Fall, daß ihr Mann zurückkommen und sich rächen wolle.

Beim nächsten Gespräch erzählte Frau Campbell, ihr Mann habe sie gleich am ersten Tag seines Aufenthaltes in der Klinik angerufen und dabei anklingen lassen, daß er sich das Leben nehmen werde. Er hatte gefragt, wie hoch die Lebensversicherung sei und ob die Police auch im Falle seines Selbstmordes ausgezahlt werden würde. Der Therapeut sagte, Frau Campbell solle auf derartige Drohungen überhaupt nicht eingehen, um ihren Mann in seinem Verhalten nicht noch zu bestärken. Frau Campbell berichtete, ihr Mann werde am selben Nachmittag in eine private Heilstätte für Alkoholkranke übersiedeln und sich dort einem intensiven Dreimonatsprogramm unterziehen.

Der Therapeut fragte, wie lange Herr Campbell schon trinke, und welche besonderen Ereignisse sich ihrer Meinung nach mit dieser unglücklichen Entwicklung in Verbindung bringen ließen. Frau Campbell sagte, ihr Mann trinke schon seit zwölf Jahren, und um die Zeit, da er zu trinken begonnen habe, seien vier Dinge geschehen: 1. Ihr Sohn war geboren worden; 2. Herrn Campbells Mutter war gestorben; 3. sie hatten ein Haus gekauft; 4. sie, Frau Campbell, hatte eine neue Arbeitsstelle angetreten. Ihr Mann habe sich bittere Vorwürfe gemacht, weil er sich in der letzten Zeit vor dem Tod seiner Mutter nicht ausreichend um die Mutter gekümmert hatte. Er fürchte sich übrigens vor dem Altwerden und färbe sich die Haare; er gestatte es sich aber niemals, »fünf gerade sein zu lassen« oder manche Dinge etwas leichter zu nehmen. Nach einigem Zögern fügte Frau Campbell hinzu, sie habe vor zwei Jahren eine Abtreibung vornehmen lassen, und ihr Mann sei damals sehr böse auf sie gewesen. Er nenne sie übrigens auch häufig einen »Bastard«, weil er sich einbilde, sie sei ein uneheliches Kind.

Im weiteren Verlauf des Gespräches stellte sich heraus, daß Herr Campbell offenbar der Überzeugung war, ihm sei die Kontrolle über verschiedene Bereiche seines Lebens entglitten – insbesondere was seine Ehe, seine Kinder und seine Arbeit anging. Im Zorn auf ihren Mann tat Frau Campbell unbewußt Dinge, die dieses Ohnmachtsgefühl auf seiner Seite noch steigerten. Trotz des Ärgers, den sie gegenüber ihrem Mann und in bezug auf ihre Ehe empfand, wandte Frau Campbell sich in der folgenden Sitzung dann den Problemen zu, die die augenblickliche Krise heraufbeschworen hatten. Sie begriff, daß nicht nur ihr Mann, sondern auch sie selbst dazu beigetragen hatte. Der Therapeut machte ihr klar, daß sie ihren Mann wiederholt »gerettet« und ihm verziehen hatte. Damit hatte sie ihn aber zugleich in gewisser Weise daran gehindert, das Trinken aufzugeben. Wenn er trank, dann wuchs ihre Autorität in der Familie, und für einen außenstehenden Beobachter sah es so aus, als opfere sie sich für die Familie auf.

Bei ihrem nächsten Besuch sagte Frau Campbell, sie wolle versuchen, ihre Ehe zu retten. Ihr Mann mache erstaunliche Fortschritte, und damit sei sie gezwungen, sich jetzt einmal mit sich selbst zu beschäftigen. Sie müsse gewissermaßen den Umgang mit einem Mann erst lernen, der nicht mehr vollständig abhängig von ihr war und nicht immer nur leere Versprechungen machte. Ihr Mann habe endlich begriffen, wie kindisch er sich benommen habe, und zeige jetzt auch mehr Verständnis für seine Kinder.

Einer der Therapeuten, die an jenem ersten Abend in die Wohnung der Campbells gekommen waren, empfing Frau Campbell in den folgenden vier Monaten noch mehrmals (zweimal sprach er auch mit den Kindern). Auch mit Herrn Campbell führten wir eine Reihe von Einzelsitzungen im ETC durch, solange er sich noch in der Klinik aufhielt. Nachdem er das dortige therapeutische Programm absolviert hatte, kehrte er zu seiner Familie zurück und nahm später an familientherapeutischen Sitzungen teil, die von einem ETC-Mitarbeiter geleitet wurden. In der Folge gelang es den Campbells, mit ihren Schwierigkeiten etwas besser fertigzuwerden. Einmal geriet Herr Campbell in Wut, weil sein ältester Sohn ihm nicht gehorchen wollte, fürchtete sich dann aber vor seinen eigenen Impulsen und rief die Polizei an. Als die Beamten erschienen, erklärte er ihnen, was geschehen war, und die Polizisten belehrten den Jungen darüber, der Vater habe ein Recht, seine Kinder zu disziplinieren, solange er sich nicht grausam zeige oder sie mißhandele, was nicht der Fall gewesen war. Abgesehen von diesem eher unbedeutenden Zwischenfall führen die Campbells heute ein einigermaßen befriedigendes Familienleben, und die Polizei ist seither nicht wieder gerufen worden.

Überlegungen im
Zusammenhang mit einem geplanten Mord

An einem regnerischen Novemberabend rief Madilyn Leggett die Polizei an, weil sie sich vor dem Alleinsein fürchtete. Eine Woche zuvor war sie − eine Frau von über fünfzig Jahren − nur knapp der Vergewaltigung durch einen Mann entgangen, der in ihre Wohnung eingebrochen war. Jetzt fürchtete sie, der Mann werde wiederkommen und sie erneut angreifen. Seit dem Vorfall hatten ihre Tochter und ihr Schwiegersohn sich bei ihr aufgehalten, aber an diesem Abend wollten sie wieder in die eigene Wohnung zurückkehren. Da der Beamte, der auf ihren Hilferuf hin gekommen war, sie nicht beruhigen konnte und seinen Streifendienst wieder aufnehmen mußte, rief er beim ETC an und bat um Hilfe.

Er unterrichtete die sogleich eintreffenden ETC-Therapeuten kurz über den Fall und ging. Nun erzählte Madilyn Leggett von der versuchten Vergewaltigung und davon, daß sie sich sehr unsicher fühle. Im Verlauf ihres Berichts wurde sie allmählich ruhiger und gelassener. Aus irgendeinem Grunde schlug sie den Therapeuten schließlich vor, sie durch ihr kleines Haus zu führen. Ein besonderes Vergnügen bereitete es ihr, die Bibliothek zu zeigen, die unter anderem umfangreiche Bestände an parapsychologischer Literatur, an Veröffentlichungen über esoterische Religionen usw. enthielt.

Während Madilyn den Therapeuten die Zimmer in ihrem Haus zeigte, gingen auf dem Flur hin und wieder ein Mann und eine Frau vorbei. Sie waren offensichtlich nicht besonders gut aufeinander zu sprechen; sie gingen einander aus dem Weg, und als Madilyn sie bat, doch auch ins Wohnzimmer zu kommen, war die Spannung zwischen ihnen nicht zu übersehen. Wir erfuhren, daß dies Madilyns Schwiegersohn und ihre Tochter waren und daß sie gewisse Schwierigkeiten mit ihrer Ehe hatten. Auf unsere Frage, ob sie an einer Eheberatung interessiert seien, antworteten sie zustimmend, und so vereinbarten wir sogleich ein Gespräch zwischen ihnen und einem der ETC-Therapeuten für den folgenden Tag. Als wir das Gefühl hatten, daß Madilyn sich wieder etwas beruhigt hatte, nachdem es uns gelungen war, Tochter und Schwiegersohn noch für wenigstens eine weitere Nacht zum Bleiben zu bewegen, verließen wir das Haus.

116

Am nächsten Tag trafen die Tochter und der Schwiegersohn mit einem ETC-Therapeuten zusammen. Anthony Rivera war 31 Jahre alt und von Beruf Maschinenschlosser, seine Frau Gabrielle war 32. Sie waren seit zehn Jahren verheiratet. Gabrielle hatte aus einer ersten Ehe eine jetzt 13jährige Tochter, und sie und Tony hatten zusammen noch eine neunjährige Tochter, Maria-Theresa. In den folgenden drei Wochen kamen sie mehrmals, um mit dem Therapeuten zu sprechen, sowohl gemeinsam als auch einzeln, und allmählich stellte sich folgendes heraus: Gabrielle Leggett Rivera war überzeugt, zwei Identitäten zu besitzen: erstens die Identität eines Engels oder einer zweiten Jungfrau Maria und zweitens die einer Hure oder einer Abgesandten des Teufels. In ihrem engelsgleichen Zustand war sie eine pflichtbewußte Ehefrau und Mutter, als teuflisches Wesen hatte sie ein Liebesverhältnis mit einem anderen Mann. Dieser Freund, Buddy Baker, hatte mit seinen 25 Jahren nichts anderes im Sinn als in die Reihen der Hell's Angels aufgenommen zu werden. Eine Zeitlang stand das Verhältnis zwischen Gabrielle und ihrer Mutter Madilyn im Mittelpunkt der therapeutischen Arbeit. Madilyn hatte, wie es hieß, Tausende von Büchern über okkulte Themen gelesen. Daran anknüpfend fragte der Therapeut, ob die Leggetts vielleicht so etwas wie ein Familiengeheimnis oder einen Familienmythos hüteten, und Gabrielle erwiderte, sie sei das Opfer eines Fluches, der auf der Familie laste und den sie wie folgt erklärte: In einem Familienalbum hatte sie einen Zeitungsartikel von vor zwanzig Jahren gefunden, in dem es um ihre Großmutter ging. Die Großmutter (die mit ihrem zweiten Vornamen ebenfalls Gabrielle hieß) hatte gemeinsam mit ihrem Geliebten ihren Mann umgebracht. Der Liebhaber war zum Tode verurteilt und hingerichtet worden, das Urteil für die Großmutter lautete auf zwanzig Jahre Zuchthaus. Das war ein Fluch, der nach Gabrielles Überzeugung auch ihr Schicksal bestimmte. Sie fügte hinzu, Tony habe einmal wild um sich geschossen, als er Buddy in ihrer Wohnung überrascht hatte.

Tony Rivera gab zu, er sei geradezu mörderisch eifersüchtig, was seine Frau angehe. Buddy Baker und er seien früher befreundet gewesen, und es sei richtig, daß er in einem Wutanfall einmal auf ihn geschossen habe. Einmal hatten Buddy und er sich mit ihren Autos auch eine wilde Verfolgungsjagd durch die ganze Stadt geliefert und waren dabei schließlich ineinander gefahren –

wie Kinder, die im Eifer des Fangenspielens ineinander rennen. Auf die Frage, was für Waffen er im Hause habe, sagte Tony, insgesamt seien es sechs Gewehre. Der Therapeut fragte weiter, ob er vorhabe, Buddy erneut anzugreifen, und Tony sagte, das komme darauf an, wie Buddy sich in Zukunft verhalten würde. Nun fragte der Therapeut, ob Tony ihm versprechen wolle, ihn anzurufen, wenn er in Zukunft jemals den Drang verspüren sollte, auf einen anderen Menschen zu schießen. Zu seiner Überraschung willigte Tony ein.

Zwei Wochen später, genau um Mitternacht, rief Tony (den der Therapeut sogleich an der Stimme erkannte) an und sagte: »Heute nacht ist es soweit.« Der Therapeut fragte: »Wann können Sie in meinem Büro sein?«, und Tony sagte: »In einer Viertelstunde, und ich werde ein Gewehr dabei haben.« Der Therapeut atmete tief durch und antwortete: »Ich kann ebenfalls in einer Viertelstunde dort sein, aber lassen Sie das Gewehr bitte im Auto.« Als Tony einwilligte, fragte der Therapeut, ob es ihm recht sei, wenn er seine beiden Kollegen vom ETC zu dem Zusammentreffen mitbrächte. Tony hatte auch gegen diesen Vorschlag nichts einzuwenden.

Zum festgesetzten Zeitpunkt erschien Tony und blieb am unteren Ende der Treppe, die zum Sprechzimmer des Therapeuten führte, stehen. Auf die Frage »Haben Sie das Gewehr im Auto gelassen?« antwortete er: »Ja, aber ich habe den inneren Lauf mitgebracht, denn es könnte ja sein, daß jemand das Auto aufbricht und sich damit verletzt.« Während der ganzen nun folgenden Sitzung hielt Tony den Gewehrlauf unter seinem Jackett versteckt. Von Zeit zu Zeit war er sichtbar, und die drei Therapeuten stellten rasch fest, daß es sich um einen Teil einer abgesägten Repetierflinte handelte.

Die Therapeuten begannen ihre nächtliche Arbeit mit Tony in der Voraussetzung, daß es sich um einen neurotischen jungen Mann handelte, dessen Eifersucht und Wut den kritischen Punkt erreicht hatten. Er war nicht psychotisch und würde es wohl auch nicht werden, aber es war klar, daß er drauf und dran war, eine gewalttätige Handlung zu begehen. Dennoch waren die Therapeuten sich sicher, daß er keinem von ihnen etwas antun würde, denn er hatte ja deutlich gesagt, gegen wen seine Wut sich richtete.

Die Zeit verging, und Tony war abwechselnd weinerlich und

dann wieder wütend. Bald machte er sich die heftigsten Vorwürfe wegen seiner Mordabsichten, bald sprach er sich selbst Mut zu für das, was er, wie er wußte, tun mußte: »Ich muß es tun. Ich weiß, ich bin verrückt, weil ich es tun muß.« Die Therapeuten gaben ihm zu verstehen, daß sie ihn nicht für verrückt hielten und daß sie angesichts dessen, was seine Frau ihm angetan hatte, Verständnis für seine Empfindungen hatten. Aber die Zeit verstrich, und sie hatten das Gefühl, daß sie Tonys Vorsatz, Buddy Baker zu töten, keineswegs ins Wanken gebracht hatten. Sie wußten, daß er häufig Drogen nahm, und gingen nun davon aus, daß er auch an diesem Abend irgend etwas »zum Aufputschen« genommen haben mußte, denn er zeigte eine unglaubliche Energie und Ausdauer.

Einmal erwähnte Tony mit einem gewissen Stolz eine Begebenheit, die sich vor kurzem zugetragen hatte und die bewies, wie weit er in seiner Verzweiflung zu gehen bereit war, um »die Sache zu regeln«. Er wollte den Therapeuten damit zu verstehen geben, daß er Buddy klargemacht hatte, daß er ihn töten würde: Er hatte ihn auf das örtliche Polizeirevier mitgenommen und dort verlangt, man solle ihn, Tony, verhaften. Er hatte gesagt: »Verhaften Sie mich, denn sonst werde ich diesen Kerl da umbringen.« Der Polizeibeamte hatte sich aber nicht weiter beeindrucken lassen, sondern die beiden Männer aufgefordert, wieder zu gehen.

Gegen zwei Uhr morgens war das Gespräch absolut unergiebig geworden. Einer der Therapeuten fragte Tony, ob es einen einzigen Menschen auf der Welt gebe, den er wirklich liebe. Tony antwortete: »Meine Tochter«, und der Therapeut sagte: »Lehnen Sie sich zurück, machen Sie die Augen zu und stellen Sie sich folgendes vor: Sie sind im Gefängnis, weil Sie Buddy umgebracht haben; Sie sind höchst zufrieden mit sich selbst, Sie sonnen sich in dem Gefühl, etwas ganz Großartiges getan zu haben. Dann kommt Ihre Tochter, um Sie zu besuchen. Sie fragen: ›Wie geht's dir, mein Schatz?‹, und sie sagt: ›Ach, ganz gut, Papa!‹ Sie fragen weiter: ›Hast du irgendwelchen Ärger?‹, und sie antwortet: ›Die Kinder in der Schule singen ein Lied, das geht so (hier fing der Therapeut an, leise zu singen, und Sekunden später fielen die beiden andern Kollegen ein): ›Dein Vater ist ein Mörder. Dein Vater ist ein Mörder...‹« So sangen sie etwa eine halbe Minute lang, während Tony, offensichtlich stark bewegt, in seinem Stuhl zusammensank. Er seufzte, schwieg eine Weile und holte dann tief Luft. Wieder herrschte Schweigen. Schließlich kamen seine fast geflüsterten Worte: »Also gut, ich werde es nicht tun.« Viel später, gegen vier Uhr morgens, ließen die Therapeuten ihn gehen. Sie waren überzeugt, daß er sein Versprechen halten würde – zumal er inzwischen todmüde und innerlich ausgelaugt war.

Am nächsten Tag berieten sich die Mitarbeiter über die Ereignisse der vergangenen Nacht. Inzwischen waren sie nicht mehr ganz so sicher, ob das, was sie getan hatten, richtig gewesen war. Einerseits wollten sie ihr Zusammentreffen mit Tony geheimhalten, andererseits dachten sie an die Vorschriften der *Tarasoff Decision* (siehe Kapitel 13), wonach ein Therapeut verpflichtet ist, diejenige Person zu warnen, die von seinem gefährlichen Klienten als Opfer einer Gewalttat ausersehen ist. Sie waren sich außerdem darüber einig, daß man bezüglich des abgesägten Gewehrs etwas unternehmen müsse, denn der bloße Besitz einer solchen Waffe steht in allen amerikanischen Bundesstaaten unter schwerer Bestrafung.

Nachdem sie sich mit einem Juristen beraten hatten, telefonierte einer der ETC-Therapeuten mit dem Chef der örtlichen Polizeidienststelle. Er schilderte ihm die Situation, ohne Tonys Namen zu nennen, und der Polizeichef sagte, das Beste wäre, wenn das ETC versuchen würde, den Mann zur Herausgabe seiner Waffen zu bewegen. Wenn es uns gelänge, die Waffen bei der Polizei zu deponieren, dann könnte die Polizei sie auf unbestimmte Zeit bei sich aufbewahren und vor allem das abgesägte Repetiergewehr in Verwahrung nehmen, ohne den Eigentümer für dessen unerlaubten Besitz zu bestrafen.

Um das potentielle Opfer rechtzeitig warnen zu können, rief der Therapeut, der das letzte Gespräch mit den Riveras geführt hatte, Gabrielle an und bat sie, noch am selben Abend vorbeizukommen und Buddy Baker mitzubringen. Bei dieser Zusammenkunft wurde rasch klar, daß die – gesetzlich vorgeschriebene – Warnung keineswegs ernst genommen wurde. Vielmehr reagierte Buddy halb angriffslustig und halb verächtlich darauf: er werde sich Tony jederzeit entgegenstellen, und er habe nicht die Absicht, sein Verhältnis mit Gabrielle zu beenden. Gabrielle ihrerseits schien nicht weiter beunruhigt und ließ auch nicht erkennen, daß sie ihr Verhalten ändern wollte.

Später telefonierte der Therapeut mit Tony und bat ihn, am

selben Abend gegen neun Uhr vorbeizukommen. Er wollte ihn dazu bewegen, seine Gewehre abzuliefern. Seine Argumentation lautete folgendermaßen: Tony hatte ja erst in der vergangenen Nacht versprochen, Buddy nicht zu erschießen. Zu welchem Zweck wollte er dann also die Gewehre behalten, die doch eine ewige Versuchung darstellten, doch noch das zu tun, was er versprochen hatte, *nicht* zu tun? Es dauerte eine Weile, ehe Tony sich damit einverstanden erklärte, die Gewehre vorübergehend der Polizei zu übergeben, und es dauerte noch länger, ehe er damit einverstanden war, daß der Therapeut ihn in seine Wohnung begleitete, um die Gewehre noch in der gleichen Nacht in Verwahrung zu nehmen.

Es war schon sehr spät, als die beiden Männer Tonys Wohnung betraten. Die sechs geladenen Gewehre lagen teils auf einem Tisch und teils auf einem Schrank. Langsam und sorgfältig entlud Tony eines nach dem anderen, während der Therapeut eine Liste anlegte, in der er Gewehrtyp, Kaliber und Seriennummer festhielt und auch die 450 Stück Munition nach Typ und Stückzahl pro Typ aufführte. Natürlich enthielt die Liste nicht den Namen des Besitzers, aber der Therapeut stellte eine Quittung für Waffen und Munition aus, die er unterschrieb und Tony übergab. In feierlichem Schweigen half Tony dem Therapeuten dann, das ganze Arsenal ins Auto zu tragen, und schließlich fuhr der Therapeut damit sehr langsam und vorsichtig zum Polizeirevier. Dort angekommen, bat er, den Chef vom Dienst sprechen zu dürfen, und sagte zu ihm: »Kommen Sie bitte heraus zu meinem Auto. Ich habe Ihnen etwas zu übergeben.«

Die Übergabe der Gewehre und der Munition an das Polizeirevier ist der Beginn des letzten Kapitels in dieser Geschichte eines geplanten Mordes. Am nächsten Tag erschien Tony auf dem Revier und bat, man möge ihm die Gewehre zurückgeben, aber die Polizei händigte sie ihm nicht aus. Der Therapeut führte mit Tony noch eine ganze Zeitlang regelmäßig Gespräche. Einmal kam auch Gabrielle in seine Sprechstunde. Der Therapeut gab ihr zu bedenken, daß sie mit ihrem Lebenswandel einen Mord geradezu heraufbeschwöre, und redete ihr dringend zu, entweder mit Buddy oder mit Tony zu brechen. Aber Gabrielle war auch diesmal nicht dazu zu bewegen; sie wollte keinen der beiden Männer verlassen.

In seiner Arbeit mit Tony gelang es dem Therapeuten, die Situation neu zu definieren, so daß Tony schließlich erkannte, daß die bessere (oder »männlichere«) Lösung des Problems darin lag, sich von Gabrielle scheiden zu lassen. Eine Zeitlang war Tony noch unschlüssig, aber dann reichte er die Scheidung ein. In den sechs Monaten, die bis zu seiner Scheidung vergingen, suchte er den ETC-Therapeuten auch weiterhin auf. Wieder bat er um Rückgabe seiner Gewehre, aber der Therapeut verweigerte ihm die Erfüllung dieser Bitte mit der Begründung, er sei immer noch viel zu unruhig und erregt. Einige Zeit später, nachdem er ruhiger geworden war, wiederholte Tony seine Bitte, und nun holte der Therapeut die Gewehre (mit Ausnahme der abgesägten Repetierflinte) beim Polizeirevier ab und händigte sie ihm wieder aus.

Etwa fünf Jahre später bat Tony erneut um ein Gespräch mit seinem ehemaligen Therapeuten vom ETC. Er war jetzt geschieden und hatte das Sorgerecht für seine Tochter und seine Stieftochter erhalten. Die inzwischen achtzehnjährige Stieftochter »machte Schwierigkeiten«, und Tony wollte sich beraten lassen, um seiner Rolle als Vater besser gerecht zu werden.

So endete die Geschichte mit Tony, Gabrielle, Buddy Baker und Madilyn Leggett – ein Fall, der angefangen hatte mit der versuchten Vergewaltigung der Großmutter und der mit der Krise endete, die die heranwachsende Enkelin durchmachte. Dieser Fall ist für jeden Krisentherapeuten deshalb interessant, weil er folgendes zeigt:

1. Die Bemühungen des Therapeuten angesichts eines bestimmten Problems, das ihm vorgetragen wird, können über die Lösung dieses Problems hinaus dafür sorgen, daß ein weiteres, ganz anders gelagertes und vielleicht sehr viel wichtigeres Problem auftaucht und Beachtung erfährt.

2. Erfolgreiche Therapie kann sehr verschiedene Wege gehen und gelegentlich den üblichen Bahnen geradezu zuwiderlaufen; so lassen sich zum Beispiel Denkprozesse dadurch beeinflussen, daß man bestimmte Verhaltensweisen verändert.

3. Zum Schutz der Gemeinschaft sind in Zukunft vielleicht nicht so sehr die Polizei als vielmehr die Mitarbeiter im psychohygienisch-psychotherapeutischen Bereich aufgerufen. In dem Augenblick, in dem die Therapeuten bereit und willens sind, diese Aufgabe anzunehmen, können sie dazu beitragen, Gewalttätigkeit zu verhindern.

4. Ein Gewehr ist ein Gewehr ist ein Gewehr; dies kann man nicht einfach ignorieren, auch ein Therapeut nicht. Wenn ein Klient tatsächlich eine gefährliche Waffe besitzt, darf man diesen Umstand in der Therapie nicht übersehen; im Zweifelsfall sollte der Therapeut davon ausgehen, daß der Klient fähig ist, sie gegen einen anderen Menschen (oder gegen sich selbst) einzusetzen.

5. Der angebliche oder »identifizierte« Klient ist nicht in jedem Fall dasjenige Familienmitglied, das am allerdringendsten Hilfe braucht.

Fassen wir zusammen: Jeder Therapeut erlebt Situationen (und häufig kommen sie ihm höchst ungelegen), in denen *nicht* zu handeln nicht möglich ist, in denen er seine ganze Kraft einsetzen muß, weil es um Leben und Tod geht. Und schließlich sollte er nicht vergessen, daß die Menschen *sehr wohl* imstande sind, sich zu ändern, und daß manche Menschen am Ende mit ihrem früheren Selbst nicht mehr viel Ähnlichkeit haben.

6 Die geprügelte Ehefrau

Wir wollen in diesem Kapitel die Situation der geprügelten Ehefrau betrachten, wobei wir darunter nicht jene ehelichen Auseinandersetzungen verstehen, die immer wieder einmal zu gewalttätigen Ausschreitungen, zu Rempeleien und Ohrfeigen usw. führen. Unserer Meinung nach trägt eine Unterscheidung zwischen diesen beiden Formen der Gewaltanwendung dazu bei, die Dinge zu klären. Wir wollen zeigen, wie unterschiedliche Arten von Familiensystemen »funktionieren«, und daß ein Paar, das immer wieder heftige Auseinandersetzungen hat, schließlich an den Punkt geraten kann, an dem es im Wortsinn »Prügel gibt«. Diese Unterscheidung heißt allerdings nicht, daß wir nicht jeden Fall, bei dem ein Mensch seine Hand gegen einen anderen erhebt, für eine schwerwiegende Angelegenheit halten. Das tun wir selbstverständlich.

Gayfords Definition der geprügelten Ehefrau trifft genau das, was wir in diesem Kapitel deutlich machen wollen: ». . . eine Frau, die von ihrem Ehepartner (oder Lebensgefährten) wiederholt und vorsätzlich in schwerwiegender Form angegriffen worden ist« 1975, S. 237). Weiter heißt es bei Gayford, daß es auch »geprügelte« Ehemänner im wahrsten Sinne des Wortes gibt, daß solche Fälle aber aus zwei Gründen sehr selten sind: erstens sind Männer gewöhnlich stärker als Frauen, zweitens ist es für Männer in der Regel sehr viel einfacher, das Haus zu verlassen. Obwohl Strauss (1980) darauf hinweist, daß Frauen sich Männern gegenüber gewalttätiger zeigen, als man bisher angenommen hatte, haben wir doch die Erfahrung gemacht, daß das, was an Gewalttätigkeit tatsächlich vorkommt, besser in die Kategorie der heftigen ehelichen Auseinandersetzungen paßt als in die Kategorie des Prügelns, wie es oben definiert wurde, nämlich als vorsätzliche, schwerwiegende, wiederholte und nachweisbare physische Gewaltanwendung.

Um hier das Phänomen des Prügelns in der Ehe ganz deutlich zu machen, wollen wir Gayfords (1978) bewegende Untersuchung an 100 mißhandelten Ehefrauen zusammenfassen und im einzelnen diskutieren. Alle diese Frauen hatten blaue Flecken, 44 von ihnen hatten offene Wunden; in 17 Fällen waren ihnen diese Wunden mit einem scharfen Gegenstand – einem Messer oder einer zerbrochenen Flasche etwa – beigebracht worden. In 25 Fällen waren Nasen- und Rippenbrüche die Folge der Mißhandlungen, in acht Fällen waren es andere Arten von Knochenbrüchen, etwa Arm-, Finger-, Kiefer- und Schädelbrüche. Zwei Frauen hatten ausgerenkte Kiefer, zwei andere eine ausgerenkte Schulter. In zwei Fällen war ein inneres Organ beschädigt worden, und eine Frau wurde infolge der Verletzungen, die ihr Mann ihr beigebracht hatte, epileptisch. Elf Frauen hatten Verbrennungen oder Verbrühungen, sieben waren gebissen worden. Alle waren sie zumindest mit der geballten Faust mißhandelt worden, in 59 Fällen war es darüber hinaus auch zu Fußtritten gekommen. Ein häufiges Ziel der Angreifer war die Bauchgegend, und in mehreren Fällen waren infolge dieser Attakken Abtreibungen notwendig geworden. In 42 Fällen war eine Waffe verwendet worden, häufig wohl der erstbeste Gegenstand; in 15 Fällen war es die gleiche Waffe (ein Gürtel), mit der die betroffene Frau schon mehrfach geschlagen worden war. Viele der Überfälle waren plötzliche, unbeherrschte Wutausbrüche, andere aber waren kaltblütig vorausgeplant, und hier waren die Verletzungen den Frauen so beigebracht worden, daß sie kein direkt sichtbares Zeichen hinterließen: etwa Schläge oberhalb des Haaransatzes, in der Gegend der Ohren oder auf den Rücken.

Die Kinder dieser 100 mißhandelten und geprügelten Frauen boten ebenfalls ein trauriges Bild. Viele von ihnen wurden von den Mitarbeitern der Heime, in die man sie gebracht hatte, als »gestört« bezeichnet. Sie stellten eine Vielzahl problematischer Verhaltensweisen zur Schau, von heftigen Wutausbrüchen bis zum Bettnässen. Auch Vandalismus und Diebstahl kamen häufig vor, und die Auseinandersetzungen dieser Kinder untereinander waren außergewöhnlich grausam und abstoßend, ein Umstand, der befürchten ließ, daß sie gewalttätiges Verhalten bereits als Erbschaft von ihren Eltern übernommen hatten und ein solches Verhalten wohl in Zukunft auch in ihren eigenen Familien an den Tag legen würden.

In diesem Zusammenhang muß festgehalten werden, daß jede der 100 von Gayford untersuchten Frauen glaubte, ihre Situation sei einmalig, und daß zwanzig dieser Frauen die Mißhandlungen schon zehn und mehr Jahre lang ertragen hatten. Die Frage drängt sich auf, warum geschlagene und mißhandelte Frauen sich so widersinnig verhalten, nämlich immer wieder zu dem Mann zurückkehren, der sie geschlagen hat. Wenn man an die entsetzlichen Verletzungen denkt, die diese Frauen erlitten hatten, dann können sie mit Sicherheit keinerlei Genugtuung daraus gezogen haben. Daß sie dennoch bei ihren Männern bleiben oder zu ihren Männern zurückkehren, muß sich also durch das Zusammenspiel einer ganzen Reihe von Faktoren erklären. Ein gewichtiges Phänomen ist der Umstand, daß viele prügelnde Ehemänner ihre Frauen durchaus lieben; gelegentlich empfinden sie heftige Gewissensbisse, und manche zeigen sich nach einem solchen Angriff sogar ganz besonders zärtlich. Oft rechtfertigen sie ihr Verhalten damit, daß sie sagen, die Frau habe das Geschehen selbst herbeigeführt. In andern Fällen behaupten sie, ihre Frau geschlagen zu haben, weil sie »es gebraucht« habe. In manchen Subkulturen wird das Prügeln sogar als Liebesbeweis gewertet. Wenn eine Frau immer wieder geschlagen worden ist, hat sich ihr Denken in ähnlicher Weise verzerrt wie das Denken des Opfers einer Gehirnwäsche (Gayford, 1975), das heißt, sie fängt allmählich an, alles zu akzeptieren, was ihr gewalttätiger Ehemann ihr sagt. Wenn man bedenkt, daß viele erwachsene Menschen, die es in solchen von Gewalttätigkeit gekennzeichneten Beziehungen aushalten, als Kinder schon gewalttätige Auseinandersetzungen in ihrem Elternhaus erlebt haben, dann verwundert es nicht, daß sie einen Zusammenhang zwischen Liebe und Mißhandlung sehen. Die Verzerrung ihres Denkens ist so weit fortgeschritten, daß sie Dinge äußern wie: »Er schlägt mich, weil er mich liebt.«

Um die Hintergründe dieser Art von Beziehung zwischen zwei Menschen besser verstehen zu lernen, empfiehlt sich die Beschäftigung mit Batesons (1972) »komplementärem« System, in dem die eine Person überlegen und die andere unterlegen ist. In seiner hoch pathologischen Ausprägung verschlechtert sich ein solches System noch folgendermaßen:

»... daß Unterwürfigkeit weitere Zustimmung fördert,
die ihrerseits zu weiterer Unterwürfigkeit führen wird. Diese
Schismogenese führt, solange sie nicht eingeschränkt wird, zu
einer progressiven einseitigen Verzerrung der Persönlichkeiten
der Mitglieder beider Gruppen, die in einer wechselseitigen
Feindschaft zwischen ihnen resultiert und mit dem Zusammenbruch des Systems enden muß« (dt. S. 108).

Wenn es zu diesem Zusammenbruch kommt, werden manche Frauen geschlagen, weil sie zu dominant oder zu kompetent sind und für den ihnen ergebenen oder »unterlegenen« Partner eine Bedrohung darstellen; das heißt also, sie provozieren die Schläge allein durch ihr Da-Sein. Andere werden geschlagen, weil sie zu unterwürfig oder zu stark unterlegen sind; das stört wiederum den dominanten Partner im System, und die Folge ist, daß er seine Frau schlägt. Frauen werden also im Grunde wegen der Rolle geschlagen, die sie in einem außer Kontrolle geratenen komplementären System innehaben.

Allzu häufig sieht das Szenarium so aus, daß der Mann sich ursprünglich zu seiner Partnerin hingezogen fühlte, weil sie so reizend und so naiv war; aber am Ende empfindet er gerade ihre Naivität und Passivität als ärgerlich – die Frau ist ihren häuslichen Aufgaben nicht gewachsen, und das führt dazu, daß er sie schlägt. Die Frau ihrerseits versucht ihn zu besänftigen und ihm zu gefallen, indem sie sich noch unterwürfiger zeigt; das verärgert den Mann noch stärker und so fährt er fort, sie zu schlagen. Was die Frau unternommen hat, um die Situation zu verbessern, hat die Dinge in Wahrheit nur noch weiter verschlechtert. Da keinem der Partner eigentlich klar ist, was der andere denkt und fühlt, wird die jeweilige Bindung an dieses eskalierende, zyklische Muster immer stärker. Mit der fortschreitenden Ausbildung dieses Musters entwickeln beide Partner eine fast fanatische Furcht, sich aus dem System zu befreien, das System gerät jedoch seinerseits immer weiter außer Kontrolle.

Eine abweichende Form des komplementären Systems besteht dann, wenn der rabiate Ehemann seine Frau im Blick auf seine eigenen Abhängigkeitsbedürfnisse und im Blick auf ihre Stärken und Fähigkeiten geheiratet hat. Am Ende wird ihn gerade ihre Tüchtigkeit und Vollkommenheit schrecken und zum Angriff reizen. Einerseits will und braucht er diese ihre Eigenschaften, andererseits haßt er sie dafür. Seine Frustrationsschwelle ist auch in den besten Augenblicken sehr niedrig; der Alkohol kann enthemmend wirken, und wenn sein Zorn und sein Ärger über die Toleranzschwelle hinaus zunehmen, ist der Punkt erreicht, an dem er seine Frau schlägt. Diese wiederum versucht ihn zu besänftigen, sie tut, was er ihrer Meinung nach möchte, und das setzt den Kreislauf der Gewalttätigkeit von neuem in Gang. Es sei noch einmal wiederholt: Verhaltensweisen, von denen jeder der beiden denkt, sie würden die Situation verbessern, verschlimmern sie in Wahrheit noch und rufen gewalttätige Reaktionen auf den Plan, ohne daß dies beabsichtigt war. Das Kernstück dieser Entwicklung ist eine (pathologische) komplementäre Beziehung, an der beide Partner blindlings festhalten. Jeder von beiden setzt erstaunlich viel ein, um dieses ungesunde Interaktionsmuster zu bewahren, jeder entwickelt mit der Zeit die ganz irrige, aber erdrückende Vorstellung, daß er ohne den Partner nicht leben kann. Diese irrationale Befürchtung, daß der eine ohne den anderen nicht leben kann, ist eine entscheidende Komponente dieses Systems. Sie zeigt sich in den ganz beträchtlichen Anstrengungen, die beide Partner unternehmen, um das System so lange wie möglich am Leben zu erhalten.

Eine mißhandelte Frau

Der nachstehend geschilderte Fall ist, was die sozioökonomischen Verhältnisse angeht, nicht typisch, denn die meisten Frauen, die von ihren Männern geschlagen werden, gehören der Unterschicht an bzw. sind mittellos. Typisch ist dieser Fall aber in bezug auf den psychologischen Hintergrund. Wir stellen ihn hier vor, um gewisse Mißverständnisse aus der Welt zu räumen, wie sie über mißhandelte Frauen weit verbreitet sind, und um zu zeigen, daß die Dynamik des »Prügelsyndroms« in allen sozioökonomischen Schichten die gleiche ist. Es kommt durchaus vor, daß auch Frauen, die es im Berufsleben weit gebracht haben, von ihren Männern geschlagen werden, wenn sie nach getaner Arbeit nach Hause zurückkehren.

Joyce war 35 Jahre alt, als sie einen Therapeuten vom ETC aufsuchte, weil sie an chronischen Kopfschmerzen und an Depressionen litt. Ihr Arzt hatte gemeint, daß vielleicht Hypnose oder ein Entspannungstraining ihr helfen könnten. Sie war seit zehn Jahren verheiratet und hatte zwei Kinder, einen achtjährigen Sohn und eine sechsjährige Tochter. Joyce war unruhig und ängstlich; sie machte recht vage Angaben, was Art und Häufigkeit ihrer Kopfschmerzen anging, und auch Fragen über ihre augenblickliche häusliche Situation beantwortete sie eher ausweichend. Dem Therapeuten kam der Verdacht, daß es noch ein ernsthafteres, verborgenes Problem in Joyces Leben geben mußte; zugleich spürte er aber auch, daß sie wohl nicht wiederkommen würde, wenn er versuchen wollte, mehr aus ihr herauszuholen, als sie von sich aus zu erzählen bereit war.

Immerhin war Joyce damit einverstanden, daß der Therapeut den Arzt anrief, der sie an das ETC überwiesen hatte, um dessen fachliche Meinung über die chronischen Kopfschmerzen in Erfahrung zu bringen. Joyce berichtete von ihrer Tätigkeit als Anwältin in einer Anwaltssozietät. Ihr Spezialgebiet war das Zivilrecht. Ihr Mann Steve war Architekt. Sie ließ durchblicken, daß zwar im beruflichen Leben beider Partner alles glatt lief, daß es in ihrer Ehe aber gelegentlich stürmisch zuging. Nach diesem ersten Gespräch mit dem ETC-Therapeuten wurde eine weitere Sitzung für die folgende Woche vereinbart.

Der Arzt, den der Therapeut anrief, um sich über Joyces Kopfschmerzen zu informieren, war außerordentlich entgegenkommend und sagte, er freue sich, daß Joyce sich wirklich an seine Empfehlung gehalten und einen Psychotherapeuten aufgesucht hatte. Er sei natürlich in Sorge wegen der Kopfschmerzen, aber er sei vor allem auch sehr beunruhigt wegen ihrer häuslichen Verhältnisse. Sie hatte ihn in den letzten Jahren mehrmals aufgesucht, um die Folgen unerklärlicher Stürze und anderer merkwürdiger Unfälle behandeln zu lassen. Das alles beschäftigte ihn stark, aber er wußte nicht, was er tun konnte, um Joyce zu helfen. Der Ehemann der Patientin, Steve, war nach seiner Beschreibung ein selbstsicherer und offenbar sehr erfolgreicher, aber zugleich auch unnahbarer Mann. Joyce hatte, was ihre Ehe anging, immer äußerstes Stillschweigen bewahrt. – Die Unterhaltung mit dem Arzt bestätigte den Therapeuten in seinem Verdacht, daß Joyce irgendein Familiengeheimnis hütete.

Während der nächsten Wochen kam Joyces Geschichte ganz allmählich ans Licht. Die Kopfschmerzen traten immer auf, wenn Steve sie geschlagen hatte, und geschlagen wurde sie von ihm schon seit dem zweiten Jahr ihrer Ehe – sie hatte also eine neunjährige Leidensgeschichte hinter sich. Während sie dies alles erzählte, versuchte Joyce zugleich, ihren Mann in Schutz zu nehmen, und führte alle möglichen Gründe dafür auf, warum er sie regelmäßig schlug: Er hatte eine traumatische und traurige Kindheit gehabt. Sowohl sein Vater als auch seine Mutter waren Trinker gewesen, und er war schon sehr zeitig in seinem Leben auf sich selbst gestellt gewesen und hatte auf alle Hilfe von seiten der Eltern verzichtet. Joyce hatte ihn im College kennengelernt und seinen eisernen Willen bewundert. Sie beschrieb Steve als einen energischen Menschen, dem es schwerfiel, seine Gefühle zu zeigen. Sie fügte hinzu, sie habe Steve »bemuttert« und versucht, ihm die Liebe zu geben, die ihm in seiner Kindheit versagt gewesen war. Eben diese mütterliche Zuwendung und Fürsorge hatte dazu geführt, daß er immer stärker von ihr abhängig wurde.

Ihre eigene Familie unterschied sich nach ihrer Beschreibung ganz und gar von der ihres Mannes. Die Eltern gehörten der Mittelschicht an, und die Familie war durch und durch solide und gefestigt. Von den drei Geschwistern war Joyce der erklärte Liebling ihres Vaters gewesen. Sie sagte, sie habe fast ein schlechtes Gewissen, wenn sie an ihre glückliche und behütete Kindheit denke und sich dann vorstelle, was Steve erlebt hatte. Sie hatten kurz nach ihrem juristischen Examen geheiratet, und solange sie noch in ungesicherten finanziellen Verhältnissen lebten und zusehen mußten, wie sie zurechtkamen, waren sie miteinander auch glücklich gewesen.

Einige Monate nach ihrem Examen und nach Antritt ihrer ersten Stelle kam Joyce eines Abends eine Stunde später als sonst nach Hause und fand ihren Mann in großem Zorn. Er beschuldigte sie, ein Verhältnis mit einem ihrer Kollegen zu unterhalten. Je mehr sie sich bemühte, ihm zu erklären, weshalb sie später nach Hause gekommen war und daß keiner ihrer Kollegen sie interessierte, weil sie ihn, Steve, liebte und brauchte, desto wütender wurde Steve. Er schlug sie mehrmals und stieß sie zu Boden. Am nächsten Morgen sagte er, es tue ihm schrecklich leid, und das alles sei allein deshalb geschehen, weil er sie so sehr liebe; wenn sie ihm verzeihe, dann würde sich etwas Derartiges nie mehr wiederholen. Es ereignete sich tatsächlich erst ein ganzes Jahr später wieder. Inzwischen hatte Steve eigene berufliche Erfolge zu verzeichnen, und ihr erstes Kind war geboren worden. Kurz nach der Geburt des Kindes schlug Steve seine Frau zum zweitenmal. Diesmal hatte er das Gefühl gehabt, daß Joyce einem seiner Geschäftsfreunde während eines Abendessens in ihrem Hause zu viel Aufmerksamkeit geschenkt hatte. Steve hatte an diesem Abend zuviel getrunken und war in rasende Eifersucht geraten. Joyce trug ein blaues Auge und eine gebrochene Rippe davon und mußte ihrem

Arbeitsplatz deshalb eine Zeitlang fernbleiben. Während dieser Zeit war Steve außerordentlich aufmerksam und zeigte sich sehr reuig. Wie beim erstenmal schwor er, es werde nie wieder geschehen, und sie verzieh ihm, weil er ihr unendlich leid tat.

Über ein Jahr später wurde sie zum drittenmal geschlagen, kurz nach der Geburt ihres zweiten Kindes. Als Auslöser hatte vermutlich Steves Befürchtung fungiert, daß ein weiteres Kind Joyces Aufmerksamkeit und Liebe noch stärker von ihm abziehen werde. Wieder war er betrunken und wütend, und diesmal warf er sie die Treppe hinunter. Joyce erklärte dem Therapeuten, es sei so, als ob Steve um so ängstlicher und reizbarer würde, je erfolgreicher er in seinem Beruf sei. Der Gedanke an diesen Mann, der so hart um seinen Erfolg im Leben gekämpft hatte, nur um jetzt festzustellen, daß er nicht imstande war, den endlich eingetretenen Erfolg zu genießen, erfüllte sie nach ihren eigenen Worten mit großer Trauer. Sie schien sich der Tatsache nicht bewußt, daß Steve sich durch die Geburt der Kinder bedroht fühlte, weil er meinte, die Kinder würden ihm die Fürsorge und Zuwendung seiner Frau zumindest teilweise rauben.

Joyce sagte, sie »lebe mit einer Zeitbombe«, die jeden Augenblick »hochgehen« könne. Sie müsse Steve für jeden Augenblick ihres Lebens Rechenschaft ablegen, und deshalb könne sie den Therapeuten auch nur um die Mittagszeit aufsuchen (häufig hielt sie den vereinbarten Zeitpunkt gar nicht ein). Ihr Mann habe die alleinige Aufsicht über die Finanzen, und sie wisse gar nicht, bei welchen Banken sie ein Konto unterhielten. Sie pflegte ihr Gehalt bei ihm abzuliefern und bekam dann von ihm einen Scheck; wenn sie damit nicht auskam, gab er ihr außerdem noch Bargeld. Joyce hatte sich mit dieser Regelung abgefunden und versuchte, sich Steves Kontrollsucht in finanziellen Dingen damit zu erklären, daß er in seiner Kindheit bitter arm gewesen war. Sie deutete sich die Dinge so, daß Steve eben immer sichergehen wollte, daß die Familie genügend Geld hatte, nicht aber daß er sie unbedingt kontrollieren wollte.

Anfangs schlug die Therapie nicht recht an, weil Joyce so ängstlich und so zurückhaltend war und nicht regelmäßig zu den Sitzungen erschien. Sie hatte schreckliche Angst, daß Steve entdecken könnte, daß sie einen Therapeuten aufsuchte, und weigerte sich strikt, über die Möglichkeit seiner Teilnahme an den therapeutischen Sitzungen auch nur zu sprechen. Trotz ihres Widerstandes glaubte der Therapeut, wenn man ihr nur genügend Zeit ließe, um Vertrauen zu schöpfen, dann würde sie am Ende wohl einsehen, daß gewisse Veränderungen in ihrem Leben notwendig waren. Er wußte sehr wohl, daß viele mißhandelte Frauen ihrem Therapeuten nur sehr widerstrebend folgen und daß es schwierig ist, sie zum Aufbau einer therapeutischen Beziehung zu bewegen, die dann wirklich einen Wandel möglich macht. Der Umgang mit diesen Frauen verlangt dem Therapeuten Geduld, Einfühlungsvermögen und Festigkeit ab. Die Klientin muß zu der Einsicht gebracht werden, daß schließlich sie es ist, die den ersten Schritt zur Beendigung der Gewalttätigkeiten tun muß, indem sie entweder ihre Familie verläßt oder indem sie darauf besteht, daß der Ehemann sich in Behandlung begibt, und davon ihr weiteres Verbleiben in der gemeinsamen Wohnung abhängig macht. In vielen Fällen dauert es sehr lange, bis die Frauen zu dieser Einsicht gelangen. Eine mißhandelte Ehefrau ist nur selten imstande oder bereit, diese unerläßliche Voraussetzung dafür zu schaffen, daß das System eine Veränderung erfährt. Der Therapeut muß sich darüber im klaren sein, daß viele mißhandelte Frauen rein gefühlsmäßig nicht darauf vorbereitet sind, sich von ihrem Mann bzw. von diesem gewaltproduzierenden komplementären System zu trennen, in dem sie gefangen sind. Sie müssen in der Regel mehrere Anläufe unternehmen, bevor sie schließlich den eingefahrenen Kreislauf tatsächlich durchbrechen. Zu häufig verliert der Therapeut den Mut, was solche Fälle angeht, und gibt die Behandlung seiner »überhaupt nicht motivierten« Klientin in ebendem Augenblick auf, in dem sie ihre ersten zaghaften Versuche unternimmt, sich von ihrem Mann zu trennen.

Es kommt vor, daß man diesen Kreislauf von Mißhandlungen und Schlägen schon beim ersten Versuch durchbrechen kann; nach allen unseren Erfahrungen ist das aber die Ausnahme. Eine Frau, die von ihrem Mann geschlagen worden ist, braucht in der Regel drei bis fünf Anläufe, bevor sie endgültig ihr Heim verläßt oder bevor sie es tatsächlich durchsetzt, daß ihr Mann sich in Behandlung begibt. Der Therapeut tut am besten daran, wenn er die ersten Versuche als einen Lernprozeß betrachtet, der auf lange Sicht verstärkend wirkt und der Frau helfen wird, endgültig mit dem bisherigen Leben zu brechen. Mißhandelte Frauen müssen lernen, den psychischen Folgen der Mißhandlung allmählich etwas entgegenzusetzen; diese Folgen ähneln denen der Gehirnwäsche und bestehen in einer Verzerrung der Realitätssicht und in der emotionalen Schwächung des Opfers. Voraussetzung für die Wiederherstellung der Realitätssicht einer solchen Frau ist, daß sie eine andere Realität erlebt. Sie muß beispielsweise erfahren, daß es einen Zufluchtsort für sie gibt, etwa ein Haus für mißhandelte Frauen, in dem Fachleute und freiwillige Helfer sich um sie kümmern und ihr beistehen.

Obwohl Joyce ja selbst Anwältin war und theoretisch durchaus über ihre Rechte Bescheid wußte, war es sehr schwierig, sie dazu zu bringen, daß sie für diese Rechte auch kämpfte. Im Laufe der Jahre war diese in einer Hinsicht so starke und fürsorgliche Frau, von der Steve abhängig war, ihrerseits zu einem Menschen geworden, der ganz und gar auf seinen Partner angewiesen war. Es war, als sei sie zwei Personen: die berufstätige Frau, die an ihrem Arbeitsplatz tüchtig und erfolgreich war und von der man allgemein wußte, daß sie unsinnige Vorstellungen nicht duldete; und die Frau, die in ihrer Rolle als Ehepartnerin und Hausfrau ängstlich jeder Laune und jedem Wunsch ihres Mannes nachkam. In gewisser Hinsicht sah Joyce in ihrem Mann so etwas wie ein Kind, das, auf seine Weise, in eine hoffnungslose Abhängigkeit von ihrer Person geraten war.

Joyce unternahm mehrere Versuche, sich von ihrem Mann zu trennen, das erstemal eines Nachts, als Steve betrunken nach Hause kam. Nachdem er sich zu Bett gelegt hatte, verließ sie mit den Kindern das Haus und suchte eine Freundin auf. Gegen vier Uhr morgens klingelte bei ihrem Therapeuten das Telefon, und eine hysterische Joyce verlangte ihn zu sprechen: Steve war auf dem Weg zum Haus ihrer Freundin, um sie und die Kinder abzuholen, und sie wußte nicht, was sie tun sollte. Der Therapeut sagt, auch er werde in die Wohnung der Freundin kommen und versuchen, mit Steve und ihr zu reden. Aber in dem Augenblick, in dem er an der angegebenen Adresse ankam, nötigte Steve die schluchzende Joyce und ihre Kinder in sein Auto und rief dem Therapeuten zornig und zugleich beherrscht zu, er solle »sich von der Frau fernhalten«.

Es dauerte rund sechs Wochen, bis Joyce den Therapeuten nach diesem Zwischenfall wieder anrief, und als sie es tat, entschuldigte sie sich und war sehr besorgt, der Therapeut könne ärgerlich auf sie sein und sich weigern, sie weiterhin zu empfangen. Der Therapeut versicherte ihr, daß dies nicht der Fall sei, und verabredete einen Termin für die nächste Sitzung mit ihr. Während dieser neuen Folge von Sitzungen versuchte er mehrfach, Steve in die Behandlung einzubeziehen, aber alle seine Bemühungen schlugen fehl. In der Folge unternahm Joyce noch zweimal den mißglückten Versuch, ihren Mann zu verlassen. Die endgültige Trennung kam, nachdem er sie wieder einmal geschlagen hatte, Kiefer- und Wangenknochen gebrochen waren und Joyce ins Krankenhaus aufgenommen werden mußte. Einer der Hauptgründe dafür, daß sie endgültig beschloß, fortzugehen, war, daß ihre sechsjährige Tochter während der letzten tätlichen Auseinandersetzung von Steve ebenfalls verletzt worden war. Er hatte zwar Joyce gemeint, aber das Mädchen erwischt und ihm in dem Versuch, es von seiner Mutter wegzuziehen, den Arm ausgekugelt.

Daß er nun auch eines der Kinder verletzt hatte, war mehr, als Joyce ertragen konnte. Als der Therapeut sie am nächsten Morgen im Krankenhaus besuchte, war sie kaum imstande zu sprechen. Gemeinsam überlegten sie, wohin Joyce nach ihrer Entlassung aus dem Krankenhaus gehen könnte. Der Therapeut redete Joyce auch zu, einen Anwalt zu konsultieren und ein Unterlassungsurteil zu erwirken, das Steve in Zukunft daran hindern würde, sie oder die Kinder zu quälen oder zu verletzen. Zunächst zögerte Joyce, aber schließlich erklärte sie sich damit einverstanden, sich ein solches Urteil zu besorgen. Der Therapeut kündigte dann seinen Besuch bei Joyces Kindern an, die bei einer Freundin untergekommen waren.

Dieses Mal kehrte Joyce nicht zu ihrem Mann zurück. Am Ende entschloß sie sich, die Beziehung ganz zu beenden, weil Steve sich noch immer verbissen gegen jede Art von Behandlung sträubte. Dieses ganze Erlebnis von Trennung, Scheidung und Neubeginn war aber nicht leicht für sie. Sie blieb noch etwa ein Jahr lang in Behandlung. In dieser Zeit konzentrierten sich die Bemühungen sehr weitgehend auf die Frage, wie sie es nur hatte zulassen können, daß ihr Mann sie so lange geschlagen hatte, und wie sie es fertiggebracht hatte, am Arbeitsplatz eine ganz andere Person zu sein als zu Hause. Ein Grund dafür war wohl, daß Joyce aus einer zwar »altmodischen«, aber intakten Familie stammte, in der der

Vater ganz fraglos die dominante Figur gewesen war. Und da sie der Liebling des Vaters gewesen war, hatte sie von jeher angenommen, daß männliche Autoritäten es ja in aller Regel »gut meinten«; wenn sie also einmal zornig wurden, dann zweifellos deshalb, weil irgend jemand etwas Falsches getan hatte. Als Joyce erkannte, daß sie in ihrem Berufsleben nicht die gleichen naiven Vorstellungen hegte, fiel es ihr nicht mehr so schwer, sich für eine Veränderung stark zu machen.

Wir wollen noch einmal wiederholen, daß der soeben geschilderte Fall nicht typisch ist für die Mehrheit der Fälle von mißhandelten Ehefrauen, daß er aber die Dynamik dieses Geschehens über alle sozioökonomischen Grenzen hinweg deutlich macht. Für das typische Opfer sieht die Realität so aus: Die Frau hat keinen gehobenen Beruf erlernt und keine Aussicht, je eine gute Stellung zu bekommen. Ihre wichtigste Aufgabe ist in den allermeisten Fällen die Sorge für ein Kind oder für mehrere Kinder. Ohne finanzielle und emotionale Ressourcen hat die Frau das Gefühl, in jeder Hinsicht vom Beistand und der Anteilnahme anderer Menschen abgeschnitten und in dieser Situation einer geprügelten und mißhandelten Ehefrau vollkommen gefangen zu sein − in einer Situation, die nach ihrer Überzeugung ganz einmalig ist und für die es auch keine Abhilfe gibt.

7 Das mißhandelte Kind

Bevor wir uns den therapeutischen Strategien zuwenden, die sich für die Arbeit mit Familien eignen, in denen Kinder mißhandelt oder vernachlässigt werden, wollen wir mit einer klaren und prägnanten Definition dessen, was wir hier unter »Mißhandlung« verstehen, in das Thema einführen. Danach läßt sich dann besser darlegen, was für Menschen es sind, die ihre Kinder mißhandeln, und welche dynamischen Vorgänge innerhalb eines Familiensystems diese unglückliche Entwicklung in Gang bringen können. Ganz allgemein ist Kindesmißhandlung durch die Eltern kein geschlechtsspezifisches Phänomen. Es heißt häufig, daß es eher die Mütter als die Väter seien, die ihre Kinder mißhandeln, aber andererseits wird auch gesagt, daß die Mißhandlung durch die Väter viel brutaler und für das Kind viel zerstörerischer sei. Die Dynamik, wie sie hier geschildert wird, gilt für Mißhandlungen durch die Mütter wie durch die Väter, und das Gleiche gilt auch für unsere strategisch-therapeutischen Empfehlungen. Selbst wenn ein Kind ausschließlich von *einem* Elternteil mißhandelt wird, so trifft doch auch den anderen ein erhebliches Maß an Verantwortung dafür, weil er dies duldet.

Was ist Kindesmißhandlung?

Strenge Bestrafung, eine (gelegentliche) Tracht Prügel oder ein barscher und rauher Umgangston zählen *nicht* zur Kindesmißhandlung. Die körperliche Bestrafung, die von unserer Kultur ja zugelassen wird, ist in sich noch keine Kindesmißhandlung (unabhängig davon, was der einzelne von der körperlichen Bestrafung halten mag). Von Kindesmißhandlung kann man sprechen, *wenn das Kind durch die körperliche Bestrafung Quetschungen, Prellungen oder andere Verletzungen erlitten hat oder wenn das Kind so schwer verletzt worden ist, daß es ärztlicher Behandlung bedarf.* Eine zweckmäßige Erweiterung dieser Definition stellen die »Richtlinien für die Diagnose der physischen Mißhandlung« dar, wie sie im *Child Protection Team Handbook* (Schmitt und Loy, 1978) festgelegt worden sind:

».. . physische Verletzungen von der Hand eines Betreuers, Geschwisters oder Babysitters. Auch als nicht-akzidentelles Trauma bezeichnet. Sie werden eingeteilt in *leichte* (einige wenige Quetschungen, Striemen, Kratzer, Schnittwunden oder Narben), *mittelschwere* (zahlreiche Quetschungen oder Prellungen, kleinere Verbrennungen oder ein einzelner Bruch) und *schwere* Mißhandlungen (schwere Verbrennungen, Verletzung des Zentralnervensystems, Verletzungen in der Bauchhöhle, Mehrfachbrüche oder lebensgefährliche Gewaltanwendung). Im Extremfall ist der Ausgang letal. Häufig ist die Verletzung die Folge eines im Zorn unternommenen Versuchs des Vaters/der Mutter, das Kind für sein schlechtes Betragen zu bestrafen. Manchmal hat der Erwachsene auch unbeherrscht und wild auf das Kind eingeschlagen, das zufällig in der Nähe stand, als eine für ihn kritische Situation, die mit dem Kind nichts zu tun hat, eintrat« (S. 188, 189).

Es ist klar, daß Verletzungen wie die oben genannten weit über das hinausgehen, was man als Folge einer normalen Bestrafung des Kindes für schlechtes Verhalten ansehen kann. Wohl jeder erwachsene Mensch verspürt gelegentlich den dringenden Wunsch oder den Impuls, ein schwieriges oder unbotmäßiges Kind zu schlagen. Mit Kindesmißhandlung haben diese akuten, aber vorübergehenden zornigen Empfindungen allerdings nichts zu tun, die die meisten Erwachsenen im allgemeinen unter Kontrolle halten können.

Welche Persönlichkeitsstruktur weist nun aber ein Erwachsener auf, der nicht in der Lage ist, sich zu beherrschen? Wie sehen Zorn, Schmerz und innerer Aufruhr aus, die sich über ein Kind ergießen und am Ende in Mißhandlung und/oder Vernachlässigung umschlagen? In vielen Fällen liegen die Wurzeln solchen unbeherrschten und rabiaten Verhaltens eines Erwachsenen in dessen eigener Kindheit. Wir haben genügend Beweise dafür, daß viele Eltern, die ihre Kinder mißhandeln oder vernachlässigen, als Kinder selbst mißhandelt und zurückgewiesen wurden (Feinstein u. a., 1963; Johnson und Morse, 1968; Nurse, 1966; Silver, Dublin und Lourie, 1969; Steele und Pollock, 1968). Viele solche Eltern zeichnen sich durch eine sehr geringe Selbstachtung aus und neigen zu der Annahme, daß sie im Leben versagt haben; sie neigen daneben auch häufig zu Depressionen (Court und Okell, 1970).

Am nachstehenden Beispiel wird deutlich, daß und wie die geringe Selbstachtung einer Mutter und die tiefverwurzelte Überzeugung von ihrer eigenen Unzulänglichkeit schließlich dazu führen können, daß sie ihr Kind mißhandelt. Die traurige Geschichte könnte etwa so beginnen: Ein junges Mädchen wird sich in den Jahren des Heranwachsens schmerzlich ihrer Unzulänglichkeit bewußt. Sie spürt, daß sie von den Eltern zurückgewiesen wird, vielleicht wird sie auch von einem Elternteil oder gar von beiden mißhandelt. Das Mädchen wird vermutlich zeitig heiraten, um ihr starkes Bedürfnis nach Zuneigung und Liebe endlich befriedigt zu sehen. In der jungen Frau wächst allmählich die Überzeugung, daß sie nicht imstande ist, irgend etwas richtig zu machen. Da sie aber körperlich reif ist, glaubt sie, dadurch etwas »richtig zu machen«, daß sie ein Kind empfängt und zur Welt bringt, das sie lieben wird. Als werdende Mutter, die schließlich einem Kind das Leben schenkt, empfindet sie ein wachsendes Selbstwertgefühl, und dieses Kind wird in ihrer Vorstellung zur Quelle all der Liebe und Zuneigung, die sie in der eigenen Kindheit entbehren mußte. Sie schenkt ihrem Kind das Leben in der Erwartung, daß es nun in ihrem eigenen Leben zumindest ein menschliches Wesen geben wird, das ihr mit schrankenloser Liebe und in völliger Unvoreingenommenheit begegnen wird.

Sie kehrt mit dem Kind nach Hause zurück und widmet sich ihren Mutterpflichten in ungeschickter oder ängstlicher Weise (weil sie sich innerlich unsicher oder ängstlich fühlt). Das Kind spürt diese Ungeschicklichkeit und Furcht an der Art, wie es von der Mutter gehalten und getragen wird, es fühlt sich unbehaglich, es windet sich in ihrem Arm, es weint. Die Mutter, unfähig zu erkennen, daß das Kind sich deshalb windet oder deshalb schreit, weil es sich unbehaglich fühlt, glaubt nun, daß es sie »anschreit« oder versucht, sich ihr zu entziehen. Sie sieht in seinem Verhalten so etwas wie einen Vorwurf, und allmählich setzt sich eine Überzeugung in ihr fest, die etwa lautet: »Ich habe versagt; ich habe vielleicht einen Augenblick lang geglaubt, es geschafft zu haben – aber nein, ich habe versagt!«

Solche Mütter (und Väter) haben so ausgeprägte eigene Bedürfnisse und hoffen so dringend, daß ihre Kinder sie einmal für alle Entbehrungen entschädigen werden, die sie selbst in ihrer Kindheit erfahren haben, daß sie die Bedürfnisse ihrer eigenen Kinder gar nicht zu sehen und zu begreifen vermögen (Green, Gaines und Sandgrund, 1974; Morris und Gould, 1963; Steele und Pollock, 1968). Als Eltern, deren Abhängigkeitsbedürfnisse niemals ausreichend befriedigt worden sind, verschieben sie den Zorn, den sie ihren eigenen Eltern gegenüber empfinden, weil diese ihnen zuwenig Zuneigung und Liebe entgegengebracht haben, nun auf die eigenen Kinder. So beginnt das nächste Kapitel in dieser unglücklichen Chronik der Kindesmißhandlung.

Vielen Eltern, die ihre Kinder mißhandeln oder vernachlässigen, fehlt jedes Verständnis und jedes Einfühlungsvermögen, was die Stimmungen und das Verhalten ihres Kindes angeht. Häufig projizieren sie erwachsene Verhaltensweisen und Motive auf ihr Kind, während dieses in Wahrheit doch nur traurig, naß oder hungrig ist (Allen, 1978). Dieses naive Unverständnis erklärt vielleicht, weshalb junge Paare stärker als ältere in Gefahr sind, ihre Kinder zu mißhandeln (Lynch, 1975; Oliver u. a., 1974, Skinner und Castle, 1969; Smith, 1975). Solchen Eltern fehlt offensichtlich auch jede Vorstellung von den Fähigkeiten eines Kindes. Das heißt, sie haben so gut wie keine Ahnung, welches Verhalten des Kindes auf den verschiedenen Altersstufen normal und angemessen ist (de Lissovey, 1973). Da sie so wenig von Kindern verstehen, sind ihre Fähigkeiten und Fertigkeiten als Eltern höchst unzureichend ausgebildet. Ihre Forderungen an das Kind, was dessen Folgsamkeit, Geschicklichkeit oder intellektuelle Reife angeht, sind häufig ganz und gar unrealistisch (Court, 1974; Ounsted u. a., 1975).

Eltern, die ihre Kinder mißhandeln oder vernachlässigen, sind häufig einsame Menschen, die kaum oder gar nicht auf Rückhalt bei anderen zählen können, wenn sie unter einer besonderen Belastung stehen oder eine Krise durchleben. In vielen Fällen haben sie ernsthafte Schwierigkeiten in ihrer Ehe, die beim ersten Kontakt mit einem Helfer vielleicht noch nicht offen zutage liegen. Manche bauen das Bild einer in sich gefestigten, liebevollen Familie vom Typ »Wir gegen die ganze Welt« vor dem Therapeuten auf. Bei näherem Hinsehen stellt sich dann heraus, daß die Familienmitglieder vor dem vertrauten und herzlichen Umgang miteinander zurückschrecken. Manche Mütter, die ihre Kinder mißhandeln, werden ihrerseits von ihren Ehemännern geschlagen (vgl. Smith, 1975). In anderen Fällen machen Eltern ihr Kind zum Sündenbock und zur Ursache der Schwierigkeiten, die sie in ihrer ehelichen Beziehung haben (Gibbens, 1972). So kann es beispielsweise vorkommen, daß der abhängige und eifersüchtige Ehepartner im mißhandelten oder vernachlässigten Kind den Konkurrenten um die Gunst des Partners erblickt (Court, 1970; Wasserman, 1967).

In großen oder erweiterten Familien kommt es seltener zur Kindesmißhandlung, und dafür gibt es eine Reihe einleuchtender Gründe. Zunächst einmal bildet die große Familie ja ein festes soziales Netzwerk, das sich an der Betreuung des Kindes beteiligt, wenn die Mutter unter einer besonderen Belastung steht oder mit irgendwelchen Schwierigkeiten zu kämpfen hat; Schwestern, Tanten oder Nichten können das Kind mitbetreuen oder die Mutter von ihren diesbezüglichen Aufgaben eine Zeitlang ganz entlasten.

Sodann sammeln Kinder, die in einer großen Familie aufwachsen, mehr Erfahrungen im fürsorglichen Umgang mit anderen Kindern, so daß sie, wenn sie erwachsen und selbst verheiratet sind, schon beträchtliche Übung darin haben, ein Kind zu versorgen. Sie entwickeln auch ein ausgeprägtes Verständnis dafür, was in den verschiedenen Entwicklungsstadien als normales und zu erwartendes Verhalten eines Kindes anzusehen ist. In vielen Fällen, mit denen wir es zu tun hatten, fiel uns auf, daß die Mutter bzw. der Vater bis zur Geburt des ersten eigenen Kindes überhaupt keine Erfahrungen in der Kinderbetreuung hatten. Und in anderen Fällen hatten Eltern in ihrer eigenen Kindheit kaum Gelegenheit gehabt, mit anderen Kindern umzugehen, weil sie so isoliert aufwuchsen. Da ist es dann leicht möglich, daß ein Mensch zu ganz und gar unrealistischen Vorstellungen darüber gelangt, was ein Kind kann und braucht.

Ein weiterer Faktor, der nach den Erkenntnissen der Forschung eine Rolle bei der Kindesmißhandlung spielt, ist die häufig vorzeitige oder sehr schwierig verlaufene Geburt eines Kindes (Elmer und Gregg, 1967; Lynch, 1975; Oliver u. a., 1974; Skinner und Castle, 1969). Wegen der damit einhergehenden Komplikationen wird das Neugeborene oft sofort von seiner Mutter isoliert, das heißt, Kind und Mutter sind gerade in jener entscheidenden Zeitspanne nicht beisammen, in der normalerweise die enge Bindung zwischen ihnen ihren Anfang nimmt. Vielleicht − so läßt die einschlägige Forschung (Klein und Stern, 1971) jedenfalls vermuten − kommt es wegen dieser nicht zustandegekommenen engen Bindung zwischen dem Neugeborenen und der Mutter später zur Vernachlässigung oder Mißhandlung des Kindes.

Es sind also bemitleidenswerte, isolierte, einsame und ängstliche Menschen, die ihre Kinder mißhandeln. Die meisten sind früher selbst vernachlässigt und mißhandelt worden. Viele haben keine Freunde und keine Angehörigen in der Nähe, die ihnen in schlimmen Zeiten eine Stütze sein könnten. Da sie isoliert und einsam sind und eine so geringe Meinung von sich selbst haben, fällt es ihnen in Zeiten der Belastung sehr schwer, den Beistand zu erbitten, auf den sie so dringend angewiesen sind. Diese Unfähigkeit, um Hilfe zu bitten, erstreckt sich häufig auch auf ganz alltägliche Schwierigkeiten. Den meisten von uns macht es beispielsweise wenig aus, die Nachbarin um eine Tasse Zucker oder etwas Kaffee zu bitten, für die verdrossene Mutter aber, die so wenig Selbstachtung besitzt und so ängstlich ist, wird diese relativ banale Bitte zu einer kaum zu bewältigenden Aufgabe. Solche Menschen fürchten sich vor Nähe und Vertrautheit, wahrscheinlich weil sie sie als Kinder niemals selbst erfahren haben.

Viele dieser Eltern, die ihren Kindern gegenüber so unbeherrscht sind und so verantwortungslos handeln, haben große und hochfliegende Pläne und wünschen sich sehnlichst, es zu etwas zu bringen. Zugleich aber betrachten sie sich auch als Versager und sehen in ihren elterlichen Aufgaben etwas, das unmöglich zu vollbringen ist. Es sind oft impulsive Menschen, denen es sehr schwer fällt, sich zu beherrschen, wenn sie sich verletzt, erschreckt oder enttäuscht fühlen. Und auch wenn der Leser meint, dies sei schwierig nachzuvollziehen: Wir sollten uns darüber klar sein, daß Menschen, die ihren Kindern weh tun und sie peinigen, nicht etwa Sadisten sind; es bereitet ihnen nicht etwa Freude, die eigenen Kinder zu verletzen. Vielmehr trifft für sie gerade das Gegenteil zu. In der Regel lieben sie ihre Kinder sehr, aber sie sind in so großen Schwierigkeiten und in einer solchen seelischen Bedrängnis, daß schon ein geringer Anlaß ihre Kontrolle zusammenbrechen läßt. Häufig nehmen sie Zuflucht zum Mechanismus der Verleugnung, um sich nicht damit auseinandersetzen zu müssen, was sie ihren Kindern angetan haben oder ihnen immer weiter antun. Sie behaupten, sich nicht erinnern zu können, wann oder wie das Kind zu seinen jedem Menschen sichtbaren Verletzungen gekommen ist.

Allgemeine diagnostische Hinweise

In diesem Abschnitt wollen wir auf eine Reihe von Anzeichen hinweisen, die dem Therapeuten bei der Überlegung helfen können, ob in einem bestimmten Fall Kindesmißhandlung vorliegt oder nicht. Im folgenden führen wir zum einen die diagnostischen Hinweise aus Barton D. Schmitts Beitrag »The Physician's Evaluation« im *Child Protection Team Handbook* (1978, S. 39–57) auf und zum anderen die Richtlinien, an die die Mitarbeiter des Emergency Treatment Center sich halten. Wenn ein Therapeut in einer kritischen Situation zu einer Familie gerufen wird, in der zwei oder drei der im folgenden genannten Anzeichen festzustellen sind, dann hat er es vermutlich mit einem Fall von Kindesmißhandlung zu tun und sollte dieser Vermutung sorgfältig nachgehen:

1. Eine unerklärt bleibende oder unerklärliche Verletzung; die Eltern wollen den Grund der Verletzung nicht nennen und sagen etwa »Wir haben ihn so aufgefunden«; oder sie sind nicht bereit, im einzelnen zu schildern, wie es zu der Verletzung gekommen ist. Die meisten Eltern sind sehr besorgt und betroffen, wenn ihr Kind verletzt ist, und unternehmen alles mögliche, um herauszufinden, wie und warum es dazu gekommen ist.

2. Widersprüchliche Erklärungen der − getrennt befragten − Eltern bezüglich der Frage, wie sich das Kind die Verletzung zugezogen hat; oder Widersprüche in den Aussagen der Eltern einerseits und des getrennt von ihnen befragten Kindes andererseits.

3. Eine Unvereinbarkeit der Art der Verletzung oder Wunde, die das Kind davongetragen hat, mit dem berichteten »Unfall«; die Eltern sagen beispielsweise, das Kind sei hingefallen, als es versuchte, auf einen Stuhl zu klettern − das Kind aber hat böse Quetschungen und Prellungen an mehreren Körperstellen oder lange schmale Striemen, die darauf hindeuten, daß es mit einem Gürtel oder mit einem Lineal geschlagen worden ist.

4. Verdächtige Verletzungen, von denen es heißt, das Kind habe sie sich selbst zugefügt. Kinder, die nicht emotional gestört sind, verletzen sich kaum jemals mit Absicht. Das Kind hat vielleicht Verletzungen, die es sich gar nicht selbst zugefügt haben kann. Die Eltern sagen dann, es sei im Schlaf herumgerollt und habe sich den Arm gebrochen, oder es sei ein kleiner Masochist und habe sich in einem Wutanfall selbst verletzt.

5. Verletzungen, die angeblich von einer dritten Partei herrühren: Die Eltern beschuldigen vielleicht den Babysitter, eine Freundin oder eine Nachbarin, das Kind verletzt zu haben. Diese Anschuldigungen müssen sorgfältig geprüft werden. Mißtrauen ist auch am Platz, wenn »der Dritte« ein wilder und unvorsichtiger Spielkamerad oder Bruder gewesen ist. Wenn die Eltern dann nicht sagen wollen oder können, wer denn dieser Dritte gewesen ist, der das Kind verletzt hat, dann sollte man diese Behauptung mit großer Vorsicht aufnehmen. Nur wenige Eltern werden ihren Kindern den weiteren Umgang mit anderen Kindern oder mit Betreuern gestatten, die sie verletzt haben.

6. Die verspätete Hinzuziehung eines Arztes, wenn das Kind verletzt ist. Die meisten Eltern suchen sofort einen Arzt auf, wenn sie feststellen, daß ihr Kind verletzt ist; wenn Eltern zwölf oder gar vierundzwanzig Stunden warten, bevor sie ein Kind behandeln lassen, dann ist schon dieser Umstand ein sehr deutlicher Hinweis darauf, daß die Verletzung dem Kind von einem der Eltern beigebracht worden ist.

7. Eine ganze Folge von verdächtigen Verletzungen: Das Kind hat schon mehrfach unerklärt gebliebene Verletzungen davongetragen, oder eines seiner Geschwister zeigt die gleichen Verletzungen. In einem solchen Fall sagen die Eltern oft, daß die Kinder »zu Unfällen neigen«, »ungeschickt« oder »wild« seien.

Die physischen Anzeichen

Als diagnostische Hinweise auf Kindesmißhandlung gelten Quetschungen und blaue Flecken, Striemen, Lazerationen und Narben. Blaue Flecken und andere Verletzungen, die vorwiegend am Hinterteil und am unteren Teil des Rückens beobachtet werden, rühren gewöhnlich von heftiger Bestrafung durch Prügel her. Blaue Flecken auf den Wangen und auf den Ohrläppchen sind gewöhnlich das Ergebnis von Ohrfeigen oder Faustschlägen. Auch Verletzungen an der Innenseite der Schenkel und im Genitalbereich sind dem Opfer in der Regel von einer anderen Person beigebracht worden (Stürze, die auf einen unglücklichen Zufall zurückzuführen sind, verursachen selten Quetschungen oder blaue Flecken im weichen Gewebe; sie hinterlassen gewöhnlich blaue Flecken oder Schürfstellen auf der Stirn, in der Gegend der Wangenknochen, an

143

den Hüften). Wenn sich frische Quetschungen und noch »junge« blaue Flecken neben verblassenden oder gelblich verfärbten Flekken befinden, dann erhöht sich der Verdacht auf Mißhandlungen. Der Abdruck einer Hand oder Druckstellen, die noch an Fingerspitzen oder die Form einer Hand erinnern, wie man sie oft auf den Armen oder Beinen eines Kindes beobachten kann, oder zwei kleine, einander zugekehrte halbmondförmige Quetschungen sind ebenfalls Anzeichen für Kindesmißhandlungen. Auch Bisse hinterlassen zwei einander zugekehrte sichelförmige Flecken; diese Verletzung sollte besonders sorgfältig untersucht werden, da die Eltern in der Regel behaupten, daß sie von einem der Geschwister oder von einem Spielkameraden stamme. Schläge mit einem Riemen verursachen rechteckige Flecken von unterschiedlicher Länge. Wenn Quetschungen und blaue Flecken an mehreren ganz verschiedenen Körperstellen vorhanden sind, dann sind sie in aller Regel die Folge von Fremdeinwirkung, es sei denn, es wäre ganz eindeutig, daß es sich um die Folgen eines Sturzes handelt. Stürze hinterlassen tatsächlich oft kleinere Quetschungen, blaue Flecken und Abschürfungen, hauptsächlich an den Ellbogen, den Knien oder den Schultern.

In etwa zehn Prozent der Fälle von physischer Mißhandlung haben wir es mit Verbrennungen zu tun. Am häufigsten ist dabei die Verletzung durch eine brennende Zigarette; das Opfer zeigt in der Regel mehrere kreisförmige Brandwunden. Wenn ein Kind aus Versehen in eine brennende Zigarette faßt, dann verursacht das in der Regel nur eine einzige Brandwunde, es sei denn, die glühende Asche setzt seine Kleidung in Brand. Ähnliche Verbrennungen entstehen durch die Berührung mit der noch glühenden Spitze eines Streichholzes. Höchst verdächtig sind auch Verbrennungen, die offensichtlich durch Eintauchen in heißes Wasser hervorgerufen worden sind. Dann ist der ganze Fuß bis zum Knöchel oder die ganze Hand bis zum Handgelenk verbrannt, aber es gibt keine »Spritzer«. Kein Kind taucht seine Hände oder Füße freiwillig in zu heißes Wasser und läßt sie darin.

Wenn die Augen in Mitleidenschaft gezogen sind, dann in der Regel in der Form einer Blutansammlung in der vorderen Augenkammer, einer Dislozierung der Linsen oder einer Netzhautablösung. Eine Netzhautblutung verweist auf ein subdurales Hämatom bei einem Kind, das zugleich ungewöhnliche Symptome im

Zusammenhang mit dem Zentralnervensystem zeigt. Sie kann (wenn keine klinisch bedeutsamen interkraniellen Blutungen vorhanden sind) auch die Folge eines plötzlichen Zusammendrückens des Brustkorbes sein.

Die schlimmste, weil unter Umständen tödliche Verletzung ist das subdurale Hämatom: Die Betroffenen zeigen oft Zuckungen und können ins Koma verfallen. Ein subdurales Hämatom (ein Bluterguß unter der harten Hirnhaut) geht in der Regel mit einem Schädelbruch einher, der von einem harten Schlag mit der Hand oder davon herrührt, daß das Opfer hart gegen eine Wand oder eine Tür gestoßen worden ist. Gewöhnlich sind dann auch äußere Anzeichen vorhanden, die auf den gleichen Schlag oder Stoß zurückgehen. An zweiter Stelle der Verletzungen mit Todesfolge stehen die Verletzungen des Bauchraumes. Kinder, denen solche Verletzungen zugefügt worden sind, neigen unter anderem zum wiederkehrenden Erbrechen und/oder zur Überdehnung der Bauchhöhle. Sehr häufig entdeckt man daneben auch einen Leber- oder Milzriß.

Ein Kind, das »nicht gedeihen will«, ist ein untergewichtiges und unterernährtes Kind. Bei solchen Kindern stehen gewöhnlich die Rippen hervor, die Gesäßbacken sind zusammengeschrumpft, die Gliedmaßen sind spindeldürr. Das »Nichtgedeihenwollen« findet sich vor allem in den ersten zwei Lebensjahren, denn dies ist eine Zeit, in der das Kind normalerweise rasch wächst und in bezug auf seine Ernährung noch ganz und gar von den Erwachsenen abhängig ist. Das Syndrom findet sich schon bei Säuglingen unter acht Monaten. Man schätzt, daß es in etwa dreißig Prozent der Fälle organisch bedingt ist, in rund zwanzig Prozent der Fälle auf verständliche Fehler in der Ernährung zurückgeht und in etwa der Hälfte aller Fälle eine Deprivationserscheinung darstellt – die Mutter oder die Person, die die Mutter vertritt, hat das Kind vernachlässigt.

Wenn ein Kind extrem passiv ist oder katatone Symptome zeigt, dann kann das ebenfalls auf Vernachlässigung bzw. auf Mißhandlung deuten. Mißhandelte und vernachlässigte Kinder können eine Vielzahl pathologischer Symptome aufweisen. Manche wirken interesselos und niedergeschlagen; sie besitzen nicht die sprühende Energie normaler Kinder. Andere dagegen sind impulsiv oder aggressiv. Eines haben die allermeisten von ihnen allerdings gemeinsam: Sie fassen nicht leicht Vertrauen zu anderen Menschen und begegnen Fremden außerordentlich mißtrauisch.

Die Frage nach der
Sicherheit der häuslichen Umgebung

Es gibt Fälle, in denen der Therapeut sich sehr genau überlegen muß, ob es für ein Kind nicht gefährlich ist, wenn es in seiner häuslichen Umgebung verbleibt. In anderen Fällen − wenn das Kind beispielsweise vorübergehend aus seiner Familie herausgeholt worden ist − muß er vielleicht darüber befinden, ob es wieder nach Hause zurückkehren kann und sollte. Wir wollen uns hier mit einer Reihe von Faktoren befassen, die ein gewisses Risiko in diesem Zusammenhang darstellen und bei dieser schwierigen Entscheidung berücksichtigt werden müssen.

Die erste Überlegung gilt den Eltern: Entsprechen sie dem oben geschilderten Typ des Erwachsenen, der sein Kind mißhandelt bzw. vernachlässigt? Sind sie als Kinder vielleicht auch schon mißhandelt oder vernachlässigt worden? Handelt es sich um isolierte und einsame Menschen, oder sind sie sozial gut angepaßt? Sind die Forderungen, die sie als Eltern an ihre Kinder richten, angemessen oder unangemessen? Sind sie ihren elterlichen Aufgaben in ausreichender Weise gewachsen? Sind sie imstande, ihre Kinder gut zu erziehen? Können sie zwischen ihren eigenen Bedürfnissen und Empfindungen und denjenigen ihrer Kinder unterscheiden?

Der zweite Punkt, der beachtet werden muß, ist das Alter des Kindes. Aus den meisten Untersuchungen über mißhandelte und vernachlässigte Kinder geht hervor, daß Kinder zwischen drei Monaten und drei Jahren ganz außerordentlich verletzlich sind. Das ist diejenige Periode im Leben des Kindes, in der es bei noch immer völliger Hilflosigkeit die höchsten Ansprüche an seine Eltern stellt. Das Kind ist in dieser Lebensphase auch unfähig, sich von einer Mutter, die es mißhandelt, abzuwenden und einen anderen Menschen um Hilfe zu bitten; ein älteres Kind ist dagegen schon eher in der Lage, sich um Hilfe oder Beistand zu bemühen, wenn es in eine gefährliche Situation gerät. Diese Überlegungen sprechen eher für eine »konservative« Entscheidung in der Frage, ob man ein noch nicht dreijähriges Kind in seiner Familie lassen oder ob man es aus dieser Familie herausholen soll, denn das Risiko ist für ein Kind dieses Alters erheblich größer als für ein älteres Kind.

Weiterhin muß man überlegen, ob das Kind »schwierig« oder kränklich ist. Stellt das Kind wegen irgendwelcher Beschränkungen oder Behinderungen ungewöhnliche Anforderungen an seine Eltern? Glaubt ein Elternteil, dieses Kind sei irgendwie »seltsam« oder dazu fähig, extreme Anforderungen zu stellen? Ist diese Familie schon früher einmal durch Kindesmißhandlung oder -vernachlässigung aufgefallen? Ist dieses oder ein anderes Kind schon einmal aus der Familie herausgeholt worden? Wenn ja, muß man besonders vorsichtig sein, es sei denn, es gäbe Anhaltspunkte dafür, daß die Eltern oder die Familie insgesamt ihr Verhalten inzwischen merklich geändert haben.

Schließlich muß man sich ein Bild vom Grad der Angepaßtheit der Eltern machen. Wenn ein Elternteil chronisch schizophren oder ein Borderline-Typ ist und wenn es eindeutige Anhaltspunkte dafür gibt, daß das Kind mißhandelt oder vernachlässigt wird, dann spricht das ganz entschieden für die Herausnahme des Kindes aus seiner Familie. Allerdings muß Schizophrenie an sich einen Menschen noch nicht als Vater oder Mutter disqualifizieren. Bedeutsamer ist die Frage, wie schwer und wie häufig ein Kind mißhandelt wird. Wenn eine Mutter oder ein Vater einmal die Beherrschung verliert und das Kind schlägt und dieser Vorfall sich dann niemals mehr wiederholt, so ist das natürlich etwas anderes, als wenn ein Kind über einen langen Zeitraum immer wieder verletzt wird. Der wesentliche Unterschied liegt darin, daß der Erwachsene im erstgenannten Fall für einen Augenblick die Beherrschung verloren hat, weil er unter einem extremen Druck stand, während man im anderen Fall von einer ernsthaften psychischen Störung sprechen kann.

Eine letzte und sehr wesentliche Überlegung im Zusammenhang mit der Frage, über welche Ressourcen die Familie verfügt und ob das mißhandelte Kind in der Familie verbleiben kann, lautet: Hat diese Familie ein stützendes Netzwerk aus Verwandten, Freunden oder berufsmäßigen Beratern und Helfern, an die sie sich im Notfall wenden kann, oder sind die Eltern isoliert und widerstrebt ihnen der Gedanke, sich um Hilfe von außen zu bemühen? Wenn mehrere der genannten negativen Faktoren in einer

Familie, in der ein Kind mißhandelt worden ist, auszumachen sind, dann spricht alles dafür, das Kind zumindest so lange aus dieser Umgebung herauszuholen, bis eine weitere und sehr viel gründlichere Begutachtung der häuslichen Situation möglich ist.

Die Behandlung

Die Entdeckung, daß in einer Familie, zu der er gerufen worden ist, ein Kind mißhandelt wird, kann für den Therapeuten ein großer Schock sein. Es ist aber von größter Wichtigkeit, daß er in einer solchen Situation dennoch seinen Zorn und seinen Abscheu zu zügeln und unter Kontrolle zu halten vermag. Wenn er seine Gefühle nicht für sich behalten kann, dann wird das die rabiaten Eltern, die als Kinder vielleicht ihrerseits mißhandelt oder vernachlässigt worden sind, nur noch stärker treffen und in eine noch größere Isolation treiben. Auch wenn es ihm schwer fällt, muß er sich doch sagen, daß er es hier nicht mit gräßlichen Bösewichten, sondern mit Menschen zu tun hat, die selbst Mitgefühl und Verständnis brauchen und die auf ihre besondere und armselige Weise um Hilfe rufen.

Anfangs werden die meisten Eltern bestreiten, daß sie ihr Kind mißhandeln. Der Therapeut darf sich von ihrem Zorn und ihrer Wut nicht etwa anstecken lassen, sondern muß eine gewisse Distanz gegenüber diesem pathologischen System wahren. Er muß auch damit rechnen, daß die Familienmitglieder ihn nicht mögen. Eine Familie, in der die Kinder mißhandelt oder vernachlässigt werden, begegnet jedem Außenstehenden – auch einem Therapeuten –, der in das System einzudringen und es auseinanderzureißen droht, mit Furcht und Ablehnung, und diese Einstellung wird in der Regel noch eine ganze Weile anhalten. Der Therapeut sieht sich unter Umständen versucht, den Eltern zu versprechen, daß er keine Meldung über die Mißhandlungen erstatten wird, um so ihr Vertrauen zu gewinnen und ihren wütenden Drohungen zu entgehen. Es wäre aber ein schwerer Fehler, den Vorfall nicht zu melden, denn dem kindlichen Opfer wäre damit in keiner Weise gedient (zur Meldepflicht im Falle von Kindesmißhandlungen siehe auch Kapitel 13).

Gewöhnlich wird der Therapeut von dritter Seite aufmerksam gemacht, wenn der Verdacht auf Kindesmißhandlung besteht.

Sehr selten bittet auch ein Mitglied der betroffenen Familie von sich aus um Hilfe. Häufig kommt die Kindesmißhandlung auch deshalb ans Tageslicht, weil der Therapeut aus einem anderen Grund mit einem Mitglied dieser Familie arbeitet. Das Wichtigste, was man sich zu Beginn der Intervention in jedem Fall vor Augen halten muß, ist der Umstand, daß viele Familien Hilfe weder suchen noch wünschen, daß sie Widerstand leisten, keine Angaben machen und die Tatsache der Kindesmißhandlung nicht zugeben werden. Der Therapeut sollte seinen Verdacht nicht allzu deutlich erkennen lassen, sonst werden sich die Eltern um so mehr hüten, irgend etwas zu tun oder zu sagen, was diesen Verdacht noch bestätigen könnte.

Beim ersten Gespräch mit Eltern, die im Verdacht stehen, ihr Kind zu mißhandeln, ist es wichtig, daß der Therapeut nicht etwa impulsiv oder gefühlsmäßig handelt, auch wenn ihn das Schicksal des Kindes noch so sehr bedrückt. Diese Zurückhaltung ist aus mehreren Gründen angezeigt: Zum einen könnten sich die Dinge so entwickeln, daß der Therapeut gezwungen ist, den Rechtsweg zu beschreiten. Wenn die Eltern aber vom Verdacht des Therapeuten bereits etwas ahnen, dann versuchen sie unter Umständen, das Beweismaterial zu vertuschen oder ein zweites Zusammentreffen des Therapeuten mit dem Kind zu verhindern. In vielen Fällen ist es aber notwendig, daß der Therapeut das Kind mehr als nur ein einziges Mal zu sehen bekommt, um sich Gewißheit über seinen Verdacht zu verschaffen. Zum anderen ist es sehr wichtig, daß der Therapeut das Vertrauen des Kindes gewinnt − Kinder, die mißhandelt werden, fürchten sich nicht nur vor Fremden, sondern mißtrauen allen Erwachsenen ganz allgemein. Dazu kommt, daß sie ihre Eltern in den meisten Fällen sehr »lieben«, und das bedeutet, daß sie in jedem Außenstehenden, der eine Bedrohung für die Familie darstellt, einen Feind sehen.

Das Allerwichtigste ist, daß man sich, bevor man in diesem bestimmten Fall irgend etwas unternimmt, gut überlegt, was mit dem Kind geschehen wird, wenn der Versuch, ihm zu helfen, fehlschlägt. Was passiert, wenn der Helfer allzu forsch in diesen Fall einsteigt und die Familie es versteht, die Mißhandlungen zu verschleiern oder ihre Aufdeckung zu verhindern, indem sie zum Beispiel umzieht? Was wird aus dem Kind, wenn es am Ende wirklich Vertrauen zu einem fremden Erwachsenen − dem Therapeuten −

gefaßt hat, die so dringend notwendige Hilfe ihm aber nicht zuteil wird?

Bei der ersten Begegnung mit einer Familie, die im Verdacht steht, ihre Kinder zu mißhandeln, sollte der Therapeut nach Möglichkeit jede Konfrontation vermeiden und dafür sorgen, daß die Familie sich nicht irgendwie bedroht fühlt. Wenn es nötig ist, kann er später immer noch eine andere und bestimmtere Haltung einnehmen. Zunächst sollte er versuchen, so viel wie möglich über jedes einzelne Familienmitglied und dessen Lebensgeschichte in Erfahrung zu bringen. Im Gedanken an das »Profil«, wie wir es an anderer Stelle von dem zur Kindesmißhandlung neigenden Erwachsenen gezeichnet haben, sollte er prüfen, wie weit die Eltern, mit denen er es hier zu tun hat, diesem Profil entsprechen. Als nächstes sollte der Therapeut alle sichtbaren Verletzungen des Kindes auf ihren Schweregrad hin betrachten und auch das Alter des Kindes in Erwägung ziehen. Wenn ein Kind aus seiner Familie herausgenommen werden muß, dann sollte dies zu einem Zeitpunkt geschehen, da es ohnehin nicht mit seinen Eltern zusammen ist, also während der Stunden, die es in der Schule oder im Kindergarten verbringt. Das Drama der zwangsweisen Trennung des Kindes von seinen Eltern sollte nach Möglichkeit vermieden werden. Häufig ist es weit einfacher, ein Kind, das allem Anschein nach zu Hause mißhandelt wird, aus dem Unterricht herauszuholen (um es zum Beispiel zu einer Untersuchung durch den Kinderarzt zu bringen), als den Eltern in dieser Absicht direkt entgegenzutreten.

Im folgenden wollen wir eine erste Intervention im Fall zweier kleiner Schwestern schildern, die von ihren Eltern mißhandelt wurden. Wir nennen sie hier Annie (sieben Jahre alt) und Carolyn (achteinhalb Jahre alt). Mit dieser Fallstudie wollen wir zugleich auch Verhaltensweisen aufzeigen, die für mißhandelte Kinder charakteristisch sind. Der erste Anruf beim ETC kam von einer Lehrerin, die sich wegen der beiden kleinen Mädchen Sorgen machte. Sie berichtete, die Kleidung der Kinder sei immer schmutzig, sie seien schon seit einem halben Jahr nicht mit einem Frühstücksbrot versorgt worden, und ihre Arme und Beine seien voller blauer Flecken und Kratzer. Eine ETC-Therapeutin fuhr daraufhin in die Schule, um sich die beiden Mädchen anzusehen, die ihr nur sehr zögernd und widerwillig Rede und Antwort standen. Von der Lehrerin erfuhr die Therapeutin, daß beide Kinder in der Schule ernsthafte Verhaltensprobleme zeigten. Annie war sehr zurückgezogen und pflegte sich absichtlich selbst Verletzungen beizubringen. Anschließend sagte sie dann: »Sieh mal, es hat gar nicht weh getan!« Eines Tages hatte sie sich sogar mit einer Schere verletzt. Carolyn war dagegen ein äußerst aggressives und zu zerstörerischen Handlungen neigendes Kind, das im einen Augenblick still und brav war und seine Umgebung im nächsten Augenblick in Angst und Schrecken versetzte. Sie war schon mehrfach auf andere Kinder losgegangen, und einmal hatte sie in einem Wutanfall einen Schaukasten zertrümmert.

Die Therapeutin unterhielt sich mit jedem der Mädchen allein. Beim zweiten Zusammentreffen fragte sie Annie, wie ihre Eltern sie denn bestraften, wenn sie etwas Böses getan habe. Annie antwortete in sehr sachlichem Ton, daß sie dann mit einem Riemen geschlagen werde und daß sie, wenn sie »sehr böse« gewesen sei, die ganze folgende Nacht im Freien auf dem Erdboden verbringen müsse. Als die Therapeutin am Ende dieser Sitzung mit beiden Mädchen zugleich sprach und dabei wiederholte, was Annie zuvor ausgeplaudert hatte, sprang Carolyn ganz plötzlich auf, ging auf ihre Schwester los und schrie: »Ich hasse dich, du Lügnerin!«

Nach diesem zweiten Gespräch mit den Mädchen kam die Therapeutin zu dem Schluß, daß es ausreichende Gründe gab, um sie beide von einem Kinderarzt untersuchen zu lassen und den Verdacht auf Kindesmißhandlung zu melden. Die kinderärztliche Untersuchung ergab, daß tatsächlich beide Kinder schon seit längerer Zeit geschlagen wurden. Dabei war irgendwann Annies Nasenbein gebrochen, aber die Verletzung war nicht behandelt worden. Beide Kinder waren unterernährt und hatten blaue Flecken, Striemen und Kratzer, die sie sich unmöglich selbst zugefügt haben konnten.

Nachdem wir dies erfahren hatten, suchten zwei ETC-Therapeuten die noch sehr jungen Eltern auf (die Mutter war 24, der Vater war 25 Jahre alt). Obwohl sie beide arbeiteten – der Vater in einer Autowerkstatt, die Mutter als Kellnerin in einem Schnellimbiß –, reichte das Geld zum Leben kaum aus. Anfangs gerieten sie beide in Wut und drohten, das ETC zu verklagen. Einer der Therapeuten sagte daraufhin, angesichts der Ergebnisse der kinderärztlichen Untersuchung bleibe gar nichts anderes übrig, als die Mißhandlungen zu melden und die Kinder so lange in einem

Heim unterzubringen, bis man sich ein genaues Bild von der Situation der Familie verschafft habe. Dieser erste Besuch bei den Eltern dauerte etwa drei Stunden, und den größten Teil dieser Zeit verbrachten die Therapeuten damit, den Eltern immer wieder zu versichern, daß wir ihnen allen ja nur dabei helfen wollten, ein gesundes und harmonisches Familienleben zu führen. Die Eltern waren zwar noch eine Weile recht ärgerlich auf uns, aber wir konnten sie immerhin dazu bewegen, die Behandlung fortzusetzen. Später kehrten auch die Kinder nach Hause zurück, und vermutlich ist es in dieser Familie nicht wieder zu Mißhandlungen gekommen.

Zu Beginn der Behandlung einer solchen Familie ist es nicht mehr als recht und billig, wenn der Therapeut auf gewisse Grundregeln aufmerksam macht, an die er sich bei seiner Arbeit halten wird. Meist haben sich die Eltern ja nicht freiwillig auf eine Behandlung eingelassen, und das bedeutet, daß sie unter Umständen ganz falsche oder übertriebene Vorstellungen davon haben, was Therapie ist bzw. was sie nicht ist. Es ist also ratsam, daß man zunächst deutlich sagt, welche Aufgaben man als Therapeut hat und was die Familie vom Therapeuten erwarten bzw. nicht erwarten kann. Die therapeutischen Grundregeln, die wir hier anschließend nennen und erläutern wollen, sind ein Produkt aus unseren eigenen Erfahrungen und den Erfahrungen und Empfehlungen von Saruk (1979).

Wenn ein Kind *im Laufe der Behandlung* erneut mißhandelt wird, so bedeutet das nicht zwangsläufig, daß die Therapie abgebrochen werden muß, die Eltern festgenommen werden oder das Kind ihnen weggenommen wird. Der Therapeut muß einem solchen Vorfall jedoch nachgehen, und dabei muß die Sicherheit des Kindes oberste Priorität haben. Die Eltern müssen also von Anfang an deutlich darauf hingewiesen werden, daß der Therapeut ihnen nicht etwa helfen wird zu verschleiern, was sie ihrem Kind angetan haben. Sie müssen sich überlegen, wie sie schwierige Situationen im Leben und ihre Pflichten und Aufgaben als Eltern anders als bisher, nämlich ohne Gewaltanwendung, bewältigen wollen und können. Sie müssen lernen, ihre Probleme und Schwierigkeiten zuzugeben und Hilfe anzunehmen. Wenn man erreichen will, daß diese Forderungen ernst genommen werden, ist man nach unseren Erfahrungen auf die Unterstützung durch die örtlichen Organe des Strafvollzugs und der Kinder- und Jugendfürsorge angewiesen. Nur so kann man sicherstellen, daß solche Familien in den kritischen ersten Stadien der Behandlung den therapeutischen Sitzungen nicht einfach fernbleiben.

Da Eltern, die ihre Kinder mißhandeln, zu keinem Zeitpunkt imstande sind, ihre aggressiven Impulse unter Kontrolle zu halten, muß man es zur selbstverständlichen Regel erklären, daß jeder weitere Akt der Mißhandlung gemeldet werden wird. Diese Regel gilt für jeden, der an der therapeutischen Situation beteiligt ist, und bezieht sich auch auf jeden Versuch eines Familienmitgliedes, sich an einem anderen als dem kindlichen Opfer schadlos zu halten. Sollten die Eltern den therapeutischen Sitzungen fernbleiben, während der Therapeut der Meinung ist, ihre Entwicklung sei noch nicht so weit fortgeschritten, daß sie sich das leisten könnten, dann wird auch dieser Umstand gemeldet – und auch das kann zur Folge haben, daß ihnen das Kind weggenommen wird.

Wir gehen grundsätzlich so vor, daß wir das Gericht bitten, in die offizielle Anordnung der Therapie zwei Auflagen mit hineinzunehmen: die Festlegung der Mindestdauer der Therapie und der Mindestzahl der therapeutischen Sitzungen. Wenn die Familie die vorgeschriebene Zahl von Sitzungen in der dafür vorgesehenen Zeit nicht absolviert, muß sie sie nachholen. Indem wir unsere Bemühungen in dieser Weise auf eine solide Grundlage stellen, versuchen wir der mangelnden Motivation der Eltern zu einer wirklichen Veränderung zu begegnen.

Es muß alles getan werden, um die Bemühungen des Therapeuten mit denen der Schule und all jener Stellen zu koordinieren, die mit dem Fall des mißhandelten Kindes befaßt sind, und das aus mehreren Gründen. Einer dieser Gründe ist die häufig zu beobachtende Unfähigkeit solcher Eltern, mit Belastungen fertigzuwerden. Wenn nun etwa ein Lehrer oder ein Sozialarbeiter sich schriftlich bei den Eltern über die schlechten Leistungen oder das schlechte Betragen des Kindes beschwert, dann kann er damit, ohne es zu wissen, einen neuen Akt der Mißhandlung heraufbeschwören. Wenn es irgend möglich ist, sollte der Therapeut also dafür sorgen, daß solche Mitteilungen den Eltern durch ihn übermittelt werden und damit sozusagen in die Therapie eingebaut werden können.

Nach unseren Erfahrungen ist es am günstigsten, wenn man die therapeutischen Sitzungen mit Eltern, die ihre Kinder mißhandeln, wie folgt festlegt: pro Woche eine Einzelsitzung mit jedem Elternteil allein und eine weitere Sitzung mit beiden Eltern gemeinsam. Wenn das Kind alt genug ist, um an der Therapie teilzunehmen, kann man zusätzlich noch familientherapeutische Sitzungen bzw. Gruppentherapie mit mehreren solchen Familien durchführen. Wir haben auch festgestellt, daß es das Beste ist, wenn mindestens zwei Therapeuten mit der gleichen Familie bzw. Familiengruppe befaßt sind, denn diese Arbeit kann für den Therapeuten sehr anstrengend sein. Zwei oder drei Therapeuten, die ihre Arbeit entsprechend koordinieren, können einander während der mühsamsten Phasen der Behandlung unterstützen und sich gegenseitig zu Hilfe kommen. Oft sind auch spieltherapeutische Einzelsitzungen mit dem Kind angezeigt, und damit das alles überhaupt durchgeführt werden kann, muß schon ein Team aus mehreren Therapeuten bereitstehen. Die Gruppenarbeit mit mehreren Familien, so hat sich inzwischen gezeigt, ist ein vielversprechender Ansatz auf diesem Problemfeld, weil sie gleich mehrere therapeutische Funktionen erfüllt: Sie hilft der einzelnen Familie aus ihrer Isolation heraus, sie widerlegt die Überzeugung mancher Familien, daß dieses Unglück nur ihnen passieren konnte, und sie wirkt außerdem dem Glauben mancher Eltern entgegen, daß sie deshalb dazu neigen, ihr Kind zu mißhandeln, weil sie eine ganz bestimmte Eigenschaft oder Eigenheit besitzen, die sie von anderen Menschen unterscheidet.

Wenn wir es mit Eltern mißhandelter Kinder zu tun haben, sagen wir ihnen immer, daß wir zu jeder Tages- und Nachtstunde für sie zu sprechen sind, falls irgendeine Notsituation eintritt oder ein Problem auftaucht, mit dem sie nicht fertig werden. Diese Zusicherung erweist sich später oft als wichtig. Wenn der Therapeut sie nämlich gleich zu Beginn der Therapie abgibt, dann hat er sich gewissermaßen in Personalunion als »guter Vater« (bzw. als »gute Mutter«), als Helfer und als Lehrer ausgewiesen. Solche Eltern brauchen jemanden, auf den sie sich verlassen können, wenn ihnen die Dinge über den Kopf wachsen und sie befürchten müssen, dem Kind gegenüber erneut die Kontrolle zu verlieren. Dem Therapeuten muß dabei klar sein, daß sie Vorkommnisse, die andere Menschen ohne große Schwierigkeiten meistern, als katastrophal ansehen.

Im allgemeinen nimmt die Therapie folgenden Verlauf: Im ersten Stadium sind die Eltern erschrocken und wütend zugleich und versuchen nach Kräften, die Mißhandlungen zu leugnen. Am besten tritt man diesem Versuch nicht direkt entgegen, sondern wartet erst einmal ab. Nach Möglichkeit sollte man auch nicht fragen, warum die Eltern getan haben, was sie nun einmal getan haben, und wie oder wann oder wo sie es getan haben, so wie man in dieser ersten Phase überhaupt keine Frage an sie richten sollte, aus der eine Anklage oder Beschuldigung herauszulesen ist. Das wichtigste Ziel besteht zunächst darin, daß man den anfänglichen Sturm, also die Wut und Unsicherheit der Eltern, heil übersteht und sich so hilfsbereit wie möglich zeigt, damit sie erst einmal Vertrauen fassen. Vielleicht sieht es so aus, als würden Zorn und Wut der Eltern noch ewig fortdauern, aber gewöhnlich verkehren sie sich in den ersten vier bis sechs Wochen (und in vielen Fällen ganz plötzlich) in Abhängigkeit. Während dieses zweiten Stadiums, des Stadiums der Abhängigkeit, ist es besonders wichtig, daß der Therapeut oder die Kotherapeuten für die Eltern jederzeit rasch erreichbar sind. Es handelt sich um eine Periode, in der die Familie aller Erfahrung nach auf Belastungen besonders empfindlich reagiert. Zum ersten Mal haben die Eltern einem Außenstehenden erlaubt, in ihr hermetisch abgeriegeltes Familiensystem einzudringen, und daher ist es wichtig, daß der Therapeut in einem so bedeutsamen Augenblick, in dem sie es sich tatsächlich einmal gestatten, um Hilfe zu bitten, auch wirklich »zur Stelle« ist.

Solche ersten Hilfersuchen mögen bei flüchtiger Betrachtung lächerlich wirken. Zum Beispiel kann es sein, daß die Mutter den Therapeuten nach einem guten Mittel gegen Erkältungen fragt oder eine Frage eines der Kinder zunächst einmal an den Therapeuten weitergibt, weil sie nicht weiß, wie sie darauf antworten soll. Dem Therapeuten muß klar sein, daß Vorkommnisse, die die meisten Menschen »im Handumdrehen« bewältigen, in den Augen dieser Menschen, deren Innenleben so armselig oder gestört ist, riesenhafte Ausmaße annehmen. Wenn er sieht, wie sehr sie sich von solchen momentanen Schwierigkeiten überwältigen lassen, wie ratlos und handlungsunfähig sie sind, ist ihm bald klar, daß sie ja selbst »arme Kinder« sind, die noch einmal so etwas wie elterliche Zuwendung brauchen, um gesunde Erwachsene werden zu können. Diese Phase der Abhängigkeit in der Therapie ist eine

Zeit, in der sich solche Eltern sehr erleichtert fühlen und in der der Therapeut höchstwahrscheinlich ganz wesentliche Fortschritte mit ihnen erzielen kann. Aber er muß sich darauf einstellen, daß die Dinge langsam vorangehen und daß viel Zeit vergehen wird, bis sie zu einem wirklichen Abschluß kommen.

Bei unserer Arbeit mit Eltern, die sich der Kindesmißhandlung schuldig gemacht haben, erfüllen wir drei sehr bedeutsame Rollen: die des Therapeuten, die des »Vaters« (bzw. der »Mutter«) und schließlich die des Lehrers. In seiner Rolle als Lehrer versucht der Therapeut aufzuzeigen, welche Erwartungen von Eltern an Kinder angemessen und realistisch sind, denn Eltern, die ihr Kind mißhandeln oder vernachlässigen, wissen kaum etwas über die normale kindliche Entwicklung. Um ihre Fähigkeiten im Umgang mit ihren Kindern zu verbessern, lenken wir die Aufmerksamkeit in erster Linie auf die Konzepte von Strafe und Lob. Mißhandlung beginnt ja oft ganz einfach mit dem Versuch, einem unerwünschten Verhalten ein Ende zu machen, indem man das Kind für irgend etwas bestraft, was es getan hat. Aber der mißhandelnde Elternteil weiß nicht, daß man ein Kind auch ohne Gewaltanwendung strafen kann. Eltern sollten alle möglichen Arten von Strafen kennen, zum Beispiel die Strafe, bei der man das Kind für eine Weile in sein Zimmer schickt. Oder: Man führt eine Art Punktsystem ein, bei dem das Kind Punkte gewinnt oder verliert, je nach seinem Betragen. Solche verhaltenssteuernden Maßnahmen sollen Bestrafung durch Gewaltanwendung unnötig machen.

In vielen Fällen hat sich auch das »Empathie-Training« als nützlich erwiesen, eine Methode, mit der Menschen lernen können, die Gefühle ihrer Mitmenschen zu erkennen und zu verstehen. Nach unseren Erfahrungen sind Eltern, die ihre Kinder mißhandeln, vom Gefühl ihrer eigenen Unzulänglichkeit derartig erfüllt, daß sie die Trauer und den Schmerz, die andere Menschen empfinden, überhaupt nicht wahrzunehmen vermögen. Um Empathie zu erlernen, muß der Betreffende sich an Situationen erinnern, in denen er sich durch einen anderen Menschen verletzt oder gekränkt fühlte bzw. in denen er Freude oder Glück empfand. Der Zweck dieser Übung besteht darin, die Aufmerksamkeit auf die zugehörige (positive oder negative) Interaktion zu lenken und damit aufzuzeigen, wie das Verhalten des einen Menschen das Verhalten des anderen beeinflußt und lenkt.

Und schließlich gehört es zur Arbeit mit solchen Eltern, daß man ihnen zeigt, welche neuen und anderen Reaktionsmöglichkeiten ihnen zu Gebote stehen, wenn sie zornig oder ärgerlich sind. Das Ziel ist, sie so weit zu bringen, daß sie ihre impulsiven und unberechenbaren Reaktionen auf eine Herausforderung oder eine Belastung unter Kontrolle halten. Das läßt sich zum Beispiel durch das Mittel der »gelenkten Phantasie«, aber auch durch die Aufforderung erreichen, ein Tagebuch zu führen. Die Methode der gelenkten Phantasie besteht darin, daß man den Probanden auffordert, sich an Augenblicke seines bisherigen Lebens zu erinnern, die er als besonders beglückend empfunden hat. Es überrascht nicht weiter, daß viele mißhandelnde Eltern beträchtliche Mühe haben, sich an glückliche Zeiten in ihrem Leben zu erinnern, denn ihre Lebensgeschichte war ja schließlich ebenfalls von Deprivation, Mißhandlung oder Vernachlässigung gekennzeichnet. Als nächstes folgt die Aufforderung, sich eine Situation ins Gedächtnis zurückzurufen, in der sie eine bestimmte Sache nicht taten, weil sie wußten, daß dies »falsch« gewesen wäre. Anschließend müssen sie sich daran erinnern, was es für ein angenehmes Gefühl war zu wissen, daß man sich in dieser Weise zu beherrschen verstand. Der letzte Schritt besteht dann in der Anweisung, diese angenehmen Empfindungen aus der Vergangenheit mit Ereignissen und Situationen aus der Gegenwart in Zusammenhang zu bringen. Man kann diese Methode noch weiter ausbauen, indem man die Klienten während der therapeutischen Sitzung bittet, von solchen Augenblicken ihres gegenwärtigen Lebens zu berichten, in denen sie Verärgerung oder Zorn zunächst einmal zurückgedrängt und erst später zum Ausdruck gebracht haben.

Die Aufforderung, ein Tagebuch zu führen, kann sich insofern als nützlich erweisen, als man den Schreiber damit veranlaßt, Vorfälle festzuhalten, die Ärger oder Zorn in ihm wachgerufen haben. Das Problem besteht ja nicht zuletzt darin, daß viele dieser Eltern sich weitgehend im unklaren darüber sind, welche Art von Vorkommnissen sie so ausgesprochen aggressiv reagieren lassen; manche reagieren so rasch, daß sie den Gang der Ereignisse später gar nicht mehr zurückverfolgen können, an dessen Ende schließlich der gewalttätige Ausbruch stand.

In diesem Stadium der Behandlung besteht unser Ziel darin, den Eltern eine Möglichkeit aufzuzeigen, wie sie mit Zorn und

Ärger angemessen umgehen können, statt daß sie wie bisher jedem beliebigen als Provokation empfundenen Stimulus »gestatten«, Zorn und Ärger auf den Plan zu rufen. Wir versuchen, sie davon zu überzeugen, daß sie, auch wenn sie unter Druck oder Belastung stehen, durchaus imstande sind, die Ursache eines Problems zu erkennen und sich bei der Überlegung, was sie mit ihrem Verhalten bewirken werden, stärker von ihrem Verstand leiten zu lassen. Am Ende können sie sich dann für die bestgeeignete Handlungsweise entscheiden.

8 Sexualdelikte an Kindern

In diesem Kapitel wollen wir uns zunächst mit den verbreiteten Vorstellungen und Vorurteilen über Kinder und Jugendliche befassen, die Opfer eines Sexualdelikts geworden sind. Diese Vorstellungen haben sich gelegentlich so ausgewirkt, daß man die jugendlichen Opfer eher als Täter denn als Opfer betrachtet. Wir wollen hier der Frage nachgehen, wie es zu diesen unglücklichen und falschen Vorstellungen kommen konnte. Zunächst soll ausgeführt werden, wie sich das Trauma einer sexuellen Gewaltanwendung im kindlichen Verhalten manifestieren kann. Das wird an zwei Fallstudien deutlich gemacht, die zum einen die Geschichte eines fünfjährigen Mädchens, das von einem unbekannten Mann mißbraucht wurde, und zum anderen die Geschichte einer Neunjährigen erzählen, die von einem Nachbarn sexuell belästigt wurde.

Das kindliche Opfer

Unsere Erörterung konzentriert sich auf kindliche Opfer und nicht auf Teenager oder Heranwachsende, obwohl manche der hier angestellten Überlegungen auch für junge Mädchen ganz allgemein gelten. Wir lassen in diesem Kapitel das Thema des Inzest nicht völlig beiseite, denn ein großer Teil der Sexualdelikte an Kindern wird von Familienangehörigen begangen; wir werden aber eine deutliche Unterscheidung zwischen inzestuösen und nichtinzestuösen Formen der sexuellen Gewaltanwendung treffen. Wenn man die Symptome dieser beiden Formen nicht deutlich voneinander absetzt, kann das zu einer falschen Interpretation des Verhaltens des Kindes und/oder seiner Angehörigen führen. Die klassische inzestuöse Beziehung – Vater und Tochter – wird im nächsten Kapitel behandelt werden.

Viele der primitiven Vorurteile, die hinsichtlich erwachsener Opfer von Sexualdelikten weitverbreitet sind und die Schuld eher dem Opfer als dem Täter zuschreiben, gelten auch im Zusammenhang mit dem kindlichen Opfer einer solchen Straftat (Hilberman, 1976). In den Augen vieler Erwachsener sind Kinder entweder unzuverlässig oder aber ungehorsam, und dieses Klischee sorgt dann leicht dafür, daß sie das Kind als den »schuldigen Teil« betrachten. Diese Einstellung ist auch der Grund, weshalb tatsächlich erfolgte sexuelle Angriffe auf Kinder so oft als Ausgeburt der kindlichen Phantasie oder als Lügengespinst eines bösen oder schwierigen Kindes abgetan werden. Es gibt sogar Autoren, die sich weniger für die psychische Verfassung des kindlichen Opfers als für seine Rolle als »Initiator« des Geschehens bzw. für die Frage interessieren, ob Kinder die Wahrheit sagen oder nicht (z. B. Lipton und Roth, 1969). Diese Tendenz, zu bezweifeln, daß man im Kind tatsächlich das Opfer zu sehen hat, muß im Lichte der Fakten besserer Einsicht weichen. So geht beispielsweise aus einer Studie, die sich mit 250 kindlichen Opfern von Sexualdelikten befaßt, hervor, daß 60 Prozent der Kinder durch Anwendung bzw. Androhung von Gewalt gefügig gemacht worden waren (De Francis, 1969).

Als müßten sie der Verletzung noch die Beleidigung hinzufügen, versuchen viele Täter sich mit dem Hinweis zu verteidigen, das Kind habe sich herausfordernd oder verführerisch verhalten bzw. habe für sein Alter einen außerordentlich reifen Eindruck (im sexuellen Sinne) gemacht; das heißt, der erwachsene Täter versucht, die Verantwortung von sich auf das Kind abzuwälzen. Meiselman (1978) beschreibt im einzelnen, daß und wie manche Eltern die Schuld an einer inzestuösen Beziehung den Kindern anlasten; sie schildern sie als sexuell reif und verführerisch, auch wo diese Beschreibung überhaupt nicht zutrifft. Meiselman macht auch darauf aufmerksam, wie wichtig es ist, immer wieder zu betonen, daß man von einem Erwachsenen mit Recht erwartet, daß er Selbstbeherrschung aufbringt, selbst wenn das Kind sich in sexueller Hinsicht »unangemessen« verhalten sollte.

Es kommt zwar vor, daß Kinder sich einem Erwachsenen gegenüber verführerisch geben, aber ihr Verhalten unterscheidet sich doch ganz deutlich von dem, was wir als typischen Ausdruck der genitalen Sexualität des Erwachsenen kennen. Kinder, die ein solches »verführerisches« Verhalten an den Tag legen, haben kaum eine Vorstellung, wohin ihre Annäherungsversuche führen könnten (Schultz und De Savage, 1975). Wenn eine Interaktion dieser Art in sexuellen Handlungen endet, muß sich das Kind geschockt, verwirrt und gröblich hintergangen fühlen. In den meisten Fällen hat es nichts als die Anerkennung und freundliche Zuwendung des Erwachsenen gesucht und ist sich der möglichen Konsequenzen seines Verhaltens gar nicht bewußt gewesen.

Da die Einzelheiten sexueller Vergehen an Kindern oft schokkierend und abstoßend sind, ziehen es viele Erwachsene vor – ohne daß sie sich dessen bewußt wären –, sie gar nicht erst anzuhören oder sie als phantastische Übertreibungen abzutun. Peters (1976) hat diesen Umstand sehr treffend beschrieben:

> »In ihrem Abscheu vor den häufig widerwärtigen Einzelheiten gestatten die Psychotherapeuten es ihren Patienten wie eh und je, pathogene Fakten zu unterdrücken, die von emotionaler Signifikanz gewesen sind. Sie lasten der Phantasierlust des Kindes – einer universalen Entwicklungserscheinung – an, was dem Kind damals ganz real angetan wurde. Auf diese Weise werden solche traumatischen Erlebnisse des Kindes niemals ans Licht gebracht, rekonstruiert, ventiliert und abreagiert. Daneben dürfen wir einen wichtigen Umstand nicht vergessen: Da die als Täter genannte Person häufig der eigene Vater war, hielten unsere Kollegen sich lieber an die gefälligere Annahme, daß es sich bei den Vorfällen um ödipale Phantasien handele – so konnten sie es vermeiden, sich mit dem Tatbestand des Inzest zu befassen. . . . Auch Freud hat zugegeben, daß er in zwei von ihm im Jahre 1895 veröffentlichten Fallgeschichten die Belästigung des Kindes durch den eigenen Vater weggelassen hat« (S. 402).

Um sich nicht mit den Details sexueller Vergehen an Kindern beschäftigen zu müssen, versuchen viele Therapeuten, diese Vorfälle insgesamt in das Reich der kindlichen Phantasie zu verweisen. Offensichtlich hat auch Freud, der ja selbst Vater und wegen seiner »skandalösen« Theorie über die kindliche Sexualität ohnehin umstritten war, die Zusammenhänge in den Fällen sexueller Vergehen an Kindern, auf die er in seiner eigenen Praxis aufmerksam wurde, falsch dargestellt.

Die Erfahrungen, welche wir beim ETC mit Kindern und Jugendlichen sammeln konnten, die wegen einer akuten Krise an uns überwiesen wurden und werden, decken sich mit Peters' (1973) Feststellung, daß die Mehrheit der Berichte über sexuelle Delikte an Kindern wahr sind. Es ist bekannt, daß kleinere Kinder nicht imstande sind, sexuelle Handlungen anschaulich zu beschreiben, es sei denn, sie waren sexueller Belästigung tatsächlich selbst ausgesetzt. Aus unserer Arbeit mit Erwachsenen, die sich in einer seelischen Notlage befinden, wissen wir darüber hinaus, daß traumatische sexuelle Erlebnisse in der Kindheit, die nicht in der richtigen Weise behandelt und daher auch nicht verarbeitet werden, nach Jahren wieder aufbrechen und zu schwerwiegenden Problemen für den Heranwachsenden oder Erwachsenen führen können. Peters (1973) spricht von der Vergewaltigung des Kindes als von einer emotionalen Zeitbombe, die in jedem Augenblick des zukünftigen Lebens des Opfers hochgehen kann.

Die Auswirkungen sexueller Belästigung auf das kindliche Opfer sehen so aus, daß das Kind entweder eine verzögerte oder »stillschweigende« Reaktion, in der Regel depressives Verhalten, zeigt (Burgess und Holmstrom, 1974a, b und c; Peters, 1975a und b; Peters, 1976) oder aber unmittelbar nach dem Geschehen mit akuten somatischen Symptomen reagiert. Das können gastrointestinale Störungen, plötzliche Veränderungen in seinen hygienischen Gewohnheiten, Schlafstörungen und (bei jüngeren Kindern) Enuresis sein. Ein Kind, das sexuell belästigt worden ist, zieht sich in der Regel aus seinen gewohnten Aktivitäten und Beziehungen zurück, will nicht mehr außerhalb des Hauses spielen oder fürchtet sich, in die Schule zu gehen. Burgess und Holmstrom (1974c) und De Francis (1969) kommen in ihren Untersuchungen zu dem Schluß, daß ein großer Teil der kindlichen Opfer von Sexualdelikten zumindest leichte, zum Teil aber auch sehr schwere posttraumatische Symptome aufweisen. Sowohl Peters (1975a und b) als auch de Francis (1969) beobachteten darüber hinaus, daß viele Eltern dazu neigen, das Ausmaß des psychischen Traumas zu unterschätzen, welches dieses Erlebnis für ihre Kinder bedeutete – vermutlich weil sie im stillen wünschten, das Schreckliche wäre niemals geschehen. Diese Denkweise kann Eltern dann auch zu der Auffassung verleiten, das Kind brauche keine Behandlung, weil es ja heil aus der Sache herausgekommen sei. Das heißt also, ein Wunschtraum der Eltern kann schuld daran sein, daß das Kind die notwendige Behandlung nicht erhält.

Es gibt auch Eltern, die – egal was geschehen ist – einfach behaupten, das Kind werde sein Erlebnis schon wieder vergessen, und auf diese Weise das Vorgefallene leugnen. Diese falsche Einstellung der Eltern kann den Boden für später auftretende ernsthaftere Probleme bereiten, denn das Kind *kann den Vorfall nicht vergessen.* Außerdem deutet sich in dieser Haltung der Eltern (»Behalten wir die Sache am besten für uns!«) an, daß sie sich des Kindes schämen.

Wenn Eltern ihr Kind dem Trauma eines Prozesses und damit der »Veröffentlichung« des Geschehens nicht aussetzen möchten, dann sollten sie ihm zumindest ganz deutlich zu verstehen geben, daß es in ihren Augen nichts Böses getan hat und daß sie es vor zukünftigen Angriffen auf seine Person schützen wollen. Es kann gar nicht deutlich genug gesagt werden, wie wichtig es für das Kind ist, daß die Eltern ihm immer wieder versichern, daß es mit ihrer Hilfe und Anteilnahme rechnen kann. Und auch wenn die Eltern nicht wollen, daß ihr Kind in einen Prozeß hineingezogen wird, sollten sie ihm doch zumindest Gelegenheit geben, sein Erlebnis bei der Polizei zu melden. Die Schilderung des Tathergangs hilft dem Kind, seine traumatische Erfahrung wenigstens in Ansätzen zu verarbeiten.

Kinder, die das Opfer eines Sexualdeliktes geworden sind, verhalten sich oft sehr still und lassen nicht erkennen, was in ihnen vorgeht; so kann der Eindruck entstehen, sie seien von dem Geschehen völlig unberührt, während sie doch in Wahrheit tief getroffen sind. Wir haben festgestellt (ebenso wie Peters, 1973), daß es langanhaltender spieltherapeutischer Bemühungen und der wiederholten Zusicherung bedarf, daß es ganz in Ordnung sei, seine Gefühle, auch seinen Zorn und seinen Ärger auf die Erwachsenen, zu zeigen, bevor ein solches Kind imstande ist, seinen Zorn und seine Wut auf den Täter auszusprechen. Seine Depression verschwindet oft erst, nachdem es seine zornigen Empfindungen offen zum Ausdruck gebracht hat.

Manchen Kindern fällt es außerordentlich schwer, ihren Gefühlen gegenüber den Erwachsenen Ausdruck zu verleihen. Sie sind daran gewöhnt, erwachsenen Leuten zu gehorchen und nicht zu widersprechen. Wenn man bedenkt, daß 70 Prozent der Täter den Kindern, an denen sie sich dann vergehen, vorher schon bekannt sind (De Francis, 1969), dann ist klar, daß ein Kind durch ein solches Erlebnis nur zu leicht in eine Beziehungsfalle gerät: Es wurde belästigt, weil es einem Erwachsenen gehorchte, aber es kann seinen Zorn über das Geschehen nicht äußern, denn einem Erwachsenen laut und deutlich ins Gesicht zu sagen, was man denkt, ist verboten. Dieser Konflikt kann eine tiefe Depression in dem Kind auslösen, und er kann noch schmerzlicher werden, wenn die Eltern das Kind nun in seiner Bewegungsfreiheit stark einschränken oder nicht mehr aus den Augen lassen – eine Reaktion, die in den Augen des Kindes eine Art Strafe dafür ist, daß es sexuell belästigt worden ist.

Da kleine Kinder in physischer wie in psychischer Hinsicht ja noch ganz vom Schutz und der Betreuung durch ihre Eltern abhängig sind, spiegeln ihre Empfindungen über das, was sich um sie herum ereignet hat, oft die Empfindungen der Eltern. Deshalb ist es sehr wichtig, daß die Eltern eines Kindes, das sexuell belästigt worden ist, ihrerseits die notwendige Unterstützung und Unterweisung erhalten, um sich dem Kind gegenüber richtig zu verhalten. Manche Eltern können sich nur schwer vorstellen, welche Bedeutung das Erlebnis für das Kind in seinem augenblicklichen Entwicklungsstadium hat, und wenn sie sich in ihren eigenen Empfindungen verlieren, kann es sein, daß sie dem Kind gegenüber nicht die richtige Einstellung finden. Sie sind unter Umständen zornig auf ihr Kind, weil es in das Auto eines Fremden gestiegen ist oder einen Nachbarn besucht hat, obwohl sie ihm gesagt hatten, daß es so etwas nicht tun solle. Wenn sie sich in diesen Ärger immer weiter hineinsteigern, vergessen sie womöglich, daß das Kind ein schmerzliches und erschreckendes Erlebnis hinter sich hat. Es *kann* natürlich sein, daß es zunächst neugierig (oder in gewissem Umfang sogar bereitwillig) gewesen ist. Vielleicht hat die Aufmerksamkeit dieses zudringlichen Erwachsenen ihm geschmeichelt, und vielleicht hat es auf die erste Stimulierung hin sogar ein gewisses Lustgefühl empfunden. Wenn aber die Eltern, nachdem die Sache ans Licht gekommen ist, zu heftig reagieren und ihren Zorn und Ärger fälschlicherweise gegen das Kind richten, dann wird dieses unter Umständen daran gehindert, seine wahren Empfindungen über den Vorfall zum Ausdruck zu bringen, weil es fürchtet, nun erst recht von den Erwachsenen verurteilt zu werden.

Unsere Erfahrungen decken sich mit den Ausführungen von Schultz und De Savage (1975), wonach das Ausmaß des psychischen Traumas, welches das Kind erleidet, in einem Verhältnis zu dem Ausmaß an Gewalt und Terror steht, die das Geschehen – über die Dimension der rein physischen Gewaltanwendung hinaus

– begleiteten. Landis (1956) stellte fest, daß Kinder, die vergewaltigt worden waren, emotionell stärker geschädigt waren als kindliche Opfer anderer Formen von Sexualdelikten. Aus den Untersuchungen von De Francis (1969) und Peters (1974) geht hervor, daß Belästigungen und Tätlichkeiten durch Personen, die den Kindern bereits bekannt waren, ein stärkeres Trauma bedeuten als entsprechende Handlungen von seiten ganz unbekannter Personen. Gut dokumentiert ist auch der Umstand, daß es für die Wiederherstellung des Kindes von ganz entscheidender Bedeutung ist, wie Eltern, Verwandte, Lehrer und andere Erwachsene dem Kind begegnen (De Francis, 1969; Peters, 1974, 1976). Um es kurz zu sagen: Bei Kindern, deren Eltern sich einfühlsam und liebevoll zeigen, ist das Trauma weniger ausgeprägt. Darüber hinaus gilt auch das Alter des Kindes als signifikanter Faktor dafür, wie traumatisch es die Gewalttat empfindet und wie rasch und gut es sich davon erholen wird (Peters, 1974); ein jüngeres Kind wird den Angriff als schlimmeres Trauma empfinden und sehr viel stärker darunter leiden als ein älteres Kind.

In der Literatur herrscht alles andere als Übereinstimmung bezüglich der Frage, wie lange ein Kind unter den Auswirkungen eines sexuellen Angriffs leidet. Benders (1965) Ausführungen, die häufig zitiert werden und die besagen, daß Kinder sich nach einem solchen Erlebnis zufriedenstellend wieder anpassen können, sind nicht überzeugend, weil Bender keine Kontrollgruppe in seine Beobachtungen einbezogen hat, und die retrospektiven Untersuchungen von Gagnon (1956) und Landis (1956) beziehen sich zum größten Teil auf Kinder, die nur angefaßt und gestreichelt worden bzw. Zeugen exhibitionistischer Handlungen gewesen waren, während es zu einer Vergewaltigung nur in weniger als fünf Prozent der Fälle gekommen war. Tatsächlich war bei den meisten Untersuchungen, die zu dem Ergebnis kommen, daß Kinder nach einem Sexualdelikt kein dauerhaftes Trauma davontragen, keine Kontrollgruppe (von Kindern, die nicht Opfer eines sexuellen Deliktes waren) einbezogen gewesen. Hinzu kommt, daß diese Untersuchungen sich zwar auf eine Vielzahl von Formen der sexuellen Annäherung und Belästigung beziehen, daß aber in den meisten Fällen körperliche Gewalt nicht im Spiel war. Auf der anderen Seite wird zunehmend die Ansicht vertreten und dokumentiert, daß sexuelle Gewaltanwendung im Kindesalter ein anhaltendes

Trauma darstellt und zu einem späteren Zeitpunkt zu Anpassungsschwierigkeiten führt (Bauer und Stein, 1973; De Francis, 1969; Finch, 1967; 1973; Katan, 1973; MacDonald, 1971; McCauldron, 1967; Peters, 1973; 1976; Price, 1975).

Die psychischen Nachwirkungen eines solchen Deliktes sind nach Katz und Mazur (1979) von den nachstehend genannten Variablen abhängig:

1. Alter des Opfers: Jüngere Kinder sind eher in Gefahr als Heranwachsende, einen bleibenden Schaden davonzutragen.

2. Emotionale Reife des Opfers: Bei Kindern, die schon vor diesem Erlebnis emotionale Schwierigkeiten hatten, werden sich diese Schwierigkeiten möglicherweise vergrößern und über längere Zeit anhalten.

3. Bisherige sexuelle Erfahrungen: Kinder, die noch keine sexuellen Erfahrungen besitzen, sind verletzlicher.

4. Art des Angriffs: Das Ausmaß an Gewalt, welches das Kind erfahren hat, bestimmt den Schweregrad des Traumas.

5. Wiederholte Gewaltanwendung: Wiederholte Gewaltanwendung führt zu einer schwereren psychischen Störung als ein einzelner Vorfall dieser Art.

6. Der Täter ist ein Fremder/der Täter war dem Kind schon vor der Tat bekannt: Eine Vergewaltigung durch eine Person, die dem Kind persönlich bekannt ist, richtet unter Umständen einen größeren Schaden an als eine Vergewaltigung durch eine dem Kind unbekannte Person.

7. Reaktionen der Umgebung: Negative Reaktionen von seiten der Eltern, Lehrer und Freunde können dazu beitragen, daß emotionale Schwierigkeiten oder Störungen fortbestehen.

8. Therapie: Kindliche Opfer von Sexualdelikten, die sich einer Therapie unterziehen, erholen sich, wie übrigens erwachsene Opfer auch, besser und vollständiger als andere, die keine Behandlung erhalten (Katz und Mazur, 1979, S. 247).

Zusammenfassend läßt sich also sagen, daß eine ganze Reihe von Faktoren von Einfluß darauf sind, wie traumatisch eine sexuelle Gewalttat sich auf ein Kind auswirkt. Nach unserer klinischen Erfahrung spricht sehr vieles dafür, daß der bedeutsamste Faktor in bezug auf die Frage, wie gut ein Kind sich von einem solchen Geschehen erholen wird, die Reaktionen seiner Eltern und anderer wichtiger Bezugspersonen sind.

Der Fall Lisa

Die fünfjährige Lisa wurde auf dem Heimweg von der Vorschule von einem ihr unbekannten Mann vergewaltigt. Der Polizeibeamte, der auf diese Meldung hin in der Wohnung der Familie erschien, war der Meinung, Lisa werde sich sicherer fühlen, wenn er in Gegenwart ihrer Eltern mit ihr spreche. Das war eine unglückliche Entscheidung, denn die Eltern gerieten in allergrößte Aufregung, als sie aus dem Mund ihrer Tochter Einzelheiten über das Verbrechen erfuhren, und forderten den Polizisten auf, ihr Haus zu verlassen. Bevor er das tat, empfahl er ihnen noch, das *Emergency Treatment Center* anzurufen und sich dort beraten zu lassen, was als nächstes zu tun sei.

In weniger als einer Stunde war unsere Therapeutin zur Stelle. Sie sagte, sie wolle zuerst mit den Eltern allein sprechen, so daß diese sich ganz frei äußern könnten. Die Eltern waren sehr zornig und reagierten einen Teil ihres Zornes dadurch ab, daß sie die Therapeutin eingehend nach ihrem beruflichen Werdegang und ihren Erfahrungen mit Vergewaltigungsdelikten an Kindern befragten. Die Therapeutin ging auf diese Fragen ein und tat, was sie konnte, um die Eltern zu beruhigen. Zunächst ging es ihr darum, daß sie ihren Zorn über das, was ihrer Tochter zugestoßen war, zum Ausdruck brachten. Dann bemühte sie sich, den Eltern begreiflich zu machen, was das Erlebnis für Lisa bedeutet haben mußte, und ihnen zu zeigen, daß Lisa die Zornesäußerungen ihrer Eltern möglicherweise so auffassen könnte, als seien die Eltern ihr böse. Sie erklärte, daß ein Kind in Lisas Alter die sexuellen Aspekte dessen, was ihr zugestoßen war, nicht wirklich verstehen könne. Lisa begreife nur, daß ein Erwachsener ihr wehgetan und entsetzliche Angst eingeflößt hatte, während sie bis zu diesem Augenblick den meisten Erwachsenen vertraut hatte.

Die Therapeutin erklärte den Eltern weiter, daß ihr Kind gerade jetzt nichts dringender brauchte als die Gewißheit, von ihnen beschützt und geliebt zu werden. Die Eltern sollten nun darauf achten, daß sie nichts tun oder sagen würden, was Lisa irrigerweise als Zeichen dafür ansehen könnte, daß sie ihr böse seien oder sie verurteilten. Gegen Ende der Sitzung konnten die Eltern zugeben, daß sie zunächst so verletzt und so wütend gewesen waren, daß sie am liebsten auf alle Menschen eingeschlagen hätten. Sie versprachen, von jetzt an ihre Aufmerksamkeit auf Lisa und deren Bedürfnisse zu richten. Auch beschlossen sie, Anzeige gegen den Täter zu erstatten, weil damit vielleicht anderen Kindern ein ähnliches Erlebnis erspart bleiben würde. Schließlich sagte die Therapeutin, wenn es Lisa recht sei, dann würde sie das Kind zum Polizeirevier begleiten, wenn die Aufforderung zu einer Befragung käme. Die Eltern waren darüber sehr erleichtert, und der Vater sagte ganz offen, er wolle sich die Einzelheiten des Geschehens lieber nicht noch einmal anhören, denn er sei schon beim ersten Mal schrecklich wütend geworden.

Auf die Frage der ETC-Therapeutin, ob sie nun auch mit Lisa sprechen könne, holte die Mutter das Kind ins Wohnzimmer und machte es mit der Therapeutin bekannt. Lisa war ein recht kleines und fast zerbrechlich wirkendes Mädchen. Sie sprach mit leiser Stimme und hielt sich während der ganzen Zeit dicht neben ihrer Mutter. Nachdem die Therapeutin sich eine Weile im Plauderton mit Lisa unterhalten hatte, fragte sie, ob sie Lisas Zimmer sehen dürfe, und Lisa stimmte zu. Im Kinderzimmer spielten sie dann beide eine halbe Stunde lang mit Lisas Spielsachen. Am Schluß fragte die Therapeutin, ob Lisa sie einmal an ihrem Arbeitsplatz besuchen und mit den Spielsachen spielen wolle, die sie dort aufbewahre. Lisa sagte, das wolle sie gerne, wenn ihre Mutter sie hinbegleiten würde. Bei diesem ersten Zusammentreffen mit Lisa vermied die Therapeutin sorgfältig alle raschen Bewegungen und jede körperliche Berührung, die nicht von Lisa selbst ausging. Sie ließ Lisa das Tempo und die Richtung dieser spieltherapeutischen Sitzung und auch der folgenden Sitzungen selbst bestimmen. Das erste Zusammentreffen in ihrem Büro sollte drei Tage später stattfinden.

Während der ersten drei Sitzungen spielte Lisa Szenen mit einer kleinen weiblichen Puppe in einem Puppenhaus. In jeder ihrer Geschichten kam ein kleines Mädchen vor, das verletzt wurde oder krank war; es mußte ins Krankenhaus gebracht werden, und später mußten dann Mutter und Vater das Kind pflegen und betreuen. In allen diesen Sitzungen wirkte Lisa emotional unbeteiligt und zugleich niedergeschlagen. Sie erzählte endlose Geschichten über das verletzte kleine Mädchen, zeigte dabei aber so gut wie keine Gefühlsregung. Zur dritten Sitzung brachte sie einige von ihren eigenen Spielsachen mit, und im Laufe dieser Sitzung erkundigte sie sich auch, warum die Therapeutin sie denn gar nicht nach dem »bösen Mann« gefragt habe. Die Therapeutin antwortete, sie könnten über den Mann sprechen, wenn Lisa wolle. Daraufhin wechselte Lisa das Thema abrupt.

Zur vierten Sitzung erschien sie mit weiteren eigenen Spielsachen. Die Therapeutin wartete ab, ob Lisa auf den »bösen Mann« zu sprechen kommen würde, was sie aber nicht tat. Später drehte sich das Spiel um ein neues Thema; der Schauplatz war jetzt ein Schwimmbecken. Nach dieser und vor der nächsten Sitzung erfuhr die Therapeutin von der Mutter, daß Lisa noch immer nicht außerhalb des Hauses spielen wolle, weil einige ältere Kinder sie geneckt und erschreckt hatten. In vier weiteren spieltherapeutischen Sitzungen ging es ausführlich um das Thema des Fütterns und Versorgens, gewöhnlich in der Nähe des gedachten Schwimmbeckens. Jedesmal, wenn »die Kinder« versorgt worden waren, wurden sie von »den Müttern« nach Hause und zu Bett gebracht.

Schließlich rückte das Moment der Interaktion stärker in den Vordergrund. Lisa dachte sich jetzt Szenen aus, in denen mehrere Kinder zusammen spielten oder zusammen fernsahen. Dann wechselte der Schauplatz von neuem. Jetzt spielten die Geschichten im Schlafzimmer und in der Toilette. Dabei achtete Lisa genau auf die männlichen und die weiblichen Puppen und darauf, daß sie nur ja auch die Toilette aufsuchten. In der gleichen Woche erfuhr die Therapeutin von den Eltern, daß Lisa jetzt wieder allein von der Schule nach Hause gehe, wenn sie auch die ganze Strecke rennend zurücklegte. Zur nächsten Sitzung brachte Lisa eine große Puppe mit, die keine Höschen anhatte, und machte eine entsprechende Bemerkung. Auf die Frage der Therapeutin, ob die Puppe ihr Höschen im Krankenhaus liegengelassen habe, antwortete Lisa mit einem entschiedenen »Nein«. Sie begrub die Puppe im Sandkasten, grub sie dann aber plötzlich wieder aus und nahm sie auf den Arm. Als der Sand aus den Haaren der Puppe rieselte, sagte Lisa in ruhigem Ton »wie Regen . . .«.

Die folgende Sitzung begann zunächst mit einer harmlosen Szene. Dann packte Lisa plötzlich eine erwachsene männliche Puppe und fing wütend an, sie einzugraben. Sie sagte, der Puppenmann rufe um Hilfe, aber es werde ihm niemand helfen, denn er sei ein böser Mann. Mit offensichtlicher Genugtuung steckte Lisa dann viele furchterregend aussehende Tiere rund um die betreffende

Stelle in den Sand. Sie stieß den Mann noch tiefer in den Sand und verkündete triumphierend, jetzt sei er tot. Anschließend holte sie die bösen Tiere sorglich wieder aus dem Sand und legte sie weg. Dann grub sie den Mann aus, legte ihn in eine Schachtel und schloß den Deckel, wobei sie sagte, die Schachtel sei »sein Sarg«. Die Therapeutin gab zu erkennen, daß sie Lisas Zorn durchaus für richtig halte, und bemühte sich, dem Kind zu versichern, daß es völlig in Ordnung war, wütend zu sein und den Mann zu begraben.

Nach dieser Sitzung wandelte sich Lisas Verfassung schlagartig. Sie war jetzt viel lebhafter, und die depressiven Symptome verschwanden allmählich. Sie arbeitete sich weiter durch ihren Zorn dem Mann gegenüber hindurch, indem sie ihn noch mehrmals begrub oder ihn den wilden Tieren zum Fraße vorwarf. Allmählich aber löste sich ihr Zorn, und die Geschichten, die sie dann spielte, waren wieder stärker von Interaktion bestimmt; sie dachte sich jetzt wieder Familienszenen und Episoden aus, in denen Kinder miteinander spielten.

Die Therapeutin war jetzt überzeugt, daß Lisa sich mit ihrer bösen Erfahrung so weit auseinandergesetzt hatte, wie das für ein Kind auf diesem Niveau der psychischen Entwicklung überhaupt möglich war. So beschloß sie, die spieltherapeutischen Sitzungen nicht weiter fortzusetzen. Sie traf sich noch einmal mit Lisas Eltern und erklärte ihnen, daß Lisa das Erlebnis jetzt so weit verarbeitet habe, wie dies im Augenblick möglich sei. Vielleicht werde es eines Tages, wenn Lisa anfangen würde, sich für Jungen zu interessieren, angezeigt sein, die Therapie wiederaufzunehmen.

Der Fall Marie

Die achtjährige Marie erschien in Begleitung ihrer Mutter bei dem für die Aufklärung von Sexualdelikten zuständigen Mitarbeiter des örtlichen Polizeireviers. Die Mutter war überzeugt, daß Marie von einem Nachbarn belästigt worden war. Marie hatte den Nachbarn ohne die Erlaubnis ihrer Mutter besucht und war seit ihrer Rückkehr wie verwandelt. Sie war zur Tür hereingekommen und gleich ins Bad gestürzt, hatte die Tür verriegelt und auf die Fragen ihrer Mutter nicht geantwortet. Die Mutter konnte sie drinnen weinen hören. Als sie schließlich wieder aus dem Bad herauskam und die Mutter sie fragte, wo sie denn gewesen sei, sagte Marie nur: »Ich dachte, Herr Schmidt wäre ein Papa«, rannte dann in ihr Zimmer und verweigerte wiederum alle Antworten. Von diesem Augenblick an, so sagte die Mutter, habe Maries Persönlichkeit sich vollkommen verändert. Zuvor war sie ein braves und freundliches kleines Mädchen gewesen, das seiner Mutter gerne half und dem es auch in der Schule ausgezeichnet ging; jetzt war sie launisch und verschlossen und fürchtete sich, das Haus zu verlassen – auch wenn es sich nur um den Schulweg handelte. Sie zog sich von ihrem Vater und ihren Brüdern zurück, zu denen sie früher ein sehr vertrautes Verhältnis gehabt hatte. Auch hatte sie ganz plötzliche und unerklärliche Wutanfälle und sagte gelegentlich merkwürdige Dinge wie etwa: »Ich dachte, nur Mamis und Papis machen das«; wenn die Mutter der Sache dann nachfragte, rannte sie aus dem Zimmer. Häufig hatte sie auch Alpträume und wachte nachts schreiend auf.

Der Polizeibeamte fragte Marie, was sich denn in Herrn Schmidts Wohnung zugetragen habe. Marie schaute zur Seite und sagte: »Ich hab's vergessen«. Daraufhin bat der Beamte die Mutter, den Raum zu verlassen, weil er sich allein mit Marie unterhalten wolle; dann versuchte er, das Kind wieder zu beruhigen, bevor er es ein zweites Mal fragte, was vorgefallen sei. Diesmal begann Marie zu zittern und zu weinen und sagte immer wieder: »Ich weiß nicht. Ich kann mich nicht erinnern.« Der Beamte war überzeugt, daß Marie etwas Schlimmes zugestoßen war, und meinte, ein Kindertherapeut würde hier wohl mehr ausrichten können. So schlug er der Mutter vor, das ETC anzurufen. Man könne es vielleicht einmal mit Hypnose versuchen, meinte er noch, falls Maries Gedächtnis tatsächlich blockiert sei.

Noch am gleichen Nachmittag traf die Therapeutin vom ETC mit dem Polizeibeamten und mit Marie und ihrer Mutter zusammen. Nachdem sie sich eine Weile mit Marie und der Mutter unterhalten und einen ersten Eindruck von Marie gewonnen hatte, beschloß die Therapeutin, es mit einem hypnotischen Verfahren zu versuchen, was Marie vielleicht zur Erinnerung an ihr Erlebnis verhelfen würde. Sie entschied sich für die Technik der »gelenkten Phantasie« und forderte Marie auf, eine »Reise« in ein schönes, gefahrloses, wunderbares Königreich zu machen. Dort werde sie sich auf den Schoß eines kuscheligen Teddy-Polizisten setzen dürfen und sich an alles erinnern können, denn der Teddy-Polizist mochte kleine Kinder sehr und paßte gut auf sie auf. Marie schien den Trancezustand zwar angenehm zu finden, ja sogar zu genießen, aber sobald es darum ging, sich an den Besuch bei Herrn Schmidt zu erinnern, begann sie zu zittern, und dicke Tränen liefen ihr über das Gesicht. Nachdem sie aus der Trance aufgewacht war, fragte die Therapeutin erneut, woran sie sich erinnern könne, und Marie sagte: »An nichts. Ich hab's vergessen. Ich weiß nicht mehr.« Dann fing sie wieder an zu weinen.

Die Therapeutin war überzeugt, daß Marie am Tag ihres Besuchs bei Herrn Schmidt ein traumatisches Erlebnis gehabt hatte, aber was es gewesen war, blieb ein Rätsel. Sie glaubte außerdem, daß Marie sich sehr wohl an das Geschehen erinnerte, sich aber fürchtete, darüber zu sprechen. So beschloß sie, Marie zur Spieltherapie kommen zu lassen. Der Mutter erklärte sie, daß die Therapie in dem Tempo ablaufen werde, das Marie angeben würde, und dem Kind versicherte sie, daß es nicht gezwungen werde, irgend etwas zu tun oder zu sagen, was es nicht tun oder sagen wollte.

In der ersten Sitzung malten Marie und die Therapeutin miteinander. Marie war mit einer Zeichnung beschäftigt, die ihren Bruder darstellte, und sagte dazu: »Herr Schmidt hat mir nur Bilder von nackten Leuten von hier an gezeigt«, wobei sie mit den Händen zeigte, daß sie sagen wollte »vom Hals an«. Die Therapeutin bedankte sich, daß Marie ihr das erzählt hatte, und fügte hinzu, sie wisse, daß das, was Marie erlebt habe, schrecklich gewesen sein und sie sehr verwirrt haben müsse. Aber es sei ja nicht Maries Schuld, und niemand sei ihr böse, wenn sie die Geschichte von Anfang bis Ende erzählte. Marie antwortete nicht, so ließ die Therapeutin das Thema fallen und malte wieder mit ihr.

Auch in der nächsten Sitzung fingen sie zunächst an zu malen, aber dann entdeckte Marie, daß in dem Raum auch ein Puppenhaus stand, und fragte, ob sie »Vater und Mutter« spielen dürfe. Im Laufe des Spiels fragte die Therapeutin: »Was machen eigentlich Vater und Mutter?« Daraufhin inszenierte Marie eine sehr ausführliche Szene, in der der Vater die Mutter rief und sagte, sie solle ins Haus kommen und saubermachen. Je länger die »Mutter« mit dem Putzen des Hauses beschäftigt war, desto unruhiger wurde Marie; im Eßzimmer brach sie das Putzen ganz plötzlich ab und wandte sich wieder ihrer Zeichnung zu.

In der nächsten Sitzung beschäftigte Marie sich wieder mit dem Puppenhaus und mit Vater und Mutter. Aber als die Puppe, die die Mutter darstellte, im Eßzimmer war, zog der »Vater« ihr die Höschen aus und sagte, sie solle sich auf den Fußboden legen. Dann strich er ihr immer wieder über die Beine. Während Marie diese Szene mit den Puppen darstellte, schaute sie ständig nach der Therapeutin, um zu sehen, wie diese die Darstellung aufnahm. Die Therapeutin blieb gelassen und freundlich-aufmerksam, und Marie setzte ihr Spiel fort. Sie sagte: »Dann hat er sie herumgedreht und seine Finger unten in sie reingesteckt, und dann hat es wehgetan.« Die Therapeutin fragte, ob es das gewesen sei, was Herr Schmidt mit ihr gemacht habe. Marie begann zu schluchzen und bejahte; dann fügte sie hinzu, sie sei schwanger, und die Eltern würden sie aus dem Haus jagen, denn Herr Schmidt habe gesagt, daß man das mit bösen kleinen Mädchen immer so mache. Die Therapeutin nahm Marie in die Arme, hielt sie fest und redete ihr beruhigend zu. Sie sagte, Herr Schmidt sei ein böser Mann und habe Marie angelogen. Marie könne gar nicht schwanger sein, weil sie dazu noch viel zu jung sei, und die Eltern würden sie deshalb ganz bestimmt nicht wegschicken.

Dann holte die Therapeutin Maries Mutter und erklärte ihr auf dem Weg zurück ins Spielzimmer, daß Marie ihr die Geschichte jetzt erzählt habe und daß die Mutter sich ganz besonders liebevoll zeigen und Marie entgegenkommen und helfen müsse, wenn das Kind die Geschichte jetzt auch ihr erzählen sollte. Die Mutter betrat das Spielzimmer, und Marie berichtete ihr, immer noch weinend, daß Herr Schmidt gesagt habe, sie solle doch mal hereinkommen und ihm beim Saubermachen helfen. Er hatte sie dann ins Eßzimmer geführt und ihr Bilder von nackten Leuten gezeigt, und dann hatte er gesagt, sie solle ihr Höschen ausziehen. Marie hatte getan, was er sagte, weil sie große Angst hatte. Herr Schmidt hatte ihr dann auch noch gesagt, sie dürfe niemandem etwas erzählen, denn sonst würden ihre Eltern sie wegjagen und einsperren lassen, weil sie schwanger sei. Die Mutter versicherte dem Kind, daß Herr Schmidt ein Lügner und ein böser Mann sei, und daß sie und der Vater Marie sehr liebten und niemals fortjagen würden.

Am folgenden Tag erschienen Marie und ihre Eltern noch einmal bei der Polizei und berichteten dem für Sexualdelikte zuständigen Beamten, wie sich der Vorfall im einzelnen zugetragen hatte.

Bei der Verhaftung von Herrn Schmidt stellte sich heraus, daß er schon früher einmal in einem anderen Bundesstaat der Belästigung kleiner Kinder (in genau der gleichen Weise) überführt worden war. Als Herr Schmidt dann gegen Sicherheitsleistung aus der Haft entlassen war, sah Marie ihn gelegentlich auf der Straße. Diese Begegnungen erschreckten und beunruhigten sie jedesmal, denn sie fürchtete, er würde sich einmal umdrehen und sie »schnappen«. So kamen ihre Eltern zu dem Schluß, daß es am besten für das Kind wäre, wenn sie umzögen.

Was die spieltherapeutischen Sitzungen in dieser Phase der Behandlung anging, so traten − ganz ähnlich wie im Fall von Lisa − auch hier in der Regel kranke oder verletzte Kinder auf, die »weggehen« mußten, um »gehcilt« zu werden. Nachdem Marie dann vor Gericht erschienen war, zeigte sich in den Sitzungen, wie zornig sie war: Sie hatte wiederholt Wutanfälle und warf dann im Spielzimmer mit allen möglichen Gegenständen um sich. Die Bilder, die sie jetzt malte, zeigten ärgerliche und zornige Leute, die aufeinander losgingen. Mit der Zeit legte sich jedoch Maries Zorn, und nun spielte sie eher Szenen, in denen ihre Freundinnen und die Schule vorkamen. Gegen Ende der Behandlung hielt die Therapeutin mehrere Sitzungen mit der ganzen Familie ab, in denen Maries Eltern und Brüder ihr zu verstehen gaben, daß sie stolz darauf waren, wie tapfer sie sich hielt. Schließlich fing Marie auch wieder an, mit ihren Brüdern zu spielen, und fand zu dem alten ungezwungenen Verhältnis zu ihrem Vater zurück.

Die Fälle von Marie und Lisa sind ganz typisch für das Verhalten des sexuell angegriffenen Kindes. Nach unserer Erfahrung machen solche Kinder in der Regel zunächst einmal einen abgestumpften oder depressiven Eindruck. Sie brauchen ein beträchtliches Maß an Ermunterung und Zuspruch, um ihre Gefühle im Zusammenhang mit dem traumatischen Erlebnis überhaupt zum Ausdruck bringen zu können. Leider deuten viele Erwachsene die scheinbare Ungerührtheit des Kindes, das ein solches Erlebnis durchgemacht hat, fälschlicherweise als ein Anzeichen dafür, daß es davon überhaupt nicht berührt worden sei. Wir haben auch die Erfahrung gemacht, daß kindliche Opfer von Sexualdelikten gar nicht immer langfristig therapiert werden müssen; es empfiehlt sich vielmehr, ihnen im Wege der Spieltherapie zur Verarbeitung des Traumas zu verhelfen, wie sie es erlebt haben. Wahrscheinlich wird man dann in kritischen Entwicklungsphasen, etwa zu Beginn der Adoleszenz, gut daran tun, noch einmal eine Kurztherapie durchzuführen.

Sexualdelikte an Heranwachsenden

Für eine Heranwachsende hat die Erfahrung einer Vergewaltigung gewisse außergewöhnliche Aspekte, und deshalb wollen wir uns mit dieser Erfahrung hier kurz beschäftigen, auch wenn die Behandlung mehr oder weniger nach den gleichen Grundsätzen verläuft wie diejenige einer vergewaltigten erwachsenen Frau (s. Kapitel 11).

Die Adoleszenz ist eine Lebensperiode, in der der junge Mensch gewöhnlich Grenzen erprobt und Risiken eingeht − ein ebenso wichtiges wie gelegentlich lästiges Kennzeichen dieser Entwicklungsphase. Dieses Erproben und Riskieren kann im Fall eines heranwachsenden Mädchens bedeuten, daß es sich in eine gefährliche Lage bringt und das Opfer einer Vergewaltigung wird: Vielleicht erscheint ihr der Gedanke verlockend, sich als Anhalterin mitnehmen zu lassen und so ihren Wagemut und ihre Abenteuerlust auszuleben, und deshalb hat sie die Warnungen ihrer Eltern als spießig oder unerheblich in den Wind geschlagen. Wenn sie dann aber tatsächlich Opfer einer Vergewaltigung wird, weil sie den elterlichen Warnungen nicht gefolgt ist, wird sie sich unter Umständen sehr viel schwerere Selbstvorwürfe machen als eine erwachsene Frau, und das wiederum kann dazu führen, daß sie das Geschehen überhaupt verschweigt, weil sie Angst hat, den Eltern davon zu erzählen.

Obwohl viele Heranwachsende, die Opfer einer Vergewaltigung geworden sind, ihren Eltern bedauerlicherweise nichts davon sagen, verraten sie sich in vielen Fällen durch ihr Verhalten selbst. So können etwa plötzliche und unerklärliche Veränderungen im gewohnten Verhalten eines heranwachsenden Mädchens ein Zeichen dafür sein, daß das Mädchen Opfer einer »heimlichen Vergewaltigung« (Hilberman, 1977) geworden ist, also einer Vergewaltigung, die nicht sofort angezeigt worden ist. Diese verhaltensmäßigen Veränderungen können verschiedene Formen annehmen: Ein Mädchen geht beispielsweise nur noch sporadisch zur Schule, und/

oder seine Leistungen dort lassen rapide nach; ein anderes wechselt von einem Freund zum anderen, zieht sich von ihren Freundinnen und aus allen Gruppen zurück oder zeigt selbstzerstörerische Verhaltensweisen wie etwa Drogenmißbrauch. Veränderungen dieser Art können den Wunsch der Heranwachsenden manifestieren, die Tatsache der Vergewaltigung geheimzuhalten. Ein so plötzlicher Umschwung im Verhalten einer Heranwachsenden wird aber schließlich auffallen, und dann kommt das Geheimnis irgendwann doch ans Licht. Dieser so rapide Verhaltensumschwung war dann, im nachhinein betrachtet, nichts anderes als ein »Hilferuf«.

Bei der Arbeit mit Heranwachsenden, die Opfer eines Sexualdeliktes geworden sind, muß man bedenken, daß sie weitgehend die gleichen emotionalen Bedürfnisse haben wie Kinder, die belästigt oder vergewaltigt worden sind. Das gilt ganz besonders für das Bedürfnis nach Zuwendung und Unterstützung durch die Eltern. Ein heranwachsendes Mädchen kann zwar Gestalt und körperliche Merkmale einer erwachsenen Frau aufweisen, ist aber in vieler Beziehung doch noch ein Kind. Ihr Drang nach Unabhängigkeit kann die Erwachsenen zu der irrigen Auffassung verleiten, das Mädchen sei reifer, als dies tatsächlich der Fall ist; auch die Eltern können sich täuschen und meinen, ihre heranwachsende Tochter brauche jetzt nicht mehr so viel zärtliche Zuwendung wie damals, als sie noch ein kleines Schulkind war.

Es kommt gelegentlich vor, daß eine Heranwachsende ihren Eltern berichtet, sie sei vergewaltigt worden, und die Eltern daraufhin nur immer wieder sagen, daß sie sich schließlich selbst in Gefahr gebracht und sehr unüberlegt gehandelt habe. Manche Eltern sind nur besorgt, daß die Sache zu einem öffentlichen Skandal werden könnte (»Was werden die Nachbarn denken?«). Über dieser kurzsichtigen Art der Betrachtung vergessen sie ganz, daß ihre Tochter ein schreckliches Trauma erlitten hat und jetzt vor allem die Gewißheit braucht, daß die Eltern sie lieben und, noch wichtiger, daß sie sie beschützen werden.

Wenn die Eltern sich in Bedenken wie den obengenannten verlieren und ihr Zorn sich auf das Opfer selbst ergießt, dann hat das nur zur Folge, daß das Mädchen sich schuldig und nichtswürdig fühlt und ihre Selbstachtung nun erst recht verliert. Nur zu häufig sieht es in dieser Reaktion der Eltern auch einen Anlaß zu selbstzerstörerischen Handlungen. Die Eltern mögen zwar glauben, daß sie getan haben, »was richtig war«, aber am Ende trägt ihre Reaktion nur dazu bei, genau jenes Verhalten hervorzurufen, das sie am meisten fürchten.

Eine Verhaltensänderung kann auch so aussehen, daß das Mädchen jetzt für lange Zeit jeden Kontakt mit Jungen überhaupt vermeidet. Einen solchen Rückzug sollte man als das nehmen, was er bedeutet. Der Therapeut muß den Eltern zu der Erkenntnis verhelfen, daß sie der tief und anhaltend verschreckten Tochter schon gestatten müssen, auf ihre eigene Weise wieder ins »soziale Leben« zurückzukehren. Es darf gar nicht erst der Gedanke aufkommen, daß man »den Reiter nach einem Sturz gleich wieder aufs Pferd setzen« müsse. Der Therapeut muß es als seine Aufgabe ansehen, den Eltern, Geschwistern und anderen für das Mädchen bedeutsamen Personen zu helfen, ihrerseits in aller Ruhe darauf zu warten, daß die Wunden verheilen und die Furcht abklingt.

Jeder Therapeut, der es mit heranwachsenden Mädchen zu tun hat, wird hin und wieder erfahren, daß eine solche Klientin das Opfer einer »heimlichen Vergewaltigung« geworden ist. Er muß es dann nach Möglichkeit vermeiden, etwa als Richter aufzutreten. Er sollte sich vielmehr sofort um die Dinge kümmern, die für das Mädchen jetzt nach dem traumatischen Erlebnis am allerwichtigsten sind, also um Betreuung und Schutz. Braucht seine Klientin beispielsweise ärztliche Behandlung und/oder sollte sie einen Schwangerschaftstest machen lassen? Als nächstes sollte der Therapeut sich um ihre Zustimmung dazu bemühen, daß er den Eltern mitteilt, was geschehen ist. Die Tatsache, daß das Mädchen nicht gleich erzählt hat, was passiert ist, deutet darauf hin, daß es ihr vielleicht ganz recht ist, einen Helfer neben sich zu wissen, wenn es darum geht, den Eltern die Sache beizubringen. Der Therapeut kann seiner Klientin zu verstehen geben, daß er sie zu einer solchen Enthüllung nicht zwingen will, daß er aber zur Stelle sein wird, wenn sie sich dazu entschlossen hat.

Für den Fall, daß das Mädchen die Sache vor ihren Eltern geheimhalten möchte, kann der Therapeut ihr immerhin zureden, anonym vor der Polizei darüber zu berichten. Er kann sagen, daß es ihm darum geht, daß der Täter bestraft wird und keine weiteren Opfer mehr findet. Die meisten auf Sexualdelikte spezialisierten Polizeibeamten sind sich sehr wohl darüber im klaren, daß viele

Heranwachsende, die vergewaltigt worden sind, diesen Vorfall nicht sogleich anzeigen. Wenn ein Therapeut aber der Meinung ist, daß die verzögerte Anzeige die Aufklärung eines bestimmten Falles erschwert, dann ist es gut, wenn er die Polizei anruft und sich ohne Nennung von Namen oder Angabe von Einzelheiten danach erkundigt, ob die Tat gemeldet worden ist. Daß das Mädchen die Vergewaltigung nicht angezeigt hat, kann seinen Grund auch darin haben, daß es sich bei dem Täter um einen Jugendlichen aus ihrem Bekanntenkreis handelt und das Opfer mit Recht fürchtet, von dieser Gruppe ausgestoßen zu werden, wenn der Vorfall bekannt wird.

Fassen wir zusammen: Der Fall der Heranwachsenden, die Opfer eines Sexualdeliktes geworden ist, ähnelt in vieler Hinsicht den Fällen, in denen das Opfer ein Kind oder aber eine erwachsene Frau gewesen ist. Daneben gibt es aber auch eine Reihe von Faktoren, die einmalig sind. Die Adoleszenz ist, was die psychosexuelle Entwicklung angeht, wohl die schwierigste Phase des gesamten Lebenszyklus, und die Folgen einer sexuellen Gewalttat in dieser Periode können sich das ganze Leben über bemerkbar machen. Wir glauben zwar nicht, daß alle Eltern auf das traumatische Erlebnis ihrer Tochter gefühllos oder gleichgültig reagieren, aber wir sind fest überzeugt, daß die Art der Reaktion, die die erwachsenen Bezugspersonen auf ein solches Geschehen hin zeigen, für die Wiederherstellung des Opfers entscheidend wichtig ist.

Schließlich: Die Vergewaltigung ist in manchen Fällen die erste sexuelle Erfahrung eines Mädchens überhaupt. Die meisten Erwachsenen wissen sehr wohl zwischen einverständlich zustandegekommenen geschlechtlichen Beziehungen einerseits und einer Vergewaltigung andererseits zu unterscheiden, aber eine Heranwachsende, die das Opfer einer Vergewaltigung wird, kann diese Unterscheidung vielleicht nicht so leicht treffen, wenn ihr jede vorherige Erfahrung fehlt. Das ist eine Überlegung, welcher der Therapeut Beachtung schenken muß, wenn er es mit einem heranwachsenden Mädchen zu tun hat. Nur dann nämlich kann er dem Opfer helfen, sich von falschen Vorstellungen über sexuelle Beziehungen, wie sie durch die Vergewaltigung vielleicht entstanden sind, wieder zu befreien.

9 Die Inzestfamilie

Fast jeder Mensch hat schon einmal inzestuöse Impulse verspürt oder inzestuösen Phantasien nachgegangen, und doch hat unsere Gesellschaft gegenüber inzestuösen Handlungen ihre mächtigsten Tabus errichtet und erkennt für solche Handlungen auf die schwersten Strafen. Inzestuöse Impulse, die im Verlauf der normalen psychosexuellen Entwicklung mit Hilfe der Phantasie verarbeitet werden, können der Grund sein, daß ein Mensch sich von einem anderen angezogen fühlt beziehungsweise jemanden heiratet, der dem andersgeschlechtlichen Elternteil sehr ähnlich (oder ganz und gar unähnlich) ist. Wenn solche Impulse von dem jeweiligen Elternteil nicht in Schach gehalten werden können, weil dieser nur über eine dürftige Impulskontrolle verfügt, dann kann es geschehen, daß sie in einer so zerstörerischen Weise in die reale Welt hereinbrechen, wie sich das weder Elternteil noch Kind haben vorstellen können.

Da Inzestphantasien ein tief verwurzeltes und gewichtiges Element der normalen sexuellen Entwicklung sind, könnte man auf den Gedanken kommen, daß der vollzogene Inzest eine potentiell gratifizierende Erfahrung sei. Im Reich der Träume mag dieses Phänomen seine eigene Faszination besitzen, nicht so jedoch in der Realität. Der französische Film »Herzflimmern« erzählt zwar eine hochromantische Geschichte von der inzestuösen Liebe einer Mutter zu ihrem Sohn, aber in der Wirklichkeit endet Inzest selten glücklich. Eher ist er die Geschichte einer Mutter und eines Sohnes, die beide sehr gestörte, häufig psychotische Menschen sind (Medlicott, 1967; Shelton, 1975; Wahl, 1960). Im besten Fall handelt es sich um die Geschichte eines jungen Mannes, der sich zutiefst verwirrt und hintergangen fühlt und Schwierigkeiten hat, sich Frauen in sexueller Absicht zu nähern oder ihnen Vertrauen und Liebe entgegenzubringen. In den wenigen Fällen von Mutter-Sohn-Inzest, mit denen wir es bisher zu tun hatten, war der Ausgang alles andere als erhebend. In diesem Kapitel geht es uns darum zu zeigen, daß der Inzest einen heftigen Einbruch in die elementaren, von Vertrauen getragenen Beziehungen darstellt, die in ihrer Gesamtheit die Grundlage des Familienlebens bilden. Das erste Thema also, dem der Therapeut sich bei der Behandlung eines Falles von Inzest zuwenden muß, ist nicht das sexuelle Verhalten, sondern eher diese fundamentale vertrauensvolle Bindung zwischen Elternteil und Kind, auf deren Grundlage dann zukünftige Liebes- und Vertrauensbande entstehen werden.

Das Inzesttabu, das fast universelle Geltung besitzt, dient einem ganz bestimmten Zweck. Es schützt die Familienstruktur und trägt zur gesunden Entwicklung der menschlichen Spezies bei. Es gibt zwar auch im Zusammenhang mit dem Inzesttabu einige Ausnahmen, aber bei näherem Hinsehen stellt sich dann doch heraus, daß in den meisten Fällen das zulässige inzestuöse Verhalten wiederum in ganz spezifischer Weise eingegrenzt und beschränkt ist (Meiselman, 1978, S. 3). Inzestuöses Verhalten, das die Billigung der Gemeinschaft genießt, ist gewöhnlich auf eine bestimmte soziale Schicht begrenzt, etwa auf den Hochadel, oder nur im Zusammenhang mit spezifischen religiösen Ritualen möglich. Die wenigen Kulturen, in denen Inzest erlaubt ist, gestatten keine Promiskuität in der privilegierten Gruppe und kein inzestuöses Verhalten außerhalb ganz genau festgelegter Umstände. In der Mehrzahl dieser Kulturen werden inzestuöse Beziehungen nur zwischen Bruder und Schwester geduldet, während der Inzest zwischen Eltern und Kindern verboten ist. Um die Frage zu klären, wie allgegenwärtig das Inzesttabu ist, studierte Murdock (1949) die Gebräuche von 250 sog. Naturvölkern. Er stellte fest, daß in allen diesen Gesellschaften strenge Sanktionen gegen den Inzest innerhalb der Kernfamilie bestanden.

Über Ursprung und Zweck des Inzesttabus gibt es zahlreiche Theorien. Freuds Ansichten über die Rolle inzestuöser Phantasien in der psychischen Entwicklung sind auf starke Kritik gestoßen, weil damit der Ursprung des Tabus nicht hinreichend erklärt werde (etwa Meiselman, 1978). In der allegorischen Erzählung in *Totem und Tabu* unternahm Freud den Versuch einer Erklärung, indem er eine »Urhorde« schilderte, die von einem grausamen und tyrannischen Vater beherrscht wurde, der seinen Söhnen die Annäherung an die Frauen der Horde nicht gestattete; deshalb erhoben sich die Söhne schließlich gemeinsam gegen ihren Vater. Nachdem sie den tyrannischen Vater geschlagen hatten, verschlangen sie ihn in einem kannibalistischen Ritual. Anschließend aber überkamen sie Trauer und Schuldgefühle, denn sie hatten den

Vater auch geliebt und erkannten, daß sie, was die Frauen anging, nun Konkurrenten geworden waren. Aus diesem Konflikt heraus »schufen« die Söhne das Inzesttabu und beschlossen, sich in Zukunft an das Prinzip der Exogamie zu halten. Diese Theorie hat sich niemals großer Anerkennung erfreut, und auch Freud selbst war nicht überzeugt, daß sie das Tabu hinreichend erkläre (Meiselman, 1978).

Der Anthropologe Malinowski (1927) trug die Theorie vor, daß der praktizierte Inzest die Struktur des Familiensystems zerstören müsse, weil er Rollenkonfusion schaffe und die Generationsgrenzen verwische. Die intensiven gefühlsmäßigen Bande, wie sie sich durch die sexuellen Beziehungen zwischen Elternteil und Kind ergeben, würden das Gleichgewicht der Macht innerhalb der Familie so vollkommen zusammenbrechen lassen, daß die Familie nicht länger als soziales oder ökonomisches System bestehen und funktionieren könnte. In jüngerer Zeit hat der Soziologe Parsons (1954) darauf aufmerksam gemacht, daß inzestuöse *Phantasien* des Kindes seine Persönlichkeitsentwicklung positiv beeinflussen können. Nach seiner Meinung hat die erotische Bindung zwischen dem Elternteil und dem Kind die Funktion, dem Kind durch die gelegentlich schwierigen und schmerzlichen Stadien der normalen Entwicklung hindurchzuhelfen.

Höchstwahrscheinlich hat das Inzesttabu aber auch eine biologische Grundlage. Meiselman (1978) hat sich eingehend mit der biologischen Forschung über den Inzest in der Kernfamilie beschäftigt. Forschungen zu diesem Thema sind außerordentlich schwierig durchzuführen, aber zwei der einschlägigen Untersuchungen verdienen durchaus unsere Aufmerksamkeit: Adams und Neel (1967) untersuchten achtzehn Kinder, die aus inzestuösen Verbindungen zwischen Mitgliedern der Kernfamilie hervorgegangen waren, zusammen mit einer entsprechend zusammengesetzten Kontrollgruppe von Kindern aus nichtinzestuösen Verbindungen. Jede Gruppe wurde zweimal untersucht, unmittelbar nach der Geburt und im Alter von sechs Monaten. Im Alter von sechs Monaten konnten nur sieben der dreizehn noch lebenden Kinder der Inzestpartner als normal und »annehmbar« angesehen werden (fünf Kinder aus diesen Verbindungen waren tot geboren oder sehr bald nach der Geburt gestorben). In der Kontrollgruppe wurden fünfzehn der sechs Monate alten Kinder als normal angesehen.

Eine andere in unserem Zusammenhang wichtige Studie stammt von der tschechoslowakischen Forscherin Seemanova (1971): Sie beobachtete 161 Kinder von Inzestpartnern aus Kernfamilien über eine Zeitspanne von acht Jahren hinweg; die Kontrollgruppe bestand aus den Halbgeschwistern dieser Kinder, die nicht Frucht einer inzestuösen Vereinigung waren. Bei 25 Prozent der Inzestkinder fand sich eine mittelschwere bis schwere Retardation; in der Kontrollgruppe wurde Retardation in keinem Fall diagnostiziert. Außerdem hatten 20 Prozent der Inzestkinder angeborene Mißbildungen oder wiesen zumindest *eine* ernsthafte physische Abnormalität auf. In der Kontrollgruppe wurden 89 Prozent der Kinder als normal angesehen, im Gegensatz zu nur 41 Prozent der Kinder aus den inzestuösen Verbindungen.

Insgesamt betrachtet hat das überall geltende Inzesttabu seine Wurzeln wohl in einer Vielzahl menschlicher Bedürfnisse und Anliegen, die ihrem Wesen nach ganz verschieden, aber dennoch miteinander verwoben sind. Es dient einem überaus wichtigen Zweck, denn es schützt die Struktur und die Integrität der Familie als des Grundsteines jedes sozialen Systems. Das Tabu spielt eine bedeutsame Rolle im Prozeß der psychosexuellen Entwicklung und hat eine biologische Funktion: es fördert die gesunde Evolution unserer Spezies.

Ausgangspunkt aller Überlegungen darüber, wie man die Behandlung einer Inzestfamilie gestalten kann und muß, sollte die klare Definition des Problems sein. Es geschieht leider viel zu oft, daß der Vorwurf des Inzests, wenn er nicht glaubhaft vorgetragen werden kann, als »Inzestphantasie« bzw. als Hirngespinst eines »bösen« oder neurotischen Kindes abgetan und beiseite geschoben wird. Andererseits mehren sich die Anzeichen dafür (Barry, 1965; Cowie u. a., 1968; Peters, 1976), daß die meisten Berichte über Kindesbelästigung in der Familie bzw. über den Inzest mit Kindern durchaus der Wahrheit entsprechen. Bedauerlicherweise gehen manche Therapeuten zunächst einmal davon aus, daß die Kinder lügen – so lange, bis ihre Unschuld klar erwiesen ist. Dabei sollten sie viel eher bis zum Beweis des Gegenteils annehmen, daß der Inzestvorwurf auf Tatsachen beruht. Geiser (1979) bringt diesen Gedanken treffend zum Ausdruck, wenn er sagt: »Lieber irrigerweise den Bericht für wahr halten als einen Klienten zum Schweigen bringen, der mit diesem Bericht um Hilfe ruft« (S. 62).

Wenn ein Kind entweder versteckt auf einen Inzest hinweist oder eine unverhüllte Anschuldigung vorbringt, so ist dies in jedem Fall eine ernste Angelegenheit. Stellt sich schließlich heraus, daß die Sache gar nicht stimmt, dann haben wir es möglicherweise mit hysterischen Symptomen oder einer kindlichen Schizophrenie zu tun. Je nach dem Kontext kann es sich bei dieser Falschmeldung auch um eine Form der emotionalen Erpressung handeln. Das könnte beispielsweise folgendermaßen aussehen: Eine alleinstehende Mutter mit einer heranwachsenden Tochter heiratet zum zweiten Mal und hofft, mit diesem Schritt ein Element der Autorität und der Stabilität in das Familienleben einzuführen. Wenn die heranwachsende Tochter den Neuling wieder loswerden möchte, der da in ihre Welt eingedrungen ist, der Befehle oder Anweisungen erteilt und eine emotionale Bedrohung für sie darstellt, dann kann sie den neuen Stiefvater unter anderem fälschlicherweise des Inzests beschuldigen oder auch im Beisein ihrer Mutter oder anderer Personen ihm gegenüber ein sexuell aufreizendes Verhalten zeigen. Das heißt also, zu Beginn seiner Intervention muß der Therapeut abzuwägen versuchen, was Realität und was Phantasie ist.

Je jünger das Kind ist, desto glaubwürdiger ist nach unseren Erfahrungen seine Aussage, daß ein Elternteil sich ihm in sexueller Weise bzw. in sexueller Absicht genähert habe. Diese Mitteilung eines kleinen Kindes ist um so glaubwürdiger, als das Kind ja vermutlich noch gar keine Gelegenheit gehabt hat, etwas über die Sexualität des Erwachsenen in Erfahrung zu bringen. Wenn beispielsweise ein fünfjähriges Kind eine Erektion oder eine Ejakulation in allen Einzelheiten beschreibt, wird seine Geschichte wohl wahr sein, denn ein Kind dieses Alters muß in der Regel etwas, das es genau beschreiben kann, selbst gesehen haben. Auch wenn der Bericht von einem älteren Kind stammt, sollte man ihn keineswegs sogleich verwerfen; man muß ihm allerdings sorgfältiger nachgehen, denn hinter einer solchen Anschuldigung können sich viele Ursachen verbergen.

Es ist allgemein bekannt, daß Kinder ein feines Empfinden haben und auf geheimnisvolle Weise »wissen«, wenn ungewöhnliche Dinge sich anbahnen oder eine unglückliche Entwicklung eingetreten ist. Da sie aber unter Umständen nicht über die richtigen Worte verfügen, mag das, was sie erspürt haben, so klingen, als berichteten sie über eine inzestuöse Annäherung, was sie in Wahrheit gar nicht tun. Was das Kind empfindet, ist vielleicht eine Art fehlgeleiteter Bedrohung, eine gewisse Spannung in der Familie, und was es beschreibt (etwas, das teils real, teils phantasiert ist), ist vielleicht nur eine Vorwarnung. Ein klassisches Beispiel dafür, daß Kinder auf der gefühlsmäßigen Ebene »wissen«, daß ein bestimmtes Problem vorhanden ist, haben wir dort, wo Eltern sagen: »Ja, wir sind dabei, uns zu trennen und die Scheidung einzureichen. Wir haben es den Kindern noch nicht gesagt; sie wissen nichts davon.« Dabei hat der Therapeut vielleicht beobachtet, daß die Kinder heftig agieren oder in anderer Weise anzeigen, daß sie zutiefst beunruhigt sind. Kinder sind sich auf der gefühlsmäßigen Ebene der gewichtigen dynamischen Vorgänge in der Familie, die die Eltern vor ihnen geheimzuhalten suchen, häufig bewußt. Ein Kind *spürt* intuitiv, daß irgend etwas nicht so ist, wie es sein sollte, oder daß in jedem Augenblick etwas eintreten kann, aber es könnte wahrscheinlich sein Unbehagen weder begründen noch genauer benennen.

Daß ein Kind einen Elternteil des Inzests beschuldigt, kann seinen (versteckten) Grund auch darin haben, daß es um Schutz vor diesem Elternteil bittet, weil es spürt, daß eine Bedrohung sexueller Art in der Luft liegt oder die Rollenverteilung in der Familie ins Wanken gekommen ist. Wir wissen, daß viele Inzestsituationen ihren Anfang damit nehmen, daß der nichtbeteiligte Elternteil seiner Funktion als Beschützer des Kindes nicht nachgekommen ist (Weinberg, 1955). Gewöhnlich wird der sexuell beteiligte Elternteil als Scheusal betrachtet, während man im anderen Elternteil nur denjenigen sieht, der ahnungslos daneben gestanden hat. In Wahrheit kann jedoch der nichtbeteiligte Elternteil im inzestuösen Familiensystem eine ebenso wichtige Rolle spielen wie der direkt beteiligte (Lustig u. a., 1966; Meiselman, 1978). Die Therapie konzentriert sich allzu häufig darauf, den (»pervertierten«) Elternteil zu einer Änderung seines Verhaltens bzw. einen (»pervertierten«) Bruder zur Aufgabe seiner sexuellen Handlungen zu veranlassen. Dabei wird die Komplizenschaft der übrigen Mitglieder des Familiensystems, die vielleicht ebenfalls zum Fortbestehen des Problems beitragen, leicht übersehen.

Der Therapeut tut gut daran, den Inzest als Problem der ganzen Familie zu betrachten; in diesem Zusammenhang sollte er dann alles tun, was in seinen Kräften steht, um das Kind davon zu überzeugen, daß es an dieser Entwicklung nicht schuld ist. Oft versucht der beteiligte Erwachsene nämlich, das Kind als »verführerisch« oder als böswillig hinzustellen, aber im Rahmen der Therapie muß unbedingt klargestellt werden, daß Selbstbeherrschung zu den Aufgaben und Verantwortlichkeiten des Erwachsenen gehört (Meiselman, 1978). Eine Behandlung, die sich allein an der schlichten Unterscheidung zwischen »dem Opfer« und »dem Scheusal« orientiert, erkennt nicht die Tatsache an, daß jede Familie ja auch als ein System zu betrachten ist.

Wenn etwa ein Kind dem nichtbeteiligten Elternteil von dem Inzest berichtet, dieser die Mitteilung des Kindes aber ignoriert oder das Kind als Lügner oder »böses Kind« bezeichnet und der Sache nicht weiter nachgeht, ist dieser Erwachsene ganz entscheidend an der inzestuösen Situation beteiligt. Man stelle sich nur einmal vor, das eigene Kind käme mit der Mitteilung, der andere Elternteil unterhalte sexuelle Beziehungen zu ihm! Man muß sich einmal klarmachen, wie man auf diese Mitteilung reagieren würde; wie rat- und hilflos und wie eingeschüchtert muß ein Mensch sein, um eine solche Beschuldigung des eigenen Ehepartners tatenlos hinzunehmen! Nein, nur allzu häufig duldet der »nichtbeteiligte« Elternteil diese extrem pathologische, symbiotische Beziehung zwischen dem blutschänderischen Elternteil und dem Kind oder versucht sogar, sie zu decken.

Gelegentlich dient diese Duldung einer inzestuösen Beziehung durch den nichtbeteiligten Elternteil wiederum dessen Schutz gegenüber den reifen sexuellen Ansprüchen seines Partners, die er nicht akzeptieren kann. Ein trauriges Beispiel für diese Konstellation ist der Fall einer Dreizehnjährigen, die eine gute Schülerin und ein »nettes Mädchen« war. Die ETC-Therapeutin kam ins Haus, nachdem das Mädchen eine Überdosis Schlaftabletten genommen hatte. Sie sorgte für die Einlieferung des Mädchens ins Krankenhaus und war zur Stelle, als die Patientin allmählich wieder zu Bewußtsein kam. Im halbwachen Zustand berichtete das Mädchen, daß der eigene Vater sie seit fünf Jahren zu sexuellen Handlungen sadomasochistischer Art gezwungen habe. Der für Sexualdelikte zuständige Mitarbeiter der örtlichen Polizeistation wurde benachrichtigt und konnte rasch feststellen, daß dies tatsächlich der Wahrheit entsprach. Der Vater befand sich augen-

blicklich auf einer Reise, wurde aber in wenigen Tagen zurück-
erwartet. Der Gedanke daran, was seine Rückkehr für sie bedeutete, hatte die Tochter zu ihrem Selbstmordversuch getrieben. Als
die Therapeutin später in die Wohnung der Familie kam, geriet die
Mutter des Mädchens in Wut, wies ihr die Tür und rief ihr nach:
»Wie kommt sie dazu, so etwas von ihm zu behaupten? Dabei hat
er ihr zu Weihnachten eine Stereoanlage geschenkt!« Nach unserer Erfahrung ist es in Fällen einer so massiven Verdrehung der
Tatsachen das Beste, das Kind aus der Familie herauszunehmen.
Die Reaktion der Mutter gehört in eine Reihe mit jenen weiteren
Anzeichen, die darauf hindeuten, daß man mit dieser Familie nicht
therapeutisch arbeiten kann, weil das Familiensystem nicht über
ausreichende Kräfte oder Ressourcen verfügt, um das Kind bzw.
die Kinder zu schützen. Die Mutter dieses Mädchens war, so muß
man annehmen, in einer hochgradig pathologischen Beziehung zum
Vater gefangen und hatte sich in eine solche Abhängigkeit ihm
gegenüber begeben, daß sie ihrer Schutzfunktion gegenüber den
Kindern nicht mehr gerecht werden konnte.

Wir sollten uns darüber im klaren sein, daß das Thema Inzest
sogleich ein sehr viel gespannteres Gesprächsklima schafft als etwa das Thema der Kindesmißhandlung. Bei der bloßen Erwähnung
des Wortes Inzest werden viele Menschen nervös oder böse. Auch
das ist vermutlich ein Grund dafür, daß die Mitteilung, es sei zu
inzestuösen Beziehungen gekommen, so gern und so häufig als
Ausgeburt der Phantasie dessen, der die Mitteilung macht, angesehen wird. Der Begriff der Kindesmißhandlung deckt gewissermaßen ein gemeinsames Terrain ab, in dessen Grenzen man einander versteht, weil fast jeder Mensch zugeben kann, daß er schon
einmal den dringenden Wunsch verspürt hat, ein Kind zu schlagen.
Viele Menschen haben zwar gelegentlich auch inzestuöse Impulse,
aber solche Impulse einem anderen Menschen gegenüber zuzugeben, gilt als sozial sehr viel weniger annehmbar.

Eine inzestuöse Situation bedeutet nicht in jedem Fall, daß es
erforderlich oder ratsam ist, die Familie auseinanderzureißen. Die
Inzestfamilie hat gute Aussichten, wieder ins Gleichgewicht zu
kommen, wenn ihr die notwendige Behandlung und vielfältige Unterstützung zuteil wird. In Familien, die einer Behandlung zugänglich sind, ist die Prognose im allgemeinen positiv. Um entscheiden
zu können, ob eine Behandlung in einem bestimmten Fall ange-

zeigt ist – und wenn ja, welche Art von Behandlung –, muß der Therapeut eine sehr gründliche Diagnose erstellen. Diese Diagnose ist wichtig, denn gerade im Zusammenhang mit dem Inzest kann es sein, daß sonst eine der entscheidenden Ursachen unentdeckt bleibt: die Borderline-Psychose oder die paranoide Persönlichkeitsstörung des sexuell engagierten Elternteils (Raphling u. a., 1967). Eine sorgfältige Diagnose ist erst recht angezeigt, wenn der blutschänderische Elternteil ein reifer Erwachsener ist und das Opfer ein noch relativ kleines Kind (elf Jahre oder jünger). Wenn der sexuell engagierte Elternteil tatsächlich schizophren ist, dann handelt es sich häufig um eine Schizophrenie vom paranoiden Typ. Es kann aber auch ein schizophrener Grenzfall sein, der auf den ersten Blick normal wirkt; die schwere Schädigung wird dann erst unter toxischen Bedingungen oder unter einer größeren psychischen Belastung sichtbar.

Nach einer gründlichen Diagnose kann man die Therapie gezielter und realistischer planen. Zu einer Diagnose gehört im übrigen auch die Frage, ob Alkoholismus im Spiel ist und die Dinge vielleicht noch weiter verunklärt. Es ist durchaus denkbar, daß zumindest eines der Familienmitglieder chronischer Alkoholiker ist; häufig trinken sogar mehrere Familienmitglieder (Marcuse, 1923; Gebhard u. a., 1965; Kaufman u. a., 1954). Der sexuell agierende Elternteil mag ganz normal und gesund wirken, solange er nichts trinkt. Auf solche Menschen paßt der Spruch, daß man »sein Gewissen im Alkohol ersäufen kann«, und wenn dies der Fall ist, dann verbergen sie hinter der äußeren Fassade eine gestörte Persönlichkeit. Die pathologischen Elemente (ob sie nun mit Alkoholismus einhergehen oder nicht) in einer inzestuösen Familie sind unter Umständen schwer auszumachen, denn das inzestuöse System besteht ja unter anderem dadurch fort, daß es sich an unausgesprochene Familienmythen und Verhaltensregeln hält. Es schützt sich also durch Abwehrmanöver, die ihm die Abgrenzung von einer äußeren Welt ermöglichen, die gelegentlich so wahrgenommen wird, als sei sie der Familie feindlich gesinnt oder wolle sie zerstören. Angesichts dieser Furcht vor Außenstehenden und im Gedanken an die möglicherweise nur verborgenen pathologischen Muster tut der Therapeut gut daran, wenn er zu Beginn der Behandlung einer inzestuösen Familie langsam und ganz systematisch vorgeht. Vor Beginn der Behandlung oder aber parallel dazu

sollten die oben erwähnten diagnostischen Erhebungen durchgeführt und die häusliche Umgebung der Familie einer genauen Beobachtung unterzogen werden. Meiselman (1978) schreibt:
»Der Schlüssel zum Verständnis des Verhaltens der Familie
liegt in der Erkenntnis, daß ihre Mitglieder ständig mit der
Katastrophe rechnen, sei es in Form der Trennung, der öffentlichen Anklage, der finanziellen Bedrängnis und unter Umständen der schweren Bestrafung dessen, der sich des Inzests schuldig gemacht hat. Es gibt zwar Ausnahmen, aber in der Regel
zeigen die ›verschworenen‹ Familienmitglieder mit ihrer abso-
luten Verweigerung jeder Zusammenarbeit nicht etwa an, daß
der Inzest ihre bevorzugte Lebensweise ist, sondern sie zeigen
lediglich an, daß sie sich vor jeder Änderung des Status quo
fürchten« (S. 338).

Der Inzest eines vierzigjährigen Vaters mit seinem dreijährigen
Kind unterscheidet sich in mehrfacher Hinsicht vom Inzest eines
fünfunddreißigjährigen Stiefvaters mit seiner sechzehnjährigen
Stieftochter unter dem Einfluß großer Mengen von Alkohol. Das
Gesetz aber bewertet beide gleich. Selbstverständlich wird der
Therapeut seinen Verdacht (oder sein Beweismaterial) in beiden
Fällen melden müssen (und auf einen Therapeuten, der in erster
Linie mit Kindern und Heranwachsenden arbeitet, wird dieses
Erfordernis der Berichterstattung im Fall inzestuöser Beziehungen unweigerlich zukommen). In den Vereinigten Staaten gehört
der Inzest zu denjenigen Straftaten, die am seltensten angezeigt
werden: Meiselman (1978) ist der Meinung, daß nur einer von vier
Fällen zur Meldung kommt. Es ist daher dringend notwendig, daß
gerade die Mitarbeiter in der Krisenhilfe gute Beziehungen zu den
örtlichen Organen der Bewährungshilfe und zu den für die Jugend-
arbeit und für die Aufklärung von Sexualdelikten zuständigen Mitarbeitern der örtlichen Polizei anknüpfen. Wenn dieses gute Verhältnis erst einmal hergestellt ist und der Therapeut bei den genannten Stellen bekannt ist und deren Vertrauen genießt, dann ist
ihm bei einer Familie, in der er inzestuöse Beziehungen vermutet,
größere Flexibilität möglich. Wenn er beispielsweise im Verlauf
seiner Arbeit mit einer Familie dahinterkommt, daß es hier in
jüngster Zeit zu inzestuösen Handlungen gekommen ist, dann wird
man bei der Polizei bzw. den entsprechenden Stellen seine Meldung zwar entgegennehmen, aber zunächst vielleicht auf weiterge-

hende rechtliche Maßnahmen verzichten, wenn die Aussichten auf einen Behandlungserfolg gut sind. Bricht die Familie die Behandlung allerdings ab oder kommt es zu erneuten sexuellen Übergriffen, dann kommt die ursprüngliche Meldung wieder auf den Tisch. Der überführte Elternteil kommt selbstverständlich um eine Verhandlung nicht herum, aber wenn der Therapeut auch bei Gericht bekannt ist und hier auf die therapeutischen Möglichkeiten und Angebote hingewiesen hat, dann kann der Täter hoffen, daß das Gericht eine psychotherapeutische Behandlung anordnet (was bedeutet, daß keine Inhaftierung erfolgt, sondern die Strafe zur Bewährung ausgesetzt wird). Schließlich ist auch der Fall denkbar, daß eine Familie zur Behandlung kommt und der Therapeut der Meinung ist, daß der schuldige Elternteil oder Bruder dringend aus der Familie entfernt und/oder gerichtlich belangt werden müßte. Auch in diesem Fall wird er den übrigen Familienmitgliedern besser durch die schmerzlichen strafrechtlichen Prozeduren hindurchhelfen können, wenn er bei Gericht und bei den Vertretern des Vollzugssystems bekannt ist.

Die Aufdeckung eines inzestuösen Verhältnisses kann zur Folge haben, daß die Familienmitglieder den Therapeuten nach Kräften bedrängen, den Vorfall nur ja nicht bei den Behörden zu melden. Nicht selten widerruft das Opfer seine Darstellung und versucht den Therapeuten dazu zu bewegen, daß er die Sache auf sich beruhen läßt. Oft besteht in der Inzestfamilie so etwas wie ein Mythos, dem zufolge die Familie zerstört würde, wenn der Inzest ans Licht käme; das heißt, die »Welt« dieser Familie würde untergehen, und schuld daran wäre der Therapeut. Watzlawick u. a. (1974) beschreiben sehr treffend, wie diese Mythen zustande kommen:

> »Es kann kein Zweifel darüber bestehen, daß ein großer Teil des Sozialisierungsprozesses eines Kindes darin liegt, ihm beizubringen, was es *nicht* sehen, *nicht* hören, denken, fühlen oder sagen darf« (dt. S. 62).

Eine ähnliche Feststellung trifft auch Ferreira:

> »Jedes einzelne Familienmitglied mag sogar wissen und weiß es tatsächlich oft auch, daß die Familienfassade weitgehend falsch ist und nicht mehr als eine Art offizieller Parteilinie darstellt« (1963, S. 458; deutsch zitiert nach Watzlawick, 1974).

Eine der wirksamsten dynamischen Komponenten in der Inzestfamilie ist die aus der Furcht geborene Verschwörung, auf die wir weiter oben schon hingewiesen haben: Die Familienmitglieder gehen geheime Koalitionen miteinander ein, die dem Fortbestand und dem Schutz des Familiensystems dienen. Ein Therapeut, der dieser Verschwörung beizutreten bereit ist – indem er, dem Wunsch der Familie entsprechend, den Inzest nicht anzeigt –, tut damit einen gefährlichen Schritt in den pathologischen Modus vivendi dieser Familie und in das komplizierte Netz ihrer Allianzen hinein. Es wäre ein schwerer Fehler, wenn er das Geheimnis für sich behielte, und dies aus mehreren Gründen. Wenn er der Familie aber ehrlich sagt, daß er verpflichtet ist, jeden Verdacht auf inzestuöse Beziehungen zu melden (s. Kapitel 13), dann führt er den Familienmitgliedern zugleich in anschaulicher Weise vor, wie man ein Problem ohne Umschweife und mit der Aussicht auf Erfolg angeht. Er kann weiterhin sagen: »Ich werde nicht in Ihr System eintreten, sondern ›draußen bleiben‹, und ich werde leichtverständliche und klare Regeln aufstellen.«

Sowohl die Inzestfamilie als auch die Familie, in der die Kinder mißhandelt oder vernachlässigt werden, sind bekannt dafür, daß sie einer Behandlung nach Möglichkeit aus dem Weg gehen. In der Regel fürchten solche Familien die Veränderung, und sie fürchten sich vor der Konfrontation mit den im Hintergrund lauernden Problemen, die sie bisher so gut verborgen gehalten haben. Deshalb muß man sich unter Umständen das Gerichtsurteil zunutze machen, damit man sie überhaupt dazu bringt, über die ersten angsterregenden Phasen hinaus in der Therapie auszuhalten. Es gibt nämlich genügend Beispiele dafür, daß das Inzestverhalten auch nach erfolgter Meldung nicht einfach aufgegeben wird, wenn die Familie nicht irgendeine Form der Behandlung erhält (Weinberg, 1955; Weiss u. a., 1955).

Noch eine Reihe weiterer Fragen müssen bei der Begutachtung der Situation und im Zusammenhang mit der Entscheidung, welcher Weg einzuschlagen ist, bedacht werden: Ist es in dieser Familie viele Male zu inzestuösen Handlungen gekommen oder nur ein einziges Mal? Wenn das betroffene Kind nur von einem einzigen Vorkommnis dieser Art gesprochen hat und daraufhin sofort etwas unternommen worden ist, dann kann der Therapeut davon ausgehen, daß die Familie weniger schwer geschädigt ist, als wenn inzestuöse Beziehungen schon seit Jahren im Gang sind. Ist es aber überhaupt denkbar, daß es über zwei oder drei Jahre hinweg immer wieder zu intimen Beziehungen zwischen einem Elternteil und einem Kind gekommen ist, ohne daß der andere Elternteil auch nur Verdacht geschöpft hat? Man kann es sich kaum vorstellen, aber wenn man der Mutter glauben will, die in der nachstehenden Fallgeschichte zu Wort kommt, dann scheint dies durchaus möglich.

Auf die Meldung hin, daß es in der Familie zum Inzest gekommen sei, war zunächst die Polizei in der Wohnung erschienen. Kurz nachdem die Beamten das Haus wieder verlassen hatten, traf ein ETC-Therapeut ein. Das erste, was ihm auffiel, war, daß es in diesem ganzen Haus nur drei Türen gab – die Vordertür, die Hintertür und die Tür zum Bad; die übrigen Türen innerhalb der Wohnung waren alle entfernt worden. Wie wir später erfuhren, hatten inzestuöse Handlungen schon seit vielen Jahren zum Leben dieser Familie gehört. Der Vater lebte nicht mehr mit der Familie zusammen, seitdem sich herausgestellt hatte, daß er etwa drei Jahre lang regelmäßig mit seiner ältesten Tochter (die jetzt 17 Jahre alt war) intim verkehrt hatte. Kurz nach dieser Entdeckung hatte die Mutter die Scheidung eingereicht, die gerade jetzt ausgesprochen worden war. Inzwischen war ans Tageslicht gekommen, daß der 16jährige Sohn seine 13jährige Schwester zum Analverkehr gezwungen hatte; seit ihrem sechsten Lebensjahr hatte er außerdem bis zum Zeitpunkt des Eingreifens der Polizei – also sieben Jahre lang – regelmäßig oralsexuelle Handlungen von ihr erzwungen. Die Mutter behauptete, bis zu diesem Morgen, als die jüngere Tochter ihr einen Zettel mit dieser Mitteilung hingelegt hatte, nichts davon gewußt zu haben. Sie sagte auch, sie habe von den inzestuösen Beziehungen zwischen ihrem Mann und ihrer älteren Tochter erst in dem Augenblick erfahren, in dem die Tochter einer Lehrerin davon erzählt hatte. Eine Bemerkung dieser Mutter dürfte unsere Feststellung bestätigen, daß der nichtbeteiligte Elternteil in solchen Familien die Dinge sehr weitgehend leugnet: Mit spürbarer Erleichterung in der Stimme äußerte sie dem Therapeuten gegenüber, sie danke Gott, daß es bei ihrer jüngeren Tochter nur Analverkehr gewesen sei; die Tochter sei noch Jungfrau.

In einem solchen Fall, in dem die inzestuösen Beziehungen schon lange Zeit anhalten und schon vor Jahren hätten entdeckt und gemeldet werden müssen, ist aller Wahrscheinlichkeit nach von mehr als nur einem Familienmitglied beträchtliche Energie

191

darauf verwendet worden, das inzestuöse System am Leben zu halten. Wenn der Inzest nämlich einem Elternteil mitgeteilt wird, der daraufhin das Problem weiter leugnet und erkennen läßt, daß er nichts davon hören möchte, und der sich nicht darum kümmert, ob diese Beschuldigung zu Recht erfolgt ist oder nicht, dann ist auch dieser »nicht betroffene« Elternteil ganz wesentlich an dem Problem beteiligt.

Wir können uns den Inzest als einen Vorgang (bzw. eine Reihe von Vorgängen) vorstellen, durch den es zu einer radikalen Veränderung der Generationsgrenzen kommt, das heißt zu einer Veränderung der Rolle des sexuell agierenden Elternteils gegenüber einem der Kinder (Abb. 1). In vielen Inzestfamilien ist die Mutter eine außerordentlich unreife Person, die die sexuellen Aspekte ihrer Rolle als erwachsene Frau nicht akzeptieren möchte (Kaufman u. a., 1954). Folglich drängt sie ihr Kind ganz allmählich dazu, so zu tun, als sei es bereits erwachsen, und die Rolle einer Erwachsenen zu übernehmen. Das heißt also, ein Faktor, der den Boden für die allmähliche Ausfaltung der inzestuösen Situation bereiten kann, ist bereits damit gegeben, daß die Mutter versucht, die Tochter mit Schmeicheleien aus der normalen Rolle des Kindes zu verdrängen, weil sie ihrerseits den Wunsch hat, auf eine kindliche Stufe zu regredieren.

Die Geschichte einer solchen Mutter könnte etwa folgendermaßen aussehen: Aller Wahrscheinlichkeit nach fürchtet sie sich vor intimen Beziehungen oder ist sexuell außerordentlich gehemmt. Vielleicht hat sie sich das »Verheiratetsein« als einen hochromantischen Zustand vorgestellt, als das Zusammenleben mit einem Menschen, bei dem sie sich so »sicher« fühlen kann wie bei einem Vater/ Ehemann im Märchen. Dann aber hat sie erkennen müssen, daß die Realitäten einer Beziehung zwischen erwachsenen Menschen ihr doch sehr zuwider sind. In vielen Fällen unterhalten die Eltern in einer Inzestfamilie überhaupt keine sexuellen Beziehungen mehr (Lustig u. a., 1966; Maisch, 1972; Riemer, 1940; Weiner, 1962). Wegen ihrer unrealistischen Erwartungen empfindet die Frau ihre Ehe als Enttäuschung oder im besten Fall als eine Art »Waffenstillstand« der Partner untereinander. Schmutziges Geschirr, schmutzige Windeln und alle möglichen anderen Pflichten haben ihre unerfüllten Wünsche und Träume zerstört. Einen wirksamen Abwehrmechanismus sehen solche Frauen häufig im Mittel der Verleugnung (Kaufman u. a., 1954; Machotka u. a., 1967; Weiner, 1962). Die Verleugnung spielt im System dieser Art von Familien eine große Rolle und ist häufig sehr schwer zu durchbrechen – wahrscheinlich weil es sich um einen so primitiven Abwehrmechanismus handelt. Die Fälle, in denen eine Mutter dieses Typs ihrer Tochter, dem Opfer der hier bestehenden Konstellation, zu Hilfe kommt, sind sehr selten (Meiselman, 1978).

Abb. 1

Normale Familie

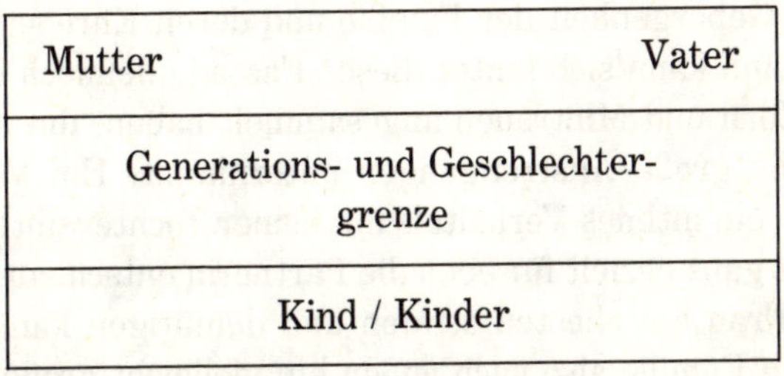

Mutter	Vater
Generations- und Geschlechter-grenze	
Kind / Kinder	

Familie, in der es zur
Androhung oder zum Vollzug
des Inzests kommt

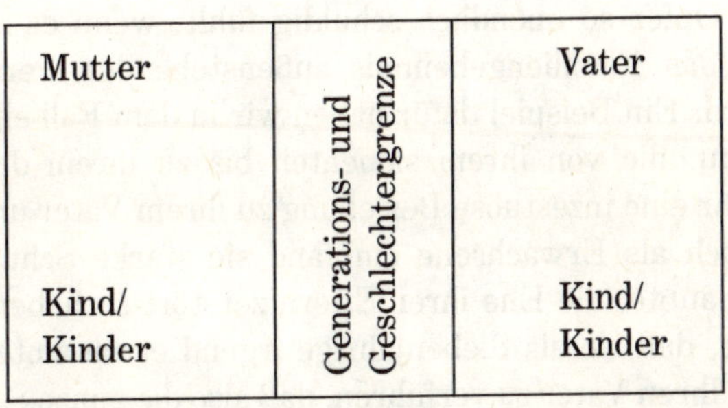

Mutter	Generations- und Geschlechtergrenze	Vater
Kind/ Kinder		Kind/ Kinder

Der blutschänderische Vater kann, wie schon gesagt, Alkoholiker sein oder an einer paranoiden Persönlichkeitsstörung leiden. Für viele solche Väter spielen sexuelle Themen eine alles beherrschende Rolle (Gebhard u. a., 1965). Dabei sind sie in aller Regel weder gute Liebhaber noch einfühlsame Persönlichkeiten. Wenn man sich überlegt, wie die sexuellen Interaktionen solcher Ehepartner wohl aussehen, wird einem in Umrissen klar, wie das inzestuöse System entstehen konnte: Der Mann reagiert auf das kindische Verhalten und die sexuelle Unzulänglichkeit seiner Frau in der Regel mit Feindseligkeit und noch mehr Gefühllosigkeit. Er vermag den Zorn, der sich in ihm gegen seine Frau angesammelt hat, wahrscheinlich nicht zu erkennen oder zuzugeben. Diese Deutung klingt vielleicht befremdlich, denn Inzestfamilien machen auf den außenstehenden Betrachter oft den Eindruck, als sei ihnen ganz besonders am respektvollen Umgang miteinander und an der Unantastbarkeit ihres »häuslichen Glücks« gelegen. Aber auch wenn Eltern wie Kinder nach außen hin erkennen lassen, daß ihnen die Geborgenheit der Familie und deren Ehre sehr viel bedeuten, dann kann sich hinter dieser Fassade dennoch ein großes Maß an Zorn und Mißtrauen angesammelt haben, die zu leugnen die Familie große Anstrengungen unternimmt. Ein Vater allerdings, der ein intimes Verhältnis mit seiner Tochter unterhält, hat sich damit ganz gezielt für eben die Partnerin entschieden, mit der er seine Frau am ehesten strafen und demütigen kann. Obwohl eine solche Familie also nach außen hin vielleicht große Loyalität zur Schau stellt, brodeln unter der Oberfläche tiefe Verärgerung, Wut und Scham.

Der hohe Stellenwert, der dem Gedanken der Loyalität in einer solchen Familie eingeräumt wird, ist der Grund, weshalb sich das kindliche Opfer so unendlich schuldig fühlt, wenn es zugelassen hat, daß das Familiengeheimnis außenstehenden Personen bekannt wird. Ein Beispiel dafür haben wir in dem Fall einer 34jährigen Frau, die von ihrem siebenten bis zu ihrem dreizehnten Lebensjahr eine inzestuöse Beziehung zu ihrem Vater unterhalten hatte. Noch als Erwachsene empfand sie starke Schuldgefühle, weil sie glaubte, die Ehe ihrer Eltern zerstört zu haben. Sie war überzeugt, daß sie als Siebenjährige irgend etwas unternommen hatte, um ihren Vater zu verführen, daß also die ganze Sache allein ihre Schuld war, weil sie ein böses und zur Promiskuität neigendes Kind gewesen war, und daß, wenn sie nicht gewesen wäre, die Eltern noch immer eine glückliche Ehe führen würden. (Bei alledem wußte sie genau, daß ihr Vater schon damals dem Alkohol hoffnungslos verfallen war und dieser Zustand sich niemals geändert hatte.) Diese schwer lastenden Schuldgefühle werden nur zu häufig noch ins Erwachsenendasein hinübergeschleppt und dürfen in einer Therapie keinesfalls unberücksichtigt bleiben.

Auch Kinder sind sexuelle Wesen. Zwar handelt es sich bei der kindlichen Sexualität nicht um die genitale Sexualität des Erwachsenen, aber immerhin um echte sexuelle Empfindungen und um das Bedürfnis nach Zärtlichkeit. Vom Erwachsenen wird erwartet, die notwendige Selbstkontrolle aufzubringen, so daß das Zärtlichkeitsbedürfnis des Kindes nicht mißbraucht wird. Nach den Erfahrungen, die wir im ETC gemacht haben, erscheint uns die Annahme realistisch, daß viele Selbstmordversuche oder psychotische Episoden im Kindesalter, insbesondere wenn sie von bizarren sexuellen Phantasien begleitet sind, auf einen niemals entdeckten bzw. niemals gemeldeten versuchten oder vollzogenen Inzest zurückgehen. Geiser (1979) stellte fest, daß zwanzig Prozent einer klinischen Population von gestörten Kindern Inzestopfer gewesen waren. Unserem Zentrum sind mehrere Fälle von Kindern zugeleitet worden, die in sehr jungen Jahren schon schwer psychotisch waren und an wilden sexuellen Wahnvorstellungen litten. Nachdem sie in eine Klinik eingeliefert worden waren und sich allmählich sicherer gefühlt hatten, konnten diese Kinder auch berichten, daß sie sexuell mißbraucht worden waren. Ein Junge war von seinem homosexuellen Stiefvater belästigt worden; in diesem Fall war der zeitweise psychotische Zusammenbruch in gewissem Sinne günstig und wahrscheinlich die einzige Chance für das Kind, das, was ihm zugestoßen war, zu verarbeiten.

Wie kommt der versuchte oder vollzogene Inzest ans Licht? Welche Probleme werden dem Therapeuten zunächst »vorgestellt«, bei deren näherer Betrachtung sich dann unter Umständen herausstellt, daß eine inzestuöse Situation besteht? Die ersten Verdachtsmomente liefert der Umstand, daß eine Heranwachsende von zu Hause fortläuft, daß ein Kind oder eine Heranwachsende einen Selbstmordversuch unternimmt oder eine Zeitlang sehr sprunghaft und unstet in der Wahl ihrer Freunde ist. Aber auch die unübersehbare Überreaktion des Vaters oder die Tatsache, daß er sich wie ein eifersüchtiger Liebhaber benimmt, sobald seine Tochter anfängt, sich für Jungen zu interessieren, läßt auf Inzest schließen. Im folgenden zählen wir eine Reihe von Faktoren auf, die nach unseren Erfahrungen und nach den Erkenntnissen anderer Autoren (z. B. Browning und Boatman, 1977; Meiselman, 1978) auf mögliche inzestuöse Beziehungen hindeuten:

1. Der Vater trinkt.

2. Der Vater ist ungewöhnlich mißtrauisch und/oder sittenstreng.

3. Der Vater ist gewalttätig oder autoritär.

4. Die Mutter ist sehr passiv, abwesend oder unfähig, in der Familie ihre Schutzfunktion wahrzunehmen.

5. Die Tochter spielt die Rolle der Mutter und übernimmt viele Aufgaben der Mutter im Haushalt.

6. Die sexuellen Beziehungen der Eltern sind von Schwierigkeiten gekennzeichnet bzw. es gibt gar keine sexuellen Beziehungen mehr.

7. Die Umstände bringen es mit sich, daß der Vater häufig mit seiner Tochter allein ist.

8. Die Selbstkontrolle des Vaters ist beeinträchtigt, beispielsweise infolge von Drogenabhängigkeit, psychischen Störungen, beschränkter Intelligenz.

9. Ein junges Mädchen zeigt plötzliche Promiskuität.

10. Die Tochter läßt sich nicht auf enge und herzliche Beziehungen zu anderen Menschen ein.

11. Die Eltern sträuben sich dagegen (oder lehnen es überhaupt ab), einen Therapeuten allein mit ihrem Kind sprechen zu lassen.

12. Die Eltern, insbesondere der Vater, lassen Außenstehenden gegenüber feindselige oder paranoide Vorstellungen erkennen.

13. Frühere inzestuöse Bindungen in der Herkunftsfamilie der Mutter/des Vaters.

14. Die Kindheit der Eltern war von Deprivation und von einem Mangel an angemessenen Rollenvorbildern gekennzeichnet.

15. Der Vater zeigt extreme Eifersucht, nachdem die Tochter in die Pubertät eingetreten ist.

Diese Konstellationen stellen eine Art Vorwarnung dar und signalisieren dem Therapeuten die Gefahr einer inzestuösen Bindung. Nehmen wir an, ein Therapeut arbeitet mit einer Familie und stellt eine plötzliche Veränderung in der Beziehung zwischen Vater und Tochter fest. Die Tochter war früher vielleicht »Papas kleines Mädchen«, aber seit sich in letzter Zeit hin und wieder einmal ein Junge nach ihr umdreht, benimmt der Vater sich wie ein eifersüchtiger Liebhaber. Er macht dem Mädchen strenge Vorschriften und schränkt es in seiner Bewegungsfreiheit stark ein. (Als ETC-Mitarbeiter einmal auf einen dringenden Hilferuf hin in der Wohnung einer Familie erschienen, lief der Vater ununterbrochen auf und ab und schrie seine Tochter in einer Weise an, wie sie dies eher bei einem verärgerten oder wütenden Freund als bei einem Vater erwartet hätten.)

Ein weiteres warnendes Anzeichen entdecken wir gelegentlich auch im Zusammenhang mit einem aus irgendeinem Grunde dringend erbetenen ersten Hausbesuch. Bei einem solchen Besuch möchte der ETC-Therapeut dann meist mit jedem der anwesenden Familienmitglieder ein kurzes Gespräch unter vier Augen führen. Wenn Vater oder Mutter auf seine diesbezügliche Bitte hin dann sagen: »Ach nein, das können wir doch alle miteinander besprechen«, oder wenn es ihnen jedenfalls erkennbar nicht angenehm ist, daß wir uns ein paar Minuten mit jedem Familienmitglied einzeln unterhalten, dann kommt rasch der Verdacht auf, daß die Familie ein Geheimnis hütet. Auf einen solchen Fall haben wir andeutungsweise schon im letzten Absatz hingewiesen. Der Vater in der betreffenden Familie war ein sehr starrer Mann, und seine ausnehmend hübsche 15jährige Tochter machte in ihrem Umgang mit anderen Menschen einen für ihr Alter durchaus reifen Eindruck.

Ursprünglich waren wir in diese Familie gerufen worden, weil die Tochter sich angeblich der elterlichen Kontrolle vollständig entzogen hatte. Wir trafen auf eine wütende und höchst unglückliche (dabei aber durchaus normale) Heranwachsende, die ihrem Vater mit trotziger Feindseligkeit begegnete. Immer wenn sie ihm frech entgegentrat, geriet er in Wut und schleuderte sie dann gegen die Wand oder ohrfeigte sie. Es stellte sich heraus, daß der Vater das Mädchen in seiner Bewegungsfreiheit stark einschränkte und eher wie eine Elfjährige behandelte: An den Wochenenden durfte die Tochter beispielsweise nur an einem der Abende ausgehen und mußte spätestens um 21 Uhr zu Hause sein. Anfangs unterhielt die Therapeutin sich eine Zeitlang mit der ganzen Familie, dann bat sie darum, mit jedem der Familienmitglieder allein sprechen zu dürfen. Alle waren einverstanden, und zunächst sprach die Therapeutin nacheinander mit dem Vater und der Mutter. Als dann die Tochter an der Reihe war, kam der Vater ins Wohnzimmer und sagte: »Ich gehe solange in den Garten, entschuldigt mich.« Anschließend ging er draußen unmittelbar vor der gläsernen Schiebetür auf und ab, die er demonstrativ offengelassen hatte. Er machte sich hier und da zu schaffen, meistens nur drei Schritte von der Tür entfernt, und als die Therapeutin aufstand und die Tür schloß, kam er heran, lächelte und öffnete sie von neuem. Die Therapeutin schloß die Tür ein weiteres Mal, und der Vater öffnete sie wiederum, so daß die beiden immer in Hörweite für ihn waren. Es bestand keine Möglichkeit, sich länger als einen flüchtigen Augenblick ungestört miteinander zu unterhalten. Das Mädchen machte im Gespräch den Eindruck, als hege sie großen Zorn gegen ihren Vater, habe aber auch außergewöhnliche Furcht vor ihm. In den späteren Sitzungen mit der ganzen Familie versuchte die Therapeutin, die Kommunikation in dieser Familie in den Mittelpunkt zu rücken, realistischere Verhaltensregeln für die Tochter durchzusetzen und dem Vater begreiflich zu machen, daß ein heranwachsendes Mädchen sich nun einmal mit Jungen verabredet.

Mit der Zeit wuchs unsere Besorgnis, in dieser Familie könnte ein inzestuöses Verhältnis bestehen. Das Mädchen war nicht in der Lage, mit irgendeinem Menschen in eine nähere Beziehung zu treten. Ihre Freundschaften waren immer nur von kurzer Dauer, sie gab sie rasch wieder auf, oder sie brach einen Streit vom Zaun und nahm diesen Streit zum Anlaß, um die Freundschaft zu beenden. Von der Mutter erfuhr die Therapeutin, daß die Tochter plötzlich angefangen hatte, völlig wahllos heute mit diesem und morgen mit jenem Jungen zu gehen, und daß ihr, der Mutter, dieses Verhalten völlig unverständlich sei. Immer wenn die Tochter sich gekränkt fühlte oder ärgerlich war, »gabelte« sie den ersten besten Jungen auf, den sie finden konnte. Häufig waren das Jungen, die rüde mit ihr umgingen, sie schlugen oder ihr in anderer Weise körperlich zusetzten. Eines Abends schließlich lief die Tochter von zu Hause weg und rief die Therapeutin an. Sie war betrunken, stand unter Drogen und war in höchstem Maße verschreckt. Die Therapeutin traf sich mit ihr und brachte sie ins ETC-Büro. Dort tranken sie zusammen Kaffee und sprachen mehrere Stunden miteinander. Das Mädchen berichtete, daß sie seit langem sexuell mißbraucht wurde. Angefangen hatte diese Leidensgeschichte, als der Vater den ersten sexuellen Verkehr mit dem damals sechsjährigen Kind erzwang; dieses Verhältnis hielt an, bis die Tochter 13 Jahre alt war und der Vater nun oral-genitale Praktiken von ihr verlangte. Jetzt flehte sie die Therapeutin an, sie nicht wieder nach Hause zu schicken. Die Therapeutin versicherte ihr, daß sie nicht nach Hause zurückkehren müsse, und erreichte, daß das Mädchen sogleich Aufnahme in einem Heim fand. Die anschließend vorgenommenen Erkundungen ergaben, daß der Bericht des Mädchens in allen seinen quälenden Einzelheiten der Wahrheit entsprach. Beide Eltern beschimpften die Tochter daraufhin als »Herumtreiberin«, die sie schmählich hintergangen und ihr Familienleben zerstört habe. Heute lebt das Mädchen in einer Pflegefamilie und hat sich nach anfänglichen Schwierigkeiten, die die Geduld der Pflegeeltern auf eine harte Probe stellten, inzwischen gut angepaßt. Die leiblichen Eltern siedelten sehr bald in einen anderen Bundesstaat über und brachen jeden Kontakt zu ihrer Tochter ab.

Häufig findet der inzestuöse Verkehr zwischen Vater und Tochter dann sein Ende, wenn die Tochter das Alter erreicht hat, in dem eine Empfängnis möglich wird. In vielen Fällen verlagert sich die sexuelle Aktivität dann auf den Oral- oder den Analverkehr bzw. auf masturbatorische Praktiken. Eine andere Möglichkeit besteht auch darin, daß der Vater sich nun einer jüngeren Tochter zuwendet.

Tragisch sind die Folgen von Inzest auch insofern, als das betroffene kindliche oder jugendliche Opfer Sexualität nun mit Zorn und Wut und sexuelle Aktivitäten mit der Empfindung von Schmerz assoziiert. Normal wäre hingegen folgende Einstellung zur Sexualität: »Sex und Zärtlichkeit und Intimität sind etwas Schönes, aber wenn ich gekränkt oder wütend bin, dann will ich auch keine Intimität.« In einer inzestuösen Situation wird daraus folgendes: »Ich hatte ein sehr enges Verhältnis zu meinem Vater, und er hat mich sexuell benützt; ich fühle mich ganz wahnsinnig verwirrt und könnte rasen vor Wut.« Infolge dieser Verwirrung und Verletzung gehen viele kindliche Inzestopfer dann wahl- und kritiklos weitere sexuelle Beziehungen ein.

Das Familienleben wird weitgehend von jener elementaren und vertrauensvollen Bindung getragen, wie sie zwischen Eltern und Kindern besteht und sich in der Überzeugung des Kindes äußert, daß »meine Eltern mich ja beschützen« – eine Überzeugung, in der wir eine Art fundamentaler Lebenslektion erblicken können, aufgrund derer das Kind in die Lage versetzt wird, normale Bindungen an andere Menschen zu entwickeln. Dagegen bedeutet die inzestuös geprägte Familieninteraktion einen ganz radikalen Bruch jener elementaren vertrauensvollen Bindung. Wenn dieses elementare Vertrauen durch sexuelle Aktivitäten (die häufig körperlich schmerzhaft sind) zerstört wird, kann man sich unschwer vorstellen, in welch schreckliche Verwirrung ein Kind gerät. Nach unserer Erfahrung können Kinder, die in eine inzestuöse Beziehung verstrickt sind, keine engen Freundschaften eingehen. Wenn ihnen etwas Schlimmes zustößt, wenn sie sich verletzt oder unglücklich fühlen, lassen viele von ihnen sich sofort wieder auf ein neues Abenteuer mit dem erstbesten Partner ein, der gerade ihren Weg kreuzt. Zur Erklärung ihres Verhaltens sagen sie dann etwa das, was wir einmal von einem jungen Mädchen hörten: »Ja, ich weiß nicht, was es sein könnte, aber sagen wir mal, es passiert irgend etwas Schlimmes. Ich fühle mich verletzt, ich gehe aus, und ich will, daß was passiert. Ich will irgendwohin gehen, wo was los ist, und ich will es mit irgendeinem Jungen machen. Ganz egal mit wem – mit irgendeinem!«

Ein kleines Mädchen, das schon zehn Pflegefamilien »hinter sich hatte« und ebenfalls ein Inzestopfer war, pflegte sich allen männlichen Wesen in der jeweiligen Pflegefamilie sofort in höchst aufreizender Weise zu nähern, um mit dem ihrer Meinung nach ja unvermeidlichen Sex »schnell fertigzuwerden«. Es war, als ob sie sagen wollte: »Bringen wir es doch jetzt gleich hinter uns, denn ich werde dich bestimmt nicht sonderlich mögen und dich dann all das machen lassen, was mein Vater mit mir gemacht hat.« Sobald sie in eine neue Pflegefamilie kam, brachte sie diese völlig unangemessene Form der Abwehr zum Ausdruck, indem sie sich in sehr provozierender Weise dem Pflegevater auf den Schoß setzte und damit natürlich die Pflegemutter in Rage brachte. Etwa eine Woche lang pflegte sie dann schelmisch auf jede Laune des neuen Pflegevaters einzugehen. Wenn die Pflegemutter dann auch noch entdeckte, daß sie mit den Jungen in der Nachbarschaft sexuelle Spiele trieb, war »das Maß endgültig voll«, und die Pflegeeltern baten, das Kind doch wieder abzuholen. Immer und immer wieder hatte das Mädchen dieses Verhalten gezeigt, bevor endlich jemand dahinter kam, wo eigentlich das Problem lag. Wenn ein Therapeut also eine so ausgeprägte Promiskuität beobachtet, dann tut er gut daran, nach den Ursprüngen dieses Verhaltens zu suchen. Die gleiche Aufmerksamkeit sollte er auch walten lassen, wenn ein Kind nicht fähig ist, enge Beziehungen zu anderen Menschen zu knüpfen, ohne sich aufreizend und verführerisch zu geben.

Diese Furcht vor einer echten und engen Bindung fand sich auch bei einer sehr liebenswürdigen jungen Frau, die bei uns Einzeltherapie erhielt. Als Heranwachsende war sie von ihrem Vater etwa drei Jahre lang sexuell mißbraucht worden. Als sie mit der Therapie anfing, war sie schon fünf oder sechsmal verlobt gewesen. Jedes Mal, wenn der Hochzeitstermin näherrückte, setzte die mehr oder weniger unbewußte Reflexion ein, daß ihr zukünftiger Ehemann möglicherweise einmal Vater werden würde – und dann fand sie immer ganz plötzlich einen Grund, um die Beziehung zu beenden. Einen Mann zu haben, der vielleicht der Vater ihrer Kinder sein würde, war für sie ein allzu schrecklicher Gedanke. Die Erinnerung an eine inzestuöse Erfahrung war tief verdrängt worden, mit dem Ergebnis, daß nun eine außergewöhnliche Tendenz zur Selbstbestrafung bestand.

Wenn ein Therapeut den Verdacht hat, daß mit einem zwei- oder dreijährigen Kind inzestuöse Beziehungen gepflegt werden, dann sollte seine Intervention sehr gründlich und sehr engagiert erfolgen, denn man kann davon ausgehen, daß der beteiligte Elternteil psychisch schwer gestört ist und somit immer die Gefahr besteht, daß er die Kontrolle über sich selbst verlieren wird. Ein Kind dieses Alters ist ganz dringend auf Schutz angewiesen. Ist das vermeintliche Opfer dagegen eine Heranwachsende, dann muß der Therapeut sehr vorsichtig zu Werke gehen und zunächst einmal Vertrauen aufbauen. Die Beziehung zwischen ihnen sollte so vertrauensvoll sein, daß das Mädchen ihn im Augenblick einer Krise oder einer Gefahr anrufen oder aufsuchen wird. Vertrauen spielt gerade in der Therapie mit solchen Klienten eine ganz besonders wichtige Rolle.

Wenn der Therapeut es mit einer Inzestfamilie zu tun hat, empfiehlt es sich, die therapeutischen Sitzungen im Gedanken an die Veränderungen aufzubauen und zu strukturieren, die der Therapeut sich von der Familie erhofft. Es ist also ratsam, Sitzungen sowohl mit der ganzen Familie als auch allein mit dem Ehepaar abzuhalten, und selbstverständlich bilden auch Einzelsitzungen mit dem kindlichen Opfer einen wichtigen Teil der Behandlung. In diesen Einzelsitzungen kann man das Kind auffordern, seine ganz persönlichen Gefühle zu äußern, während in den Sitzungen mit der ganzen Familie der Schwerpunkt auf den Problemen liegen sollte, welche die ganze Familie betreffen. In den Sitzungen mit dem

Paar sollten die Probleme der Eltern, also etwa ihre sexuelle Beziehung, das Thema bilden. Bei allen Sitzungen kann es vorteilhaft sein, einen Kotherapeuten des anderen Geschlechts hinzuzuziehen, denn die Arbeit mit den Familien ist oft außerordentlich anstrengend, insbesondere in der strapaziösen Anfangsphase. Wichtig ist auch, daß der Therapeut sich seiner eigenen Grenzen bewußt ist und sich gegen die sehr intensiven Gefühle wappnet, die der Inzest in uns allen aufkommen läßt.

Es wird allgemein empfohlen, das kindliche Opfer von einem Therapeuten seines Geschlechtes behandeln zu lassen. Da diese traumatische Erfahrung in vielen Fällen das erste sexuelle Erlebnis des Kindes gewesen ist, muß man in der Therapie viel Zeit und Geduld darauf verwenden, den kleinen Jungen bzw. das kleine Mädchen zur Schilderung seiner Empfindungen zu bewegen und ihn oder sie in angemessenem und angebrachtem Umfang über sexuelle Zusammenhänge zu informieren. Der Therapeut sollte sich nicht wundern und nicht mißtrauisch werden, wenn das Kind zunächst einmal den Eindruck macht, als habe der Inzest es nicht sonderlich berührt (Peters, 1976). Diese anfängliche Haltung geht vorüber, wenn das Kind sich in Gegenwart des Therapeuten sicher fühlt. Zu einem späteren Zeitpunkt in der Behandlung ist es dann unter Umständen angezeigt, das Kind mit einem Therapeuten des anderen Geschlechts arbeiten zu lassen. Anfangs wird ein junges Mädchen vielleicht nicht imstande sein, sich mit einem Mann zu unterhalten, aber nach halbjähriger oder noch längerer Behandlung ist es möglicherweise sinnvoll, sie an einen männlichen Therapeuten zu überweisen.

In der Arbeit mit kindlichen Inzestopfern ist die Überlegung sehr wichtig, was sie akzeptieren bzw. was sie nicht akzeptieren können. In vielen Fällen wird der Therapeut zunächst den Wunsch haben, sofort auf das Kind zuzugehen und ihm das Gefühl von Sicherheit und Geborgenheit zu vermitteln. Die meisten dieser Kinder sind aber ängstlich und mißtrauisch. Schon einmal hat ja ein gewissenloser Erwachsener ihr Vertrauen enttäuscht. Es ist wichtig, sich diese Zusammenhänge vor Augen zu halten, denn es kommt vor, daß ein solches Kind, während der Therapeut sich um die Begründung einer Beziehung zu ihm bemüht, in aller Ruhe »sondiert«, wie weit es hier wohl gehen kann. Heranwachsende halten ihre Termine nicht ein, vergessen sie und stellen im Grunde nur immer und immer wieder die eine Frage, die sie am meisten beschäftigt: »Ist Ihnen denn wirklich an mir gelegen?« Es gibt Klienten, deren Ausweichmanöver man zurückweisen kann, aber bei einem Inzestopfer muß man mit erheblichem Widerstand, ja mit Provokationen rechnen und sich darauf einstellen, daß gewisse Schritte notwendig sind, damit das Kind überhaupt weiter zur Therapie kommt.

Wie bringt der Therapeut die Rede auf den Inzest? Wenn das Kind schon zehn oder elf Jahre oder noch älter ist, könnte er etwa folgendes sagen:

Du weißt ja sicher, daß die Beziehungen zwischen Vätern und Töchtern (Müttern und Söhnen) sehr eng sein können. In gewisser Hinsicht können sie auch schwierig sein. Ich hatte damals das Gefühl, in meinen eigenen Vater (meine eigene Mutter) verliebt zu sein. Das kennt jeder. Aber nach dem, was du mir erzählt hast, habe ich den Eindruck – und du kannst mich unterbrechen, wenn ich das falsch sehe, denn ich habe durchaus nicht immer recht –, daß zwischen dir und deinem Papa (deiner Mama) etwas passiert ist, was dich verletzt oder erschreckt hat.

Eine deutlichere Art der Erkundung könnte etwa so lauten:

Was du mir da erzählt hast, ist verständlich. Viele Menschen meinen, es sei schrecklich, aber auch wenn es sehr erschreckend sein kann, so kommt es doch in vielen Familien vor, und die Welt geht davon nicht gleich unter. Daß es nun einmal geschehen ist, heißt ja nicht, daß es wieder geschehen muß, und ich werde tun, was ich kann, um es in Zukunft zu verhindern. Aber ich glaube, es ist wichtig, daß ich die ganze Wahrheit erfahre. Nach dem, was du mir erzählt hast, bin ich etwas in Sorge, daß dein Vater (deine Mutter) vielleicht die Hände auf deinen Körper gelegt und dich damit erschreckt hat, oder daß er (sie) versucht hat, sexuell mit dir zu verkehren.

Es ist sehr wichtig, daß man in diesem Augenblick ganz genau aufpaßt und das nonverbale Verhalten des Kindes aufmerksam beobachtet. Macht es plötzlich irgendwelche Bewegungen, schaut es weg, reibt es sich die Nase (wenn ein Mensch sich die Nase reibt, so ist das gewöhnlich ein Zeichen dafür, daß sein Gegenüber etwas geäußert hat, das ihn ärgert oder ihm peinlich ist)? Auch die Fußstellung des Kindes ist aufschlußreich – die meisten Menschen können zwar ihre Gesichtsmuskeln in Schach halten, wenn sie sich entsprechend bemühen, aber die Füße verraten häufig etwas über ihre Gefühle (vgl. Ekman und Friesen, 1969). Wenn ein Fuß plötzlich wie im Reflex auf- und niederwippt, dann kann der Therapeut ziemlich sicher sein, daß das, was sein Gegenüber gerade empfindet, nicht dem entspricht, was es sagt. Wenn das nonverbale Verhalten des Kindes dessen ängstliche Gespanntheit deutlich anzeigt, dann braucht der Therapeut das Thema des Inzests im Augenblick nicht weiter zu verfolgen. Er sagt dann am besten nur, daß er weiß, daß dies ein heikler und schmerzlicher Gegenstand ist, und gibt dem Kind auf diese Weise zu verstehen, daß alles, was es auch immer sagt, akzeptiert wird.

Wenn dann der richtige Augenblick gekommen ist, kann der Therapeut eine Situation herbeiführen, in der es dem Kind überhaupt nicht mehr schwerfallen wird, seine Geschichte zu erzählen. Er könnte zum Beispiel sagen:

Ich habe schon mit vielen Familien gearbeitet, bei denen es auch so war, daß eine Beziehung zwischen dem Vater und der Tochter (der Mutter und dem Sohn) bestand, und es gibt da so bestimmte Muster und bestimmte Dinge, wie sie in solchen Familien vorkommen. Mir scheint da eine gewisse Ähnlichkeit zwischen deiner Familie und diesen anderen Familien zu bestehen. Ich kann mich natürlich täuschen, aber . . .

An dieser Stelle kann man dem Kind Gelegenheit geben, aus der Situation »auszusteigen«, etwa in der folgenden Weise:

. . . ich kann mich täuschen, und dann mußt du mir das bitte sagen, aber ich habe einfach den Verdacht, daß das in deiner Familie auch so ist. Ich bin mir nicht hundertprozentig sicher . . .

Und schließlich: Vielleicht war es auch gar kein richtiger Geschlechtsverkehr, kein wirklicher Sex, aber . . .

Mit jedem Schritt räumt der Therapeut dem Kind also die Chance ein, sich dem Thema zu nähern und zugleich die Reaktion des Therapeuten zu beobachten. Wenn man auf diese Weise vorgeht, ermöglicht man dem Kind, immer ein klein wenig von dem Geschehen zu berichten, hält ihm zugleich aber einen Ausweg offen, über den es sich aus dem Gespräch wieder hinausstehlen kann, wenn dies nötig wird.

Fassen wir zusammen: Der Inzest ist der Endpunkt einer komplexen und pathologischen Folge von Geschehnissen, die im Kontext des gesamten Familiensystems eintreten. Wenn ein Therapeut einen Fall übernimmt, in dem es zu inzestuösen Beziehungen gekommen ist oder in dem sie zumindest vermutet werden müssen, dann bedeutet das, daß er einer ganzen Reihe von Fragen im einzelnen nachgehen muß. Er muß herausfinden, ob es nur zu einer einzigen inzestuösen Episode gekommen ist oder ob solche Vorfälle sich über eine lange Zeitspanne hinweg immer wieder ereignet haben. Kommen inzestuöse Handlungen wieder und wieder vor, so ist dies kaum je allein auf die psychische Störung nur eines einzigen Familienmitgliedes zurückzuführen und natürlich schwieriger zu behandeln. Da die Familie offenbar schon seit geraumer Zeit stillschweigend übereingekommen ist, das Problem zu dulden, sind ihre Kräfte vielleicht schon erschöpft, und sie bringt nicht mehr die Energie auf, die notwendig wäre, um eine Veränderung im gesamten System zu bewirken. Der wiederholte Inzest zieht in aller Regel die ganze Familie in seinen Bann, wenn auch nur insoweit, als die Familienmitglieder sich »selektiv unaufmerksam« zeigen, die Dinge passiv hinnehmen oder sie schlicht leugnen. Ein zweiter wichtiger Punkt, den der Therapeut beachten muß, ist der Altersunterschied zwischen dem sexuell agierenden Elternteil und dem kindlichen Opfer. Je größer dieser Unterschied bzw. je jünger das Kind ist, desto eher ist anzunehmen, daß der beteiligte Erwachsene psychisch ernsthaft beeinträchtigt ist. Ein dritter wichtiger Punkt schließlich ist die Frage, ob das Kind es vermocht hat, einem Dritten von den Vorkommnissen in seiner Familie zu erzählen. Wenn es sich nicht an den »nichtbeteiligten« Elternteil gewandt, sondern sich außerhalb des Familiensystems um Hilfe bemüht hat, dann ist das vermutlich ein Zeichen dafür, daß die Familie dem kindlichen Opfer im Augenblick kaum Beistand und Schutz angedeihen lassen kann.

10 Opfer von Gewaltverbrechen

Allgemeine Verhaltensmerkmale des Opfers

In diesem Abschnitt wollen wir die vielfältigen psychischen Reaktionen der Opfer von Gewaltverbrechen betrachten und uns damit beschäftigen, wie umgekehrt die Gesellschaft solchen Menschen gegenüber reagiert. Wenn ein Mensch das Opfer eines Gewaltverbrechens wird, dann kommt ihm plötzlich mit erschreckender Deutlichkeit zum Bewußtsein, wie ohnmächtig er gegenüber scheinbar zufällig eintretenden lebensverändernden Ereignissen und gegenüber dem Tod ist. Die meisten Menschen trifft ein solches Ereignis völlig unvorbereitet; nur wenige sind durch ihre bisherigen Erfahrungen auf die Rolle des Opfers eines Gewaltverbrechens »vorbereitet«, und sehr selten − wenn überhaupt − gelingt es einem Menschen, mit diesem überwältigenden Erlebnis ohne ein erhebliches Maß an Unterstützung durch andere Menschen fertigzuwerden.

Eine Gewalttat löst eine Reihe von Verhaltensweisen aus, die zum einen aus den Reaktionen auf das erlittene Trauma und zum anderen aus der Bemühung des Opfers um Wiederherstellung seines inneren Gleichgewichts besteht und dazu dient, das Ich gegenüber dem traumatischen Geschehen zu schützen. Dieser Prozeß ist seinem Wesen nach der von Lindemann (1944) erkannten und beschriebenen »Trauerreaktion« sehr ähnlich. Eine der wichtigsten Aufgaben des Psychotherapeuten, der mit dem Opfer eines Gewaltverbrechens arbeitet, besteht darin, mit Unterstützung und Zuspruch zur Stelle zu sein, damit der Klient diesen Prozeß überwinden und wieder zu gesunden und normalen Verhaltensweisen finden kann. Er muß dem Klienten helfen, sich von jenen »unsichtbaren« psychischen Verletzungen zu erholen, die, wenn sie unbeachtet oder unbehandelt bleiben, zu lebenslangen psychischen Schwierigkeiten führen könnten.

Es ist nicht einfach, einen Menschen zu behandeln, der Opfer eines Gewaltverbrechens geworden ist. Er wird wahrscheinlich nicht gleich zu jener emotionalen Auseinandersetzung bereit sein, durch die er am Ende sein inneres Gleichgewicht wiedererlangt.

Zudem können die Reaktionen aus der Umgebung dem Opfer eines Gewaltverbrechens außerordentlich stark zusetzen. Bei Symonds (1975) heißt es in diesem Zusammenhang sehr treffend:

»Die Gesellschaft zeigt dem Opfer gegenüber eine merkwürdige Haltung, die von deutlichem Zögern, ja von Widerstand gegenüber der Vorstellung zeugt, daß das Opfer unschuldig bzw. ganz zufällig in dieses Geschehen verwickelt worden ist . . . Diese verbreitete erste Reaktion der Umgebung entspringt dem elementaren Bedürfnis des Menschen, eine rationale Erklärung für gewalttätige . . . Verbrechen zu finden. Angesichts völlig unsinniger, irrationaler, brutaler Geschehnisse und Handlungen fühlt der Mensch sich verletzlich und hilflos . . . In der größeren Gemeinschaft herrschen andere Einstellungen, die eine von Mitgefühl und Einfühlungsvermögen getragene Reaktion blockieren. Dazu gehört unter anderem die primitive Furcht vor ›Ansteckung‹ durch das unglückliche Opfer. Diese primitive Reaktion, die Furchtsamkeit, isoliert das Opfer oder schließt es aus der Gemeinschaft aus« (S. 19–20).

In vielen Fällen zeigen selbst die Freunde und Angehörigen des Opfers kaum Mitgefühl, und dann empfindet der betroffene Mensch es als besonders schwierig oder gar unmöglich, sein böses Erlebnis zu verarbeiten. Andere Menschen, die dem Opfer nahestehen, stellen vielleicht Überlegungen darüber an, warum es gerade diesen Menschen getroffen hat. Das heißt, sie beruhigen sich mit der Feststellung, daß das, was der anderen Person zugestoßen ist, einen ganz spezifischen Grund hat. Das führt sie zu der Schlußfolgerung, daß – eben weil dieser ganz bestimmte Grund vorlag – *ihnen* so etwas nicht passieren wird. Solche Überlegungen werden die Neigung des unglücklichen Opfers zur Selbstbeschuldigung noch vergrößern. Denn viele Menschen, die Opfer einer gewalttätigen Handlung geworden sind, fühlen sich für das Geschehene verantwortlich, und diese Überzeugung kann sich schon zu einem frühen Zeitpunkt im posttraumatischen Stadium einstellen.

Beim Nachdenken über das, was ihnen zugestoßen ist, pflegen die Opfer von Gewaltverbrechen sich stundenlang mit Überlegungen wie »Hätte ich doch nur . . .« aufzuhalten. Wenn die Angehörigen, die Freunde und Bekannten letztlich der Meinung sind, daß auch das Opfer eine gewisse Schuld an dem Verbrechen trägt, dann hat das unter Umständen zur Folge, daß die anfängliche

Depression sich noch verstärkt und die Wiederherstellung sich verzögert. Wer so denkt, beantwortet die Frage des Opfers »Warum ist das gerade mir passiert?« dann vielleicht auch ganz kühl mit der Bemerkung: »Es war deine eigene Schuld.« Opfer von Gewaltverbrechen pflegen sich und anderen noch lange Zeit nach ihrem schrecklichen Erlebnis immer wieder die Frage »Warum gerade ich?« vorzulegen. Antworten wie »Jetzt vergiß es doch mal«, »Schlag dir das aus dem Kopf« oder »Tu doch einfach so, als wäre es gar nicht passiert«, wie man sie häufig hören kann, sind falsch, denn sie verzögern oder verhindern die Wiederherstellung des Gleichgewichts. Es sind klassische Beispiele dafür, wie man ein Problem *nicht* angehen sollte, denn wenn man es zu bagatellisieren versucht, nimmt es möglicherweise um so gewichtigere Ausmaße an. Das Opfer kann sich sein traumatisches Erlebnis nicht einfach aus dem Sinn schlagen, und eine solche Bemerkung kann den betroffenen Menschen gerade zu dem Zeitpunkt, zu dem er ganz besonders auf das uneingeschränkte Verständnis seiner Umgebung angewiesen ist, erst recht in die Isolation treiben.

Man kann die Situation aber auch in anderer Weise falsch angehen und damit die Wiederherstellung blockieren — indem man nämlich übertrieben heftig, hysterisch oder schockiert darauf reagiert. Das Opfer sieht sich dann vielleicht veranlaßt, seine Gefühle zu verbergen, um einen geliebten Menschen nicht noch stärker in Angst und Aufregung zu versetzen. Viele Opfer von Gewaltverbrechen entwickeln in der Folge ein besonders feines Gespür für Zorn oder andere starke gefühlsmäßige Reaktionen ihrer Umgebung. Die meisten sind zu deprimiert, um in dieser Phase schon ihren eigenen Zorn zum Ausdruck zu bringen, und deshalb kann die zornige Reaktion anderer Menschen sie erschrecken. Hinter ihren Ängsten und Befürchtungen liegt die wahnsinnige Angst vor einem weiteren Überfall; oft sind sie von dem Gedanken wie besessen, daß sie in jedem Augenblick angegriffen werden könnten, selbst von Menschen, die sie doch kennen. Es ist also sehr wichtig, sie zu beruhigen und ihnen zu vermitteln, daß die Menschen in ihrer Umgebung besonnen und imstande sind, sie zu beschützen. Sie brauchen nichts dringender als das Gefühl, daß um sie herum alles in Ordnung ist, denn nur so können sie mit dem Chaos fertigwerden, das der Überfall in ihrem Leben angerichtet hat. Es gehört daher zu den Aufgaben des Therapeuten, nicht nur das Opfer zu behandeln, sondern sich auch den signifikanten Bezugspersonen zuzuwenden, damit sie nicht unabsichtlich Dinge sagen oder tun, die den betroffenen Menschen in seinen Bemühungen, zum inneren Gleichgewicht zurückzufinden, blockieren könnten.

Unsere Ausführungen über den Prozeß, der aus der Reaktion auf das traumatische Geschehen und den Bemühungen um Wiederherstellung des Gleichgewichts besteht, fußen auf den Arbeiten von Bard und Sangrey (1980), Burgess und Holmstrom (1974), Lindemann (1944) und Sutherland und Scherl (1970). Wir wollen die beiden ganz verschiedenen Phänomene hier getrennt beschreiben: Zunächst beschäftigen wir uns mit der Reaktion des Opfers unmittelbar nach dem Überfall, anschließend dann mit dem Vorgang der Wiederherstellung (der ebenfalls unmittelbar im Anschluß an die Gewalttat einsetzt). Wir werden dabei jede Phase dieses Wiederherstellungsprozesses im einzelnen beschreiben und für jede Phase die geeigneten therapeutischen Maßnahmen nennen.

In den meisten Fällen war der Tag, an dem jemand Opfer eines Verbrechens wird, ein Tag wie jeder andere – das heißt, es kommt total überraschend. Die erste Reaktion ist Ungläubigkeit, und das Gehirn ist in fieberhafter Aktivität in dem verzweifelten Versuch, mit der Situation fertigzuwerden. Die Ungläubigkeit erklärt sich dadurch, daß das Gehirn zunächst einmal ganz primitiv die Verwirrung von sich schieben will, indem es vorgibt, daß das Erlebnis gar nicht stattgefunden hat. Wenn dann aber die Erkenntnis durchdringt, daß es schreckliche Realität ist, kommt es oft zu einer Phase, in der die Gefühle wie eingefroren oder abgestumpft sind. Alle kognitiven Funktionen konzentrieren sich auf ein einziges Ziel: das Überleben. In diesem Zustand, den Symonds (1980a) als »traumatisch bedingten psychischen Infantilismus« (S. 36) bezeichnet, tut das Opfer so gut wie alles, was seiner Meinung nach sein Überleben sichern kann. Die meisten Opfer von Gewaltverbrechen verbleiben in diesem allein auf das Überleben ausgerichteten Zustand, bis alles vorüber ist.

Nach unseren Erfahrungen bestimmt sich die Intensität des psychischen Traumas durch das Zusammenspiel mehrerer Faktoren, unter denen das Ausmaß der körperlichen Verletzung den ersten Platz einnimmt. Gewalttaten, bei denen irgendeine Form des Eindringens in den Körper im Spiel ist (also Vergewaltigung, Verletzungen durch Schuß- oder Stichwaffen), bedeuten häufig ein

größeres Trauma als andere Formen von Gewaltanwendung. Ein
weiterer Faktor ist die mehr oder weniger ausgeprägte Furcht des
Opfers, bei dem Überfall getötet zu werden. Daneben spielt auch
die Beziehung zwischen Opfer und Täter eine wichtige Rolle. *Entgegen einer weitverbreiteten Ansicht* verursacht eine Gewalttat
dann sehr viel größere und ernsthaftere psychologische Schwierigkeiten, wenn der Täter dem Opfer persönlich bekannt war (und das
Opfer ihm bisher auch noch voll vertraut hat), als wenn es sich bei
dem Täter um einen Fremden handelt. Von Einfluß auf die Intensität des Traumas sind ferner die bisherigen Lebenserfahrungen des
Opfers und seine augenblicklichen Mechanismen der Lebens- und
Problembewältigung. Und schließlich kann auch der Schauplatz
des Verbrechens in diesem Zusammenhang von Bedeutung sein.
Ein Mensch, der friedlich in seinem Bett gelegen und geschlafen
hat, bevor er ganz plötzlich davon aufwacht, daß ihm jemand eine
Pistole an die Schläfe hält und mit dem Knie die Kehle zusammendrückt, ist stärker traumatisiert als ein anderer, der an einem
öffentlich zugänglichen Ort – etwa nachts auf der Straße – überfallen wird (der also in einem gewissen Umfang damit rechnen
mußte, daß »etwas passieren« könnte). Es gibt Orte, an denen
man sich absolut sicher und geschützt glaubt, und wenn es dann
ausgerechnet an einem solchen Ort zu einer Gewalttat kommt,
dann ist das eine schockierende Erfahrung und durchaus geeignet,
dem Opfer eine phobische Angst vor dem Schauplatz des Geschehens einzuflößen. Eine Frau, die am hellen Nachmittag in ihrem
Badezimmer sexuell attackiert worden ist, wird noch lange Zeit
danach eine ausgedehnte warme Dusche nicht als angenehm und
entspannend empfinden.

Unmittelbar nach einem Überfall geraten die meisten Opfer in
einen Schockzustand, der sie in einem gewissen Umfang von der
durchlebten Erfahrung isoliert. Dieser gewöhnlich von Dumpfheit
gekennzeichnete Zustand wird häufig falsch interpretiert; es heißt
dann etwa, daß das Opfer ja nicht besonders aus der Fassung
geraten bzw. daß mit ihm »alles in Ordnung« sei. Die dumpfe
Benommenheit kann einige Stunden, sie kann aber auch mehrere
Tage lang anhalten, je nach der Schwere des erlittenen Traumas.
Im Anschluß an dieses Stadium geraten viele Opfer in einen Zustand der Depression, hauptsächlich deshalb, weil sie meist nicht
in der Lage sind, ihren Zorn zum Ausdruck zu bringen. Gegen

Ende dieser depressiven Phase treten dann gewöhnlich heftige Stimmungsschwankungen auf. Daneben beunruhigt die betroffenen Menschen in diesen frühen Stadien sehr stark der Gedanke, ob sie ihren inneren Gleichmut wiedergewinnen und jemals wieder »normal« sein werden. In dieser ganzen Zeit muß der Therapeut einem solchen Menschen immer wieder versichern, daß alles, was jetzt in ihm vorgeht, zum normalen Prozeß der Wiedergewinnung des Gleichgewichts gehört, der um so rascher erfolgen werde, je weniger das Opfer sich dagegen wehrt.

Nach einer depressiven Phase folgt dann gewöhnlich eine Phase des akuten Zorns, die recht destruktiv ausfallen kann, wenn der Täter noch nicht ergriffen und gezwungen worden ist, für das, was er angerichtet hat, zu »zahlen«. Jetzt kommt es vor, daß das Opfer seinen Zorn auf irgendein »sicheres« Objekt verschiebt, also auf den Partner, die Partnerin oder einen Freund bzw. eine Freundin, und diese Bezugspersonen brauchen dann ihrerseits ein beträchtliches Maß an Unterstützung, um zu verstehen, warum sie jetzt plötzlich von dem Opfer angegriffen werden − vor allem, weil diese Phase gewöhnlich erst eine ganze Weile nach dem traumatischen Geschehen eintritt. Diese »zornige Periode« kann zwar schwierig sein, der Therapeut sollte diese Entwicklung aber dennoch begrüßen, denn gewöhnlich kündigt sie einen Wendepunkt innerhalb des Wiederherstellungsprozesses an.

Auf die Phase des Zorns folgt in vielen Fällen eine Phase der Reflexion darüber, was das Geschehen für den betroffenen Menschen eigentlich bedeutet. Jetzt erkennt das Opfer (wenn der Prozeß an sein Ende gekommen ist), daß es nicht mehr die gleiche Person ist wie vor dem Verbrechen, und macht sich Gedanken darüber, was diese Erkenntnis für sein Leben bedeutet.

Am Ende kommt es dann zu einer Phase des »Weglegens«, in der die Erfahrung in den Bereich der häßlichen Erinnerungen verbannt wird. Ganz allmählich *akzeptiert* der betroffene Mensch, daß sein Leben sich verändert hat. Wer das Opfer einer Gewalttat geworden ist, wird niemals vergessen können, was passiert ist, und sich nie mehr ganz in Sicherheit wiegen, wie wir alle dies so gerne tun. Wenn dieser Mensch aber zu seinem inneren Gleichgewicht zurückgefunden hat, dann wird es ihm wahrscheinlich trotzdem gelingen, das Geschehen in eine Perspektive zu rücken, die ihm das Leben wieder erträglich macht.

Tabelle 2: Die Reaktion auf das Trauma und die Wiederherstellung des Gleichgewichts

---

Reaktion auf das Trauma
Schock
Ungläubigkeit (Versuch, die Realität des Geschehens zu leugnen)
Realisierung des Geschehens
affektfreies Stadium, in dem alle kognitiven Funktionen allein auf
    das Überleben ausgerichtet sind

Freilassung oder Flucht

Wiederherstellung des Gleichgewichts
Schock (im Gefolge der Freilassung bzw. der Flucht)
Depression
Stimmungsschwankungen
Zorn
gedankliche Verarbeitung
»Weglegen«

Tabelle 2 faßt die Hauptstadien des Prozesses zusammen, der aus der Reaktion auf das Trauma und der Wiederherstellung des Gleichgewichts besteht.

Gewalt und Terror über längere Zeit hinweg

In diesem Abschnitt wollen wir therapeutische Techniken vorschlagen, die sich für die Arbeit mit jenen Menschen empfehlen, die über einen längeren Zeitraum hinweg unter Terror und/oder Gewalttätigkeit zu leiden hatten, die also beispielsweise entführt und als Geisel festgehalten wurden oder bei einem Raubüberfall gegen ihren Willen längere Zeit eingesperrt waren. Im Grunde gehören auch viele Opfer von Vergewaltigungen und anderen Sexualdelikten in diese Kategorie, denn auch sie mußten Gewalt und Terror über längere Zeit aushalten; in vielen Fällen zeigen sie auch die gleichen Symptome, die wir in diesem Abschnitt besprechen wollen. Vergewaltigung und andere Formen der sexuellen Attacke gegen erwachsene Menschen sind aber so komplexe Geschehnisse, daß wir uns mit diesem Bereich im nächsten Kapitel gesondert und in aller Ausführlichkeit beschäftigen wollen.

Ein Therapeut, der es mit Menschen zu tun hat, die längerfristig unter dem Einfluß von Terror und Gewalt gestanden haben, muß ein feines Gespür für jene psychischen Faktoren haben, durch deren Zusammenspiel das gelegentlich seltsame und widersprüchliche Verhalten des Opfers zustande kommt. Die meisten Menschen hegen alle möglichen Vorstellungen darüber, was sie tun würden oder tun müßten, wenn sie angegriffen oder überfallen würden. Manche meinen, sie würden in einem solchen Fall einfach fortlaufen oder sich ihren Verstand in anderer Weise zunutze machen, um aus der Situation herauszukommen, aber im Ernstfall werden diese weitverbreiteten Fluchtphantasien nur selten in die Tat umgesetzt.

In den meisten Fällen, in denen Menschen überfallen und festgehalten werden, besteht gar keine echte Chance des Entkommens. Nur selten ist das Opfer imstande, den Angreifer zu überwältigen, es ist meist weder stark genug noch im Besitz einer Waffe, und selbst wenn ihm die notwendigen Kräfte zu Gebote stünden, so wird es doch in aller Regel durch den Überfall zunächst in einen schockartigen Zustand versetzt. Bard und Sangrey (1980), Burgess und Holmstrom (1974), Sutherland und Scherl (1970) und Symonds (1980a) sprechen in diesem Zusammenhang vom »eiskalten Entsetzen«. In diesem Zustand versucht das Opfer gewöhnlich, die Realität des brutalen Geschehens aufzuheben, indem es etwa denkt: »Das muß ein Traum sein!« oder »Das kann doch nicht wirklich wahr sein!« Ein Augenzeuge eines Banküberfalls schilderte diese Art der Verleugnung sehr anschaulich mit den folgenden Worten:

Als ich die Männer sah, die mit erhobenen Schußwaffen in die Schalterhalle drangen, war mein erster Gedanke, daß es sich um Polizisten in Zivil handeln müsse. Dann wunderte ich mich darüber, daß sie die Waffen hochhielten. Erst als sie mich und die anderen Anwesenden zwangen, uns mit dem Gesicht nach unten auf den Fußboden zu legen, kam mir zum Bewußtsein, daß dies ein Raubüberfall war. Und von da an beschäftigte mich nur noch *ein* Gedanke, nämlich wie ich hier lebendig wieder herauskommen könnte!

Wenn diese erste Reaktion − Schock und Ungläubigkeit − abgeklungen ist, verfallen viele Opfer in einen Zustand, in dem, wie Symonds schreibt, »alle später erlernten Verhaltensweisen sich gewissermaßen auflösen und die frühkindlichen Formen der Anpassung die Oberhand gewinnen« (1980a, S. 36). Die Gefühlsregungen »gefrieren«, und der betroffene Mensch trägt eine falsche Gelassenheit zur Schau. Nach außen hin gibt er sich durchaus kooperativ, aber zugleich sind seine sämtlichen kognitiven Funktionen auf das eine und einzige Ziel des Überlebens ausgerichtet.

Der oben erwähnte traumabedingte psychische Infantilismus (S. 209) erscheint auch als Schlüsselkomponente jenes Phänomens, das wir als »Identifikation mit dem Aggressor« bzw. als »Stockholm-Syndrom« bezeichnen: Das Opfer entwickelt eine pathologische Identifikation mit bzw. eine pathologische Beziehung zu seinem Angreifer. Ein weiteres Kennzeichen des Stockholm-Syndroms ist die von Symonds so genannte »pathologische Übertragung« (1980b, S. 40–41): Ein Mensch, der entführt worden ist und als Geisel festgehalten wird, stellt sich vor, daß der Geiselnehmer ja Gelegenheit gehabt hätte, ihn zu töten, dies aber nicht getan hat. Ob das der Wahrheit entspricht oder sich dem Opfer nur so darstellt – es ist von durchschlagender Wirkung und kann das Bild der Geisel vom Geiselnehmer ganz grundlegend verändern: Der Geiselnehmer wird jetzt als Beschützer angesehen, der das Leben des Opfers »gerettet« hat. Entgegen der herrschenden Meinung kann dieses neue Bild, welches das Opfer sich vom Täter macht, innerhalb von wenigen Stunden zustande kommen. Entscheidend für diese veränderte Sicht sind die Hilflosigkeit, die das Opfer empfindet, das Ausmaß seiner Empfindlichkeit gegenüber physischer Bedrohung und die Frage, wie nahe das Opfer sich dem Tod gefühlt hat. Zu dieser pathologischen Übertragung kann es kommen, wenn 1. das Selbst bedroht ist, 2. die Wahnvorstellung besteht, der Täter habe das Leben des Opfers geschont, und 3. der Täter fälschlicherweise als der einzige Mensch angesehen wird, der das Opfer retten kann.

Auch das Konzept des »ungeeigneten Beschützers« kann helfen zu erklären, wie es zu dieser Art der pathologischen Übertragung kommen kann. Das Opfer beginnt seinen Geiselnehmer als »wahren« Beschützer zu sehen, während die Familie, die Polizei und die größere Gemeinschaft ihm keinen ausreichenden Schutz zu gewähren vermochten. Nach dieser falschen Sicht der Dinge erscheint der Geiselnehmer als jemand, der dem Opfer gestattet zu leben; die Familie oder die Polizei dagegen sind diejenigen, die das Opfer wegen ihrer Nachlässigkeit töten oder seinen Tod doch jedenfalls verursachen. In dieser Ansicht wird das Opfer unter Umständen noch durch die Gründe bestärkt, die der Geiselnehmer seinerseits für seine Tat vorträgt.

Diese verzerrte Sicht der Realität wurzelt in dem (durch den Zustand des psychischen Infantilismus noch verstärkten) Zorn des Opfers auf diejenigen Menschen, von denen er ganz stillschweigend erwartet, daß sie ihn beschützen, und die es zugelassen haben, daß dieser schreckliche Überfall möglich werden konnte. Ein Beispiel dafür ist ein Mann, der von einem Einbrecher gefangen gehalten und stundenlang brutal mißhandelt worden war und später berichtete, sein Peiniger sei »hin und wieder freundlich« zu ihm gewesen; später war er ärgerlich auf eine Nachbarin, die die Polizei angerufen hatte, und weigerte sich, seine Angehörigen zu sehen, als diese ihn im Krankenhaus besuchen wollten, in das er wegen seiner erheblichen Verletzungen eingeliefert worden war. Das heißt also, innerhalb ganz kurzer Zeit kann es − wie etwa im Fall der zunächst als Geisel genommenen Patricia Hearst − zu einer Folge von Ereignissen kommen, die das Opfer zum »Ausreißer« und schließlich zum Rebellen machen. Dieses auf den ersten Blick so paradoxe Verhalten wird verständlicher, wenn man es im Licht der zugrundeliegenden Dynamik betrachtet. Sobald er sich über diese im klaren ist, kann der Therapeut sich, wie auf den folgenden Seiten geschildert, daran machen, dem Opfer zu helfen.

Dabei ist es zunächst sehr wichtig, daß der Therapeut sich um eine Atmosphäre bemüht, die von Wohlwollen und Zuwendung getragen ist und in der sein Klient sich sicher und beschützt weiß, nachdem er sich längere Zeit in der Hand eines Gewalttäters befunden hat. Manche Psychotherapeuten betrachten die Abwehrmechanismen in einem ausschließlich negativen Licht und gehen in ihrem Versuch, diese Mechanismen zu durchbrechen, höchst massiv, ja gelegentlich geradezu aufdringlich vor − mit der Begründung, daß sie an die »wahren Empfindungen« ihres Klienten herankommen wollten. Dieser Haltung kann man gar nicht entschieden genug entgegentreten, und das aus mehreren Gründen: Viele Opfer von Gewaltverbrechen haben tatsächlich Ängste ausgestanden, von denen andere Menschen höchstens *geträumt* haben. In dieser unendlich quälenden Situation waren es ihre Abwehrmechanismen, die sie den Dingen entrückt und davor bewahrt haben, zusammenzubrechen und verrückt zu werden. Wenn ein Therapeut nun das angreift (oder auch nur vermeintlich angreift), was, wie der Klient weiß, ihm in der größten Not ja gerade Kraft gegeben und Schutz geboten hat, dann kann es nicht verwundern, wenn der Klient aus dieser therapeutischen Beziehung wieder aussteigen möchte. Er hat das Gefühl, vom Therapeuten noch heftiger angegriffen worden zu sein als zuvor vom Täter.

Der Therapeut muß sich in freundlicher und verständnisvoller Weise um ein Gleichgewicht zwischen den Abwehrmechanismen und dem Toleranzvermögen des Opfers bemühen. Nach und nach wird der Klient sich den vielen Facetten des Geschehens stellen und sie verarbeiten müssen, so daß sein Ich sich von den ihm zugefügten Wunden erholt. Der Therapeut sollte selbstverständlich gesunde und der Adaption förderliche Abwehrmechanismen unterstützen, zugleich aber auch sorgfältig darauf achten, daß sein Klient sich nicht etwa zerstörerische oder der Adaption entgegenstehende Abwehrmechanismen zu eigen macht.

Wenn der Therapeut sich Klarheit darüber verschafft hat, welches Tempo für das Opfer angenehm und akzeptabel ist, muß er jene psychischen Faktoren umzukehren suchen, die den traumatisch bedingten Infantilismus und die pathologische Übertragung hervorgebracht haben. Wenn möglich, sollte er versuchen, auch mit den Angehörigen und Freunden des Klienten zu arbeiten; sie sollten in den therapeutischen Prozeß einbezogen werden, um dem Opfer bei der Wiederherstellung behilflich zu sein. Man könnte auch sie als Opfer des Geschehens betrachten, denn schließlich ist jemand verletzt worden, an dem ihnen viel gelegen ist, und sie haben nichts tun können, um dieses Unglück zu verhindern. Nachdem etwa das Opfer einer Geiselnahme seine Freiheit wiedererlangt hat, sind diese signifikanten Bezugspersonen oft ganz bestürzt darüber, daß sein Zorn sich nun gegen sie richtet – weil sie nämlich »sichere« Objekte sind. Der Zorn, den das Opfer nicht gegen den Täter zu richten vermag, trifft nun sie, weil sie »ungeeignete Beschützer« waren. Das ist der Grund, weshalb die meisten signifikanten Bezugspersonen ein gewisses Maß an therapeutischer Hilfe brauchen, um mit ihren eigenen Gefühlen fertigzuwerden und das häufig paradoxe und verwirrende Verhalten dieses Menschen, den sie doch lieben, richtig einzuordnen und aufzunehmen. Wir haben – wie übrigens auch andere Autoren (z. B.

Fields, 1980) – die Erfahrung gemacht, daß die Wiederherstellung in fast allen Fällen rascher vonstatten geht, wenn die Angehörigen in die Behandlung einbezogen werden.

Es kommt häufig vor, daß die Angehörigen die Dinge falsch beurteilen. Das mag noch so gut gemeint sein, aber für das Opfer eines Gewaltverbrechens bedeutet dies eine weitere Schwierigkeit. Schwerer Schaden kann beispielsweise dadurch entstehen, daß die Angehörigen in ihrem ebenso dringenden wie verständlichen Wunsch, den geliebten Menschen »gesund und wiederhergestellt« zu sehen, verkennen, daß dessen gelassene und »kompetente« Haltung ja nur Fassade ist, ein Überrest jener »eingefrorenen Stimmungslage«, in die er sich unmittelbar nach der Tat geflüchtet hat. Das heißt, ihr dringendes Anliegen, daß es dem betroffenen Menschen »gutgehen« möge, und die aus diesem Wunsch entspringende Fehleinschätzung seiner zur Schau getragenen Selbstsicherheit vermag sie darüber zu beruhigen, daß es dem Opfer ja tatsächlich gutgeht. Das wiederum wirkt sich auf den betroffenen Menschen so aus, daß er sich nicht länger mit seiner traumatischen Erfahrung beschäftigt und daß er nur unter Schwierigkeiten oder überhaupt nicht imstande ist, seinen Angehörigen gegenüber zuzugeben, daß er sein Erlebnis noch längst nicht verwunden hat. Er hält also die Fassade weiterhin aufrecht, und damit beginnt ein Zyklus, der sich nur schwer durchbrechen läßt – das Trauma wird besiegelt und schwärt unter der Oberfläche ungehindert weiter. Wenn man sich diesen Vorgang vor Augen hält, kann es nicht weiter verwundern, daß viele Liebesbeziehungen mehr oder weniger abrupt enden, nachdem einer der Partner Opfer eines Gewaltverbrechens geworden ist. Es geschieht nur zu häufig, daß der betroffene Partner eine enge Beziehung aufkündigt und sich von dem Menschen, den er doch liebt, zurückzieht. Oft wird dieser Rückzug noch durch den Umstand gefördert, daß auch der Partner vor einem Menschen, der Opfer eines Gewaltverbrechens geworden ist, zurückscheut und rasch eine Erklärung dafür zur Hand hat, warum das Unglück einen anderen Menschen und nicht ihn selbst getroffen hat. In dieser Reaktion müssen wir vermutlich den primitiven Versuch erkennen, unsere Verletzlichkeit gegenüber allem Anschein nach zufälligen Katastrophen zu leugnen.

Die Angehörigen der helfenden Berufe sollten alles daran setzen, nicht ihrerseits für eine zweite oder sekundäre Verletzung

(Symonds, 1980 a) ihres hilfsbedürftigen Klienten zu sorgen, nur weil sie sich nicht darüber im klaren sind, wie verletzlich ein Mensch sein kann, der das Opfer eines Gewaltverbrechens geworden ist. In vielen Fällen ist jemand in dieser Lage gar nicht imstande, seine Bedürfnisse dem Therapeuten gegenüber zum Ausdruck zu bringen, obwohl er andererseits doch erwartet, daß diese Bedürfnisse erfüllt werden. Der Therapeut ist deshalb in einer schwierigen Lage; er muß die Bedürfnisse nämlich mehr oder weniger erraten. Er kann eine »zweite Verletzung« seines Klienten vermeiden, wenn er sich nach Kräften bemüht, eine Atmosphäre zu schaffen, die dem gequälten Menschen so viel Vertrauen einflößt, daß er seine Wünsche und Bedürfnisse schließlich zum Ausdruck bringen kann.

Von Anfang an muß es ein Hauptziel des Therapeuten sein, dem Klienten wieder zu der Überzeugung zu verhelfen, daß er sein Leben selbst in der Hand hat. Daß dem Opfer eines Gewaltverbrechens diese Überzeugung abhanden gekommen ist, hat seinen Grund in der so überwältigenden Erfahrung der Hilflosigkeit, die es durchlebt hat. Diesem Gefühl muß man dadurch begegnen, daß man dem Klienten ein gewisses Maß an Kontrolle über die therapeutische Situation zugesteht. Menschen, die eine solche Erfahrung hinter sich haben, sind ausgesprochen hellhörig in bezug auf jedes Anzeichen von Zudringlichkeit, mangelndem Einfühlungsvermögen oder gar Druck. Der kluge Therapeut wird also auch an die Fragen von Macht und Autorität in der Übertragungsbeziehung denken. Mit dem Fortgang der Therapie wächst die Autorität des Therapeuten, und auch wenn er die Güte und Menschenfreundlichkeit in Person ist, muß er doch darauf achten, daß sein Klient nicht in der Übertragung einen Teil des Machtmißbrauchs auf ihn projiziert, den sich der Täter hat zuschulden kommen lassen. Das würde entweder zu einer neurotischen und von Abhängigkeit geprägten Übertragung des Klienten oder aber zu seinem Ausstieg aus der Therapie führen. Tatsächlich gelten ja in der Arbeit mit Opfern langanhaltender Gewaltanwendung nicht die üblichen Maßstäbe und zulässigen Ebenen der Befragung. Der Therapeut muß solchen Klienten gegenüber unendlich viel Geduld aufbringen, bis eine solide und von Vertrauen getragene Beziehung entstanden ist, und das kann je nach dem Schweregrad des erlittenen Traumas monatelang dauern.

In der ersten Phase der Behandlung sollte der Therapeut dem Klienten zu der Erkenntnis verhelfen, daß er keineswegs der einzige ist, der einem Gewaltverbrechen zum Opfer gefallen ist, und daß seine Gefühle und Erfahrungen auch die Gefühle und Erfahrung anderer Menschen sind. Dabei muß der Therapeut jedoch darauf achten, daß er den Klienten nicht etwa unwillentlich geringschätzig behandelt oder andeutet, daß er die Erfahrung des Klienten für weniger traumatisch und weniger furchtbar hält als die eines anderen Menschen. Vielmehr muß er dem Klienten helfen, sein Verhalten während des traumatischen Erlebnisses und im Anschluß daran zu verstehen; er muß ihm versichern, daß seine Reaktion auf die abnorme Situation durchaus normal war (und ist), und schließlich muß er ihm in der Mehrzahl der Fälle immer wieder versichern, daß er, der Therapeut, den Klienten natürlich akzeptiert. Auch wenn andere Menschen nicht recht begreifen und nicht rundum akzeptieren, was der Klient in dieser schrecklichen Situation hatte tun müssen, um sein Leben zu retten – der Therapeut *muß* es begreifen und akzeptieren.

Viele Opfer von Terror und Gewalt lassen wie unter einem inneren Zwang das Ereignis immer wieder vor ihrem geistigen Auge ablaufen und analysieren wieder und wieder ihre Reaktionen und Handlungen. In dieser Phase erweist es sich als hilfreich, wenn der Therapeut seine Aufmerksamkeit auf den Gedanken des Überlebens richtet, auf den Umstand also, daß es in jenen Stunden oder Tagen in allererster Linie darauf ankam, lebend aus dieser qualvollen Erfahrung herauszukommen. Er sollte auch nicht vergessen, daß sein Klient irgendwann einmal noch von den Organen der Strafverfolgung und des Strafvollzugs befragt werden könnte und dann wahrscheinlich vom Anwalt der beklagten Seite ins Kreuzverhör genommen werden wird. Solche Gesprächspartner haben manchmal nicht das geringste Verständnis dafür, daß eine über längere Zeit hinweg bestehende qualvolle und gefährliche Situation eine traumatische Erfahrung darstellt, und das wiederum erzeugt auf seiten des Opfers weitere Zweifel und Unsicherheiten.

Während sie sich in der Gewalt anderer befanden, sind viele Opfer ihren Peinigern sogar in der einen oder anderen Weise zu Hilfe gekommen, und wenn es zu einer Gerichtsverhandlung kommt, wird manchmal von einem derartigen Verhalten viel Aufhebens gemacht. Dann muß der Therapeut seinem Klienten helfen, diese Form des »sekundären Angriffs« auf seine Person richtig einzuordnen. Manchmal mag ein Klient nicht zugeben, daß er von anderen des »Mitmachens« beschuldigt worden ist – er schämt sich nämlich solcher Beschuldigungen. Der Therapeut muß deshalb vorsichtig und immer wieder einmal in Erfahrung bringen, ob die signifikanten Bezugspersonen des Klienten auch wirklich verstehen, was dieser getan hat, um seine Gefangenschaft zu überleben. Wie oben schon angedeutet, muß der Therapeut die Feststellung, daß das Opfer schließlich nur getan hat, was zu seinem Überleben notwendig war, immer wieder treffen, bis sie endlich akzeptiert wird.

Ein weiteres Thema, dem man im Gespräch mit dem Opfer langanhaltenden Terrors (wie übrigens mit den meisten Opfern von Verbrechen) nachgehen muß, sind seine Phantasien im Zusammenhang mit der Frage, warum es überhaupt zu seiner Gefangennahme gekommen ist. Den meisten Menschen fällt es sehr schwer, den Gedanken zu akzeptieren, daß ein solches Ereignis der reine Zufall ist; häufig stellen sie sich vor, daß sie damit für alte Missetaten in ihrem Leben bestraft worden sind. Besonders relevant ist die Erkundung dieser Zusammenhänge dann, wenn das Motiv für die Geiselnahme bzw. die Gefangennahme sozialer oder politischer Natur gewesen ist. Wenn der Therapeut den Gefühlen des Opfers zu diesem Thema nachgeht, sollte er mit seinen Bemerkungen zur Person des Täters möglichst vorsichtig sein, denn das Opfer glaubt vielleicht noch immer, daß es sein Leben dem Täter verdanke. Es empfiehlt sich, diesem Irrglauben nicht mit logischen Argumenten entgegenzutreten. Mit der Zeit wird er nämlich verschwinden, zunächst aber muß das Opfer wissen, daß es sich ganz frei über die Person des Täters äußern und seinem Zorn auf die »ungeeigneten Beschützer« ungehemmt Luft machen kann.

In den ersten Phasen der Behandlung ist es wichtig, daß der Therapeut 1. nicht als Richter auftritt, sondern es dem Klienten ermöglicht, seine Gefühle frei zum Ausdruck zu bringen; 2. dem Klienten so viele Informationen über das Geschehen selbst und über die wahren Rollen und Motive der einzelnen Beteiligten vermittelt, wie der Klient vertragen kann. In vielen Fällen hat vielleicht nur der Täter selbst dem Opfer darüber Auskunft gegeben, was »draußen« vor sich gegangen ist, und er hat seine Informationen vielleicht so verzerrt, wie es für seine Zwecke günstig war.

Nun muß der Therapeut dem Opfer helfen, aufzunehmen und zu verstehen, was tatsächlich stattgefunden hat. Das Opfer braucht diese ihm fehlende Information, aber sie muß ihm in einem Kontext vermittelt werden, den es anerkennen und akzeptieren kann. Wenn der Klient allzu plump oder allzu rasch aufgeklärt wird, reagiert er unter Umständen ärgerlich und nimmt seinen Peiniger noch in Schutz, weil er der Meinung ist, die »ungeeigneten Beschützer« wollten ihr Verhalten rationalisieren, um es so im nachhinein zu rechtfertigen.

In vielen Fällen besteht ein direkter Zusammenhang zwischen der Fähigkeit des Opfers, die traumatische Situation in ihrem ganzen Ablauf richtig wahrzunehmen, und dem Ausmaß an Kontrolle, das dieser Mensch schon wieder über sein Leben zurückgewonnen hat. Selbst wenn das verbrecherische Geschehen nur von kurzer Dauer war, kann doch viel Zeit verstreichen, bevor ein Mensch, der um die Wiederherstellung seines inneren Gleichgewichts bemüht ist, Zorn und Ärger gegenüber dem Täter zum Ausdruck bringen kann. Aber wie schon oben gesagt – wenn der Zorn schließlich zum Ausbruch kommt, dann sollte man ihn als einen signifikanten Wendepunkt innerhalb des Heilungsprozesses willkommen heißen. Das Opfer muß immer wieder dazu aufgefordert werden, seinen Zorn auf den Angreifer auszusprechen, und der Therapeut muß ihm immer wieder versichern, daß seine Zornesäußerungen keine Rache oder Vergeltung nach sich ziehen werden.

Kurz gesagt: Der Therapeut kann die Behandlung eines Menschen, der längere Zeit unter Terror und Gewalt zu leiden hatte, so betrachten, als kehre dieser, freudig begrüßt, in seinen alten Freundeskreis zurück (Symonds, 1980 b), wobei er ihn durch die Behandlung einer glücklicheren und gesünderen Betrachtung seiner Beziehungen zu anderen Menschen zuführt.

11 Die erwachsene Frau als Opfer einer Vergewaltigung

Allgemeine Überlegungen

Vergewaltigung ist eine schwerwiegende und komplexe Form des Angriffs auf die Persönlichkeit und muß in ihren vielfältigen Aspekten genau bedacht werden, bevor man mit der Behandlung des Opfers beginnt.* Therapeuten und Berater konzentrieren sich leider allzu häufig zunächst einmal auf die sexuellen Aspekte eines solchen Vergehens (Amir, 1971; Notman und Nadelson, 1976) und helfen dem Opfer nicht bei der Aufgabe, sich mit anderen wichtigen (psychologischen) Fragen auseinanderzusetzen, denen die Frau während und nach der Tat konfrontiert war. Das Erlebnis der Vergewaltigung wirkt sich außerordentlich zerstörerisch auf die persönliche Integrität und das Kompetenzgefühl einer Frau und schließlich auch auf ihre grundsätzliche Bereitschaft aus, anderen Menschen zu vertrauen. Zugleich erfolgt ein Angriff auf das »Territorialitätsempfinden« der Frau, denn schließlich ist der Körper das »Territorium« der Person.

Wir Menschen sind uns unserer »Territorialität« in hohem Maße bewußt. Denken wir beispielsweise an die Empfindungen, die uns überkommen, wenn wir mit vielen uns unbekannten Personen in einem Aufzug zusammengepfercht sind. Wir erfahren und zeigen unser Territorialitätsgefühl in unzähligen alltäglichen Situationen, und es handelt sich dabei um ein so elementares Gefühl, daß wir kaum jemals bewußt an unser »Territorium« als solches denken. Die Menschen haben einen sehr privaten »Raum« um sich, dessen Radius etwa einen halben Meter beträgt. In den verschiedenen Kulturen wird dieser Raum verschieden groß bemessen; so legen beispielsweise die Europäer und die Nordamerikaner in der Regel Wert auf einen größeren persönlichen Raum als die Südameri-

---

* Es kommt immer wieder einmal vor, daß ein erwachsener Mann von einem anderen Mann vergewaltigt wird, und dieses Verbrechen wird inzwischen auch zunehmend häufiger angezeigt. Allerdings wird es im vorliegenden Kapitel nicht behandelt, es sei denn als Analogon.

kaner. Der sexuelle Angriff wird von der Frau vor allem deshalb als so traumatisch empfunden, weil damit ihre Grundüberzeugung von den Grenzen eines Menschen so brutal durchbrochen, ja vorübergehend zunichte gemacht wird.

Menschen, die Opfer eines Raubüberfalls geworden sind, haben ebenfalls das Gefühl einer »territorialen Übertretung«, wenn auch weniger stark ausgeprägt. Ein Beispiel dafür ist eine unserer Klientinnen, in deren Wohnung eingebrochen wurde. Sie fand zwar ihre Wertsachen noch vor, als sie nach Hause kam, aber ihre Kleider und andere Besitztümer waren in der ganzen Wohnung verstreut, und sie fühlte sich wochenlang in ihren eigenen vier Wänden nicht sicher. Die Wohnung war ein Raum, der »verletzt« worden war, und es dauerte lange, bis sie abends wieder einigermaßen ruhig nach Hause gehen konnte. Hundertfach verstärkt entspricht dieses Gefühl vielleicht der emotionalen Verfassung einer Frau, die vergewaltigt worden ist. Denn in diesem Fall ist es ja nicht nur so, daß jemand in ihren persönlichen Raum eingedrungen ist, sondern diese Invasion hat auch vor ihrer Haut − der letzten persönlichen Grenze − nicht haltgemacht. Es gibt nur wenige Situationen, in denen der Körper eines Menschen gegen dessen Willen »betreten« wird − etwa durch einen Stich, eine Schußverletzung oder durch Vergewaltigung.

Vergewaltigung und andere Formen sexueller Vergehen werden uns besser verständlich, wenn wir uns vorstellen, daß sie das Integritätsgefühl des Opfers vorübergehend zerstören. Das elementare Gefühl von Ganzheit, Stärke und Selbstbestimmung ist verlorengegangen. Zugleich verliert die betroffene Frau das Vertrauen in ihre Fähigkeit, nein zu sagen. Die meisten Menschen besitzen die Selbstsicherheit zu glauben, daß ein anderer Mensch in seinem Tun innehalten wird, wenn sie sagen, »Ich möchte nicht, daß du das tust« oder »Hör auf damit«. Wir alle haben das gelernt, als wir zwei Jahre alt waren und das Wörtchen »Nein« entdeckten. Und nun plötzlich − die Frau ist längst erwachsen − ist ihr Versuch, dem Angreifer Einhalt zu gebieten, fehlgeschlagen, und sie war vollkommen hilflos. Dieses Gefühl der Hilflosigkeit angesichts einer Vergewaltigung wirkt sich zerstörerisch auf die Überzeugung der Frau aus, mit anderen Menschen gut zurechtzukommen und eine gewisse Kontrolle über ihr Leben zu haben. Wie wir schon sagten, kann eine sexuelle Gewalttat das Vertrauen des Opfers in seine Mitmenschen sehr weitgehend zerstören. Dieses zunächst einmal vorhandene Vertrauen ist eine wichtige Grundlage unserer persönlichen Beziehungen und des Zusammenlebens der Menschen überhaupt. Wir machen uns nur sehr selten wirklich klar, wieviel an implizitem Vertrauen wir den Menschen entgegenbringen, mit denen wir in irgendeiner Form umgehen. Wir gehen davon aus, daß sie uns jedenfalls absichtlich keinen Schaden zufügen werden. Ein einziger furchtbarer Augenblick läßt das Opfer dann erkennen, wie verletzlich es doch anderen Menschen gegenüber ist.

Die schlimmsten Wunden, die dem Opfer einer Vergewaltigung zugefügt werden, sind nicht physischer, sondern psychischer Art und damit äußerlich nicht sichtbar. Diese psychischen Wirkungen im Verein mit dem physischen Angriff versetzen dem Opfer einen schweren Schock. Wir sind der Meinung, daß man dem Kliniker die Betrachtung der Dinge erleichtert, wenn man deutlich zwischen den beiden wichtigsten posttraumatischen Stadien unterscheidet. Es sind dies zum einen die Reaktion auf das traumatische Geschehen selbst und zum anderen der Prozeß der Wiederherstellung des inneren Gleichgewichts – zwei Abläufe, die durch die Freilassung des Opfers durch seinen Angreifer getrennt erfolgen (s. Kapitel 10, S. 206–212).

Frauen, die vergewaltigt worden sind, fragen immer und immer wieder nach dem Warum. »Warum ist das gerade mir passiert? Was habe ich nur falsch gemacht?« Selbst dann, wenn eine Frau allein in ihrer Wohnung war, im Bett lag und schlief, als jemand gewaltsam in ihr Schlafzimmer eindrang, sie mit einem Messer bedrohte und vergewaltigte, wird sie höchstwahrscheinlich fragen, warum das gerade ihr geschehen ist. Der Mensch ist nun einmal ein vernunftbegabtes Wesen und verlangt immer nach einer plausiblen Erklärung für alles, insbesondere wenn es sich um ein so traumatisches Geschehen wie einen sexuellen Überfall handelt. Die meisten Menschen haben zudem einen gewissen religiösen Hintergrund und glauben zumindest an irgendeine Form von Schicksal oder von göttlichem Urteil. Vor diesem Hintergrund ist es verständlich, daß das Opfer fragt »Wofür bin ich so bestraft worden?« oder »Womit habe ich das verdient?«.

Leider kommt es häufig vor, daß eine Frau in dem Gewaltakt so etwas wie die Strafe für irgendwelche vermeintlichen Untaten er-

blickt. So auch im nachstehend beschriebenen Fall einer Heranwachsenden, die vergewaltigt worden war. Diese junge Frau wollte sich absolut nicht in Behandlung begeben, aber die Eltern bestanden darauf, weil sie sich so seltsam benahm. Sie hatte die
Vergewaltigung nicht einmal anzeigen wollen, obwohl sie von dem
Täter böse geschlagen worden war. Sie schien sich merkwürdiger-
weise mit der Vergewaltigung abgefunden zu haben und zeigte
nicht die geringste Bereitschaft, mit der Polizei zusammenzuarbei-
ten, nachdem ihre Eltern schließlich Anzeige erstattet hatten. Sie
weigerte sich, den Täter zu beschreiben oder die ihr vorgelegten
Bilder verdächtiger Personen auch nur anzusehen, obwohl sie
ihren Eltern gesagt hatte, sie wisse, wie der Täter aussehe. Nach
mehreren Gesprächen mit einem klinischen Psychologen stellte
sich heraus, daß sie bis etwa ein Jahr vor der Vergewaltigung in
einer außerordentlich schwierigen und aufsässigen Phase gesteckt
hatte, die etwa zweieinhalb Jahre gedauert hatte und in der sie
sich in »schlechter Gesellschaft« bewegt, ständig den Freund ge-
wechselt und mit Drogen experimentiert hatte. Sie hatte ihr Verhalten jedoch bereits seit geraumer Zeit geändert, als sie so brutal
vergewaltigt wurde. Für sie selbst gab es allerdings gar keinen
Zweifel, daß dies Gottes Strafe dafür war, daß sie früher einmal
ein »böses Mädchen« gewesen war. Nachdem diese geheime Überzeugung ans Licht gekommen und auch mit den Eltern darüber
gesprochen worden war, konnte das Mädchen sein Erlebnis in
Einzelsitzungen und dank familientherapeutischer Maßnahmen
schließlich verarbeiten.

Wir alle müssen mit Problemen, Ängsten und Sorgen fertigwerden, aber in aller Regel haben wir noch ein Gefühl von Sinn und
Ordnung in unserem Leben. Ganz plötzlich tritt dann ein unerklär-
liches und zerstörerisches Ereignis ein, etwas, das sich in unser
übliches Bezugssystem nicht einordnen läßt. Da viele Sexualver-
brechen von Tätern begangen werden, die dem Opfer unbekannt
sind, handelt es sich (in den Augen des Opfers) tatsächlich um
zufällige Geschehnisse. In der Regel sind es wirklich sogenannte
»Gelegenheitsverbrechen« (»Das Fenster stand offen«, »Sie ging
die Straße hinunter und dachte an nichts Böses«, »Sie mußte an
einer Kreuzung halten, die Beifahrertür war unverschlossen, der
Mann riß die Tür auf und ließ sich auf den Beifahrersitz fallen. Er
hatte eine Waffe in der Hand«.). Angesichts des Zufallscharakters

solcher Situationen taucht unweigerlich die Frage nach dem Schicksal und seiner Ungerechtigkeit auf.

Frauen, die vergewaltigt worden sind, erleben – wie die Opfer anderer Gewaltverbrechen auch – einen Zustand, der dem der tiefen Trauer ähnelt, denn auch sie haben ja einen schweren psychischen Verlust erlitten (Lindemann, 1944). Sie müssen, um ihr inneres Gleichgewicht wiederzuerlangen, durch verschiedene Phasen hindurch, die vom Schock über die Depression bis zu Stimmungsschwankungen, Zorn und schließlich Reflexion reichen; und am Ende müssen sie ihr Erlebnis »für immer beiseite legen«. Nicht immer verlaufen diese Phasen in der genannten Reihenfolge, aber im Grunde handelt es sich um einen in sich zusammenhängenden Prozeß und um die gleiche Dynamik, die nach jeder persönlichen Tragödie und jedem Zusammenbruch auf die Wiederherstellung des Ichs gerichtet sind.

Behandlungstechniken

Zu Beginn unserer Arbeit mit dem Opfer einer Vergewaltigung und dessen Familienangehörigen nehmen wir gewöhnlich eine Haltung ein, die – anders als im Fall der meisten anderen Klienten – stärker vom Moment der Führung und der Aufklärung geprägt ist. Das hat seinen Grund darin, daß die betroffene Frau in der Regel erst einmal Informationen sucht, daß sie wissen möchte, was in ihr vorgeht, und daß sie nach der Bestätigung verlangt, daß sie nicht »verrückt wird« und ihre Fragen durchaus berechtigt sind. In vielen Fällen kann man einer Frau schon dadurch helfen, daß man ihr erklärt, was Abwehrmechanismen sind, wie sie zustande kommen und wie sie funktionieren. Wenn der Schock abklingt, wird die Frau wahrscheinlich versuchen, sich solche Mechanismen zunutzezumachen, um mit ihrer Hilfe wieder zum inneren Gleichgewicht zurückzufinden. Mit Erklärungen dieser Art wollen wir erreichen, daß die Frau in den gesamten Prozeß ihrer Wiederherstellung Einsicht gewinnt und daß ihre Angehörigen ein gewisses Verständnis für das entwickeln, was in ihr vorgeht – auch wenn sie selbst das vielleicht gar nicht so genau erklären kann.

Vielen Frauen ist nicht klar, daß sie sich in einem Schockzustand befanden, als sie vergewaltigt oder angegriffen wurden. Die Folge ist, daß sie unter Umständen Schuldgefühle empfinden oder sich ihr allem Anschein nach seltsames Verhalten in anderer Weise falsch deuten. Diese Gefühle und Selbstzweifel kommen in Fragen wie »Warum habe ich mich denn bloß nicht gewehrt?« zum Ausdruck oder in Bemerkungen wie »Es war, als wenn ich unter Wasser gewesen wäre«, »Es ging alles ganz langsam« oder »Ich konnte überhaupt nicht sprechen«.

Am folgenden Fall wird deutlich, wieviel Unterstützung und Belehrung notwendig ist und welche Probleme auftauchen können, wenn diese Belehrung nicht erfolgt. Die Polizei schickte eine junge Frau zu uns, die einen ernsthaften Selbstmordversuch unternommen hatte, nachdem sie vor einiger Zeit von einem Mann vergewaltigt worden war, der nachts in ihre Wohnung eingedrungen war, während sie schlief. Sie war schon seit etwa einem Monat bei einem Therapeuten in Behandlung, der nach der nichtdirektiven Methode arbeitete und als tüchtig galt, aber kaum Erfahrungen in der Arbeit mit vergewaltigten Frauen hatte. Ihm gegenüber hatte die Frau sich mehrfach in der folgenden Weise geäußert: »Ich verstehe nicht, warum ich mich überhaupt nicht wehren konnte; das Ganze war wie ein verrückter Alptraum.« Der Therapeut pflegte daraufhin zu fragen: »Ja, und was meinen Sie, warum Sie sich nicht gewehrt haben?« Ohne es zu wollen, hatte er damit dem Opfer die Verantwortung für das Geschehen angelastet. Ein klärendes Wort über das Phänomen des Schocks und seine Auswirkungen auf das Reaktionsvermögen hätte die Frage beantwortet.

Etwa einen Monat nach Beginn dieser ersten Behandlung hatte die Frau den Selbstmordversuch unternommen. Sie erklärte das so: »Wenn ich gewußt hätte, warum ich mich nicht gewehrt habe, dann hätte ich es ihm (dem Therapeuten) doch gesagt. Allmählich hatte ich das Gefühl, daß ich selbst schuld sei an der Vergewaltigung. Ich fühlte mich so nichtswürdig, daß ich nicht mehr weiterleben wollte.« Eine Vergewaltigung ist kein Vorkommnis, über das das Opfer in aller Ruhe nachdenken oder das es logisch analysieren könnte. Es ist vielmehr ein vollkommen irrationaler Akt des Terrors, und das oberste Ziel des Opfers ist das Überleben (Burgess und Holmstrom, 1974; Sutherland und Scherl, 1970). Eine Frau, die vergewaltigt worden ist, will und muß genau wissen, was ihr zugestoßen ist und warum sie so und nicht anders reagiert hat.

Unsere erste Maßnahme besteht also darin, daß wir der Frau das Phänomen des Schocks bewußtmachen und darauf hinweisen, daß sie sich möglicherweise an die eine oder andere Einzelheit des Erlebnisses nicht erinnert. Zugleich erklären wir ihr die elementaren Abwehrmechanismen der Verdrängung, Verleugnung, Projektion und Verschiebung, damit sie ihre augenblicklichen Empfindungen in eine gewisse Ordnung bringen kann. Oft lassen sich diese Mechanismen am besten durch den Vergleich mit den Mechanismen der Körperabwehr erklären: »So wie Ihr Körper ein Abwehrsystem gegen Bakterien besitzt, die sogenannten Antikörper, besitzt auch Ihre Psyche Abwehrkräfte gegen allzu große seelische Qualen; sie nützt diese Mechanismen, um sich zu schützen.«

In ähnlicher Weise lassen sich dann auch andere Aspekte der Wiedergewinnung des inneren Gleichgewichtes erklären:

»Jedes einschneidende Ereignis in unserem Leben bringt auch gewisse Empfindungen mit sich, die wir zum Ausdruck bringen müssen. Mit einer Entbindung sind eine Reihe von Emotionen verbunden, mit jedem Geburtstag gehen bestimmte Empfindungen einher, die Scheidung ist von starken Gefühlen begleitet, und so hat eben auch die Vergewaltigung eine sehr bedeutsame gefühlsmäßige Komponente. Gleichgültig, um welche Art von Geschehen es sich handelt, die zugehörigen Emotionen müssen bewältigt werden.«

Gewisse Persönlichkeitsveränderungen beim Opfer, beispielsweise Anfälle von Depression oder Zorn, plötzliche Hochstimmung oder Anzeichen besonderer Tatkraft, sind Versuche der Psyche, den Prozeß der Wiederherstellung zu bewältigen und das traumatische Erlebnis schließlich »zu den Akten zu legen«.

Wie im vorangegangenen Kapitel schon erwähnt, ist vielen Frauen, die Opfer eines Gewaltverbrechens geworden sind, sehr daran gelegen zu zeigen, daß es ihnen »gutgeht«. In ihren Augen kommt das Eingeständnis ihrer wahren Gefühle und der Tatsache, daß es ihnen keineswegs gutgeht, auf magische Weise einer Mitteilung an den Täter gleich, der nun »weiß«, wie sehr er sie verletzt hat. Viele Frauen wollen ihre Gefühle auch deshalb nicht zugeben und ihren Kummer nicht verarbeiten, weil sie sich vor möglichen Reaktionen ihrer Freunde und Angehörigen fürchten (Silverman, 1978). Oft ist es auch so, daß die Familie und die Freunde nichts sehnlicher wünschen, als daß »die ganze Sache überhaupt nicht passiert wäre«, oder der Meinung sind, daß »wir das am besten vergessen sollten«. Die Menschen sind oft sehr

mitfühlend und verständnisvoll, wenn ein Kranker über seine körperlichen Schmerzen klagt, aber sie sind häufig ungeduldig und
wenig einfühlsam (ja sogar grausam), wenn es um unsichtbare, um
psychische »Schmerzen« geht. Manchmal sind die Angehörigen
auch in großer Angst und Unruhe, weil sie das soziale Stigma
fürchten oder sich darum sorgen, »was wohl die Nachbarn sagen
werden«, und dies ist dann der Grund, weshalb sie der betroffenen
Frau gegenüber so wenig Einfühlungsvermögen zeigen.

Wenn eine Frau auf dem Weg der Wiedergewinnung ihres
Gleichgewichts in die »zornige« Phase eintritt (siehe Tabelle 2 in
Kapitel 10, S. 212), dann hilft ihr vielleicht ein klärendes Wort über
den Mechanismus der Verschiebung, durch den der Zorn auf ein
anderes, »sicheres« Objekt gelenkt wird. Der Therapeut wird diesen Mechanismus so erklären, daß er der Frau sagt, sie werde
wahrscheinlich noch eine ganze Zeitlang nicht den Wunsch haben,
Männern gegenüber »nett« zu sein − oder gar eine vertraute Beziehung mit einem Mann einzugehen −, weil sie durch einen Mann
so tief gekränkt und verletzt worden sei. Man sollte auch mit der
Möglichkeit rechnen, daß das Opfer eine unbewußte Verärgerung
gegen den eigenen Mann oder Vater empfindet, weil er nicht »zur
Stelle war«, um seine Frau bzw. seine Tochter zu schützen. Der
Therapeut muß der Frau helfen, ein Gleichgewicht zu finden zwischen ihrem dringenden Bedürfnis einerseits, ihren Zorn zu venti-
lieren, und der Notwendigkeit andererseits, ihre Beziehungen zu
wichtigen männlichen Bezugspersonen in ihrem Leben nicht zu
zerstören, sondern zu bewahren. Zugleich sollte er auch diesen
Bezugspersonen (Vater, Ehemann, Freund, Onkel, Bruder) den
Mechanismus der Verschiebung erklären und sagen, daß dieser
zum Prozeß der Wiederherstellung dazugehöre und, wenn man in
der richtigen Weise damit umgehe, schließlich auch wieder verschwinden werde. Es empfiehlt sich, den signifikanten Bezugspersonen diese Überlegung jeweils in einer eigenen Sitzung vorzutragen, bei der die betroffene Frau nicht anwesend ist, so daß jeder
von ihnen auch seine eigenen Empfindungen zum Ausdruck bringen kann (Silverman, 1978).

Die therapeutische Arbeit mit einer Frau, die Opfer einer Vergewaltigung wurde, kann ein halbes Jahr bis anderthalb Jahre
dauern, bevor das Opfer schließlich sein traumatisches Erlebnis
verarbeitet und zu Selbstvertrauen und Selbstachtung zurückge-

funden hat. In diesem Zusammenhang sei darauf hingewiesen, daß häufig von der falschen Vorstellung ausgegangen wird, das Opfer einer sexuellen Attacke sei ein Mensch, der ansonsten kaum Schwierigkeiten hat und selbstverständlich bereitwillig mit dem Therapeuten zusammenarbeiten wird. Es ist aber natürlich möglich, daß eine Frau schon vor der Vergewaltigung ernsthafte persönliche Schwierigkeiten hatte, daß sie beispielsweise in einer dysfunktionalen, unglücklichen familiären Konstellation lebt oder Schwierigkeiten in ihrer Ehe hat. Die Vergewaltigung wird diese anderen Probleme aller Wahrscheinlichkeit nach noch weiter verschärfen (Silverman, 1978). Es gibt auch Anhaltspunkte dafür, daß Frauen, die sich in einer kritischen Lebensphase befinden, häufiger als andere Opfer einer Vergewaltigung werden, weil sie nämlich weit mehr mit ihren inneren Schwierigkeiten als mit der Frage ihrer äußeren Sicherheit befaßt sind (Hilberman, 1976, S. 63).

Die Familie einer Frau, die vergewaltigt worden ist, kann eine unschätzbare Hilfe sein, sie kann die Schwierigkeiten aber auch noch vermehren. Der Therapeut muß darüber hinaus auch das gesamte soziale System berücksichtigen, an dem die Klientin teilhat, und diesem System so viel Hilfe und Beistand abverlangen wie nur irgend möglich. Verwandte und Freunde können zur Wiederherstellung des Opfers beitragen, sie können aber auch dafür sorgen, daß die Tat wie eine schwelende Krankheit, die niemals heilt und über die kein Mensch spricht, weiter fortwirkt. Alle müssen begreifen, daß *das Opfer sprechen muß, aber nicht zum Sprechen gedrängt werden darf*. Gerade diejenigen, die der betroffenen Frau nahestehen, sollten ihren Wunsch, über die Dinge zu sprechen, akzeptieren. Natürlich wäre es ihnen lieber, wenn sie die gräßlichen Einzelheiten nicht immer und immer wieder anhören müßten. Wenn sie aber begreifen, wie wichtig es ist, daß sie immer und immer wieder über den Vorfall spricht, dann wird die Frau sie als verständnisvolle Zuhörer wahrnehmen. Manchmal hat die Frau das Bedürfnis, auch noch die schlimmsten Details zu erzählen, weil sie auf diese symbolische Weise einen geliebten Menschen bittet, ihr zu versichern, daß sie auch weiterhin liebenswert ist, trotz der Dinge, die man ihr angetan hat. Andere Frauen wiederum wollen nicht, daß ihre Angehörigen über die Einzelheiten des Überfalls unterrichtet werden. In beiden Fällen muß der Therapeut die Wünsche der Frau in Erfahrung bringen und respektieren.

Zu Beginn der Behandlung sollte man erst einmal nicht nach Details der Vergewaltigung fragen; diese Empfehlung gilt ganz besonders für männliche Therapeuten. Die Frau ist schon allzu oft aufgefordert worden, ihre Geschichte allzu vielen Leuten zu erzählen. Irgendwann später, wenn sie Vertrauen zu dem Therapeuten gefaßt hat, wird sie sprechen, und dann gewöhnlich sehr ausführlich. Der Therapeut kann dazu etwa folgendes sagen: »Ich muß nicht in allen Einzelheiten wissen, was man Ihnen angetan hat, aber wir können darüber sprechen, wenn Sie es wollen. Wann immer Sie das Bedürfnis haben, darüber zu reden, ist es mir recht . . ., aber ich will Sie nicht drängen, mir vorzeitig Dinge zu erzählen, über die zu sprechen Ihnen unangenehm ist.«

Auf keinen Fall darf der Therapeut das Opfer dazu drängen, etwas zu tun oder zu sagen, was es nicht tun oder sagen möchte. Das klingt nun vielleicht wie ein Widerspruch zu der zuvor gegebenen Empfehlung, direktiv vorzugehen, aber es ist ein Unterschied, ob man direktiv und stützend vorgeht und dabei genau erklärt, welche psychischen Prozesse ablaufen, oder ob man die Klientin drängt, sich jetzt schon mit Gedanken auseinanderzusetzen, denen sie sich noch nicht stellen kann. Gerade weil sie ja gezwungen worden ist, gegen ihren Willen zu handeln, muß man in der Therapie unbedingt vermeiden, Druck auszuüben. Nur so kann sich eine feste und vertrauensvolle Beziehung entwickeln. Was die Frau jetzt am dringendsten braucht, ist das Gefühl, wieder selbst über ihr Leben bestimmen zu können. Deshalb ist es wichtig, daß sie in der Therapie entsprechend ihrem eigenen Tempo (nicht dem des Therapeuten) verfährt und damit im Kontext der therapeutischen Beziehung wieder Selbstbestimmung beweist. Das sehr bestimmte Vorgehen, das der Therapeut unter Umständen gegenüber anderen Klienten zeigen muß, ist hier nicht am Platz.

In der Psychotherapie kommt man gelegentlich um das Mittel der Konfrontation nicht herum, aber in diesem speziellen Fall sollte man Konfrontation vermeiden. Der Therapeut kann beispielsweise sagen: »Sie müssen sich darüber klar sein, daß Sie unter Umständen Gefühle zurückhalten, die Sie lieber zum Ausdruck bringen sollten. Ich werde Sie allerdings nicht zwingen, das zu tun.« Ein Zwischenfall, der sich einmal in der Arbeit mit einer Frau ereignete, die vergewaltigt worden war, soll diesen Punkt verdeutlichen. Die Frau erhielt psychotherapeutische Behandlung, und wir hatten auch schon versucht, ihr durch Hypnose bei der Identifizierung des Täters behilflich zu sein.

Am Tag vor der festgelegten dritten Sitzung rief sie an und bat, den Therapeuten sofort aufsuchen zu dürfen. Als sie dann kam, war nicht zu übersehen, daß sie zutiefst verstört war, und auf die Frage, was denn geschehen sei, begann sie unbeherrscht zu weinen. Stockend erzählte sie dann die folgende Geschichte. Vor ein paar Tagen hatte ein Freund sie angerufen und gefragt, ob sie Lust habe, mit ihm zusammen an einem Wochenend-Encounter teilzunehmen. Die Klientin wollte diesem Freund nichts von der Vergewaltigung erzählen und sagte deshalb nur »Nein, danke«; sie fügte hinzu, sie habe keine große Lust, am Wochenende auszugehen, und verabschiedete sich. Etwas später am gleichen Abend rief der Freund ein zweites Mal an und wiederholte seine Einladung. Diesmal war er dringender; er sagte immer wieder, die Gruppenerfahrung werde ihr guttun, und sie solle sich die Sache doch noch einmal überlegen und mitgehen. Als sie wiederum ablehnte und er sie weiter bedrängte, legte sie schließlich den Hörer auf. Sie hatte dem Freund auf keinen Fall von der Vergewaltigung erzählen wollen (es fiel ihr zu diesem Zeitpunkt nicht leicht, mit irgend jemandem außer dem Therapeuten darüber zu sprechen). Schließlich rief der Freund gegen halb ein Uhr nachts ein drittes Mal an. Er war sehr aggressiv und sagte, sie sei ein Feigling und ein dummes Huhn, weil sie nicht mit ihm gehen wolle. Dieses Mal war sie schon halb im Schlaf, platzte unüberlegt heraus: »Laß mich in Ruhe, ich bin gerade erst vergewaltigt worden« und warf den Hörer heftig auf die Gabel.

Nach diesem Vorfall kam es ihr vor, als sei sie ein zweites Mal vergewaltigt worden. Schluchzend beendete sie ihren Bericht: »Ich wollte es ihm doch nicht sagen ... er hat mich drangekriegt und hat es geschafft, daß ich es ihm erzählt habe. Es war wirklich, als ob ich ein zweites Mal vergewaltigt würde ... Habe ich denn die Herrschaft über alles und jedes verloren? Ich kann zu nichts nein sagen!« An diesem Beispiel wird deutlich, wie wichtig es ist, daß das Opfer seine Fähigkeit, nein zu sagen, wiedergewinnt und zu der Überzeugung zurückfindet, daß es über sein Leben selbst bestimmen kann.

Es gibt auch Frauen, die sich der Therapie widersetzen und sie sogar für eine Zeitlang aufgeben wollen, auch wenn sie das erlittene Trauma noch nicht vollständig verarbeitet haben. Der Therapeut kann in einem solchen Fall beispielsweise sagen: »Ich glaube eigentlich nicht, daß Sie Ihre Gefühle in bezug auf diesen Vorfall wirklich schon voll und ganz durchgearbeitet haben. Und ich meine, es gibt noch ein paar mehr Dinge, mit denen Sie sich beschäftigen müssen. Aber wenn Sie erst einmal aufhören wollen, nun gut. Und wenn Sie später wiederkommen möchten, dann ist das auch gut. Ich werde aber keinesfalls darauf bestehen.« Die Frau wird es zu schätzen wissen, daß der Therapeut ihren Entschluß respektiert. In den meisten Fällen kommt eine solche Klientin später zurück, gewöhnlich innerhalb der nächsten zwei bis drei Monate.

Ein Beispiel dafür haben wir in der jungen Frau, die wie gewöhnlich zur Arbeit gehen wollte, nachdem sie am Tag zuvor brutal geschlagen, vergewaltigt und zum Analverkehr gezwungen worden war. Sie traf an ihrem Arbeitsplatz ein, spürte aber im gleichen Augenblick so etwas wie einen Zwang, auf die Toilette zu rennen, sich dort etwa zwanzig Minuten lang zu verstecken und dann nach Hause zu gehen. Sie hatte den dringenden Wunsch gehabt, sich selbst und allen anderen zu beweisen, daß mit ihr alles in Ordnung war. Sie verkniff sich das Weinen und zeigte nach außen hin keinerlei Emotionen, weil sie meinte, wenn sie es sich gestatten würde, zuzugeben, wie schrecklich gekränkt und verletzt sie war, dann würde sie dem Täter damit in symbolischer Weise die Genugtuung verschaffen, zu wissen, wie sehr er sie verletzt hatte. Eine ganze Zeitlang weigerte sie sich auch in der Therapie, ihre Gefühle zum Ausdruck zu bringen, und schließlich beschloß sie, die Behandlung abzubrechen. Der Therapeut sagte ihr daraufhin unter anderem, sie sei noch nicht bereit, sich mit ihren Gefühlen auseinanderzusetzen, und wenn sie später wiederkommen wolle, sei sie jederzeit willkommen.

Als die Klientin etwa vier Monate später die Behandlung wieder aufnahm, sagte sie gleich in der ersten Sitzung, sie sei inzwischen bereit, sich ihren Gefühlen zu stellen. In dieser und den nächsten Sitzungen gab sie zu erkennen, daß es ihr sehr schwergefallen war, einen Tag nach dem anderen durchzustehen. Wenn der Therapeut sie damals unter Druck gesetzt und von ihr verlangt hätte, sich über ihre Gefühle zu äußern (was er ja leicht hätte tun können), dann wäre sie aus dem Zimmer gerannt und niemals zurückgekommen, weil das in ihren Augen nur eine andere Form des

Überfalls gewesen wäre. Die Klientin blieb nun beim zweiten Anlauf etwa fünf Monate lang in Behandlung und konnte in dieser Zeit mit den emotionalen und sexuellen Konflikten durchaus fertigwerden, die sie früher nicht einmal hatte zugeben können.

Das sexuelle Element bei der Vergewaltigung

Wir müssen uns darüber im klaren sein, daß die Vergewaltigung keine sexuelle Begegnung im üblichen Sinne darstellt. Sie ist vielmehr ein Geschehen, bei dem die eine Person die andere *durch das Mittel der sexuellen Aktivität* verletzt. Natürlich ist der Täter in den meisten Fällen sexuell erregt, aber was ihn zunächst zu seiner Tat treibt, ist nicht das sexuelle Begehren, sondern der Wunsch, einem Opfer etwas anzutun. Es ist das Bedürfnis, zu erniedrigen oder zu zerstören, das dann die Erregung herbeiführt. Viele gewohnheitsmäßige Sexualtäter werden von Mal zu Mal gewalttätiger, wobei es ihnen ebenso sehr um die Attacke gegen die Frau wie um den sexuellen Akt geht. Häufig hat der Täter überdies große Schwierigkeiten, überhaupt zur Erektion zu gelangen, wenn er dem Opfer nicht zugleich Schmerz zufügt oder es zu irgendwelchen bizarren oder demütigenden Handlungen zwingt und dann sieht, wie das Gesicht der Frau sich vor Schmerz und Ekel verzerrt.

Es kommt vor, daß eine Frau, die zu extrem erniedrigenden Handlungen gezwungen worden ist, über diese Details anfangs mit keinem Menschen sprechen und sie auch der Polizei nicht mitteilen möchte, weder dem Beamten, der die Ermittlungen leitet, noch dem Staatsanwalt. Erst wenn sie im Zeugenstand steht und unter Eid aussagen soll, gibt sie vielleicht zu Protokoll, daß sie zum Mundverkehr oder zum Analverkehr gezwungen worden sei. Daß sie sich so lange gesträubt hat, gewichtige Einzelheiten preiszugeben, könnte unter anderem daran liegen, daß es niemanden gab, der ihr so wenig bedrohlich erschienen wäre, daß sie ihm ihre Geschichte hätte völlig wahrheitsgemäß erzählen können. In vielen Fällen unterscheidet sich das, was die Frau anfangs zu sagen bereit ist, sehr stark von dem, was sie später berichtet, wenn sie sich sicher fühlt und weiß, daß der Therapeut sie akzeptiert. Der Therapeut kommt vielleicht sogar dahinter, daß ihr über die Tatsache der Vergewaltigung hinaus noch in anderer Weise Schaden und Schmerz zugefügt worden ist. Leider ist unser Rechtssystem so geartet, daß eine Frau, die vergewaltigt worden ist, eher davor zurückschreckt, die Einzelheiten der verbrecherischen Handlung mitzuteilen, vor allem weil sie so vielen ihr völlig fremden Menschen immer wieder Rede und Antwort stehen soll. Allerdings hat sich die Haltung der Polizei in den letzten Jahren ganz erheblich geändert; die Beamten haben inzwischen gelernt, daß die Frauen besser mit ihnen zusammenarbeiten und sie entsprechend mehr Fälle erfolgreich abschließen können, wenn sie ihre Fragen vorsichtiger und mit mehr Einfühlungsvermögen formulieren.

Was die sexuellen Elemente der Vergewaltigung angeht, so gibt es vor allem zwei verbreitete Vorstellungen, die einer Klärung bedürfen: die erste betrifft die sogenannten Vergewaltigungsphantasien, bei der zweiten handelt es sich um den ganz und gar unsinnigen Gedanken, daß die Opfer doch zugeben sollten, daß sie durchaus »Genuß« oder »Spaß« an der Tat gefunden haben und deshalb später Gewissensbisse empfinden. (Diese Ansicht findet sich leider auch bei Whitlock, 1978.) Dazu läßt sich sagen, daß Vergewaltigungsphantasien gesteuerte Phantasien sind (Notman und Nadelson, 1976), das heißt, eine Frau, die sich solchen Phantasien hingibt, entscheidet darüber, wer die Vergewaltigung begehen wird, wo sie sich ereignen und welche sexuellen Handlungen im einzelnen damit verbunden sein sollen. Wichtig ist in diesem Zusammenhang die Überlegung, daß die Frau beschlossen hat, daß *sie* in dieser Vorstellung vergewaltigt werden möchte. Bei einer wirklichen Vergewaltigung ist der Täter vermutlich das genaue Gegenteil des Mannes, an den die Frau in ihrer Phantasie gedacht hat, und in jeder Hinsicht so abstoßend wie eine Figur aus dem denkbar schrecklichsten Alptraum. Bei einer wirklichen Vergewaltigung empfindet die Frau wirkliche Angst und erfährt wirkliche Gewalt, nicht jene romantisierte männliche Stärke, von der sie in der – von ihr selbst gesteuerten – Phantasie vielleicht träumt. Das heißt also, eine echte Vergewaltigung hat nicht die geringste Ähnlichkeit mit einer phantasierten Vergewaltigung, denn der Zweck der ersteren ist es, dem Opfer physischen und psychischen Schmerz zu bereiten. Der Täter sucht nicht in erster Linie die physische Lust oder die sexuelle Befriedigung; sein Hauptmotiv ist es, dem Opfer Schaden zuzufügen.

Die zweite falsche Vorstellung in bezug auf eine Vergewaltigung, daß Frauen angeblich durchaus Freude daran haben, »mit Gewalt genommen zu werden«, ist weitgehend eine Folge der passiven sozialen Rolle, die die Frau zu übernehmen gelernt hat. In manchen Fällen ist es nur deshalb zu einer Vergewaltigung gekommen, weil die betroffene Frau schlicht alles getan hat, was der Täter von ihr verlangte, statt wegzulaufen oder um Hilfe zu rufen. Daneben kommt es auch deshalb oft zu Mißverständnissen zwischen den Geschlechtern, weil die Frau als Kind nicht gelernt hat, deutlich zu machen, daß »nein« nichts anderes bedeutet als »nein«. Wenn ein Mann der Meinung ist, daß »nein« nicht immer ein Nein bedeutet, dann wird er es auch dann nicht ernst nehmen, wenn es zum zweiten oder zum dritten Mal ausgesprochen wird.

Eine plausible Erkärung für die Vorstellung, daß das Opfer einer sexuellen Gewalttat das Erlebnis unter Umständen herbeigewünscht oder genossen habe, findet sich in dem weiter oben beschriebenen typischen Verhalten der Frau, die Opfer einer Vergewaltigung geworden ist. Wenn die Frau immer wieder fragt: »Warum ist das gerade mir passiert?« und »Ist das vielleicht die Strafe für etwas, das ich früher getan habe?«, dann schürt sie damit unwissentlich und unwillentlich einen solchen Verdacht, während sie doch in Wahrheit nur versucht, Ordnung in ihre Gedanken und ihr Selbstbild wieder einigermaßen ins Gleichgewicht zu bringen. Viele Frauen, die in der Vergewaltigung eine Strafe erblicken, sind und/oder waren passive Naturen und werden von einem Beobachter leicht mißverstanden. Wir haben in unserem Zentrum schon mehr als hundert Frauen befragt und behandelt, die Opfer eines sexuellen Gewaltaktes geworden waren. Nicht eine einzige von ihnen hat dieses Erlebnis auch nur einen Augenblick lang in irgendeiner Hinsicht »genossen«.

Das strafrechtliche Verfahren

Die Entscheidung, ob sie die Vergewaltigung anzeigen will oder nicht, ist zwar der betroffenen Frau überlassen, aber normalerweise reden wir einer Frau zu, die Tat zu melden, und zwar aus mehreren Gründen. Zunächst einmal wissen wir, daß es kaum einen Täter gibt, der nur eine einzige Vergewaltigung begeht. In der Regel wird ein solcher Mann das gleiche Delikt wieder und wieder begehen, und es ist wahrscheinlich, daß er von Fall zu Fall härter und gewalttätiger vorgeht. So kann alles, was eine betroffene Frau aussagt, dazu beitragen, daß der Täter gefunden wird oder ein bestehender schwacher Verdacht sich verdichtet. Darüber hinaus hat es einen gewissen symbolischen Wert, wenn das Opfer die Tat anzeigt und damit die Gesellschaft bittet, Gerechtigkeit zu üben. Auch wenn wir häufig vergessen, welche Signifikanz den Symbolen und Ritualen in unserem eigenen Leben zukommt, sollten wir doch nicht übersehen, daß dieser Schritt für den Prozeß der Wiederherstellung des Opfers von größter Bedeutung sein kann. Selbst wenn der Täter nicht oder nicht sofort gefunden wird oder auf irgendeine Weise durch die Maschen des Gesetzes schlüpft, weiß die Frau doch, daß eine Anzeige das Unrecht, das ihr geschehen ist, wiedergutmachen könnte. Wenn sie dann sogar mit eigenen Augen sieht, daß der Mann vor den Richter gebracht wird, dann wird das den Wiederherstellungsprozeß begünstigen und ihr helfen, wieder einen Sinn in ihrem Leben zu erkennen.

Häufig bemühen sich Frauen, die vergewaltigt worden sind, zunächst um psychologischen Beistand, bevor sie sich an die Polizei wenden, zumal wenn sie schon einen Therapeuten kennen oder wenn sie wissen, daß eine Krisenberatungsstelle in erreichbarer Nähe ist. Der Therapeut sollte sich nicht allein an den Schauplatz der Tat begeben, weil der Täter immerhin noch in der Nähe sein könnte. Besser und sicherer ist es, vorher die Polizei zu verständigen und sich zu vergewissern, daß auch die Beamten den Tatort aufsuchen werden. Der betroffenen Frau sollte man sogleich anraten, sich zunächst nicht zu waschen und auch ihre Kleidung nicht zu reinigen, auch wenn sie den verständlichen Drang hat, dies zu tun. Aber damit würde sie Spuren und Anhaltspunkte vernichten, die für die strafrechtliche Untersuchung von Belang sind. Es sind leider schon viele Vergewaltigungstäter ihrer gerechten Bestrafung entgangen, weil wichtiges Beweismaterial auf diese Weise verlorengegangen ist.

Die Polizei wird die Frau zur Untersuchung und Behandlung zuerst einmal ins nächstgelegene Krankenhaus bringen. Die Befragung durch die Polizei kann am Tatort oder im Notaufnahmeraum des Krankenhauses erfolgen. Der Polizeibeamte nimmt die Aussage der Frau auf Band auf, und während sie ihre Aussage auf das Band spricht, kann der Therapeut ihr allein durch seine Anwesenheit eine große Stütze sein.

In vielen Fällen muß die Frau später noch vor einem speziell in der Ermittlung von Sexualdelikten geschulten Mitarbeiter der Polizei oder vor einem Detektiv aussagen. Dabei werden im Interesse der Klärung des Falles noch viele intime Einzelheiten erfragt werden müssen. Ihre Antworten auf diese Fragen sind wichtig, denn jeder Vergewaltigungstäter geht auf seine eigene Weise vor, und die Art, wie ein Mann eine Frau vergewaltigt, ist für seine Identifizierung häufig ebenso aufschlußreich wie ein Fingerabdruck oder eine Unterschrift. Manche Täter fesseln ihre Opfer in einer ganz bestimmten und einmaligen Weise; manche halten sich in ihren Worten und Handlungen an immer die gleiche Reihenfolge, und wieder andere haben eine ganz bestimmte Art, sich an ihr Opfer heranzuschleichen und es zu überrumpeln. Ein Fall wurde einmal dadurch gelöst, daß die Frau den Spezialknoten beschreiben konnte, den der Täter geknüpft hatte, um sie zu fesseln, und sich an bestimmte sprachliche Eigentümlichkeiten erinnerte, die allein für einen Mann charakteristisch waren, der bereits unter Verdacht stand. Der Therapeut sollte die Frau auf diese Befragung vorbereiten, und seine bloße Anwesenheit kann der Frau Mut machen, so daß sie sich auch über Details freier äußert. Sein kommunikatives Geschick und seine Erfahrung als Berater können übrigens auch dem aufnehmenden Beamten beim Zusammentragen der notwendigen Informationen zugute kommen und dafür sorgen, daß das Opfer diese Situation nicht als ein weiteres Trauma erlebt.

Unter Umständen werden noch weitere Gespräche mit dem Polizeibeamten anberaumt, wenn im Zuge der inzwischen aufgenommenen Ermittlungen weitere Einzelheiten erfragt werden müssen. Man wird die Frau auch bitten, bei der Anfertigung eines Phantombildes des Täters behilflich zu sein (die Polizei hält zu diesem Zweck Musterzeichnungen von allen Gesichtsteilen bereit, aus denen das Opfer diejenigen auswählt, die den Zügen des Täters am ähnlichsten sind). Vielleicht wird man sie auch auffordern, sich Bilder von Tatverdächtigen anzusehen oder eine Reihe von Personen (meistens durch einen Einwegspiegel) zu beobachten, unter denen sich auch ein der Tat verdächtiger Mann befindet. Eine solcher »Vorführungstermin« kann für die Frau erschreckend und sogar traumatisch sein, und dies in mehrfacher Hinsicht. Wenn die betroffene Frau bei dieser Gelegenheit ihrem Angreifer tatsächlich zum ersten Mal nach der Tat wieder gegenübersteht, wird dies für sie außerordentlich schmerzlich sein.

Frauen, die vergewaltigt worden sind, glauben häufig, daß der Täter »allmächtig« sei und sie selbst völlig hilflos. Deshalb wird in manchen Fällen ein Therapeut gebeten, der Vorführung beizuwohnen und die Frau darüber zu beruhigen, daß keiner der hier vorgeführten Männer etwa ausbrechen und sie erneut und aus Rache dafür angreifen kann, daß sie die Vergewaltigung angezeigt hat. Er wird ihr immer wieder sagen, daß hier ja eine Menge Leute zugegen sind, die sie beschützen können, und daß sie während dieser unvermeidlichen Prozedur keinen Augenblick lang alleingelassen wird. (Es wäre in der Tat nicht klug, das Opfer bei solchen polizeilichen Ermittlungen allein zu lassen.)

Es muß auch dringend davon abgeraten werden, daß die Frau den Vorführraum in Begleitung ihres Mannes, ihres Freundes oder ihrer Eltern betritt. Es ist nämlich leicht möglich, daß sie eine sehr heftige gefühlsmäßige Reaktion zeigt, wenn sie ihren Peiniger erkennt. Ein Mensch, der ihr sehr nahe steht, könnte diese Reaktion mißverstehen, und das wird die Dinge nur noch weiter komplizieren. Der Therapeut weiß aus Erfahrung, daß die Frau ihre Angehörigen gewöhnlich gerne in der Nähe weiß, daß sie aber nicht will, daß sie zugegen sind, falls es wirklich zu einer Gegenüberstellung mit dem Täter kommt. Selten wird unser Anerbieten abgelehnt, daß wir die Frau anstelle eines ihrer Angehörigen zu dieser Vorführung begleiten. Meist ist die Frau erleichtert darüber, daß wir ihr dies anbieten, weil sie nämlich in ihrer Angst oder Aufregung nicht gewagt hat, uns selbst darum zu bitten.

Im Anschluß an die Ermittlungen bei der Polizei ist es ratsam, ein Gespräch unter vier Augen mit der Klientin zu führen, zumindest ein Zusammentreffen mit ihr noch für den gleichen Tag oder Abend zu vereinbaren. In dieser ersten Sitzung wird es wahrscheinlich um sehr wichtige Dinge gehen — wenn etwa der Täter nicht unter den vorgeführten Personen war, dann ist die Frau vielleicht sehr niedergeschlagen. Jetzt kommt die Erinnerung an den Überfall wieder mit Macht an die Oberfläche, und die Angst vor der Allmacht des Täters erwacht von neuem, weil die Polizei ihn noch nicht hat stellen können. Phantasien tauchen auf, der Täter würde wiederkommen, um Rache zu nehmen, weil die Frau die Polizei eingeschaltet hat. Wenn der Täter umgekehrt tatsächlich unter den vorgeführten Personen war, dann machen ihr andere Dinge Sorgen – die Frage nämlich, ob er es jetzt, da sie ihn identifiziert hat, vielleicht schaffen könnte, aus dem Gefängnis auszubrechen, und ob er dann den Versuch machen würde, sie umzubringen oder sie aus Rache ein weiteres Mal zu überfallen. Selbst wenn sie den Täter soeben in Gefängniskleidung und Handschellen gesehen hat, kommt es vor, daß eine solche Frau fragt: »Sind Sie sicher, daß es keine Möglichkeit für ihn gibt, herauszukommen und uns zu schnappen, wenn wir hier weggehen?« Es vergeht oft viel Zeit, bevor das Opfer einer Vergewaltigung die Furcht vor einem Vergeltungsakt des Täters in Form einer zweiten Attacke verliert. Oft legt sich diese Furcht erst lange nach seiner Verurteilung.

Diese Ängste und Befürchtungen halten noch länger an, wenn der Täter nicht gefaßt oder aber aus irgendeinem Grunde nicht überführt und verurteilt wird (was leider häufig vorkommt). Für eine betroffene Frau ist es schwer zu verstehen, daß das, wodurch sie so tief gekränkt und verletzt worden ist, für den Angreifer ein völlig unpersönlicher Vorgang sein sollte. Ob der Täter nun gefaßt wird oder nicht, der Therapeut sollte sich in jedem Fall ausreichend Zeit für die Aufgabe nehmen, der Frau wieder zum Gefühl der inneren und äußeren Sicherheit zu verhelfen. Er kann ihr beispielsweise raten, sich an die für die Öffentlichkeitsarbeit oder an die für die vorbeugende Verbrechensbekämpfung zuständige Abteilung der Polizei zu wenden und um Ratschläge zu bitten, wie sie ihre Wohnung so einbruchssicher wie möglich machen kann. Die meisten Polizeireviere sind zu dieser Art der Beratung bereit und informieren beispielsweise auch darüber, welche Schlösser sich am besten eignen.

Verschiedene Gruppen bieten den betroffenen Frauen auch Kurse in Selbstverteidigung und persönlicher Sicherheit an, die über das vermittelte »technische« Wissen hinaus von psychologischem Wert sind, weil sie den Teilnehmerinnen zu der Erkenntnis verhelfen, daß sie ja nicht passiv bleiben müssen, und die Frauen darüber hinaus belehren, was sie tun können, um einem etwaigen erneuten Überfall zu entgehen. Vor allem lernen die Frauen hier »defensiv zu denken«, so daß sie in Zukunft Situationen eher vermeiden können, die ein hohes Sicherheitsrisiko bergen.

Wenn das Opfer den Angreifer zweifelsfrei identifizieren kann, wird er inhaftiert und muß mit einer Anklage rechnen. Später kommt es dann zu seiner Vernehmung, das heißt, er muß vor dem Richter erscheinen und wird sich angesichts der Anklage, die gegen ihn erhoben worden ist, schuldig oder nicht schuldig bekennen. Bei dieser Gelegenheit wird ein Termin für die Zeugenvernehmung anberaumt. Der Angeklagte hat das Recht zu verlangen, daß diese Zeugenvernehmung innerhalb der nächsten zehn Tage stattfindet, aber er braucht von diesem Recht keinen Gebrauch zu machen, wenn er nicht will. Zur Zeugenvernehmung muß die betroffene Frau vor Gericht erscheinen, und in der Zeit, die bis dahin vergeht, ist sie in der Regel von Unruhe und Angst erfüllt und macht sich Sorgen über den Verlauf dieses Termins. In dieser Zeit wird es sich als sehr hilfreich erweisen, wenn der Therapeut sie im möglichst selbstbewußten und selbstsicheren Auftreten unterweist, die Situation vor Gericht mit ihr durchspielt und gemeinsam mit ihr überlegt, welche Fragen ihr vermutlich gestellt werden und wie sie darauf am besten antworten sollte. Er sollte sich auch vergewissern, daß die Frau verstanden hat, daß es sich bei dieser Vernehmung nicht etwa schon um einen Prozeß handelt, sondern darum, das Material zusammenzutragen, anhand dessen der Richter dann darüber entscheidet, ob ein Prozeß stattfinden soll oder nicht.

Bei der Vernehmung wird die Frau aufgefordert, unter Eid und in allen Einzelheiten über den Überfall zu berichten. Dabei hat die Verteidigung (in den meisten Bundesstaaten) nicht das Recht, sie nach ihrer persönlichen Vergangenheit oder nach ihrem Sexualleben zu fragen. Solche Fragen werden zwar gelegentlich gestellt, aber in aller Regel als unzulässig zurückgewiesen. Die Frau kann sich auf dieses erste Auftreten vor Gericht mit Hilfe des Rollenspiels vorbereiten. Dabei lernt sie, die an sie gerichteten Fragen langsam zu beantworten, was dem Staatsanwalt die Möglichkeit gibt, notfalls gegen die Frage zu protestieren. Im allgemeinen soll durch die Zeugenvernehmung in einem Fall von Vergewaltigung festgestellt werden, daß es 1. zur Gewaltanwendung gekommen ist bzw. Gewaltanwendung zu befürchten war und der Täter tatsächlich in den Körper des Opfers eingedrungen ist; daß 2. der Täter nicht der Ehemann des Opfers ist (außer in Staaten, deren Gesetz auch den Tatbestand der Vergewaltigung in der Ehe anerkennt), und daß 3. das Opfer den Vergewaltigungstäter identifizieren kann. Bei dieser Vernehmung wird auch geprüft, welche Anhaltspunkte die ärztliche Untersuchung des Opfers erbracht hat und wie aussagekräftig die eventuellen weiteren Zeugnisse oder Beweisstücke sind. Niemand ist besser als der Therapeut für die Aufgabe gerüstet, die betroffene Frau so auf die Vernehmung vorzubereiten, daß sie ihr auch gewachsen ist. Wenn sie in dieser ersten Phase entsprechend vorbereitet und unterstützt wird, fällt es ihr in der Regel leichter, auch den Prozeß selbst zu durchstehen und das bedrückende Gerichtsverfahren mit einigem Gleichmut zu ertragen.

Die Frage, ob man Freunde und Angehörige des Opfers zu dieser ersten Vernehmung und zum Prozeß überhaupt zulassen sollte, muß sehr genau überlegt werden. Auch wenn eine Frau noch so gut vorbereitet ist – das Erscheinen vor Gericht wegen eines Sexualdeliktes ist in keinem Fall eine angenehme Erfahrung. Sie muß den Anblick des (mutmaßlichen) Täters ein weiteres Mal ertragen, und dieses Mal ohne den Schutz des Einwegspiegels, durch den sie ihn das erste Mal beobachtet hat. Außerdem werden sie und ihre Begleiter eine ganze Weile in der Nähe des Beschuldigten sitzen müssen. Auch wenn der Ehepartner, die Kinder, die Eltern oder andere Angehörige der Frau glauben, sie könnten ihr durch ihre Anwesenheit im gleichen Raum »moralischen Beistand« leisten – hilfreicher ist es wahrscheinlich, wenn sie draußen warten und nur der Therapeut oder der Anwalt die Frau in den Gerichtssaal begleitet. Wenn die Frau sich scheut, ihnen das selbst zu sagen, dann kann sie den Staatsanwalt bitten, dafür zu sorgen, daß der Richter eine nichtöffentliche Verhandlung anordnet. Das heißt, das ganze Verfahren erhält gewissermaßen einen privaten Anstrich, und die Frau darf von nicht mehr als einer Person begleitet werden. (Mit dieser Regelung hat man in erster Linie an jugendliche Opfer gedacht, aber ein einfühlsamer Richter wird sie auch bei erwachsenen Frauen anwenden, wenn er darum gebeten wird.)

Zur psychischen Vorbereitung auf den Prozeß wird der Therapeut es unter Umständen für notwendig halten, die Frau bestimmte Entspannungstechniken zu lehren. Diese Übungen werden sich nach den jeweiligen Bedürfnissen der Frau richten, sie können in Atem- und Muskelentspannung bestehen, aber auch in der Evokation von bestimmten Vorstellungen, daß der Täter etwa zu einer

Zuchthausstrafe verurteilt wird, oder von Bildern mit angenehmen Szenen, etwa von einem Spaziergang über eine Wiese. Der Therapeut wird der Frau auch sagen, daß sie, wenn sie im Zeugenstand das Gefühl hat, daß es mit ihrer Fassung gleich vorbei ist, sich ein Glas Wasser geben lassen oder darum bitten kann, daß man eine kleine Pause macht, weil sie sich ausruhen will oder sich schlecht fühlt.

Sobald der Täter überführt und verurteilt ist, verspüren die meisten Opfer große Erleichterung und das Gefühl, die Sache »abgeschlossen« zu haben. Wenn der Prozeß in diesem Sinne gut ausgegangen ist, dann ist das von großem symbolischem Gewicht und der Wiederherstellung der Frau in vieler Hinsicht förderlich. Damit ist klar erwiesen, daß die Gesellschaft über die Möglichkeit verfügt, jenen Menschen Rechtsschutz zu gewähren und Genugtuung zu verschaffen, die das Opfer eines Gewaltverbrechens geworden sind (und zwar ohne daß sie selbst etwas unternehmen müssen, um die Tat zu rächen). Noch wichtiger für die Frau ist die Erkenntnis, daß sie einen erfolgreichen Kampf gegen den Täter geführt hat. Die meisten vergewaltigten Frauen, mit denen wir gearbeitet haben – insbesondere natürlich diejenigen, die über ein großes Maß an Unterstützung aus ihrer Umgebung verfügten –, äußerten später, daß es sich gelohnt habe, den Gerichtsprozeß durchzustehen – vorausgesetzt, der Täter wurde verurteilt. Bemerkenswert ist auch die Tatsache, daß diejenigen, die mit der strafrechtlichen Seite zu tun haben (also Staatsanwälte, Polizeibeamte, Richter), allmählich erkennen, wie wichtig es ist, dem Opfer Unterstützung und Beistand zukommen zu lassen, nicht zuletzt deshalb, weil sie dank solcher Hilfsmaßnahmen in mehr Fällen eine Überprüfung und Verurteilung des Täters erreichen. Auf diese veränderte Einstellung, was die Schlüsselrolle des Opfers bei der Verfolgung von Gewaltverbrechen betrifft, geht beispielsweise der Beschluß der gewerkschaftlich organisierten Polizeibeamten in einer nordkalifornischen Stadt zurück, einen Fonds zu unterstützen, der den Opfern von Sexualdelikten finanzielle Hilfe leistet.

Was geschieht, wenn der angeklagte Täter nicht überführt wird? Diese Möglichkeit besteht natürlich, und das heißt, daß wir uns realistisch mit ihr auseinandersetzen müssen. Auch wenn dem Täter eine Vergewaltigung nicht nachgewiesen werden kann, so kann man ihn zumindest eines anderen Deliktes überführen, etwa der Bedrohung des Opfers mit einer tödlichen Waffe. Auch die dafür verhängte geringere Bestrafung ist oft geeignet, der Frau eine gewisse Genugtuung zu verschaffen. Selbst wenn der Angeklagte in keinem Punkt überführt und verurteilt wird, kann der Therapeut seine Klientin darauf hinweisen, daß sie etwas unternommen hat, um das ihr angetane Unrecht wiedergutzumachen – daß sie, mit anderen Worten, ihr Leben wieder selbst in die Hand genommen hat. Und schließlich muß nochmals wiederholt werden: Wer einen anderen Menschen überfallen und bedroht hat, tut dies auch ein zweites oder drittes Mal. Bleibt ein Fall unaufgeklärt, so liefert er doch unter Umständen signifikante Anhaltspunkte für die Aufklärung eines späteren Deliktes und kann so dazu beitragen, daß der Täter am Ende überführt wird.

Wenn der Vergewaltigungstäter nicht gefaßt werden kann, zieht sich die Wiederherstellung des Opfers in die Länge; die Frau leidet dann vielleicht unter wiederkehrenden Alpträumen, hat große Angst, allein zu bleiben, oder fürchtet, daß der Täter wiederkommen und sie ein zweites Mal überfallen könnte. Auf diese Ängste und Befürchtungen sollte der Therapeut zumindest eine Zeitlang insoweit eingehen, als er Verständnis für ihren Wunsch zeigt, nicht alleingelassen zu werden, und für verstärkte Hilfe und Unterstützung durch ihre Umgebung sorgt. In seinen therapeutischen Bemühungen empfiehlt sich ein langsames, strukturiertes, schrittweises Vorgehen, durch das die Frau ermutigt wird, ihr Leben ganz allmählich wieder selbst in die Hand zu nehmen.

Daneben kann der Therapeut seiner Klientin praktische Schritte und Maßnahmen anraten, die ebenfalls ihrer inneren Sicherheit zugute kommen und zugleich dafür sorgen, daß sie sich in ihren vier Wänden nicht bedroht fühlt.

Das stützende Netzwerk

Wenn eine Frau, die vergewaltigt worden ist, eine »signifikante Bezugsperson«, zum Beispiel einen Ehemann oder Freund hat, dann empfiehlt es sich für den Therapeuten, zumindest ein Gespräch unter vier Augen auch mit dieser Person zu führen. Nur zu häufig werden nämlich im ersten Schrecken nach einer solchen Untat die Gefühle und Bedürfnisse der Bezugspersonen übersehen. In ihrem Kummer und ihrer Hilflosigkeit angesichts der furchtbaren Kränkung, die die Frau, die ihnen nahesteht, erlitten hat, platzen sie unter Umständen mit Fragen heraus wie etwa: »Wie konntest du es zulassen, daß er dir so etwas angetan hat?« oder »Warum um Gottes willen hast du denn die Autotür nicht verschlossen?« Ein unbedachter Ausbruch dieser Art kann das ohnehin ganz unangebrachte Schuldgefühl der Frau noch verstärken und ihre Selbstzweifel erhöhen (Silverman, 1978, S. 167). Eine solche Frage, in der ja eine leise Anklage mitschwingt, kann in diesem Augenblick der psychischen Krise auch einen nicht wiedergutzumachenden Riß in dieser Partnerbeziehung bewirken. Nur sehr selten bleibt eine Liebesbeziehung vom Trauma des sexuellen Überfalls unberührt. Wie die Organisation »Women against Rape« im kalifornischen Bezirk Santa Clara mitteilt, wird in etwa der Hälfte aller Vergewaltigungsfälle die wichtigste Partnerbeziehung der Frau bzw. ihre Ehe durch das Verbrechen zerstört. Allerdings ließen sich viele dieser Beziehungen retten, wenn auch der Partner in diesem kritischen Augenblick und bis zur Wiederherstellung der Frau Beratung und Unterstützung erhalten würde. Ideal wäre es, wenn der Therapeut zwei oder mehr Sitzungen mit dem Partner der Frau und mindestens vier Paarsitzungen abhalten würde.

In den Einzelsitzungen mit dem Partner der Frau ist es wichtig, daß man dem Mann genügend Zeit läßt, seinen Schmerz und seinen Zorn über das Geschehene zum Ausdruck zu bringen, die er in Gegenwart der betroffenen Frau vielleicht nicht hat zeigen können und wollen (Silverman, 1978, S. 167). Der Therapeut muß versuchen, ihm begreiflich zu machen, was im Augenblick in seiner Partnerin vor sich geht, er muß ihm erklären, daß sie sich durch den Prozeß der Wiederherstellung hindurcharbeiten muß, um sich von der Vergewaltigung zu erholen, und er muß ihm sagen, daß und warum die Frau unter Umständen ein Verhalten an den Tag legt, das auf den Beobachter paradox wirkt. Ihre scheinbare Ungerührtheit kann den Partner höchst mißtrauisch machen oder zumindest doch sehr verwirren. Der Therapeut wird dem Partner erklären, daß die Frau wahrscheinlich deshalb noch nicht imstande ist, ihren Zorn zu zeigen, weil ihre Abwehrmechanismen (die zum Heilungsprozeß beitragen) vollauf damit beschäftigt sind, ihr verstörtes Ich wiederherzustellen.

In diesen Sitzungen mit dem signifikanten Anderen kann der Therapeut auch darauf hinwirken, daß der Mann von seinen eingefahrenen falschen Vorstellungen über vergewaltigte Frauen (»nur schlechte Frauen – oder Frauen, die es darauf anlegen – werden vergewaltigt«) bzw. seiner männlich-überheblichen Denkweise (»Hat es ihr vielleicht Spaß gemacht?«) abrückt. Ein weiterer Schritt besteht darin, daß man den Blick des Partners über die sexuellen Aspekte der eigentlichen Tat hinaus auf die weitreichenderen Fragen lenkt, die die Frau im Augenblick beschäftigen – ihre Selbstachtung und persönliche Integrität. In diesem Zusammenhang sollte man dem Partner davon abraten, sich seiner Frau oder Freundin jetzt sexuell zu nähern – in dem unglücklichen Versuch, den ganzen Vorfall zu früh »ungeschehen zu machen«. Man muß ihm sagen, daß es besser ist, wenn er abwartet, bis die Frau ihm zu verstehen gibt, daß sie zur sexuellen Aktivität wieder bereit ist.

Wenn die vergewaltigte Frau sich zur strafrechtlichen Verfolgung des Täters entschließt, sollte der Therapeut neben seiner Klientin auch ihre wichtige(n) Bezugsperson(en) entsprechend vorbereiten. Zu manchen Zeiten, etwa bei der vorläufigen Zeugenanhörung und dann im Prozeß, hat die Frau vielleicht den Wunsch, daß ihr Partner zwar in der Nähe ist, sie möchte aber nicht, daß er der Verhandlung als Augenzeuge beiwohnt. Für ihre Sache ist es wichtig, daß sie auch erniedrigende oder bizarre Einzelheiten des Geschehens so offen und genau wie möglich beschreibt, und die Anwesenheit der Eltern, des Ehemannes oder des Freundes könnte ihrer wahrheitsgemäßen Darstellung der Dinge im Wege stehen. Einzelheiten der Tat ließen sich vielleicht selbst unter vier Augen nur schwer enthüllen. Man muß die Familie bzw. den Partner auch darauf vorbereiten, daß es durch die Verhandlungsatmosphäre unter Umständen zu einer »Rückblende« kommt, daß der Frau also (in visueller wie kinästhetischer Hinsicht) das schreckliche Erlebnis der Vergewaltigung in der Rückschau plötzlich wieder voll bewußt ist. Nach Abschluß des Gerichtsverfahrens ist die Frau selbstverständlich auf die anhaltende Fürsorge und den Schutz durch ihre Angehörigen angewiesen.

Wenn man den Angehörigen bzw. dem Partner das Gefühl vermitteln kann, daß sie an den Dingen ja ganz direkt beteiligt sind, und wenn man ihnen den Gefühlszustand des Opfers begreiflich machen kann, dann ist die Gefahr falscher und schädlicher Reaktionen von deren Seite längst nicht mehr so groß. Falsche Reaktionen sind dann zu erwarten, wenn 1. die Umgebung nicht versteht, was in der Frau vorgeht, wenn sie also nicht über den Prozeß ihrer inneren Wiederherstellung belehrt worden ist; 2. die Bezugspersonen nicht genügend beachtet werden und nicht Zeit und Gelegenheit erhalten, mit einem Berater oder Therapeuten zu sprechen und ihren Gefühlen Ausdruck zu geben. In vielen Fällen wird der Partner rascher in der Lage sein, seinen Zorn auszudrücken als die Frau selbst (Hilberman, 1976, S. 38). Deshalb werden die beiden sich auch unterschiedlich rasch von diesem Schlag (und allen Geschehnissen in seiner Folge) erholen. Auch das sollte der Therapeut bedenken, damit er dem einen das Verhalten des anderen verständlich machen kann.

Es ist zwar durchaus verständlich, daß der Partner das Verlangen verspürt, seinerseits gewalttätig gegen den Täter vorzugehen, aber selbstverständlich darf er das auf gar keinen Fall tun. Er muß es zulassen, daß das strafrechtliche Verfahren in Gang gesetzt wird und seinen Lauf nimmt – ein Prozeß, der sich ja auch positiv auf die Wiederherstellung des Opfers auswirken kann.

12 Selbstmord

Die Ätiologie des Suizidverhaltens

Psychische Notsituationen führen häufig zu Selbstmordgedanken, und die meisten Therapeuten haben es im Laufe ihrer beruflichen Tätigkeit immer wieder mit Klienten zu tun, die einen Selbstmord androhen oder einen Selbstmordversuch unternommen haben. In diesem Kapitel gehen wir den Ursachen nach, die einen Menschen so weit bringen können, daß er seinem Leben ein Ende machen will. Darüber hinaus wollen wir aufzeigen, mit welchen Techniken man sich darum bemühen kann, daß aus den Drohungen bzw. den Versuchen keine wirklichen Selbstmordhandlungen werden.

Zunächst sollen, um den Rahmen dieses Kapitels abzustecken, all jene Arten des Suizids genannt werden, die wir hier *nicht* erörtern werden. An erster Stelle stehen dabei die Selbstmordgedanken von Menschen, die sich im Endstadium einer unheilbaren Krankheit befinden und sich sagen: »In ein paar Tagen bin ich tot; warum sollte ich mir also das Leben nicht selbst nehmen?« Auch der Selbstmord infolge von Halluzinationen oder religiösem Fanatismus soll uns hier nicht beschäftigen, der Fall des Menschen also, der »Stimmen hört, die ihm befehlen, sich das Leben zu nehmen«, oder der der Meinung ist, »daß es Gottes Wille ist, daß ich mein Leben in dieser Weise beende«. Ferner wollen wir auch nicht die ursächlichen Faktoren in jenem Fall diskutieren, in dem nach dem Wertesystem eines Menschen der Selbstverstümmelung oder Selbstopferung ein positiver Wert zukommt, etwa nach dem Motto: »Ich werde mir viel Ruhm und Ehre verschaffen, wenn ich mir das Leben nehme« – wie dies bei den japanischen Kamikaze-Piloten im Zweiten Weltkrieg der Fall war. Und schließlich erstreckt sich unsere Diskussion auch nicht auf Menschen, die, da sie an ein ewiges Leben glauben, den irdischen Tod als einen zwar schmerzlichen, aber notwendigen Übergang in die Freuden des nichtendenden jenseitigen Lebens betrachten. Ein solcher Mensch sagt sich: »Ich werde mich umbringen, um im Jenseits wieder geboren zu werden.«

Dem Selbstmord aus dieser Perspektive ist insofern ein gewisses Moment der *Unfreiwilligkeit* inne, als ein Mensch, der so denkt, sich doch wohl einer höheren Macht fügt, die seinen Einflußmöglichkeiten weit überlegen ist. Uns geht es hier jedoch um das Moment der Freiwilligkeit, also um den Fall, daß ein Mensch seine eigene Zerstörung will und durch sein Handeln diesen persönlichen Willen zum Ausdruck bringt.

Zwischen der Betrachtung der Ätiologie des Selbstmords und der Betrachtung der Wirkungen der klinischen Depression besteht seit vielen Jahren ein enger Zusammenhang. Danach kann Verzweiflung, wenn sie pathologische Ausmaße erreicht, als ursächlicher Faktor des Suizidverhaltens ausreichen. Die Theorie besagt, daß, wenn nichts gegen die Verschlechterung eines bestehenden depressiven Zustandes unternommen wird, Gedanken auftauchen können, die sich einzig durch den Akt der Selbsttötung bewältigen lassen. Die traditionelle Meinung geht von einem pathologischen Kontinuum aus, innerhalb dessen der schwer depressive Zustand in den Selbstmord münden kann:

$$\text{depressiver Zustand} \longrightarrow \text{suizidale Vorstellungen}$$

Wenn dieses Paradigma erweitert wird und den bipolaren Charakter der manisch-depressiven Verfassung einschließt, dann erscheint der Selbstmord als deviante Folgeerscheinung der extremen Ausdehnung in die Richtung der Depression. Schlägt das Stimmungspendel allzu weit in diese Richtung aus, dann befindet sich das Ich in einer gefährlichen Lage, wie das folgende Schema zeigt:

$$\text{manischer Zustand} \leftarrow \text{Zustand des Wohlbefindens} \rightarrow \text{Depressiver Zustand} \rightarrow \text{Suizidvorstellungen}$$

Diese Dynamik hat sowohl in die klinische Betrachtung als auch in die laienhaften Vorstellungen über das Problem des Selbstmordes Eingang gefunden. Wenn ein Arzt den Mitarbeitern einer Krankenhausstation sagt, daß einer der aufgenommenen Patienten ein »Suizidpotential« besitze, dann liegt dieser Warnung gewöhnlich die Beobachtung zugrunde, daß der Mensch »extrem depressiv«

ist. Die Behandlung, die ihm zuteil wird, schließt in der Regel deshalb auch sogenannte »stimmungshebende Medikamente« ein. Der Laie, der erfährt, daß ein Mensch sich umgebracht hat, fragt gewöhnlich: »War er depressiv?«, und in den meisten Zeitungsberichten über Selbsttötungen findet sich auch eine Bemerkung der folgenden Art: »Er soll in den letzten Wochen sehr verzweifelt gewesen sein, weil . . .«

Die Ursprünge dieser verbreiteten Ansicht über die Dynamik des Selbstmordes liegen tief. Freud teilte die zunächst von Stekel (1910) vorgetragene und von Friedman (1967) diskutierte Auffassung, wonach suizidale Impulse auf Schuldgefühlen basieren, die vom Überich ausgehen. Stekel war der Meinung, daß das alte Gesetz der Vergeltung von Gleichem mit Gleichem (»Auge um Auge, Zahn um Zahn«) die pathologischen Gedankengänge des suizidgefährdeten Menschen erklären könne. Nach seiner Überzeugung wirkt dieses Prinzip etwa folgendermaßen:

1. Der (später zum Suizid getriebene) Mensch bildet den Wunsch aus, ein anderer Mensch möge tot sein.

2. Der Wunsch kann in keiner Weise zum Ausdruck gebracht werden.

3. Ein mörderischer Wunsch ist ein »Verbrechen«, und »die Strafe muß dem Verbrechen angemessen sein«.

4. Ein Mensch mit diesem Wunsch muß Schuldgefühle entwickeln, *weil* er einen solchen Wunsch gehabt hat.

5. Die Schuld kann er nur durch seinen eigenen, von ihm selbst herbeigeführten Tod sühnen (Auge um Auge).

In graphischer Darstellung sieht dieser Vorgang folgendermaßen aus:

Todeswunsch in bezug auf eine andere Person	→	Impuls wird vom Überich verdrängt	→	Schuld-gefühle	→	Selbst-zerstörung

Freud war von Stekels begrifflichem Schema so fasziniert, daß er es unbesehen in den größeren Zusammenhang seines Buches *Trauer und Melancholie* (1917) übernahm. Die einzige Schönheitskorrektur, die er daran vornahm, bestand in der Hinzufügung des Konzeptes der »Melancholie« als einer intervenierenden Variablen zwischen dem Schuldgefühl und dem selbstzerstörerischen Akt:

Schuldgefühle → Melancholischer Zustand → Selbstzerstörung

Dieses konzeptuelle Schema hat jahrzehntelang als Grundlage fast aller Erklärungen der Ätiologie des Selbstmordes gedient.

Dem Kliniker fällt es schwer, eine Theorie ernstzunehmen, deren Eckpfeiler die »Melancholie« ist, vor allem weil dieses Konzept heute kaum diagnostische Relevanz besitzt. Bei logischer Betrachtung muß man jeder Theorie den Vorzug geben, die eine intervenierende Variable wie die Melancholie ausschalten kann, denn von zwei Erklärungen trifft in der Regel eher die einfachere zu. Überdies könnte es sein, daß ein depressiver Zustand (Melancholie) eine zwar notwendige, nicht aber ausreichende Vorbedingung dafür ist, daß es zu Suizidgedanken kommt; wenn das der Fall ist, müssen wir nach einer anderen und direkteren Ursache suchen.

Muß ein Mensch notwendig depressiv sein, um einen Selbstmord zu erwägen? Zählte bei jenen Selbstmordfällen, die uns bekannt sind, auch ein depressiver Zustand zu den prädestinierenden Faktoren? War dieser Zustand der wichtigste Faktor? War die Depression im Fall des vollendeten Selbstmordes stärker als im Fall des Selbstmordversuchs, und steckt hinter dem Versuch wiederum »mehr Depression« als hinter der bloßen Geste oder Drohung? Ist die depressive Gemütsverfassung überhaupt eine motivierende Kraft beim Selbstmord? Das sind Fragen, die beantwortet werden müssen, wenn wir verstehen wollen, welcher Zusammenhang zwischen Selbstmord und Depression besteht.

Ein entscheidender dynamischer Faktor innerhalb des depressiven Syndroms ist der nach innen, der gegen das Selbst gekehrte Zorn. Die aggressiven Impulse machen gewissermaßen kehrt, weil sie nicht offen gegen die Person bzw. die Personen gerichtet werden können, denen sie eigentlich gelten. Der Depressive hat keine Möglichkeit, das Objekt seines Zornes anzugreifen, und deshalb muß dieser Zorn masochistischen Ausdruck erfahren, das heißt, der zornerfüllte Mensch hält sich für wertlos. In seinem ziellosen Zorn weint und jammert der Depressive nur ständig »Ich tauge nichts«. Zu dieser Äußerung treibt ihn die Unfähigkeit (oder die vermeintliche Unfähigkeit), Zorn nach außen zu richten. Tatsächlich wird gelegentlich die Meinung vertreten, der Elektroschock – in vielen Teilen der Welt noch immer die Behandlung der Wahl für die Depression – sei die symbolische Bestrafung für die »Verbrechen«, die der damit behandelte Mensch begangen hat. Kaum jemand bestreitet, daß Zorn die ursprüngliche affektive Quelle der Depression ist. Aber es bleiben zwei Fragen: 1. Ist das Suizidverhalten nichts als eine Übertreibung des depressiven Zustandes? 2. Welcher Zusammenhang besteht zwischen Zorn und Suizid? Seit Beginn unseres Jahrhunderts gelten Depression und Suizidverhalten als unlösbar miteinander verbunden. Wir wollen diese Ansicht hier in Frage stellen und ihr eine ganz und gar andere Sicht der Ursprünge selbstzerstörerischen Verhaltens entgegensetzen.

Im Jahre 1938 trat Karl Menninger mit einer fundierten Abhandlung über den Selbstmord hervor, in der er über den Grundsatz von der Ursächlichkeit der Depression hinausging und nach anderen Erklärungen für den Selbstmord Ausschau hielt. Menninger trug vor, daß es drei wichtige Motive für das Suizidverhalten gebe, nämlich »1. den Wunsch zu sterben, 2. den Wunsch, getötet zu werden, und 3. den Wunsch zu töten«. Der erste Wunsch ist eine Tautologie, der zweite geht auf die Überlegungen von Stekel und Freud zurück, während der dritte, der »Wunsch zu töten«, unbestreitbar ein neuer Gedanke war. Menninger schrieb:

»... Menschen mit Selbstmordneigungen ... (die) mit ihren bewußten positiven Bindungen große, kaum zu beherrschende Mengen unbewußter Feindseligkeit (den Wunsch zu töten) maskieren ... (gestatten) dem nunmehr freigesetzten Mordimpuls, sich der Person, von der er ausging, als Ersatzobjekt zu bemächtigen und so einen Ersatzmord zu begehen« (dt. S. 45/46 und S. 65).

Das theoretische Konstrukt des »Ersatzmordes« fand viele Jahre lang so gut wie keine Beachtung. Das lag vor allem daran, daß die meisten Versuche, pathologisches Verhalten zu erklären, sich aus der orthodoxen Psychoanalyse und ihrer Betonung der innerpsychischen Abläufe speisten. Seit einiger Zeit suchen die Therapeuten die Gründe für emotionale Störungen nun aber eher im Bereich der Interaktionen. Diese neue und andere Betrachtung psychopathologischer Zusammenhänge nahm ihren Anfang mit Batesons bahnbrechender Schizophrenie-Theorie (1956).

Im Anschluß an Menningers Beitrag zur Suizidforschung waren größere Entwicklungen auf diesem Gebiet bis zum Erscheinen des Werkes von Shneidman und seinen Mitarbeitern nicht zu verzeichnen. Menningers Konzept des »Wunsches zu töten« klingt in Shneidmans (1969) Darstellung einer von ihm als »dyadisch« bezeichneten Form des Suizids wieder an,

> ». . . bei der der Tod in erster Linie im Zusammenhang mit
> den starken unbefriedigten Bedürfnissen und Wünschen steht,
> die sich um die signifikante Bezugsperson ranken. Diese Selbst-
> tötungen sind in erster Linie sozialer und beziehungs-
> mäßiger Art . . . der dyadische Suizid ist seinem Wesen nach
> ein interpersonales Geschehen . . . die meisten Suizide
> sind dyadischer, das heißt in ihrem Wesen transaktionaler
> Art« (S. 14—15).

Diese Formulierungen führten zu einer Betrachtung des Selbstmordes — der vielleicht »persönlichsten« unter allen gewalttätigen Handlungen — als einer bestimmten Art der zwischenmenschlichen Beziehung.

Eine Betrachtung vor dem Hintergrund der Interaktionen

Wenn man sich einmal von dem Gedanken freimacht, nach einem depressiven (oder anderen innerpsychischen) »Zustand« als Vorläufer des suizidalen Aktes suchen zu müssen, dann kann man auch Suizid und Depression in neuem Kontext betrachten, wie wir sogleich sehen werden. Zorn, der kein Objekt hat und kein Ventil in der Sublimierung findet, kann sich sehr leicht gegen das Selbst richten. Logischerweise gibt es gar keine andere Möglichkeit, ihn auszudrücken. Ein Mensch kann sich durch masochistische Handlungen und Prozesse, etwa durch psychosomatische Störungen oder durch Unfallbereitschaft, sehr wohl selbst Schaden zufügen. Er kann auch zulassen, daß es zu jener Schwächung seiner Persönlichkeit und zu jener verbalen Abwertung seiner eigenen Person kommt, wie sie für den akuten depressiven Zustand charakteristisch sind. Aber selbst diese Form des Masochismus ist ein Ventil für die Gefühle, ein Mittel, den Gefühlen offenen Ausdruck zu verleihen. Im masochistischen Akt oder im masochistischen Symptom können wir einen »Vorzeige«mechanismus erkennen, der im interpersonalen Kontext wirksam wird. Die Tränen des depressiven Menschen, die von Quaddeln übersäte Haut des Urticaria-Patienten können als öffentliche »Zurschaustellungen« betrachtet werden; das gleiche gilt für das narbenbedeckte Handgelenk dessen, der ständig Selbstmordversuche unternimmt. Diese und ähnliche Akte der Selbstnegation werden vollzogen, um eine Aussage zu machen – um einem anderen Menschen eine Mitteilung zukommen zu lassen. Die allem Anschein nach autistische Geste wird zum pathetischen Versuch der Kommunikation.

Wenn Zorn im Rahmen einer Interaktion sichtbar nach außen gekehrt wird, dann wird deutlich, daß derjenige, der agiert, und derjenige, dem dieser Zorn gilt, in einer Beziehung zueinander stehen. Und da Interaktion auf vielen Ebenen statthat, von der verbalen bis zur physischen, spielen die beiden interagierenden Personen ihre Rolle – die Rolle dessen, der zornig ist, und die Rolle dessen, dem der Zorn gilt – mit der gleichen Subtilität, wie sie ihre Beziehung auch im übrigen kennzeichnet. Jeder Mensch verfügt über eine Vielzahl von Methoden, um die Empfindung »Ich wollte, du wärst tot« zu übermitteln, und die Form, die er schließlich wählt, entspricht in ihrer Direktheit oder Indirektheit jenen Mustern, wie sie bereits die bestehende Beziehung prägen. Solche Botschaften des einen Ehepartners an den anderen werden am Beispiel der Fallgeschichte deutlich, die wir am Ende dieses Kapitels schildern werden (»Ein ernsthafter Selbstmordversuch«).

Der Wunsch, der andere möge tot sein – ein zentrales Moment des Talionsprinzips –, hat eine solide Basis in der psychischen Realität. Ein Paradoxon liegt aber in der Unvereinbarkeit dieses Wunsches mit dem Suiziddenken: Warum nimmt sich ein Mensch in einer Situation das Leben, die im Grunde nach Mord verlangt? Das folgende Diagramm zeigt dieses Paradoxon in graphischer Form:

Das Paradoxon des Talion (der Vergeltung)
Ich möchte X töten   ■   Ich werde mich selbst töten

Das Paradoxon wird in der folgenden Weise gelöst: Der Mensch kommt zu dem Schluß, daß der Mord an X am besten symbolisch vollzogen wird, nämlich dadurch, daß er sich selbst tötet.

Wenn wir von dem Gedanken ausgehen, daß Selbstmord im interaktionalen Kontext erfolgt, dann ergibt sich daraus folgendes:

1. Selbstmord ist ein Vorgang, der darauf abzielt, eine Botschaft von einer Person an eine andere zu übermitteln.

2. Eine ganz bestimmte Person soll die Botschaft des Selbst-

mordes empfangen; für diese Person wird der Akt des Selbstmordes in erster Linie vollzogen.

3. Der wesentliche Inhalt der Botschaft, die übermittelt wird, ist Zorn.

Im Grunde besagt also diese Theorie der Ätiologie des Selbstmordes, daß der Selbstmord *an die Adresse* zumindest einer weiteren Person gerichtet ist, um dieser Person eine Information zu übermitteln. Im »Idealfall« sieht sich der Mensch, der diese Information empfängt, gezwungen, darüber nachzudenken und Schlüsse daraus zu ziehen. Das heißt, die eigentliche Wirkung des suizidalen Aktes besteht darin, daß der andere sich über das, was geschehen ist, Gedanken machen, es begreifen und darauf reagieren muß. Die symbolische Repräsentation des vollzogenen Selbstmordes ist der »Tod«, der »lebendige Tod« dessen, der überlebt. Dieser signifikanten Bezugsperson ist die Rolle dessen zugedacht, der überlebt, aber »symbolisch« getötet worden ist. Der eine Akt hat also einen zweifachen Tod zum Ziel – einen wirklichen und einen symbolischen Tod.

Der Selbstmörder bewegt sich nach alldem durch folgende Phasen: 1. Er wünscht den Tod eines anderen Menschen; 2. er sieht sich an der Verwirklichung dieses Wunsches gehindert; 3. er »tötet« den Überlebenden durch den wirksamen Akt seiner Selbsttötung. Der Überlebende muß weiterleben, und das Leben, das er von nun an lebt, ist für immer und ewig gezeichnet.

In vielen Fällen gelingt dem Selbstmörder eine Art symbolischer »Kennzeichnung des Opfers«. Sie erfolgt in subtiler Weise, büßt aber deshalb nichts an Grausamkeit ein. Ein Beispiel dafür haben wir im Fall eines jungen Mannes zwischen zwanzig und dreißig Jahren, der sich das Leben nahm, als sein erstes Kind, ein Sohn, knapp ein Jahr alt war. Der junge Vater hatte seit der Geburt des Kindes keine Arbeit, aber seine Frau hatte eine gutbezahlte Stelle und ernährte die Familie. Eines Tages, als sie bei der Arbeit und das Kind in der Obhut des Babysitters war, erhängte er sich an der Stange, an der der Duschvorhang im Bad befestigt war. Niemand befand sich in der Wohnung, als er starb, und er konnte nicht sicher sein, wer ihn nach seinem Tod finden würde. Er entschied sich für ein besonders grausames Detail: Er erhängte sich mit einem Schlips, den seine Frau ihm an Weihnachten geschenkt hatte und der insofern eine besondere Bedeutung hatte, als er das einzige Geschenk gewesen war, das sie sich hatte leisten können. Die Frau war das »eigentlich gemeinte« Opfer.

Der symbolische Mord, der durch den Akt der Selbsttötung begangen wird, soll dafür sorgen, daß der Überlebende von nun an ständig an das Unglück denken und die Verantwortung dafür tragen muß. Er ist zu lebenslänglicher gedanklicher Gefangenschaft verurteilt. Der Tod eines anderen Menschen »schwächt mich« (um mit den Worten des Dichters John Donne zu sprechen), wenn aber ein mir nahestehender und geliebter Mensch seinen Tod von eigener Hand herbeiführt, ist diese Schwächung vollständig und läßt sich nicht wiedergutmachen.

Die dynamischen Prozesse, wie wir sie oben geschildert haben, wurzeln in Zusammenhängen, die durch die sogenannte »psychologische Autopsie« (s. Shneidman, 1979, S. 161) sichtbar gemacht werden können. Es klingt wie Hohn, daß die ins Auge springenden Umstände, die durch den Prozeß der Autopsie ans Licht kommen, mehr über die überlebende Person aussagen als über die Gedanken und Gefühle des Selbstmörders vor Ausführung seiner Tat. Whitis (1968) befaßte sich in seinem Buch *The Legacy of a Child's Suicide* mit den Auswirkungen des Todes eines dreizehnjährigen Selbstmörders auf die Familienmitglieder. Er schreibt:

»Der Akt des Sterbens durch Selbstmord ist für die überlebenden Familienmitglieder schwierig zu verstehen, die unter Umständen noch lange Zeit unter seinen pathologischen gefühlsmäßigen Folgeerscheinungen zu leiden haben . . .
Der Selbstmord, auf den ersten Blick ein ganz und gar persönlicher Akt, gilt uns inzwischen als eine Handlung von interpersonalen Dimensionen. Dabei ist die Reaktion jener Personen, die von diesem Akt im Innersten angerührt werden, noch verhältnismäßig wenig erforscht« (S. 159).

Diese Reaktion ist später von Shneidman (1979) sehr treffend mit den folgenden Worten geschildert worden:

»Die nackte soziologische Wahrheit ist, daß manche Todesarten für die Überlebenden ein größeres Stigma bedeuten als andere, und daß, ganz allgemein gesagt, unter allen Todesarten der Selbstmord das größte Stigma ist, das die Überlebenden überhaupt treffen kann« (S. 150, 151).

Die Stigmatisierung eines Menschen durch einen anderen Menschen ist ein direkter, bewußter und feindseliger Akt.

Der Gedanke der »Autopsie« in der Suizidforschung wurde von
S. E. Wallace weiterentwickelt, der zwölf Frauen untersuchte,
deren Männer Selbstmord begangen hatten. In seinem Buch *After
Suicide* (1973) kam Wallace zu folgendem Schluß:

> *»Der Selbstmord des Ehepartners ist eine lebensbedrohende
> Handlung* und bewirkt die intensivste Form der Trauer über-
> haupt. Manche Forscher sprechen von der ›komplizierten‹,
> andere von der ›akuten‹ Trauerreaktion, aber wie immer man
> sie bezeichnet, sie ist von brennender Intensität« (S. 229)
> (Kursivsatz von uns).

Diese Schilderung gewinnt vielleicht noch an Anschaulichkeit,
wenn man das Wort »Trauer« durch das Wort »Schuld« ersetzt:

> »Der Selbstmord des Ehepartners ist eine lebensbedrohende
> Handlung und bewirkt die intensivste Form des *Schuld*gefühls
> überhaupt . . .«
> »Manche Forscher sprechen vom ›komplizierten‹, andere vom
> ›akuten‹ *Schuld*gefühl, aber wie immer man es bezeichnet, es
> ist von brennender Intensität.«

Im Zusammenhang seiner Beschäftigung mit den Witwen dieser
Selbstmörder beobachtete Wallace (1973) folgendes:

> »Für die Lebenden bedeutet der Tod (eines anderen) einen Ver-
> lust, und unsere drei Typen von Witwen erfuhren diesen Ver-
> lust auf verschiedene Weise. In den Fällen, in denen die Partner
> einander bereits den ›sozialen Tod‹ bereitet hatten, war der
> Verlust dieses einen Lebens . . . erwünscht, willentlich durch
> Entscheidungen herbeigeführt, die zumindest die Witwe, ver-
> mutlich aber beide Partner getroffen hatten . . . Zum Preis des
> Selbstmordes (des Partners) kam für diese . . . Frauen der Tod
> dessen, vor dem sie in ihrem Leben ja ohnehin schon geflohen
> waren. Daß der physische Tod dem sozialen Tod folgte, den sie
> ja wollten, ließ die Befürchtung in ihnen aufkommen, daß sie
> auch für den Selbstmord verantwortlich seien − und den-
> jenigen unter ihnen, die realistisch dachten, war in gewisser
> Weise auch klar, daß das zutraf« (S. 230).

Zusammenfassend sagt Wallace (1973) im Anschluß an seine Untersuchungen an Frauen, die den Tod ihrer Ehemänner über-
lebten:

> ». . . eine Beziehung, ein Status, eine Form des Daseins ge-
> hen . . . verloren, wenn jemand aus unserem Leben fortgeht.

Der Mensch, der uns verlorengegangen ist, nimmt auch jenen Teil unseres Selbst mit, den er allein bewirkt hat – jenes Selbst, das Sohn, Mutter oder Ehepartner war« (S. 231).

Was an den von diesen Frauen im nachhinein angestellten Überlegungen und an den Beobachtungen in bezug auf ihr gemeinsames Schicksal signifikant ist, das ist der Umstand, daß jede von ihnen durch die Selbsttötung des Mannes *geschwächt* war.

Die Theorie, die wir in diesem Kapitel vortragen, erweitert das Talionsprinzip insofern, als sie seine dynamische Grundlage anders betrachtet – der innerpsychische Mechanismus erscheint als ein Prozeß zur Bewältigung der äußeren Realität. Die internalisierten Schuldgefühle, die man zuvor dem Selbstmörder zuschrieb – und in denen man eine motivierende Kraft erblickte –, werden hier anders interpretiert. Schuldgefühl wird gewissermaßen zum Faktum gemacht und in der Interaktion von dem einen Partner auf den anderen übertragen. Derjenige, der weiterlebt, wird unbarmherzig und deutlich in den Tod desjenigen, der sich umgebracht hat, einbezogen. Dieses übertragene Schuldgefühl braucht keinen Prozeß, um offenbar zu werden, und färbt die Beziehungen der überlebenden Person zu anderen Menschen, die dieses Schuldgefühl wahrnehmen und zugleich als Geschworene wie als Urteil verkündende Richter auftreten. Der Überlebende, der zugleich Opfer ist, wird sich seiner eigenen Sterblichkeit lebhaft bewußt werden, und er wird sich für den Rest seines Lebens abmühen, ein Rätsel zu lösen. Die Lösung präsentiert sich als die von ihm nicht gewollte Umkehrung der Rollen: Der heimliche Mord, wie er der Selbsttötung immanent ist, weist dem Überlebenden die mythische Rolle des Mörders zu.

In einer gedankenreichen Abhandlung mit dem Titel »My Own Suicide« stellt Arnold Bernstein (1976) Überlegungen darüber an, warum er noch am Leben sei, und sucht in seinen eigenen Gedanken nach der Rechtfertigung dessen, der den Tod sucht:

»Da der Mensch, dem seine Selbsttötung gelingt, zu existieren aufhört, sind die einzigen Personen, auf die seine Tat überhaupt eine Wirkung haben kann . . ., diejenigen, die weiterleben und mit ihm in Verbindung gestanden haben. Für sie hat dieser Selbstmord eine Bedeutung. Unsere Betrachtung des Selbstmordes muß sich also von den Toten abkehren und den Lebenden zuwenden. Daß es mir so schwer fällt, anderen Menschen,

mit denen ich verbunden bin, zu gestatten, sich ganz einfach
umzubringen – heißt, daß ich nicht möchte, daß sie sich umbringen, und zwar wegen der Wirkung ihres Selbstmordes auf
mich!« (S. 99)

Und dies sind Worte aus dem Grab, aus der Perspektive eines
Menschen, der sich tatsächlich umbrachte, die Mitteilung eines
dreizehnjährigen Selbstmörders, die wie folgt endete:

»Ich werde sie nicht töten, weil ich möchte, daß sie meinen
Körper findet und erkennt, daß ich deshalb tot bin, weil sie mich
besessen und mich und sich in ein Glashaus gesperrt hat. Ich
will, daß sichtbar wird, was sie ist – eine Verrückte« (zitiert
bei Randall, 1966).

Der Junge sprach von seiner Mutter.

Der Mörder »stirbt«, und der Selbstmord »tötet«. Dieses in die
Form des Paradoxons gekleidete Thema durchzieht das Werk von
Albert Camus, dessen Schauspiel *Caligula* (1958) nach seinen eigenen Worten die Geschichte »eines höheren Selbstmordes« ist. Kai-
ser Caligula war ein vielfacher Mörder. Als die Tragödie sich ihrem
Ende nähert, zwingt Caligula andere Menschen, seine Ermordung
zu planen, das heißt, er entschließt sich, seinen eigenen Tod her-
beizuführen. In der letzten Szene wird Caligula überfallen und
schwer verwundet. Die Bühne verdunkelt sich, und man hört ihn
rufen: »Ich bin noch am Leben!« – die letzten Worte, die in diesem
Stück gesprochen werden. Sein Geist aber ist infolge eines mörderischen Lebens schon lange zuvor gestorben. Camus' Allegorie
zeigt die wechselseitige Durchdringung von Leben und Tod, von
Sterben und Am-Leben-Bleiben. Die Herbeiführung des Todes, sei
es der eigene Tod oder der Tod eines anderen, ist ein gewollter
Prozeß.

Sowohl Mord als auch Selbstmord unterliegen einem Plan, das
heißt sie erfolgen nach entsprechender Überlegung. Das Motiv für
beide ergibt sich aus der Beziehung, die zu einer anderen Person
unterhalten wird, und sowohl der Homizid als auch der Suizid sind
mithin Geschehnisse, die dem interpersonalen System die Grab-
schrift schreiben. Die Natur dieses Systems bestimmt die Form,
die das letzte Zusammentreffen annimmt, und der Inhalt dieses
Zusammentreffens läßt sich am ehesten als rasende Wut beschreiben. Ein Leben wird »genommen«, ob nun das eigene oder das der
anderen Person. Eine entsetzliche Tragödie, durch die drei Leben

ausgelöscht wurden, wird am Ende dieses Kapitels unter der Überschrift »Anatomie eines Selbstmordes« beschrieben.

Wiederum von Camus stammen die Worte: »Es gibt nur ein einziges wirkliches philosophisches Problem, und das ist der Selbstmord« (1955, S. 3). Dahinter steht der Gedanke, daß der Selbstmord den Sinn des Lebens in Frage stellt. Von gleicher Dringlichkeit ist das Problem des Suizids allerdings auch für die Psychologie, nämlich als die intimste Form der Gewalt. Der Homizid ist dagegen von geradezu absurder Unpersönlichkeit. Er bedeutet soviel wie »Ein Leben ist nicht viel wert« und bringt diese Botschaft unweigerlich ans Ohr der Öffentlichkeit. Der Suizid dient einem völlig anderen Zweck, er ist eine private Botschaft, die nicht für die Öffentlichkeit bestimmt und in eine nichtöffentliche Sprache gekleidet ist. Er besagt: »Das Leben ist eine kostbare Sache« und »Sieh, was mir deinetwegen verlorengegangen ist«. Bei aller Einfachheit und Direktheit ist dies eine heimtückische Botschaft, und so privat und persönlich sie ist, sie ist deshalb nicht weniger giftig.

Die Energie, die hinter dem Suizid steht, ist in ihrer Intensität jeder anderen Kraft vergleichbar, die der menschliche Geist hervorbringt. Diese Intensität wird in der Notiz spürbar, die eine 23jährige Frau einige Wochen vor ihrem Selbstmord durch Erhängen verfaßte (»sie« in dieser Botschaft ist die Mutter der jungen Frau):

»Ich hasse sie und alle Menschen, die mich nicht um meiner selbst willen lieben konnten. Sie haben immer nur angefangen, mich zu lieben, und dann sind sie ihr begegnet, und die Liebe zu mir ist ganz plötzlich in ihnen erloschen. Nie wieder werde ich es zulassen, daß sie mir einen Menschen wegnimmt. Ich werde alles tun, um das zu verhindern – so falsch und so übertrieben es auch sein mag. Ich werde vor nichts zurückschrecken« (zitiert bei Shneidman, 1980, S. 74).

Hier wird kein innerer Zustand beschrieben, kein Feuer, das inwendig glüht. Wie beim mörderischen Impuls ist die Leidenschaft auch hier nach außen gerichtet und zielt auf ein ganz bestimmtes Objekt. Die Quelle des Suizids ist der Haß.

Wir sind nach alldem der Meinung, daß eine Depression allein nicht ausreicht, um suizidales Verhalten auszulösen. Sie kann dem Akt der Selbstzerstörung vorangehen, muß es aber nicht. Selbstverständlich spielen innerpsychische Prozesse eine Rolle in der Motivation, sich selbst zu töten, aber die eigentliche Quelle des Impulses liegt mit größerer Wahrscheinlichkeit in einer oder mehreren zwischenmenschlichen Beziehungen. Um zu verhindern, daß dieser Impuls in Aktion umgesetzt wird, muß der Therapeut sich auf die signifikanten Beziehungen seines suizidgefährdeten Klienten konzentrieren. Wichtig ist dabei, daß er das »eigentlich vorgesehene Opfer« der Tat identifiziert, wie dies im nächsten Abschnitt gezeigt werden soll.

Methoden der Prävention

Schon der kleinste Verdacht auf Selbstmordabsichten ist für den Therapeuten Anlaß zu erhöhter Aufmerksamkeit, und wenn dieses Thema im Laufe seiner krisentherapeutischen Arbeit oder anderweitiger therapeutischer Bemühungen irgendwo auftaucht, dann besteht zweifellos eine Alarmsituation. Das heißt, der Therapeut oder der Berater (oder auch der mit den Nachforschungen befaßte Polizeibeamte, der Sozialarbeiter, der neugierige Barmixer, der hellhörige Motelchef) sind in einem solchen Fall verpflichtet, besondere Vorsicht walten zu lassen. Allerdings lassen die Gesetze in den Vereinigten Staaten dem besorgten und beunruhigten Beobachter keinen großen Spielraum für irgendwelche Vorsichtsmaßnahmen. Der rechtliche Status eines potentiellen Selbstmörders ist so geartet, daß mit großer Wahrscheinlichkeit überhaupt nichts getan wird, um ihm zu Hilfe zu kommen oder sein Leben zu schützen. Aus irgendeinem obskuren historischen Grunde gilt die Androhung eines Selbstmordes in vielen Bundesstaaten als Ausdruck »psychotischen Verhaltens«. Das einzige also, was die Organe der Exekutive (oder in diesem Fall ein Therapeut) veranlassen können, ist die Einweisung der suizidgefährdeten Person in eine psychiatrische Einrichtung.

Tatsache ist, daß viele zum Suizid neigende Menschen überhaupt keine Symptome zeigen, die auch nur von ferne an eine Psychose denken lassen; zudem handeln sie selten irgendwie ungewöhnlich und bedrohen auch kaum andere Menschen. Sie erfüllen also nicht die Kriterien des »schwer Behinderten« und selten die Kriterien desjenigen, der »eine Gefahr für seine Mitmenschen« darstellt. Die einzige Kategorie, in der sie ein Recht auf intensive psychiatrische Versorgung und Betreuung (also auf Hospitalisierung rund um die Uhr) hätten, ist die Kategorie derjenigen, die »eine Gefahr für sich selbst« darstellen, und es ist außerordentlich schwierig, diese Diagnose mit ausreichendem Material zu beweisen. Die Folge ist, daß viele suizidgefährdete Personen, die von einem Polizisten, dem Fahrer eines Ambulanzwagens oder einem Therapeuten auf die entsprechende Station eines Krankenhauses gebracht worden sind, hier keine Aufnahme und damit auch kein Gehör für ihre Schwierigkeiten finden.

Nun ist es ja nicht so, daß suizidgefährdete Menschen »verrückt« wären und beim kleinsten Verdacht auf irgendwelche Schwierigkeiten oder aufgrund der willkürlichen Entscheidung ihres Arztes, der sich Sorgen um sie macht, in eine psychiatrische Einrichtung eingewiesen werden müßten. Tatsächlich haben die meisten psychiatrischen Abteilungen einem Menschen, der Selbstmordabsichten hegt, außer der Überwachung rund um die Uhr kaum etwas anzubieten. Ein potentieller Selbstmörder ist ja nur im übertragenen Sinne »behindert« und nur im Sinne der von uns in diesem Kapitel vorgetragenen Theorie »gefährlich«.

Damit wollen wir keineswegs andeuten, daß suizidgefährdete Menschen etwa keine heftigen und ausgeprägten Wünsche und Impulse hätten oder daß man in ihrer Störung nur so etwas wie eine leichte Krankheit sehen dürfte. Nein, diese Menschen sind akut gefährdet, und sie sind darüber hinaus imstande, anderen Menschen unermeßlichen seelischen Schaden zuzufügen. Das heißt, daß das sofortige Eingreifen eines Therapeuten oder auch jedes anderen Menschen nötig ist, der etwas tun kann, um ihr Leben zu retten. Hospitalisierung ist aber in der Regel nicht viel mehr als »Verwahrung«, und der herkömmliche – medizinische – Ansatz, nach dem man allein die Symptome behandelt, anstatt sich um die interpersonalen Beziehungen zu kümmern, ist wohl das wirkungsloseste Vorgehen überhaupt. Deshalb ist es vielleicht eine müßige Überlegung, ob es dem Therapeuten gelingt, das Stationspersonal dazu zu bringen, seinen Klienten aufzunehmen. Es ist eine Schande, daß manche psychotherapeutischen Bemühungen sich über Jahre erstrecken, bevor der Therapeut die Frage stellt: »Haben Sie je daran gedacht, sich umzubringen?« Diese Unterlassung zeigt nicht nur, welches machtvolle Tabu unsere Gesellschaft gegenüber dem Suizidverhalten aufgerichtet hat, sondern macht auch deutlich, daß suizidale Gedanken eine beträchtliche Bedrohung für die psychoanalytisch orientierte Therapie darstellen, in der der Erfolg so weitgehend von der Übertragung abhängig ist.

Aus den genannten Gründen ist die erste Empfehlung, die wir hier vortragen wollen, von größter Wichtigkeit, wenn sie vielleicht auch banal klingt:

Gehen Sie nicht einfach davon aus, daß ein Klient keine Selbstmordgedanken hegt; wenn Sie im Zweifel sind, fragen Sie ihn; je früher Sie diese Frage stellen, desto besser ist Ihrem Klienten gedient.

Wenn ein Mensch spontan von seinen Selbstmordgedanken oder -phantasien berichtet, dann sollte man sie ernstnehmen. Die Arbeit mit Menschen, die ständig mit Selbstmord drohen oder wiederholt Selbstmordversuche unternehmen, ist zwar schwieriger als die Arbeit mit den meisten anderen Klienten, aber man darf nicht vergessen, daß kaum einer von jenen, die sich schließlich umbringen, zuvor nicht zumindest einmal damit gedroht oder einen entsprechenden Versuch unternommen hat (Litman, 1976). Eine Selbstmorddrohung oder ein versuchter Selbstmord im Laufe der Therapie ist ein sehr gewichtiges Element des therapeutischen Prozesses, und therapeutische Fortschritte werden sich kaum einstellen, solange man sich diesem Problem nicht gestellt und es in irgendeiner Weise bewältigt hat.

Wenn im therapeutischen Kontext eine Suizidphantasie auftaucht, muß der Therapeut genau darauf achten, wie sich dieser »Zwischenruf« auf die *Beziehung zwischen ihm und seinem Klienten* auswirkt. Wenn die Suizidgedanken nämlich etwas mit den Beziehungen des Klienten zu tun haben, dann muß er dafür sorgen, daß sie seine Interaktion mit dem Klienten nicht verzerren oder in Mitleidenschaft ziehen. Er darf nicht zur Ersatzfigur für das ursprünglich vom Klienten ins Auge gefaßte Opfer werden. Unsere zweite Empfehlung lautet daher:

Lassen Sie sich nach Möglichkeit nicht in die Position des »überlebenden Opfers« drängen, in die Position dessen also, der dazu ausersehen ist, durch den Selbstmord des Klienten bestraft zu werden. Dies bedeutet, daß Sie dem Klienten Fragen stellen, ihm zeigen müssen, daß Ihnen an ihm gelegen ist; nehmen Sie seine Phantasien ernst; bewahren Sie andererseits eine gewisse Distanz und neutrale Haltung; akzeptieren Sie den Klienten, ohne als Ankläger oder Richter aufzutreten.

Daß man sofort etwas unternehmen muß, wenn ein Klient suizidgefährdet erscheint, bedeutet nicht, daß man sich als Therapeut in das »System« des Klienten hineinziehen lassen dürfte, und es bedeutet genauso wenig, daß man sich zum symbolischen »Darsteller« in diesem Drama hergeben darf.

Wenn man den Klienten daran hindern will, sich umzubringen, ist es entscheidend wichtig, daß man herausfindet, wer sein Opfer ist. Da der pathologische Prozeß, den der Therapeut unterbrechen und umstrukturieren möchte, ja im Kontext einer interpersonalen Beziehung angesiedelt ist, muß man unbedingt erkunden, um welche Beziehung des Klienten seine Selbstmordphantasien kreisen. Kurz gesagt, der Therapeut muß denjenigen Menschen *finden*, dem nach den Vorstellungen des Klienten eine Tragödie zugedacht ist.

In vielen Fällen wird der Therapeut auf die Selbstmorddrohung des Klienten hin sofort wissen, wer als Opfer ausersehen ist. In anderen wiederum wird das nicht so deutlich zu erkennen sein, und dann muß man nach Hinweisen suchen. Es ist natürlich nicht ratsam, den Klienten einfach zu fragen, welcher Mensch unter seinem Tod denn wohl am meisten leiden würde. Der Selbstmord ist von einem machtvollen Tabu umgeben, und deshalb wird der Klient vielleicht der allerletzte sein, der den Therapeuten offen und detailliert wissen läßt, wie seine mörderischen Absichten aussehen. Der Therapeut kann zwar annehmen, daß die Rolle des »überlebenden Opfers« höchstwahrscheinlich einem Menschen zugedacht ist, der dem Klienten im Augenblick besonders wichtig ist, aber diese Überlegung kann ihn auch in die Irre führen. Die suizidalen Vorstellungen können sich um einen Menschen ranken, der nur noch in der Erinnerung des Klienten lebt, oder sogar nur mit einer Phantasie zu tun haben, die ihrerseits eine nur erinnerte oder sogar erfundene Beziehung betrifft. Dieses vorgesehene »Opfer«, das der Vergangenheit des Klienten entstammt bzw. ein Geschöpf seiner Imagination ist, kann (muß aber nicht) durch eine Person repräsentiert oder verkörpert werden, die augenblicklich im realen Leben des Klienten eine Rolle spielt. Es kann sich auch um einen »Geist«, um eine fiktive Gestalt, um ein Gespenst oder um einen Traum handeln. Es kann der Vater des Selbstmordkandidaten sein, der schon zwanzig Jahre tot ist, oder auch ein berühmter Mensch, dem der Klient niemals persönlich begegnet ist. Das wichtigste Kriterium ist, daß der potentielle Selbstmord und das potentielle Opfer in einem Zusammenhang miteinander stehen, wie illusorisch dieser Zusammenhang auch immer sein mag.

Diese Suche nach dem Menschen, der, wenn auch unwissentlich und unwillentlich, der Partner bei den Tötungsabsichten des Klienten ist, gehört zu den wichtigsten Aufgaben des Therapeuten, sobald sein Klient Selbstmordgedanken erkennen läßt. Soll die Suche zum Erfolg führen, dann empfiehlt es sich dringend, den Klienten mit seiner Drohung zu konfrontieren – wie wir dies weiter oben schon vorgeschlagen haben. Man muß ihn sozusagen so lange »ausquetschen«, bis er enthüllt hat, was für Phantasien er hat und wer der Empfänger seiner geheimen Botschaft sein soll. Dazu unsere dritte Empfehlung:

Sehen Sie sich die vergangenen und die gegenwärtigen Beziehungen des Klienten so lange aufmerksam an, bis klar ist, wer (und sei es auch nur eine erinnerte Gestalt) von ihm dazu ausersehen worden ist, die Verantwortung für seinen angedrohten Tod zu tragen; suchen Sie auch nach stellvertretenden Opfern und anderen Ersatzobjekten seines Zorns.

Wenn klar ist, wer zum Opfer bestimmt ist, sollte der Therapeut als nächstes seine ungeteilte Aufmerksamkeit auf diese pathologische Beziehung des Klienten richten und versuchen, die Wut aufzulösen, die dafür gesorgt hat, daß diese Beziehung eine so tödliche Intensität gewonnen hat. Wenn man mit dem Klienten bereits einzeltherapeutisch arbeitet, und dies mit gutem Erfolg, kann man diesen Versuch der »Entschärfung« in die Einzelsitzungen mit ihm einbauen. Es kann sich aber auch als nützlich erweisen, zumindest vorübergehend diejenige Person dazuzubitten, der aller Wahrscheinlichkeit nach die Rolle des überlebenden Opfers zugedacht ist – wenn sie erreichbar und zur Mithilfe bereit ist.

Häufig ist die wichtigste Bezugsperson eines Klienten zugleich diejenige, die in diesem kritischen Augenblick am wenigsten geneigt ist, Hilfe zu leisten, aber wenn Gefahr besteht, daß der Klient sich umbringt, muß man dem Widerstand, der sich hier zeigt, unnachgiebig begegnen. In diesen Zusammenhang gehört unsere nächste Empfehlung:

Behandeln Sie die pathologische Beziehung, die real existieren oder auch in ferner Vergangenheit »unerledigt geblieben« sein kann; beteiligen Sie das vorgesehene Opfer oder seinen Stellvertreter so direkt wie möglich an Ihren Maßnahmen.

Zwei pathologische Erscheinungen, an denen man mit dem suizidalen Klienten arbeiten muß, sind 1. grenzen- und namenloser Haß gegen eine andere Person, den der Klient nicht zerstreuen oder dämpfen möchte; 2. seine Unfähigkeit, auch nur ein Jota seines Zornes gegen das ins Auge gefaßte Objekt auszudrücken, wobei diese dynamische Mischung aus Ziellosigkeit, Vergeblichkeit und Ausweglosigkeit den eigentlichen Ausgangspunkt suizidaler Vorstellungen bildet. Der suizidgefährdete Mensch lebt in einem emotionalen Käfig, aus dem es keine rationale Möglichkeit des Entkommens und auch keine Kommunikation mit dem tyrannischen Wärter gibt. Die offene Auseinandersetzung mit den Objekten seines Zornes bedeutet die Entscheidung für eine von zwei Möglichkeiten: Wahnsinn oder Tod.

Wir sollten hier jedoch festhalten, daß nur sehr wenige Selbstmörder zu dem Zeitpunkt, da sie sich das Leben nehmen, schizophren sind. Sie haben vielleicht irgendwann einmal vor diesem ernstgemeinten Versuch an einer akuten oder chronischen Psychose gelitten, aber nur wenige leiden im Augenblick der Wahrheit (zum Beispiel dann, wenn ein anderer Mensch versucht, ihnen den Sprung aus großer Höhe im allerletzten Moment auszureden) unter einer akuten Bewußtseinsspaltung. Im Gegenteil: Von Menschen, die sich umgebracht haben, heißt es häufig, daß sie zuletzt ganz gelassen, ja sogar in euphorischer Stimmung gewesen seien. »Euphorie« kann in diesem Zusammenhang allerdings ein irreführender Begriff sein, denn mit diesem Wort verbindet sich ja gerade eine krankhafte emotionale Verfassung. Ein Mensch, der auf dem Weg zum Suizid den Punkt der endgültigen Entscheidung erreicht hat, ist nur ein Abbild seines wahren Selbst, er ist – um es mit einer Metapher auszudrücken – eine metallene Statue, das noch glühende, in der Weißglut des rasenden Zorns geschmiedete Bildnis seiner selbst.

Wenn die suizidalen Vorstellungen sich zunehmend in einem Brennpunkt verdichten und der heimtückische Haß gegen eine andere Person den betroffenen Menschen ganz und gar erfüllt, dann zeigt sich in seinem zwanghaft angespannten Wesen eine größere Entschiedenheit und Zielstrebigkeit. Sein Blick wird durchdringender, sein Lächeln starrer. Daß er im allgemeinen auf den Beobachter einen zerstreuten Eindruck macht, liegt daran, daß ein suizidgefährdeter Mensch tief in seine Gedanken versunken ist, um sich so besser auf die *Mittel und Wege* konzentrieren und auf den richtigen *Augenblick* vorbereiten zu können. Dazu lautet unsere Empfehlung:

Seien Sie auf der Hut, wenn Ihr Klient, der mit Selbstmord gedroht hat, jetzt so tut, als wolle er diese Drohung zurücknehmen oder habe sie gar niemals ausgesprochen – vor allem dann, wenn in der Therapie schon über die Folgen eines solchen Schrittes gesprochen worden ist; seien Sie gleichermaßen auf der Hut, wenn der Klient sich plötzlich stumpf und empfindungslos zeigt und versucht, das Thema seiner Selbstmordgedanken abzutun oder zu bagatellisieren.

Wer einen ernsthaften Selbstmordversuch hinter sich hat, ist in erheblicher Gefahr, einen zweiten Versuch zu unternehmen, der dann vielleicht letal ausgehen wird, und die Abwehrmechanismen, die aus Verleugnung oder gar aus Reaktionsbildung bestehen können, sind dann oft sehr stark. Ein geschickter Therapeut wird aufmerksam auf diese Abwehrmechanismen achten und sie im Zuge seiner therapeutischen Bemühungen in die richtige Perspektive bringen. Daneben wird er dafür sorgen müssen, daß die Gründe, die für den ersten Selbstmordversuch ins Feld geführt wurden, nicht mehr bestehen.

Die Selbstmorddrohung kann sich für den Fortgang der Therapie auch als nützlich erweisen, auch wenn den meisten Therapeuten schon das Thema als solches unangenehm ist und ihren Moralvorstellungen entschieden widerspricht. Zunächst einmal sind Selbstmordgedanken wohl das extremste Beispiel pathologischen Denkens, das in der Therapie überhaupt auftauchen kann, das heißt, der Therapeut kann mit ihrer Hilfe vielleicht ein neues Verständnis für zuvor verborgene dynamische Entwicklungen gewinnen. Der Klient läßt damit unter Umständen erkennen, daß ein Symptom, von dem er einmal gesprochen hat, ihm als »Schirm« diente, hinter dem seine schlimmsten Befürchtungen und Zweifel verborgen lagen. In gewisser Weise zwingt er damit vielleicht den Therapeuten, eine in die Irre oder ins Nichts führende Spur aufzugeben. Seine Selbstmordphantasien können ein dramatischer Versuch sein, die Aufmerksamkeit des Therapeuten in eine andere

Richtung zu lenken. Ja, diese Drohung kann eine verdeckte Herausforderung an die Adresse des Therapeuten darstellen, sie kann dazu dienen, seine Hellhörigkeit für die Bedürfnisse des Klienten auf die Probe zu stellen und auszuloten, wie weit sein Interesse und sein Engagement wirklich gehen. Soweit es sich bei einer solchen Drohung um einen »Hilferuf« handelt, ist es mit Sicherheit ein Ruf, den zu vernehmen gerade der Therapeut verpflichtet ist, von dem daraufhin eine ganz besonders verständnisvolle Reaktion erwartet wird.

Schließlich kann sich im Sog der Selbstmordphantasien des Klienten ein wichtiger Hinweis auf die ihm besonders wichtigen Beziehungen in Gegenwart und Vergangenheit befinden. Der Therapeut sollte nicht vergessen, daß hinter den Selbstmordgedanken der geballte Zorn verborgen liegt, der sich gegen eine bedeutsame Bezugsperson des Klienten richtet. Oft stellt der Therapeut fest, daß ihm die Natur der Beziehung, die er auf diese Weise entdeckt hat, Aufschluß über den Ursprung anderer pathologischer Merkmale gibt, die er aufzulösen oder zu heilen sucht. Kurzum, eine Selbstmorddrohung kann jene Art lebensbedrohender psychischer Notsituation repräsentieren, die schließlich einen positiven Ausgang nimmt. Die Drohung selbst kann die Bereitschaft zu innerem Wachstum signalisieren, und wenn der Therapeut mit der Krise in der richtigen Weise umgeht, vermag sie sich durchaus in einen Vorgang zu verkehren, der dem Leben des betroffenen Menschen einen echten Sinn gibt.

Ein ernsthafter Selbstmordversuch

Eines Abends gegen zehn Uhr rief die Frau eines Motelbesitzers bei uns an und teilte uns mit, unter ihren Gästen befinde sich eine offenbar zum Selbstmord entschlossene Frau, die ein Gewehr bei sich habe. Das Motel war in einem Ort gelegen, der etwa acht Kilometer von unserem Zentrum entfernt ist. Die Anruferin äußerte sich vage; sie machte nur wenige Angaben und wiederholte nur immer wieder: »Ich möchte hier keinen Ärger haben.« Da wir von ihr nur so wenige Informationen erhalten konnten und sie davon gesprochen hatte, daß die verdächtige Frau bewaffnet sei, hielten wir es für das Beste, die Polizei einzuschalten und uns vor dem Eingang des Motels mit den Beamten zu treffen.

Zwei unserer Therapeuten trafen wenige Minuten vor den Polizeibeamten vor dem Motel ein. Sie fanden die junge Frau, die sie auf Mitte zwanzig schätzten, bewußtlos auf dem Bett liegen. Ihr Gesicht zeigte eine bläulich-weiße Farbe, die geladene Pistole lag neben ihr. Der Motelchef sagte, seit etwa ein Uhr mittags habe die Frau, über dem Steuer zusammengesunken, in ihrem Auto auf dem Parkplatz gesessen. Zuerst hatte er geglaubt, sie sei betrunken, aber dann hatte er sich allmählich Sorgen gemacht, als sie gar nicht wieder zu sich kam. Kurz vor neun Uhr hatte er sie in ihr Zimmer getragen und das Gewehr, das er auf dem Beifahrersitz gefunden hatte, neben sie gelegt. Als er sich dann alles noch einmal durch den Kopf gehen ließ, bekam er es mit der Angst zu tun und rief die Polizei an, die ihm unsere Telefonnummer gab.

Die junge Frau fühlte sich kalt an, war bleich und atmete nur noch schwach, deshalb baten die Therapeuten den Polizeibeamten, sogleich einen Krankenwagen anzufordern. Dann durchsuchten sie die Habseligkeiten der Frau, um herauszufinden, was sie eingenommen hatte. Rasch entdeckten sie zwei Tablettenröhrchen, deren Etiketten teilweise abgerissen waren. Glücklicherweise war aber auf dem einen Etikett der Name der örtlichen Krankenhausapotheke zu erkennen. Die Therapeuten riefen sofort dort an, baten, die Rezepte herauszusuchen, und stellten fest, daß die Frau etwa fünfzehn Seconal und zehn Valiumtabletten genommen hatte. Sie gaben diese Information sogleich telefonisch an das Krankenhaus weiter, in das die Frau gebracht werden sollte. Der Krankenwagen kam, und die noch immer bewußtlose Frau, die sich als »Cheryl Moore« in dem Motel eingetragen hatte, wurde weggefahren. Der Polizeibeamte nahm die Waffe an sich und begab sich wieder auf seinen Streifengang.

Die Therapeuten blieben noch eine Weile, um weitere Informationen über die Hintergründe von Cheryls Selbstmordversuch zusammenzutragen. Der Motelchef erklärte, Cheryl sei vor drei Tagen aus einem anderen Bundesstaat angereist und habe ihr Zimmer seither nur selten verlassen. Seiner Frau hatte Cheryl erzählt, gestern habe ihr Mann sie angerufen und ihr gesagt, er wolle sich scheiden lassen. Aus der Unterhaltung mit dem Manager und seiner Frau wurde deutlich, daß Cheryl Verhaltensmerkmale aufwies, wie sie für den potentiellen Selbstmörder typisch sind. Obwohl der Manager Cheryl über dem Lenkrad zusammengesunken sitzen sah, hatte er die Polizei zunächst nicht gerufen, weil er mit der Sache »nichts zu tun haben wollte«.

In Cheryls Gepäck fand sich ein Adreßbuch mit der Adresse und der Telefonnummer ihres Mannes. Es stellte sich heraus, daß er bei einem in der Nähe gelegenen Militärstützpunkt beschäftigt war. Zunächst konnten die Therapeuten ihn dort nicht erreichen, und so fuhren sie ins Krankenhaus, um sich nach Cheryls Ergehen zu erkundigen. Der Arzt sagte, ihr Zustand sei sehr ernst, und sie werde das Bewußtsein wohl erst am nächsten Tag wiedererlangen. Die Therapeuten baten darum, daß die diensttuende Schwester sie sofort anrufen möge, wenn Cheryl das Bewußtsein wiedererlangt habe. Am nächsten Morgen versuchten sie erneut und wieder vergebens, Cheryls Ehemann zu erreichen. Erst am Abend gelang es dann, ihn ans Telefon zu holen. George Moore war sehr erschrocken und versprach, zu kommen und mit den Therapeuten zu sprechen, sobald er seinen Arbeitsplatz verlassen könne.

Am zweiten Abend kam es dann zu einem Gespräch zwischen einem der Therapeuten und Cheryls Ehemann, das etwa anderthalb Stunden dauerte. George ließ von Anfang an keinen Zweifel daran, daß er zwar alles tun werde, um Cheryl zu helfen, daß er aber nicht vorhabe, die Ehe mit ihr fortzusetzen. Seiner Meinung nach war diese Ehe nicht mehr zu retten. Der Therapeut versicherte ihm, daß man ihn ganz bestimmt nicht drängen würde, zu seiner Frau zurückzukehren. Er riet ihm sogar zu besonderer Vorsicht und sagte ihm, er solle bei aller Hilfsbereitschaft nichts tun, was Cheryl als Geste der Versöhnung mißverstehen könnte.

George berichtete, daß er und Cheryl sich vor etwa sechs Monaten getrennt hatten. Er hatte sich in diese Gegend versetzen lassen in der Hoffnung, daß die Trennung ihr dadurch leichter fallen würde. Er fügte hinzu, daß seit ihrer Trennung einiges auf Cheryl eingestürmt sei: Ihre Mutter, eine chronische Alkoholikerin, hatte versucht, sich mit Schlaftabletten das Leben zu nehmen; ihr Bruder, an dem sie sehr hing, hatte sich scheiden lassen, und zu all dem hatte sie gerade erfahren, daß ihr Vater schwer krebskrank und nicht zu retten war. Alle diese schrecklichen Nachrichten, die sie so kurz nacheinander erreicht hatten, seien wohl einfach zu viel für Cheryl gewesen, zumal sie nicht besonders hart im Nehmen sei. George beschrieb Cheryl als eine Frau, der es unendlich schwer fiel, sich auf veränderte Gegebenheiten einzustellen, und

die ein Unglück nicht vergessen und Unrecht nicht vergeben konnte. Bei jedem Streit und jeder kleinen Auseinandersetzung pflegte
sie ihn in allen Einzelheiten an all die »bösen Dinge« zu erinnern,
die er ihr angetan hatte, seit sie sich kannten. Es war unter anderem diese Unfähigkeit gewesen, »nichts verzeihen zu können«, die
ihn schließlich von ihr fortgetrieben hatte. Als George sich verabschiedete, dankte er dem Therapeuten für seine Bemühungen und
sagte, er werde alles tun, was in seinen Kräften stehe, um Cheryl
zu helfen. Der Therapeut war zwar überzeugt, daß George sich
ernsthaft Sorgen darüber machte, wie es wohl weitergehen würde,
aber er hielt es für das Beste, wenn George seine Frau so wenig
wie möglich zu Gesicht bekäme.

Der andere Therapeut war im Krankenhaus, als Cheryl allmählich wieder zu Bewußtsein kam. Als sie bemerkte, wo sie war,
wurde sie wütend und riß sich die Trachealkanüle und die Injek-
tionsnadel heraus, bevor die Schwester das verhindern konnte.
Immer wieder rief sie: »Verdammt noch mal, warum mußtet ihr
elenden Hunde euch einmischen?« Sie hatte noch immer die Absicht, sich umzubringen, da sie aber auch noch unter dem Einfluß
der sedierenden Mittel stand, fiel sie bald wieder in Schlaf.

Als der Therapeut am nächsten Morgen wiederkam, traf er
Cheryl völlig wach an. Das Sprechen machte ihr zwar Mühe, aber
sie zeigte doch sehr deutlich ihre Verärgerung darüber, daß wir
eingeschritten waren. Ursprünglich hatte sie mit ihrem Auto bis
an den Eingang des Militärstützpunktes fahren wollen, bei dem ihr
Mann beschäftigt war, um dort an einer Überdosis zu sterben. Die
Waffe führte sie nur mit sich, um jeden niederzuschießen, der
versuchen würde, sie »zu retten«. Der heftige Zorn, den Cheryl
ihrem Mann gegenüber empfand, kam schnell an die Oberfläche.
Auch stellte der Therapeut rasch fest, daß Cheryl eine sehr starr-
sinnige und geradezu rasend geltungssüchtige Frau war. Er beschloß daher, gerade auf diese Eigenschaften zu setzen, um so
vielleicht ihren Lebenswillen wieder zu wecken. Er definierte
»Selbstmord« als Zeichen der Resignation und »Am-Leben-Bleiben« als Beweis für die Fähigkeit »zurückzuschlagen«, was in ihrem Fall hieß, ihrem Mann zeigen, daß er gar nicht so wichtig war,
wie er meinte. Da Cheryl großen Wert darauf legte, unbeugsam
und stark zu erscheinen, drehte sich das Gespräch in dieser Sitzung sehr weitgehend um diesen Gedanken: Menschen, die überle-

ben, sind starke Naturen; wer aufgibt, ist ein Schwächling. Cheryl schien zu hören, was hier gesagt wurde, und erklärte sich schließlich bereit, sich am nächsten Tag wieder mit dem Therapeuten zu unterhalten.

Der Therapeut besuchte Cheryl noch insgesamt fünf Mal. Während ihres Aufenthaltes im Krankenhaus beschloß Cheryl, in ihren Heimatstaat zurückzukehren, um in der Nähe ihrer Eltern und ihrer übrigen Angehörigen zu sein und ihren Beruf als Buchhalterin wieder aufnehmen zu können. Sie begriff auch, daß sie es ihrem Mann am besten »geben« bzw. sich an ihm rächen konnte, wenn sie nicht starb, sondern sich ganz im Gegenteil ein eigenes und befriedigendes Leben aufbaute. Der Therapeut sorgte für eine psychotherapeutische Betreuung auch an ihrem Heimatort und rief den zuständigen Therapeuten noch zweimal an, um sich zu vergewissern, daß Cheryl sich auch wirklich bei der Beratungsstelle gemeldet hatte.

Anatomie eines Selbstmordes

Am 17. September 1979 erschien in der Lokalzeitung einer großen Stadt in Frankreich ein Artikel mit der Überschrift »Le drame atroce de Nice« (Luchesi, 1979 a). Der Artikel nahm eine halbe Zeitungsseite ein und war von einem großen Foto begleitet, auf dem Krankenpfleger eine mit einem Laken zugedeckte Bahre aufhoben. Am nächsten Tag erschien ein weiterer Beitrag mit der Überschrift »Le drame de Nice« (Luchesi, 1979b). Beide Artikel erzählten die Geschichte eines Vaters, der zunächst seine Kinder – zwei Töchter im Alter von sechs und dreieinhalb Jahren – umgebracht und dann sich selbst das Leben genommen hatte.

Eines Sonntagnachmittags lud Lucien Sardou, ein vierzigjähriger Klempner, sein Gewehr mit sechs Patronen und betrat das Zimmer, in dem eine seiner Töchter gerade schlief. Er erschoß das Kind aus nächster Nähe und ging dann in das anstoßende Zimmer, wo seine andere Tochter schlief. Auch sie erschoß er aus nächster Nähe. Insgesamt hatte er jetzt fünf Schuß verbraucht. Er trug die toten Kinder in sein Schlafzimmer, legte sie auf das Bett, legte sich selbst zwischen ihre Körper und gab sich mit dem letzten Schuß selbst den Tod. Ein Drama von geradezu antiken Ausmaßen hatte sein Ende gefunden. Welche Kräfte hatten diese Tragödie heraufbeschworen und den Tag, die Stunde und den Augenblick vorbestimmt? Wir versuchen im folgenden eine Rekonstruktion des tödlichen Geschehens in der Art der psychologischen Autopsie.

Lucien Sardou und seine inzwischen 39jährige Frau Nicole hatten einige glückliche Jahre miteinander verbracht; sie hatten zwei gesunde und brave kleine Töchter, Helene und Anne-Marie. Lucien war ganz vernarrt in seine Kinder und hatte sie nach den Worten eines Freundes vor allem, als sie noch ganz klein waren, »verhätschelt und verzärtelt«. Er hatte sich mit den Kleinen »vielleicht noch mehr als eine Oma beschäftigt«, er scheute sich auch nicht, einen großen Teil der Hausarbeit zu erledigen, so daß die Mutter mehr Zeit für die Pflege und Versorgung der Kinder hatte. Seine Kinder, so hieß es, seien für Lucien »der Mittelpunkt der Welt«.

Ein Jahr vor der Katastrophe hatten die Schwierigkeiten zwischen Nicole und ihrem Mann ihren Anfang genommen. Nicole, die ihren Beruf als Stenotypistin aufgegeben hatte, um Kinder zu haben und sich in Ruhe ihrer Erziehung zu widmen, beschloß nun, ganztägig in ihre alte Firma zurückzukehren. Wenig später kam es zur Trennung; Nicole zog in eine Wohnung am anderen Ende der Stadt und nahm die Töchter mit. (Später sagte sie wiederholt, sie habe Lucien verlassen, weil er sie mehrmals tödlich bedroht habe.) Mit Hilfe eines Anwalts waren sie zu einer »freundschaftlichen« Regelung gekommen, der zufolge die Mädchen bei Nicole leben sollten und Lucien das Recht hatte, sie regelmäßig zu sehen. Gemäß dieser Vereinbarung hatten Helene und Anne-Marie ihren Vater auch an dem Tag besucht, an dem sie ums Leben kamen.

Lucien wußte, daß Nicole in allernächster Zeit die Scheidung einreichen und das Sorgerecht für die Kinder beantragen würde. Sie würde dann auch darüber zu bestimmen haben, wann und wie oft er die Kinder besuchte. Lucien hatte einmal einem Freund gegenüber geäußert, sein größter Schrecken sei »der Gedanke, daß diese Kleinen unter einem anderen Dach erzogen werden und vielleicht unter dem Einfluß eines anderen Mannes aufwachsen könnten; das ist für mich eine unerträgliche Vorstellung«. Solche Gedanken gingen ihm offenbar ständig durch den Sinn, und aus dem großzügigen, selbstlosen Vater wurde ein gebrochener Mann, der sich selbst verachtete, der »seine Ehre retten« wollte und auf seinen väterlichen Rechten bestand. Irgendwie, so empfand er, hatte er seine Pflichten gegenüber den Kindern versäumt, er hatte

273

sie im Stich gelassen – aber nur, weil die Mutter der Kinder, seine Frau, ihn im Stich gelassen hatte. Auf diese Weise konnte Lucien seinen Zorn auf eine Ursache außerhalb seiner Person und außerhalb der Person seiner Kinder projizieren. Seine Wut konnte sich voll und mit tödlicher Gewalt auf die Mutter der Kinder, seine Frau, konzentrieren.

Im Jahre 1976 meldete die Firma, bei der Lucien beschäftigt war, Konkurs an. Manche seiner Freunde sagten, dieser Umstand habe sich sehr ungünstig auf seine Stimmung ausgewirkt. Die beruflichen Sorgen und die zunehmenden ehelichen Schwierigkeiten sorgten dafür, daß er, nach den Worten eines Bekannten, »in eine Depression stolperte« und etwa vier Monate in einer psychiatrischen Klinik verbrachte. In seinen Briefen war immer wieder von Selbstmord die Rede, aber niemand nahm diese Äußerungen des doch so zärtlichen Vaters und guten Ehemannes ernst. Nach der Katastrophe bemerkte eine der Nachbarinnen: »Wir wußten, daß Sardou große Schwierigkeiten hatte; er hat auch oft davon gesprochen, er werde sich umbringen, aber im Grunde haben wir doch immer geglaubt, daß die Sorge um die Kinder, denen er ja fast seine gesamte Zeit widmete, ihn von diesem fürchterlichen Vorhaben abhalten würde.« Wenn man die Nachbarn hörte, so »liebte er seine Frau noch immer sehr«, er war »ein Vater, wie er im Buche steht« und für die Kinder »der Mensch, der sie auf der ganzen Welt am liebsten hatte«.

Dann aber kam der Tag, an dem alle Erwartungen, Wünsche, Hoffnungen und Versprechen zerstört wurden. Die sechsjährige Helene freute sich auf den sonntäglichen Besuch bei ihrem Vater, denn sie hatte gerade einen schwierigen Lesetest bestanden und durfte in die erste Schulklasse eintreten. Sie hatte ihm die Neuigkeit selbst erzählen wollen und darauf bestanden, daß die Mutter sie zum Vater gehen ließ. Gegen Mittag lud Lucien Sardou ein benachbartes Ehepaar auf ein Glas in seine Wohnung ein. Die beiden, die nach ihren eigenen Worten gut mit Lucien befreundet waren, erzählten später, er habe einen relativ »entspannten« Eindruck gemacht und auf ihre Fragen nach seiner gegenwärtigen Verfassung so etwas wie »Hoffnung« gezeigt und gesagt, er wolle am nächsten Tag einen Anwalt aufsuchen und sich wegen der bevorstehenden gerichtlichen Auseinandersetzung beraten lassen.

Drei Stunden nach ihrem Besuch in Luciens Wohnung fanden

diese Nachbarn zu ihrem Erstaunen einen Zettel vor ihrer Tür mit einer Nachricht, die ihnen rätselhaft erschien. Sie war von Lucien verfaßt und besagte nur, daß er am nächsten Morgen zwei Telefongespräche führen wolle. Verwirrt und beunruhigt aus Gründen, die sie selbst nicht verstanden, klingelten sie an Luciens Haustür. Niemand öffnete. Das Haus war nicht verschlossen, und die Schlüssel lagen gleich innen neben der Türschwelle. Vorsichtig betraten sie die makellos saubere Wohnung, und der Anblick der drei menschlichen Körper auf dem Bett erfüllte sie mit unbeschreiblichem Entsetzen.

Die Polizei konnte Nicole Sardou nicht sogleich finden, aber gegen Abend kam sie in die Wohnung, um ihre Kinder abzuholen. Als sie erfuhr, was geschehen war, brach sie vor Schmerz zusammen. In dem Artikel, der am nächsten Tag in der Zeitung erschien, wurde sie folgendermaßen zitiert: »Ich hatte eine entsetzliche Vorahnung, aber ich glaubte nicht, daß so etwas passieren würde, schon gar nicht den Kindern.« Auch daß Lucien eine schriftliche Nachricht in seiner Wohnung hinterlassen hatte, wurde korrekt von der Zeitung berichtet; auf dem Zettel kündigte er allerdings nur an, was passieren würde, und was dann ja auch tatsächlich passiert war. Es ist auch kaum anzunehmen, daß er irgend etwas hätte schreiben können, was Licht in das unfaßliche Geschehen gebracht hätte.

Der Reporter beendete seinen traurigen Bericht in einfühlsamer Weise, wobei er nur an die Kinder dachte: »Zwei Menschenleben wurden geopfert als Preis für einen Konflikt unter Erwachsenen, dessen indirekte Opfer sie ja schon seit langer Zeit gewesen waren.« (Luchesi 1979 b, S. 8). Dies scheint auch die wichtigste Lektion, die sich aus diesem Fall ziehen läßt.

Was veranlaßte Lucien Sardou, sich das Leben zu nehmen? Er wollte seine Frau töten. Warum tötete er seine beiden Kinder? Die Antwort ist immer die gleiche. Warum trug er ihre Körper auf sein Bett und legte sich zwischen sie, bevor er sich selbst erschoß? Er wollte, daß sich seiner Frau beim Betreten der Wohnung eben dieser Anblick bot. Hätte man ihm in den Tagen vor dem Unglück durch die Einweisung in eine psychiatrische Anstalt noch helfen können? Eine solche Maßnahme hätte das Unglück vielleicht hinausgezögert und die Umstände ein wenig verändert, sie wäre aber nur vorübergehend von Nutzen und letzten Endes keine wirkliche

»Hilfe« gewesen. War er verrückt? Nein, er war besessen. Er war nicht verrückter als van Gogh, der wirbelnde Sonnenblumen vor einem dunkelnden Himmel malte. Als sein wilder Sonnenabend kam, war Lucien Sardou bei eiskaltem Verstand.

13 Moralische Richtlinien und gesetzliche Vorschriften

Allgemeine Grundsätze

Die Tätigkeit eines beratenden und behandelnden Psychologen schließt ein gewisses Maß an Autorität gegenüber dem Klienten ein, zugleich trägt der Therapeut aber auch die Verantwortung für die therapeutische Beziehung. Sein Berufsstand setzt ihm gewisse ethische Maßstäbe, die kein Therapeut ignorieren kann, und die Gesellschaft regelt seine Tätigkeit durch ein Netz von Konventionen und gesetzlichen Vorschriften.* Das heißt, der Therapeut muß sich ständig seinen sozialen Verpflichtungen wie auch seinen Verpflichtungen gegenüber dem Berufsstand bewußt sein und im Idealfall darin so etwas wie die Aufforderung zu lebenslanger Fort- und Weiterbildung erkennen. Wenn ein Therapeut nicht weiß, an welchen ethischen und rechtlichen Anforderungen er seine Tätigkeit auszurichten hat, erweist er sich selbst einen schlechten und seinem Klienten überhaupt keinen Dienst.

Vertrautheit mit den gesetzlichen Bestimmungen und Vorschriften erreicht der Therapeut dadurch, daß er sich einmal über all jene Pflichten informiert, die er auf dem gesamten Territorium der Vereinigten Staaten zu beachten hat, also seine Warnpflicht, seine Meldepflicht usw., und daß er sich zum andern über die

---

* Die Autoren üben ihre Tätigkeit in California aus und sind im Besitz der entsprechenden Lizenz für diesen Bundesstaat. Das heißt, sie sind nur mit den in diesem Staat geltenden gesetzlichen Vorschriften wirklich umfassend vertraut. Darüber hinaus haben sie sich eingehend mit der Literatur über die für die gesamte Nation geltenden Vorschriften und über die abweichenden Bestimmungen beschäftigt, wie sie in einzelnen Bundesstaaten gültig sind. In diesem Kapitel sollen allgemeine Grundsätze des therapeutischen Vorgehens geschildert und erläutert werden, wie sie überall als angebracht gelten. Gewisse Diskrepanzen zwischen unseren Ausführungen und den neuesten gesetzlichen Regelungen in dem einen oder anderen Bundesstaat bzw. in anderen Ländern sind aber unvermeidlich. Der Leser ist daher gebeten, unsere Darlegungen mit Vorsicht aufzunehmen.
Bei der Abfassung dieses Kapitels waren uns die Kommentare und Ratschläge von Rechtsanwalt Richard J. Kohlman eine wertvolle Hilfe.

spezifischen Vorschriften informiert, wie sie in bezug auf seine berufliche Arbeit in dem Staat gelten, in dem er tätig ist. Darüber hinaus empfiehlt es sich, daß er neue Entwicklungen auf beiden Feldern aufmerksam verfolgt, also Modifikationen, wie sie durch die Einführung neuer Gesetze, durch eine neue Art der Auslegung (Präzedenzfälle), aber auch durch die von den Standesorganisationen verkündeten Maßstäbe und durch den Gedankenaustausch der Kollegen untereinander zustandekommen.

Ein Therapeut, der auf die akute Krisenhilfe spezialisiert ist, muß damit rechnen, auf bestimmte Gegebenheiten zu stoßen, die einzig und allein für seine Arbeit zutreffen und mit der Einmaligkeit der Fälle zu tun haben, die er betreut: Eine Familie steckt in einer akuten Krise, was bedeutet, der Therapeut trifft auf ganz bestimmte und besondere Umstände. Das Familienleben zeigt gewissermaßen Abnutzungserscheinungen; die Familienmitglieder sind völlig durcheinander oder ganz und gar verzweifelt; von vernünftigen Überlegungen kann nicht mehr die Rede sein. Unter diesen Umständen ist es vielleicht schwierig oder sogar unmöglich, einer Forderung zu entsprechen, die in aller Regel als ganz selbstverständlich gilt und beachtet wird – der Forderung nämlich, daß der Therapeut das Einverständnis des Klienten bzw. der Familie mit einer Behandlung einholen muß. Wir werden das an anderer Stelle in diesem Kapitel noch im einzelnen erörtern, weil damit auf einen Schlag viele Probleme angesprochen werden, die sich dem Therapeuten im Rahmen dieser Arbeit stellen.

Das vorliegende Kapitel ist folgendermaßen aufgebaut:

1. Die Begriffe »privat« und »vertraulich« werden voneinander abgegrenzt,

2. die Sorgfaltspflicht als Richtschnur der klinischen Praxis wird im einzelnen erörtert;

3. drei spezifische Aufgaben des Therapeuten werden jeweils gesondert betrachtet: die Pflicht zur Klinikeinweisung, die Warnpflicht und die Meldepflicht.

Dabei werden in jedem Fall die besonderen Umstände geschildert, die bei akuten psychischen Krisen eintreten.

Privatheit und Vertraulichkeit werden häufig als zwei Seiten ein- und derselben Münze angesehen. Sie müssen aber getrennt voneinander behandelt werden. Der Unterschied zwischen beiden ist von Everstine u. a. (1980) wie folgt erklärt worden:

Vertraulichkeit ist ein Unterbegriff des größeren Begriffs der Privatheit.

»Privatheit« (also die private Sphäre eines Menschen bzw. der private Charakter einer Mitteilung etc.) kann als gedachter Raum bzw. als »Domäne« definiert werden, die einem Menschen zugehört und die er braucht, um er selbst zu sein und um sich sicher zu fühlen. Insoweit handelt es sich um ein symbolisches Terrain, das jeder Mensch besetzt hält und über das zu gebieten er ein Recht hat. Es gibt Situationen, in denen ein Therapeut sich über dieses Recht einer Person oder einer Familie auf »Privatheit« hinwegsetzen muß. Davon wird weiter unten noch im einzelnen die Rede sein.

»Vertraulichkeit« ist, so könnte man sagen, die informative Komponente des Begriffs der Privatheit, und Informationen über eine Person sind so etwas wie Eigentum – sie »gehören« der Person, auf die sie sich beziehen. Die grundsätzliche Frage im Zusammenhang mit persönlichen Informationen lautet, wie und in welchem Ausmaß der Zugang zu diesen Informationen von derjenigen Person kontrolliert wird, die Gegenstand der Informationen ist. Es gibt Situationen, in denen ein Therapeut vertrauliche Informationen preisgeben muß. Auch davon wird weiter unten noch die Rede sein.

Bevor wir uns näher mit den spezifischen Erfordernissen im Zusammenhang von Privatheit und Vertraulichkeit beschäftigen, wollen wir den allgemeinen rechtlichen Status der Psychotherapie in großen Zügen darstellen. In vielen Bundesstaaten ist Psychotherapie nicht streng durch ein umfassendes Gesetzesrecht geregelt. Es ist zwar anzunehmen, daß dieser Zustand sich mit der Zeit ändern wird, aber vorläufig kann man wohl sagen, daß die gesetzliche Regelung in bezug auf die psychotherapeutische Praxis noch recht unvollkommen ist. (Diese Beobachtung bezieht sich natürlich stärker auf den privaten denn auf den öffentlichen Sektor.) Dieser Zustand hat positive wie negative Aspekte, er hat Vor- und Nachteile.

Wo keine gesetzlichen Vorschriften die therapeutische Praxis verbindlich regeln, kommen andere Kräfte ins Spiel, die Regeln des *Gewohnheitsrechtes*, also die nicht durch Gesetzgebung festgelegten – und teilweise sogar ungeschriebenen – Regeln unserer Gesellschaft, die zum großen Teil aus dem britischen *common law* übernommen worden sind. Nach dem Gewohnheitsrecht existiert eine Regel nicht, solange sie nicht gebrochen wird. Ein Beispiel dafür ist der Fall, in dem ein Mann und eine Frau »in einer eheähnlichen Gemeinschaft« miteinander leben, aber nicht verheiratet sind. Zwischen ihnen besteht eine Bindung, die zwar nicht schriftlich fixiert und von den Beteiligten vielleicht nicht einmal festgestellt oder bestätigt worden ist. Das Gewohnheitsrecht erkennt aber an, daß zwischen zwei Menschen, die ein solches Verhältnis miteinander eingehen, ein Vertrag *impliziert* ist, und entsprechend kann es auch vertragliche Verpflichtungen zwischen ihnen geben. Wenn der eine Teil behauptet, daß der andere den Vertrag gebrochen oder sich nicht dem Vertrag entsprechend verhalten habe, dann kann dieser Punkt einem Gericht zur Beurteilung vorgetragen werden. Auf derartigen Verhältnissen und Umständen beruht eine Vielzahl von Rechtssachen.

Was die rechtliche Beurteilung angeht, so ist Psychotherapie eine Dienstleistung, die eine Person für eine andere erbringt. Diese Betrachtung entsprach ursprünglich der rechtlichen Beurteilung der Medizin (Shea, 1978), ist dann aber gegenüber ihrem Ausgangspunkt erheblich modifiziert worden. Es gibt also Gemeinsamkeiten in den rechtlichen Bedingungen, denen die Medizin wie die Psychotherapie unterliegen, aber es gibt auch ganz deutliche Unterschiede, die wir in diesem Kapitel näher betrachten wollen.

Nach allgemeiner Erwartung erfüllen sowohl die Psychotherapie als auch die Medizin eine dem Gewohnheitsrecht zugehörige Sorgfaltspflicht. Das heißt, Arzt und Therapeut müssen ihrem Patienten bzw. Klienten gegenüber Sorgfalt an den Tag legen und Sorgfalt üben. Dabei ist der Begriff der Sorgfalt höchst vage, wenn überhaupt, definiert. Selbstverständlich lassen sich viele Grade, viele Ebenen und viele qualitative Stufen von »Sorgfalt« denken, so daß die Entscheidung, was darunter zu verstehen ist und mithin gefordert werden kann, häufig demjenigen überlassen ist, der eine Leistung anbietet. Die meisten Therapeuten verlassen sich auf ihre Standesorganisationen, soweit es um die Frage geht, was von der »angemessenen Sorgfalt« abgedeckt sein muß. Und die meisten Standesorganisationen haben in der Tat entsprechende Richtlinien erarbeitet. Wenn ein Therapeut das Pech hat, in einen Zivilprozeß verwickelt zu werden (weil man ihm beispielsweise falsche oder schlechte Behandlung vorwirft), dann wird das Gericht sich bei der Beurteilung der Frage, ob der Beklagte seiner Sorgfaltspflicht in ausreichendem Maße entsprochen hat, höchstwahrscheinlich an diesen von der Standesorganisation vertretenen Richtlinien orientieren. Falsche oder schlechte Behandlung wird in der Regel so interpretiert, daß der »Leistungsgeber« es unterlassen hat, den »Leistungsnehmer« mit der angemessenen Sorgfalt zu bedienen. Zum Abschluß dieses kurzen Überblicks sei noch ganz besonders darauf hingewiesen, daß die Beweislast in einem Prozeß, in dem es um falsche oder schlechte Behandlung geht, beim Kläger liegt, der behauptet, daß die notwendige Sorgfalt nicht geübt worden sei. Es wird kaum Fälle geben, in denen es dem Therapeuten nicht gelingt, nachzuweisen, daß er seiner Sorgfaltspflicht gewissenhaft nachgekommen ist. Die meisten Therapeuten sind aufrichtig am Wohlergehen ihrer Klienten interessiert und tun, was sie können, um die Probleme zu lindern, derentwegen der Klient sich um therapeutische Hilfe bemüht hat.*

Die Pflicht zur Klinikeinweisung

Die meisten Bundesstaaten erkennen zumindest implizit eine Verpflichtung des Therapeuten, dann tätig zu werden, wenn ein Klient der stationären Einweisung bedarf. Die Vorstellungen darüber, wie und unter welchen Umständen der Therapeut in einem solchen Fall tätig werden muß (wie also die »Notwendigkeit der stationären Einweisung« zu definieren ist), können sich allerdings wandeln und von einem Bundesstaat zum anderen immer wieder anders aussehen. Wir können daher nur einige allgemeine Richtlinien vortragen.

Zunächst wollen wir betonen, daß es sich hier um ein sehr kontroverses Thema handelt, denn es gibt nur wenige gesetzliche Bestimmungen darüber, wie oder wann ein Therapeut eine stationäre Einweisung vornehmen *muß*. Es kann auch nicht Aufgabe des Gesetzgebers sein, diesen und andere Aspekte der klinischen Be-

---

* Der Begriff der Sorgfaltspflicht ist insofern positiv konnotiert, als in ihm angedeutet ist, was getan werden muß. Umgekehrt enthält er aber auch eine gleichermaßen verbindliche Aussage des Inhalts, daß man die Schwierigkeiten des Klienten nicht verschlimmern darf. In diesem Zusammenhang sei auf die elementare Regel der Medizin verwiesen: *primum non nocere*.

urteilung rechtsverbindlich zu regeln, und es hat daher durchaus seine Berechtigung, wenn wir in diesem Punkt nicht an irgendwelche Vorschriften gebunden sind. Unter bestimmten Voraussetzungen kann aber eine *Verpflichtung* des Therapeuten zur Unterbringung eines Klienten im Krankenhaus gegeben sein, und wenn dies der Fall ist, dann kann diese Verpflichtung eines Tages auch Gegenstand einer gerichtlichen Überprüfung werden. Es könnte zu einem Prozeß kommen, in dem der Therapeut beschuldigt wird, nachlässig gehandelt, nämlich keine stationäre Einweisung veranlaßt zu haben, mit dem Ergebnis, daß das Urteil auf Verletzung der Sorgfaltspflicht lautet. Diese Situation könnte sich beispielsweise im folgenden Fall ergeben: Der Klient wird nicht in eine psychiatrische Einrichtung eingewiesen, obwohl seine Angehörigen den Therapeuten darum gebeten haben; zu einem späteren Zeitpunkt wird der Klient von Halluzinationen gequält und beim Überqueren der Straße von einem Auto überfahren und getötet; der Fahrer wird von jeder Mitschuld freigesprochen, und die Familienmitglieder des Opfers klagen gegen den Therapeuten, weil er einer durch Gewohnheitsrecht festgelegten Verpflichtung nicht nachgekommen ist. Wenn das Gericht sich dieser Sicht der Dinge anschließt, sehen sich die Therapeuten aufgrund des Fallrechts mit neuen Anforderungen konfrontiert, und die darin festgelegten Maßstäbe sind nicht weniger zwingend, als wenn sie kraft Gesetz festgelegt worden wären.

Welche Feststellungen muß ein verantwortungsbewußter Therapeut bezüglich der Person seines Klienten treffen, um sich richtig, nämlich für oder gegen dessen Einweisung in eine Klinik (bzw. für die Befürwortung der Einweisung)* zu entscheiden? Nach eingehender Betrachtung des Falles sollte zumindest eines der im folgenden genannten Kriterien gegeben sein:
1. Der Klient wird als eine Gefahr für andere Menschen angesehen;
2. der Klient wird als eine Gefahr für sich selbst angesehen;
3. der Klient wird als »schwer behindert« angesehen.

In dieser Formulierung »wird als ... angesehen« deutet sich an, daß dem Therapeuten ein beträchtlicher Spielraum für seine

---

* Geeignete Schritte und Techniken zur Vorbereitung einer Klinikeinweisung sind schon an anderer Stelle in diesem Buch genannt und beschrieben worden (s. Kapitel 4). Hier befassen wir uns nur mit den ethischen und rechtlichen Aspekten dieser Entscheidung.

Entscheidung zur Verfügung steht. Das soll keineswegs heißen, daß er diese Entscheidung leichtfertig treffen oder auf Aussagen und Feststellungen gründen darf, die ihm nur vom Hörensagen bekannt sind bzw. über die er nur »aus zweiter Hand« informiert ist. Klinikeinweisung bedeutet in einem gewissen Umfang den Verlust der Freiheit, des Eigentums und der übrigen bürgerlichen Rechte — Rechte, die die meisten von uns für selbstverständlich halten. Eine Frage von dieser Tragweite muß ernsthaft und unparteiisch erwogen werden, und die Entscheidung darüber kann nur nach reiflicher Überlegung fallen.

Die drei obengenannten Kriterien bergen noch andere und subtilere subjektive Elemente. Ist es beispielsweise immer eindeutig, ob ein Mensch eine Gefahr für einen anderen Menschen darstellt oder nicht? Wenn das so wäre, enthielten die Polizeiakten längst nicht so viele ungeklärte Mordfälle. Wir werden auf diese Frage an anderer Stelle noch ausführlich zu sprechen kommen. Was das zweite unserer oben genannten Kriterien angeht, nämlich die Überzeugung, daß der Klient eine Gefahr für sich selbst darstellt — kann man denn so ohne weiteres sagen, wann ein Mensch den Entschluß gefaßt hat, sich umzubringen? Viele Menschen drohen jahrelang immer wieder an, sich eines Tages umzubringen, und sterben schließlich an Altersschwäche. Andere unternehmen immer wieder Selbstmordversuche, ohne sich dabei ernstlich Schaden zuzufügen. Andererseits gibt es auch Menschen, die ihre tödlichen Absichten geschickt verbergen, bevor sie sich dann tatsächlich umbringen. Das alles besagt also, daß jede Voraussage dieser Art eine höchst unzuverlässige Form der Prophetie ist. Im Grunde ist die Beantwortung der Frage, ob ein Mensch eine Gefahr für sich selbst darstellt oder nicht, ein in hohem Maße subjektiver Vorgang, in den viele intuitive Elemente einfließen und der von vielen Zufälligkeiten geprägt ist. Die Auffassung, daß ein Mensch, der selbstzerstörerische Tendenzen zeigt, in eine Klinik müßte, ist nicht mehr als eine Annahme, die sich im einzelnen Fall natürlich als richtig erweisen, in deren Folge es aber auch zu einer beträchtlichen Zahl von »positiven Irrtümern« kommen kann (also zu Klinikeinweisungen, die nicht notwendig gewesen wären).

Die Kategorie der »schweren Behinderung« hat schon so viele Definitionen erfahren wie es Therapeuten gibt. Die Entscheidung darüber, ob man einen Klienten in diese Kategorie einordnen kann oder soll, erfolgt nach ganz und gar subjektiven Kriterien, die zudem oft noch eingeschränkt oder erweitert werden, damit der Fall, um den es geht, auf ihrer Grundlage entschieden werden kann. Bezieht sich der Ausdruck »Behinderung« auf den gegenwärtigen Zustand im Vergleich zu einem früheren Zustand, oder bezieht er sich auf den augenblicklichen Zustand im Vergleich zu dem Zustand, in dem jeder Mensch sich befinden könnte, der »nicht behindert« ist? Im Grunde handelt es sich bei dieser Kategorie um eine Schublade, die alles aufnimmt und die häufig dazu benützt wird, Klienten einzuweisen, mit denen der Therapeut »draußen« nicht mehr zu Rande kommt. Damit soll nicht gesagt sein, daß die Therapeuten sie unüberlegt oder leichtfertig heranziehen; wir wollen vielmehr zeigen, daß die unpräzise Definition der »schweren Behinderung« eine nahezu unbegrenzte Anwendung dieses Kriteriums ermöglicht. Und wenn mit so vagen Begriffen über eine so gewichtige Frage, das heißt über die Krankenhauseinweisung bzw. Nichteinweisung, entschieden werden kann, dann wird so mancher Betroffene unter der schließlich getroffenen Entscheidung leiden: Ein Mensch, der die Krankenhausunterbringung dringend nötig gehabt hätte, findet vielleicht aufgrund einer Laune keine Aufnahme; ein anderer, der durchaus angemessen für sich sorgen könnte, wird aus ebenso fadenscheinigen Gründen zwangsweise eingewiesen.

Kommen wir nun noch einmal zurück zum erstgenannten Kriterium, also zu der Überzeugung, daß der Klient eine Gefahr für andere Menschen darstellt. In bezug auf dieses Kriterium wird man gut daran tun, die besonderen Umstände des Falles genau unter die Lupe zu nehmen. Von den genannten drei Kriterien springt das der »Gefahr für die Mitmenschen« natürlich am stärksten ins Auge, denn diese Aussage läßt sich verhältnismäßig leicht durch Beobachtung (wenn nicht sogar durch objektive Messung) überprüfen. In vielen Fällen wird auf »Gefährlichkeit« geschlossen, wenn ein Klient eine spezifische Drohung gegen eine bestimmte Person, gegen eine bestimmte Art von Personen oder gegen die Menschen ganz allgemein ausgesprochen hat. Jede solche Drohung sollte selbstverständlich vor dem Hintergrund anderer ähnlicher Zeichen gesehen werden, in erster Linie vor dem Hintergrund gewalttätiger Verlautbarungen und Handlungen des Klienten in der jüngsten und in der weiter zurückliegenden Vergangenheit. Wenn der Klient keine spezifische Drohung ausgesprochen hat, ist die Kenntnis solcher »Drohgebärden« von allergrößter Wichtigkeit. Auf jeden Fall wird der Therapeut schwer an der Bürde tragen, die ihm mit der Aufgabe, über solche Fragen zu entscheiden, auferlegt ist. Denn wenn ein Mensch wild mit einem Gewehr herumfuchtelt, dann ist diese Geste vielleicht gefährlich genug, um einen Polizisten zu veranlassen, ihm die Waffe wegzunehmen. Ein Therapeut jedoch muß seine Entscheidung, den Klienten in eine Anstalt einzuweisen, oft auf ein einzelnes Wort oder einen bestimmten Tonfall gründen.

In bezug auf die Frage, ob »Gefährlichkeit« voraussagbar ist, ob man also gewalttätige Tendenzen aufdecken kann, bevor sie zum Ausbruch kommen, sind in den letzten Jahren sehr kontroverse Ansichten geäußert worden (Megargee, 1976; Monahan, 1975; Shah, 1981). Aus irgendeinem Grunde hat sich die Überzeugung verbreitet, Psychotherapeuten seien im Besitz besonderer Kenntnisse oder Fertigkeiten, wenn es um die Beantwortung der Frage geht, wer ein potentieller Gewalttäter ist und wer nicht. Mit Sicherheit haben manche Therapeuten diese Überzeugung gefördert, vor allem solche, die häufig ihre Dienste als »sachverständige« Zeugen in Mordprozessen oder anderen forensischen Verfahren anbieten. Allerdings erheben nicht alle Therapeuten den Anspruch, sie könnten Gefährlichkeit im voraus erkennen, und diejenigen, die diese Fähigkeit für sich in Anspruch nehmen, sollten um Nachsicht für den Fall bitten, daß sie sich in ihrer Beurteilung täuschen.

Die Frage der Vorhersagbarkeit von gewalttätigen Handlungen beschäftigte ein höheres Gericht zum ersten Mal im Fall Tarasoff (1976). Im nächsten Abschnitt dieses Kapitels, in dem es um die Warnpflicht geht, werden wir uns noch näher damit befassen. Im Augenblick geht es um die Pflicht zur stationären Einweisung, und in diesem Zusammenhang ist es von Bedeutung, ob der Therapeut einen Menschen für potentiell gefährlich hält. Wenn er Grund zu der Annahme hat, daß sein Klient (oder auch jemand, der nicht sein Klient ist, den er aber beobachten konnte) augenblicklich oder in nächster Zeit einem anderen Menschen (irgendeinem Menschen) gefährlich werden kann, dann muß er kraft seiner Kompetenz versuchen, diese Person in eine Klinik einzuweisen. Das heißt nicht, daß der Therapeut eine gefährliche Person etwa physisch »überwältigen« (Heldentum ist hier nicht gefordert), sie mit Gewalt in eine Anstalt verfrachten oder selbst die Tür hinter ihr verriegeln müßte (ein Therapeut ist kein Vollzugsbeamter). In den meisten Staaten gilt aber, daß der Therapeut *etwas unternehmen* sollte, wenn zu befürchten ist, daß ein anderer Mensch das Opfer der gewalttätigen Neigungen seines Klienten (oder Nichtklienten) werden könnte. *Eine* Möglichkeit, dieser Aufgabe gerecht zu werden, ist die Klinikeinweisung; wenn der Therapeut dazu aber nicht ausdrücklich berechtigt ist, kann er auch in der Weise etwas unternehmen, daß er eine andere, dazu berechtigte Person oder Institution veranlaßt, an seiner Stelle tätig zu werden.

Diese Überlegungen und Empfehlungen sollten im Licht einer erst in den letzten Jahren ergangenen Verfügung des Obersten Bundesgerichts der Vereinigten Staaten über die Entscheidung für oder gegen stationäre Einweisung betrachtet werden. Im Fall Addington/Texas (1979) hatte ein Bürger wegen Einweisung ohne zureichenden Grund gegen den Staat geklagt. Bevor dieser Fall vor dem High Court verhandelt wurde, galt in bezug auf die stationäre Einweisung eine durch Präzedenzfälle begründete und schließlich auch weithin akzeptierte und befolgte Norm, nach der beim Vorliegen »gewichtiger Anhaltspunkte und Beobachtungen« die Einweisung eines Menschen in eine öffentliche Institution zur unfreiwilligen Behandlung ausreichend begründet war. Mit seiner Entscheidung im Fall Addington hob das Gericht diese Norm auf und ersetzte sie durch eigene Richtlinien. Von jetzt an muß eine Einweisung in eine öffentliche Einrichtung mit dem Ziel der unfreiwilligen Behandlung auf »deutliche und überzeugende« Beweise der Notwendigkeit einer Klinikunterbringung gegründet sein. Der sprachliche Unterschied mag geringfügig erscheinen, aber er ist von außerordentlicher Bedeutung. Mit dieser Verfügung hat die höchste gerichtliche Instanz entschieden, daß es zu einer stationären Einweisung jetzt sehr viel zwingenderer Beweismittel bedarf als zuvor. Die weiterreichende Implikation der Entscheidung des Gerichtes lautet: Die Richter sind der Meinung, daß bisher mehr Menschen gegen ihren Willen eingewiesen wurden als richtig war. Ihre Entscheidung wird mit Sicherheit zur Folge haben, daß von nun an relativ weniger zwangsweise stationäre Einweisungen erfolgen werden als bisher.

An diesem Punkt beginnt das Dilemma: Der Therapeut ist an

seine Pflicht zur Klinikeinweisung gebunden, aber es ist heute schwieriger für ihn, dieser Pflicht nachzukommen. Im Augenblick ist noch nicht zu übersehen, wie es angesichts dieser konfligierenden Tendenzen weitergehen wird, und solange er keine detaillierten Richtlinien hat, wird der kluge Therapeut die Dinge mit großer Wachsamkeit und Vorsicht handhaben.

Die Warnpflicht

Der Therapeut ist verpflichtet zu warnen, wenn der Klient ihm mitgeteilt hat, daß er vorhabe, einem anderen Menschen körperlichen Schaden (oder Schlimmeres) zuzufügen. In einem solchen Fall muß der Therapeut eindeutig mit der Gefährlichkeit des Klienten rechnen und sich als nächstes darüber klarwerden, wie ernst die ausgesprochene Drohung gemeint ist. Um unsere Erörterung zu Ende führen zu können, wollen wir hier annehmen, daß der Therapeut an der Aufrichtigkeit der Drohung keinen Zweifel hat. Dann gibt es zwei Möglichkeiten des Vorgehens:

1. Da der Klient mit seinem Verhalten eines der drei Kriterien erfüllt, wie sie für die Klinikeinweisung genannt wurden, kann der Therapeut sich dafür entscheiden, seiner Pflicht zur Einweisung nachzukommen, und die entsprechenden Schritte unternehmen. Im günstigsten Fall gelingt es ihm, den Klienten zu überreden, freiwillig in die Klinik zu gehen; gelingt ihm dies nicht, sollte er es zumindest mit einer vorübergehenden Einweisung versuchen.

2. Wenn der Klient sich weigert, freiwillig in die Klinik zu gehen, oder wenn aus irgendwelchen Gründen eine vorübergehende Einweisung nicht erfolgen kann (wenn der Klient zum Beispiel aus Platzgründen keine Aufnahme findet oder wenn es an höherer Stelle heißt, daß die Begründung für die angestrebte Klinikunterbringung nicht »klar und überzeugend« genug erscheine), dann wird die Warnpflicht zu einer entscheidend wichtigen Richtschnur des therapeutischen Handelns. Solange der Therapeut Grund zu der Annahme hat, daß die Drohung des Klienten weiterhin ernst gemeint ist, reicht es nicht aus, wenn er sich wiederholt, aber erfolglos um eine stationäre Einweisung des Klienten bemüht. Der Therapeut muß in diesem Fall *Anstrengungen unternehmen*, um das voraussichtliche Opfer von der Drohung in Kenntnis zu setzen.

Dieses zuletztgenannte Erfordernis ist durch die Entscheidung des *California Supreme Court* im Fall Tarasoff (1976) rechtsverbindlich geworden. Die Einzelheiten dieses Falles und seiner gerichtlichen Entscheidung sind von Everstine u. a. (1980) bereits vorgetragen worden. Was diese Entscheidung so besonders wichtig macht, ist der Umstand, daß die damit gefundene Regelung sich auf einen Grundsatz des Gewohnheitsrechtes stützt, auf die Überlegung nämlich, daß jede Person eine Verpflichtung hat, im Interesse des öffentlichen Wohls tätig zu werden. Wohl handelte es sich bei den in Frage stehenden Personen um Therapeuten, aber auch sie waren von diesem gewohnheitsrechtlichen Grundsatz nicht ausgenommen. Der Fall Tarasoff war aber um so signifikanter, als die der Nachlässigkeit beschuldigten Therapeuten in diesem Fall

1. eindeutig vorausgesagt hatten, daß ihr Klient gefährlich (für eine bestimmte Person) war und

2. Anstrengungen unternommen hatten, ihrer Pflicht zur stationären Einweisung nachzukommen, wenn auch ohne Erfolg.*

Die Therapeuten hatten aber den nächsten Schritt nicht getan: sie waren ihrer Warnpflicht, wie sie nach dem Gewohnheitsrecht bestand, nicht nachgekommen.

Ein Fall aus jüngerer Zeit hat die Konsequenzen des Präzedenzfalles, wie er durch die Sache Tarasoff geschaffen wurde, dann noch erweitert und erhärtet: In der Sache McIntosh gegen Milano (1979) kam ein Gerichtshof im Staat New Jersey zu einer Einschätzung, der wir die folgenden sehr wesentlichen Punkte entnehmen:

1. Ein Psychotherapeut *kann* gefährliches Verhalten voraussagen und sollte entsprechend handeln, indem er (zum Beispiel) seiner Warnpflicht nachkommt.

2. Unter bestimmten Umständen hat der Therapeut mehr Aufmerksamkeit auf das Wohlergehen der Gemeinschaft und speziell

---

* Dabei wollen wir festhalten, daß die Beklagten im Fall Tarasoff (also die Therapeuten) *nicht* für die unterlassene Einweisung haftbar gemacht wurden. Diese ungewöhnliche Situation ergab sich aus einer technischen Besonderheit im Gesetz. Danach konnten die betroffenen Therapeuten nicht für die unterlassene Einweisung haftbar gemacht werden, weil sie Angestellte des Staates, nämlich bei einer staatlichen Universität beschäftigt waren. Damit waren sie Nutznießer einer »bürokratischen Sicherheitsleistung«, die die meisten Therapeuten nicht genießen.

ihrer individuellen Mitglieder (etwa eines vorgesehenen Opfers) zu richten als auf seinen eigenen Klienten.

3. Der Therapeut muß seine Pflichten und Aufgaben gegenüber der Gemeinschaft kennen und ihnen getreulich nachkommen, selbst wenn das *nicht* im wohlverstandenen Interesse seines Klienten liegt.

In einem ähnlichen, zugleich aber auch anders gelagerten Fall erfuhr die im Fall Tarasoff gefundene Regelung eine Einschränkung und Abschwächung: Mit dem Fall Thompson gegen den Bezirk von Alameda (1980) war gleichfalls der *California Supreme Court* befaßt, der auch über den Fall Tarasoff entschieden und damit einen Markstein in der Rechtsprechung gesetzt hatte. Im Fall Thompson hieß es in der gerichtlichen Entscheidung:

1. Ein Therapeut *kann* zwar voraussagen, daß ein Klient einem bestimmten anderen Menschen gefährlich werden könnte, aber es ist wohl nicht möglich, vorauszusagen, ob der Klient ganz allgemein eine Gefahr für andere Menschen darstellt (zum Beispiel wahllos auf andere Menschen schießen könnte).

2. Gegenüber der Allgemeinheit oder auch nur gegenüber einer bestimmten Gruppe (etwa den Bewohnern eines Wohnblocks) hat der Therapeut keine Warnpflicht, das heißt, er ist nicht zum Hinweis auf die gefährlichen Tendenzen seines Klienten verpflichtet.

3. In Ermangelung einer deutlichen und eindeutigen Warnpflicht gilt, daß der Therapeut die Mitteilungen seines Klienten vertraulich zu behandeln hat.

Bei Kazan (1981) findet sich eine sehr brauchbare Zusammenfassung der Implikationen, die sich aus dem Urteil im Fall Thompson ergeben.

Die oben angesprochenen Sachverhalte kennzeichnen Situationen, in denen entweder die Privatsphäre eines Menschen oder die Vertraulichkeit seiner Mitteilungen mißachtet werden müssen. Wenn ein Mensch gegen seinen Willen eingewiesen wird, dann bedeutet das, daß er in seinem Privatleben in mehrfacher Hinsicht beeinträchtigt wird. Dieses Eindringen in seine Privatsphäre dient erklärtermaßen dem Wohl des Klienten (wenn dieser eine Gefahr für sich selbst darstellt oder schwer behindert ist) bzw. dem Wohl der Gemeinschaft (wenn der Klient eine Gefahr für andere Personen darstellt). Unter anderen Umständen wäre eine zwangsweise Einweisung dagegen eine illegale oder zumindest doch ethisch höchst fragwürdige Einmischung in seine persönliche Freiheit. Die Vertraulichkeit der Mitteilungen und Äußerungen des Klienten wird dagegen in dem Augenblick durchbrochen, in dem die Warnpflicht auf den Plan tritt, denn wenn der Therapeut das vorgesehene Opfer von der Drohung des Klienten in Kenntnis setzt, dann wird dessen Identität und der Umstand, daß er Klient eines Therapeuten ist, früher oder später bekannt werden. Ein Therapeut, der sich auf Krisenhilfe spezialisiert hat, kann sich genötigt sehen, sowohl die Privatsphäre seines Klienten zu verletzen als auch sich über den vertraulichen Charakter von dessen Mitteilungen hinwegzusetzen, eben weil seine Klienten häufig potentiell gewalttätig, suizidgefährdet oder in ihrer Wahrnehmung der Realität beeinträchtigt sind. Im letzten Abschnitt dieses Kapitels werden wir auf die besonderen Überlegungen im Zusammenhang mit akuten Krisensituationen noch zu sprechen kommen.

Wir sollten hier noch anmerken, daß viele Psychotherapeuten niemals in die Lage kommen, ihrer Warnpflicht genügen zu müssen. Die meisten werden aber irgendwann einmal vor der Notwendigkeit stehen, einen Klienten in eine Klinik einzuweisen, und fast jeder Therapeut wird gelegentlich aufgefordert sein, seiner Meldepflicht nachzukommen, die im nächsten Abschnitt dieses Kapitels besprochen werden soll. Alle Therapeuten werden ihr Bestes tun, um diesen Erfordernissen gerecht zu werden, und jeder Therapeut muß den Gedanken akzeptieren, daß dem Klienten ein unveräußerliches Recht auf Privatheit und Vertraulichkeit nun einmal nicht zusteht. Tatsächlich ist es ja so, daß ein Klient diese Rechte, an denen er andernfalls festhalten und die er als seine Rechte verteidigen würde, teilweise aufgeben muß, sobald er sich in psychotherapeutische Behandlung begibt.

Wenn ein Mensch sich in die Behandlung eines Therapeuten begibt, geht er damit zumindest implizit eine vertragliche Abmachung ein. Ob diese Abmachung nun schriftlich oder mündlich erfolgt, sie existiert in jedem Fall und impliziert gewisse Pflichten für beide Teile. Da der Therapeut bestimmten rechtlichen Erfordernissen genügen muß, ist es nur fair, den Klienten schon frühzeitig im Laufe der Behandlung auf diese Bedingungen aufmerksam zu machen. Seine Warnpflicht schließt beispielsweise auch die Verpflichtung ein, daß er dem Klienten von dieser Warnpflicht Kenntnis gibt (Everstine u. a., 1980, S. 839). Der Klient hat ein Recht darauf, im vorhinein darüber belehrt zu werden, daß der Therapeut, wenn sein Klient einer anderen Person körperlichen Schaden androht, diese Person davon in Kenntnis zu setzen und dabei den Namen des Klienten zu nennen hat.

Die gleiche Offenheit ist natürlich auch in bezug auf die Pflicht zur stationären Einweisung wie auch in bezug auf die Meldepflicht des Therapeuten gefordert. In jedem Fall also sollte der Therapeut offen darlegen, an welche rechtlichen und ethischen Forderungen er gebunden ist. Der Klient muß sich darüber im klaren sein, welche Mitteilungen und Äußerungen von seiner Seite den Therapeuten veranlassen werden und veranlassen müssen, eine andere Rolle als die des Therapeuten zu übernehmen – etwa die Rolle dessen, der einen bedrohten anderen Menschen schützt, oder die Rolle des Wächters über das öffentliche Wohlergehen. Manche Beobachter der Szene plädieren dafür, daß gleich zu Beginn der therapeutischen Beziehung ein umfassender *schriftlicher* Kontrakt zwischen dem Klienten und dem Therapeuten aufgesetzt werden sollte (z. B. Coyne und Widiger, 1978). Wir können uns dieser Forderung zwar nicht anschließen, sind aber der Meinung, daß jeder Therapeut sich über die Punkte im klaren sein sollte, die ein solcher Vertrag enthalten würde. Dazu zählen in erster Linie die Verpflichtung des Therapeuten gegenüber der Gesellschaft, dem Gemeinwesen und seinem Berufsstand sowie seine durch das Gewohnheitsrecht definierten Verpflichtungen als Bürger und als Mensch.

Die Meldepflicht

Unsere Tätigkeit wird zunehmend zu einer öffentlichen Angelegenheit, nachdem wir ihr so viele Jahre eher im Dunkeln, in geheimnisvoller Abgeschiedenheit nachgegangen sind. Diese Entwicklung ist zweifellos von Vorteil sowohl für unseren Beruf als auch für die Gesellschaft. Die Psychotherapie hat in den letzten Jahren eine stürmische »Entmystifizierung« erfahren, und parallel dazu ist das Wirken ihrer Vertreter auf zunehmendes Interesse und Verständnis gestoßen. Die Öffentlichkeit akzeptiert den Psychotherapeuten inzwischen und erwartet, daß er sich aktiv an der Wahrung der sozialen Ordnung beteiligt.

Dieser Trend hält seit rund zwanzig Jahren an, und in dieser Zeitspanne hat sich noch ein anderer Trend bemerkbar gemacht –

die allmähliche Aufdeckung immer neuer pathologischer Aspekte unserer modernen Kultur. Die Aufdeckung dieser pathologischen Aspekte ist dadurch möglich geworden, daß wir Verhaltensweisen, die lange Zeit einfach als »Verbrechen gegen die Menschlichkeit« bezeichnet wurden, häufiger als pathologisch erkennen und darüber auch berichten. Unsere Bemühungen richten sich darauf, diese Verbrechen schnellstmöglich aufzuklären, die Täter zu bestrafen, den Opfern zu Hilfe zu kommen und dafür Sorge zu tragen, daß sie in Zukunft seltener vorkommen. Unter den pathologischen Verhaltensweisen ragen Mißbrauch, Mißhandlung und Vernachlässigung von Kindern sowie der Inzest heraus. Erst in den letzten zehn bis fünfzehn Jahren haben sich auch die Psychotherapeuten aktiv für die Verbesserung dieser beklagenswerten sozialen Zustände eingesetzt und den Weg dafür geebnet, daß auch von offizieller Seite die Notwendigkeit umfassender sozialer Reformen und der vorbeugenden Aufklärung der Öffentlichkeit erkannt wurde.

In mehreren Kapiteln dieses Buches haben wir uns im einzelnen mit den traumatischen Erfahrungen der Opfer solcher Verbrechen befaßt und aufgezeigt, wie man dem Trauma wirksam begegnen und den Opfern zur Wiederherstellung ihres Wohlbefindens verhelfen kann. Hier nun wollen wir uns mit der Frage beschäftigen, was ein Therapeut bei der Meldung eines solchen Tatbestandes zu beachten hat. Wir werden bei der Darlegung dieser Verhaltensregeln große Vorsicht walten lassen, um etwaige Fehldeutungen durch Therapeuten so gering wie möglich zu halten.

Kindesmißhandlung

Drei Jahre nach Erscheinen von Henry Kempes bahnbrechendem Artikel über das Syndrom der Kindesmißhandlung (1962) war in allen amerikanischen Bundesstaaten die Meldung von Fällen der Kindesmißhandlung gesetzlich geregelt. Der kalifornische Jurist Richard J. Kohlman (1974) zeigte überzeugend auf, welche rechtlichen Implikationen sich aus allen diesen Gesetzesvorschriften ergaben. Der Leser wird sich eine zutreffende Vorstellung vom Umfang dieser Meldepflicht nur bilden können, wenn zunächst definiert wird, was das Gesetz unter dem Begriff der Kindesmißhandlung versteht. Im allgemeinen bezieht sich dieser Begriff auf jede nicht zufällige Schädigung, die einem Menschen unter achtzehn Jahren zugefügt wird, sei es durch die Eltern oder durch andere Angehörige, durch eine Aufsichtsperson oder durch einen Betreuer oder schließlich durch eine dem Geschädigten gänzlich unbekannte Person. Diese Definition deckt alle Möglichkeiten ab, aber wir sollten uns darüber im klaren sein, daß »Kindesmißhandlung« dennoch in jedem Bundesstaat anders definiert ist (Fraser, 1978, S. 218). Der Therapeut sollte also Vorsicht walten lassen und seine Beurteilung der jeweiligen Umstände im Licht der geltenden gesetzlichen Vorschriften und der fallrechtlichen Entscheidungen vornehmen.

Auch abgesehen von der gesetzlich festgelegten Meldepflicht gibt es gute Gründe, einen Fall von Kindesmißhandlung zu melden. Kohlman stellt fest, daß die Behandlung des kindlichen Opfers oft sofort einsetzt und erfolgreich verläuft, daß aber »das Hauptproblem darin besteht, das Opfer zu *finden*« (1974, S. 245). Mehr noch: Es gibt Gründe, nach Fällen von Kindesmißhandlung zu *suchen*, wie Schmitt (1980 a) deutlich macht:

»Jährlich haben wir etwa 2000 Todesfälle . . . in den Vereinigten Staaten. [Kindesmißhandlung] gehört zu den wichtigsten Todesursachen im Kindesalter. Die Sterblichkeitsrate liegt, auf die ganze Nation bezogen, bei etwa drei Prozent. Wo Kindesmißhandlung frühzeitig aufgedeckt und entsprechende Maßnahmen ergriffen werden, liegt sie unter einem Prozent. Wo die Aufdeckung unzureichend ist, kann sie bis auf zehn Prozent steigen« (S. 1).

Diese Daten sprechen, so meinen wir, für sich selbst: Wenn wir uns darum bemühen, Fälle von Kindesmißhandlung aufzudecken, können wir die Sterblichkeitsrate von zehn Prozent auf ein Prozent herabdrücken!

Was die Verpflichtung des Therapeuten angeht, so lauten die Bestimmungen folgendermaßen: »Jeder Staat hat ein Gesetz, das bestimmte Personen bzw. bestimmte Gruppen von Personen beauftragt, mutmaßliche Fälle von Kindesmißhandlung zu melden« (Fraser, 1978, S. 208). Die beauftragten »Personen bzw. Gruppen von Personen« sind nicht in allen Staaten identisch. Der Staat California nennt sie aber wohl mehr oder weniger alle, wenn er sie folgendermaßen kennzeichnet:

Auf dem Gebiet der Medizin: Praktische Ärzte, Chirurgen,

Psychiater, Psychologen*, Zahnärzte, Anstaltsärzte, Kranken-
hausärzte, Orthopäden, geprüfte Krankenschwestern und -pfleger
u. a.

Auf dem Gebiet der Kinder- und Jugendfürsorge: Lehrer, Ver-
waltungsangestellte bzw. im öffentlichen Gesundheitswesen Tätige, Sozialarbeiter an öffentlichen und privaten Schulen, Veranstal-
ter von öffentlichen oder privaten Tageslagern, zugelassene Tages-
betreuer, Angestellte bei gemeindepsychiatrischen Einrichtungen, die eine Lizenz für Kinderbetreuung besitzen; Nachhilfeleh-
rer, Mitarbeiter von Kinderpflegeeinrichtungen, auch Pflegeeltern, Angestellte in Heimen und Pflegeanstalten, Sozialarbeiter,
Bewährungshelfer.

Im nichtmedizinischen Bereich: Angestellte im staatlichen oder
regionalen Gesundheitswesen, amtliche Leichenbeschauer, para-
medizinische Fachkräfte, Ehe-, Familien- und Jugendberater;
kirchliche Mitarbeiter, die in Diagnose, Untersuchung und Behandlung von Kindern tätig sind.

Im Bereich des Kinder- und Jugendschutzes: Angehörige von
Polizeirevieren, Mitarbeiter in der Bewährungshilfe und im Wohl-
fahrtswesen (State of California Penal Code, Neufassung 1981).

Interessant ist in diesem Zusammenhang, daß die vorstehende
Liste 1978 zum ersten und 1980 zum zweiten Mal revidiert wurde
(mit Wirkung vom 1. 1. 1981). Beide Male wurden den bereits
darin genannten Berufsgruppen weitere Gruppen hinzugefügt;
auch für die Zukunft kann man mit einer zahlenmäßigen Zunahme
der Gruppen oder Dienststellen rechnen.

Wem bzw. welcher Stelle muß eine mutmaßliche Kindesmißhandlung gemeldet werden? Auch in diesem Punkt gibt es wieder
gewisse Unterschiede in den einzelstaatlichen Bestimmungen.
Fraser (1978, S. 208) faßt die entsprechenden Stellen zusammen
und nennt dabei unter anderem die den Sozial- und den Familien-
ministerien nachgeordneten Stellen.

Im Staat California muß eine sogenannte »Child Protective
Agency« informiert werden, das heißt 1. die örtliche Polizeidienststelle, 2. die Abteilung Bewährungshilfe für Jugendliche oder 3.

---

* Die Prüfung und Zulassung der klinischen Psychologen erfolgt im Staat California durch den *Board of Medical Quality Assurance*. Klinische Psychologen zählen
zur Kategorie der »medical practitioners«.

die Wohlfahrtsbehörde des Bezirks. In anderen Staaten sind es wieder andere Dienststellen, an die eine entsprechende Meldung gerichtet werden muß.

Der Inhalt eines solchen vom Gesetz geforderten Berichtes lautet in der Regel, daß es gewisse Anhaltspunkte für Kindesmißhandlung (wie sie im jeweiligen Staat definiert ist) gibt, die dem Therapeuten bzw. dem Verfasser der Meldung bekanntgeworden sind. Vieles ist natürlich der Entscheidung dessen überlassen, der die Meldung vornimmt. Im allgemeinen wird der Therapeut in folgenden Fällen zu dem Schluß kommen, daß sichere Anhaltspunkte für eine Kindesmißhandlung vorliegen:

1. Das Kind äußert sich entsprechend; bei Schmitt (1978b, S. 40) heißt es: »Wenn ein Kind bereitwillig zu erkennen gibt, daß eine bestimmte erwachsene Person es geschlagen oder verletzt hat, dann stimmt das fast immer.«

2. Jemand gibt zu, ein Kind mißhandelt zu haben; Schmitt (1978b, S. 40) fügt hinzu: »Ein Geständnis seitens eines der Eltern [ist] für die Diagnose wichtig, aber selten erreichbar.«

3. Ein Augenzeuge berichtet von einer Kindesmißhandlung. Auch in diesem Fall kann der Therapeut handeln, aber er sollte sorgfältig überlegen, wie glaubwürdig dieser Zeuge ist, und nach Möglichkeit nach weiteren Hinweisen suchen.

4. Der Therapeut ist selbst Zeuge einer Kindesmißhandlung (er ist zugegen, wenn dem Kind Schaden zugefügt wird, der nicht zufälliger Art ist).

5. Der Therapeut hegt den *begründeten Verdacht* auf Kindesmißhandlung; das ist in der Regel dann der Fall, wenn körperliche Anzeichen vorhanden sind, wie wir sie im Kapitel 7 aufgezählt haben. Auch hier ist den Mutmaßungen des Therapeuten ein großer Spielraum eingeräumt.

Die kürzlich erfolgte umfassende Revision der im Staat California geltenden Regelung der Meldepflicht im Fall von Kindesmißhandlung brachte eine wichtige Neuerung: vom 1. 1. 1981 an muß eine solche Meldung erfolgen, wenn ein Therapeut ». . . von einem Kind weiß oder ein Kind beobachtet . . ., von dem er mit guten Gründen annimmt, daß es Opfer einer Kindesmißhandlung geworden ist« (State of California Penal Code, Neufassung 1981). Die Wendung »weiß . . . oder beobachtet« impliziert, daß man »Wissen« auch anders als durch Beobachtung erwerben kann. Viele

Praktiker haben den Buchstaben des Gesetzes so interpretiert, daß Kindesmißhandlung auch dann zu melden ist, wenn man das betreffende Kind niemals zu Gesicht bekommen hat. Diese Deutung wartet zwar noch auf ihre Bestätigung bzw. Ablehnung, aber es empfiehlt sich jedenfalls, daß schon der geringste Verdacht auf Kindesmißhandlung (wie »begründet« er auch immer sein mag) gemeldet werden sollte. Ja, es lassen sich Fälle denken, in denen man sich allein auf seine Intuition verlassen muß – während man sich andererseits weigern sollte, auf Klatsch, Gerüchte und Gerede zu achten. Wie auch immer, bei der augenblicklich in der Öffentlichkeit vorherrschenden Meinung zu diesem Problem wird der Therapeut besser daran tun, seine Mutmaßungen im Zusammenhang mit einer möglichen Kindesmißhandlung zu melden, anstatt allzu furchtsam und zurückhaltend zu sein.

In welcher Form muß die Meldung erfolgen? Die zwingendsten Vorschriften in diesem Zusammenhang sind wohl diejenigen, die im Staat California in Kraft sind und die festlegen, daß der Bericht innerhalb von 36 Stunden nach Bekanntwerden irgendwelcher Anhaltspunkte telefonisch und schriftlich einer »Child Protective Agency« (s. o.) zugeleitet werden muß. Was passiert einem Therapeuten, der solche Anhaltspunkte oder Beweise nicht meldet? In fast allen Bundesstaaten gilt die Unterlassung der Meldung als eine Gesetzesübertretung. Sie kann mit einer Geldstrafe und mit Haft bis zu sechs Monaten geahndet werden. Darüber hinaus kann es sein, daß der Therapeut sich in einem Zivilprozeß gegen den Vorwurf der falschen oder mangelnden Betreuung verteidigen muß, weil er seinen wohlbegründeten Verdacht nicht gemeldet hat. Die Klage würde in diesem Fall auf Verletzung der Sorgfaltspflicht gegenüber dem mißhandelten Kind lauten. Jeder Therapeut sollte sich über diese Möglichkeiten und Zusammenhänge ausreichend informieren, wobei ihm die grundlegenden Ausführungen von Kohlman (1974) gute Dienste leisten können. Hier berät ein Jurist seine Kollegen in der Frage der Vorbereitung eines solchen Prozesses, in dem es um die Verletzung der Sorgfaltspflicht in Form der unterlassenen Meldung geht.

Was passiert, wenn der Therapeut seinen Verdacht auf Kindesmißhandlung tatsächlich meldet? Wenn die Meldung nicht zu Unrecht erfolgt ist, »wird dem Meldenden die zivilrechtliche und strafrechtliche Immunität zugestanden« (Kohlman, 1974, S. 248).

Das heißt, man kann nicht von Gerichts wegen dafür belangt werden, daß man (guten Glaubens) einen solchen Verdacht gemeldet hat, und man hat sich mit diesem Schritt auch keines Vergehens schuldig gemacht. Es heißt zugleich, daß das Vorhandensein von Beweisen für eine Kindesmißhandlung das Moment der Vertraulichkeit, das die Beziehung zwischen dem Klienten und dem Therapeuten kennzeichnet, automatisch aufhebt. Das bedeutet, der üblicherweise zugestandene vertrauliche Charakter der Gespräche zwischen dem Therapeuten und seinem Klienten, der Tonbandaufzeichnungen von diesen Gesprächen und/oder der sonstigen Aufzeichnungen des Therapeuten gilt nicht mehr, wenn und sobald es Informationen bezüglich einer Kindesmißhandlung gibt oder diese in irgendeiner Weise festgehalten werden. Wenn bei einem Fall Kindesmißhandlung im Spiel ist, kann das gesamte Fallmaterial an eine dafür zuständige Instanz der Justiz abgegeben werden; es kann darüber hinaus auch Angehörigen anderer Berufe zugänglich gemacht werden, die ein legitimes Interesse an dem Fall haben. Weiter ist folgendes zu beachten:

»In vielen Staaten ist nicht vorgeschrieben, daß eine Familie davon zu unterrichten ist . . ., daß eine Meldung über Kindesmißhandlung eingegangen ist. Das bedeutet, eine staatliche Stelle kann mit der Beobachtung einer Familie befaßt sein, ohne daß die Familie von dem vorausgegangenen Bericht oder von der Beobachtung weiß. Und auch in denjenigen Staaten, in denen die Familien entsprechend informiert werden müssen, haben Kinder und Eltern oft keinerlei Handhabe, um sich gegen eine solche Meldung zur Wehr zu setzen« (Garinger u. a., 1976, S. 174).

Aus diesen Entwicklungen im gesetzlichen Bereich mag deutlich werden, daß unsere Gesetzgeber sich in ihrem Bestreben, gegen die Kindesmißhandlung vorzugehen, bewußt über gewisse bürgerliche Rechte hinwegsetzen – und wer wollte behaupten, daß dieses Bestreben nicht rechtens wäre?

Vernachlässigung
und emotionale Mißhandlung von Kindern

Inzwischen hat die Mehrzahl der amerikanischen Bundesstaaten ihre bestehende Gesetzgebung im Zusammenhang mit der Kindesmißhandlung um die Kategorie der Kindesvernachlässigung erweitert. Im Staat Massachusetts etwa spricht das Gesetz von Kindes-»vernachlässigung«, wenn festgestellt wird, daß es dem Kind

»an der notwendigen und angemessenen physischen, pädagogischen oder moralischen Betreuung und Erziehung mangelt, oder wenn das Kind unter Bedingungen oder Umständen aufwächst, die seiner gesunden charakterlichen Entwicklung abträglich sind, oder wenn es dem Kind an der notwendigen Aufmerksamkeit von seiten der Eltern, der betreuenden oder beschützenden Personen fehlt bzw. wenn Eltern oder Betreuungsperson nicht erreichbar bzw. nicht fähig sind, diese Betreuung zu leisten . . .« (State of Massachusetts, zitiert nach Garinger u. a., 1976, S. 177).

Mißhandlung und Vernachlässigung, wie sie hier definiert werden, lassen sich noch weiter abstufen und voneinander abgrenzen. So unterscheidet z. B. das kalifornische Gesetz zwischen »physischer Vernachlässigung« und »emotionaler Deprivation«:

»Unter der physischen Vernachlässigung ist die Nichtversorgung des Kindes durch seine Eltern oder Betreuer zu verstehen, was Nahrung, Unterkunft, Kleidung, Schutz, Beaufsichtigung und ärztliche und zahnärztliche Behandlung angeht« (California Department of Justice, 1978, S. 9).

Robert M. Mulford, Mitglied des National Advisory Committee on the Children's Division in der American Humane Association, definiert emotionale Deprivation als

»die Deprivation, die Kinder erleiden, wenn ihre Eltern ihnen nicht jene ganz normalen Erfahrungen vermitteln, aus denen das Gefühl des Geliebt- und Erwünschtseins, der Sicherheit und der Selbstachtung erwächst« (California Department of Justice, 1978, S. 8).

Sodann erfährt dieses Gesetz noch eine Erweiterung um den Tatbestand der »emotionalen Mißhandlung«. Darunter ist jeder Angriff auf die Persönlichkeit eines Kindes zu verstehen, der nach Art und Ausmaß geeignet ist, Symptome der Beunruhigung, der emotionalen Bedrängnis und des emotionalen Leidens in dem Kind zu wecken. Ein Kommentar zu diesem Gesetz verwendet zur Bezeichnung des gleichen Sachverhalts den Ausdruck »emotionale Grausamkeit«.

Wir haben auf diese sehr feinen Abstufungen innerhalb der Gesetze deshalb aufmerksam gemacht, weil wir zeigen wollten, daß es sich hier »um ein Haus mit vielen Wohnungen handelt«. Der Therapeut muß das Gesetz, an das er sich jeweils zu halten hat, daraufhin abklopfen, ob es einen ähnlichen Inhalt hat. Ist dies der Fall, sollte der Therapeut folgendes bedenken:

1. Bei diesen Formen der psychischen (also nichtphysischen) Mißhandlung handelt es sich ebenso wie bei der »physischen Vernachlässigung« um Verbrechen.

2. Wie im Fall der physischen Mißhandlung hat der Therapeut eine Meldepflicht, wenn er den begründeten Verdacht hegt, daß ein Kind psychisch leidet.

3. Der Therapeut genießt die gleiche rechtliche Immunität auch in bezug auf eine solche Meldung.

4. Im Falle der Unterlassung der Meldung unterliegt der Therapeut den gleichen Strafen wie in dem Fall, in dem er körperliche Mißhandlungen nicht meldet.

In Fällen von emotionaler Deprivation, Vernachlässigung oder Grausamkeit kommt dem Urteil des Psychologen bzw. des Psychotherapeuten natürlich ein großes Gewicht zu, und deshalb sollte er bei seiner Beurteilung der Dinge wohlüberlegt vorgehen.

Sexueller Mißbrauch von Kindern

Die gesetzlichen Meldevorschriften in Fällen des sexuellen Mißbrauchs von Kindern entsprechen in den meisten Staaten den oben bereits besprochenen Vorschriften. Weltweit werden zwei Hauptformen des sexuellen Mißbrauchs von Kindern unterschieden: der Inzest und die Kindesbelästigung; diese Begriffe lassen sich am besten als familiäre bzw. als nichtfamiliäre Einmischung in die sexuellen Empfindungen und Bedürfnisse des Kindes definieren. In den Kapiteln 8 und 9 haben wir dem Therapeuten, der den in dieser Weise mißhandelten Kindern helfen möchte, entsprechende Behandlungsmethoden vorgeschlagen. Das Gesetz des Staates California erfaßt darüber hinaus auch noch den Tatbestand der Ausbeutung von Kindern zu Zwecken der Prostitution und/oder der Pornographie (California Department of Justice 1978, S. 13–16).

Was die Meldung eines solchen Tatbestandes angeht, so sind die Richtlinien für den Therapeuten mehr oder weniger die gleichen wie die zuvor genannten: Wenn er einen begründeten Verdacht hegt, soll er diesen Verdacht melden. Sexueller Mißbrauch von Kindern ist ein Verbrechen wie andere Formen körperlicher Mißhandlung und wie die emotionale Grausamkeit auch. Der Therapeut sollte seine Meldung in der gleichen Form abfassen und an den gleichen Adressaten richten. Es gibt keine Ausnahmen von dieser Regel.

Vergewaltigung und Mißhandlung der Ehefrau

Über diese besonders abstoßenden Beispiele der Unmenschlichkeit von Männern gegenüber Frauen haben wir an anderer Stelle (Kapitel 6 und 11) schon gesprochen. Hier wollen wir uns darüber hinaus mit den rechtlichen Weiterungen für den Therapeuten befassen, der vergewaltigten Frauen bzw. geprügelten Ehefrauen zu Hilfe kommen möchte. Theoretisch sollten betroffene Frauen die Verantwortung dafür, daß das jeweilige Geschehen gemeldet wird, selbst übernehmen. Wenn eine vergewaltigte oder geprügelte Frau aber ohnehin bei einem Therapeuten in Behandlung ist, wird der Therapeut sich vielleicht auch seinerseits für eine Meldung verantwortlich fühlen. Dabei wird er sich in erster Linie von seiner eigenen fachlich fundierten Bewertung der Dinge leiten lassen, denn nach dem Gesetz ist er in keiner Weise verpflichtet, sein Wissen weiterzugeben, wenn er von einer Vergewaltigung oder von einem Fall erfahren hat, in dem eine Frau von ihrem Mann geprügelt worden ist. Offensichtlich ist die Gesetzgebung, was den Schutz des Kindes vor Mißhandlung angeht, der Gesetzgebung zum Schutz der Frau vor der gleichen Art von Verbrechen weit voraus.

Bei seiner Entscheidung darüber, ob er einen solchen Fall melden soll oder nicht, wird der Therapeut sich sehr wesentlich von seiner Sorgfaltspflicht gegenüber der Klientin leiten lassen. Wenn die Klientin möchte, daß er das Verbrechen meldet, dann sollte er diesem Wunsch nachkommen. Auch wenn eine Frau, die geprügelt oder vergewaltigt worden ist, diesen Umstand lieber verbergen würde, kommt der Therapeut vielleicht trotzdem zu dem Schluß, daß es besser wäre, den Vorfall zu melden. Entscheidungen dieser Art gehören wohl zu den schwierigsten Aufgaben überhaupt, die eine solche Tätigkeit dem Therapeuten abverlangt. Er muß dabei ja auch berücksichtigen, daß ein Ehemann sich das Prügeln zur Gewohnheit machen kann und daß ein Vergewaltigungstäter, der nicht bestraft wird, möglicherweise weitere Vergewaltigungen begehen wird. Andererseits muß er bedenken, daß eine betroffene Frau kaum über emotionale Ressourcen verfügt und in ihrem Zustand eine erneute Demütigung und anhaltende seelische Pein nicht verkraften kann.

Besonderheiten
der Arbeit in akuten Krisensituationen

Das bewußte Einverständnis
des Klienten mit der Behandlung

Es ist nun Zeit für eine eingehende Beschäftigung mit der Frage der bewußten Zustimmung des Klienten zur Therapie. Die Praxis hat hier allerdings mit der Theorie keineswegs Schritt gehalten. In den Beratungsstellen wird vor Beginn einer ambulanten Therapie kaum jemals wirklich erkundet, ob der Klient mit einer bevorstehenden Behandlung einverstanden ist. Und auch der privat praktizierende Therapeut, der sich vor Beginn seiner Tätigkeit um die formale Zustimmung seines Klienten bemüht, ist eine große Ausnahme. Das liegt daran, daß ein Klient, der um Behandlung nachsucht, damit gewissermaßen implizit schon seine Zustimmung zu dem gegeben hat, was folgen wird − auch wenn er im Grunde keine Ahnung hat, was mit der Therapie auf ihn zukommen wird. Mit seiner freien Entscheidung, sich in Behandlung zu begeben, ist er mit dem Therapeuten ein vertragsähnliches Verhältnis eingegangen. Für alle sich daraus etwa ergebenden rechtlichen Folgen ist diese nicht schriftlich niedergelegte (und selten besprochene) Zustimmung ausreichend, zumal der Klient ja unter dem Schutz des Gewohnheitsrechtes steht.

Vor allem im stationären Umfeld − sei es in öffentlicher oder in privater Trägerschaft − hat man sich ganz gezielt mit der Frage der Zustimmung des Patienten zur Behandlung befaßt. In den meisten Staaten hat man das Problem der bürgerlichen Rechte des stationären psychiatrischen Patienten großzüger als bisher gesetzlich geregelt. Stationäre Patienten können danach eine Verkürzung ihres zunächst vorgeschriebenen Aufenthalts in der Klinik erreichen und haben mehr Möglichkeiten, sich gegen ihre Einlieferung zur Wehr zu setzen oder ihre baldige Entlassung zu erwirken. Kurz, den Bedürfnissen der zwangsweise eingelieferten stationären Patienten ist durch eine liberalere Gesetzgebung Rechnung getragen worden. Die meisten psychiatrischen Krankenhäuser sorgen auch von sich aus dafür, daß ihre Patienten ausreichend über ihre Rechte belehrt werden, und viele Krankenhäuser haben einen Mitarbeiter zum Patientenanwalt bestellt, der bei Streitigkeiten oder bei Beschwerden der Patienten über schlechte Behandlung usw. zur Verfügung steht. Diese neuen Entwicklungen in der stationären Betreuung waren schon lange überfällig und sind in den Augen der meisten Therapeuten durchaus richtig und angemessen. In den längerfristig angelegten Bemühungen um eine Humanisierung der psychiatrischen Versorgung spielt der Gedanke der bewußten Zustimmung des Klienten bzw. des Patienten zu seiner Behandlung eine herausragende Rolle (siehe Everstine u. a., 1980, S. 831–833).

Die bürgerlichen Freiheiten und die akute Krise

Die Arbeit des in der Krisenhilfe tätigen Psychotherapeuten ist der Arbeit in anderen Bereichen der psychohygienischen und psychiatrischen Versorgung in mehrfacher Hinsicht ganz und gar unähnlich. Menschen, die sich in einer akuten psychischen Notlage befinden, sind häufig viel zu unruhig und ängstlich, als daß sie logisch denken und rationale Entscheidungen treffen könnten. Manche würden auch niemals selbst um Hilfe ersuchen, so daß ein Angehöriger oder ein Polizist ihnen den Therapeuten buchstäblich ins Haus bringen muß. In ihrem kritischen Zustand machen sich unsere Klienten nur selten Gedanken, was ihre persönlichen oder ihre bürgerlichen Rechte angeht. Sie interessieren sich auch nicht für die Regeln, Pflichten und Rechtsvorschriften, die der Therapeut bei seiner Tätigkeit beachten muß. Sie sind von ihren Problemen völlig in Anspruch genommen. Die Initiative muß deshalb vom Therapeuten ausgehen; er muß darauf achten, daß über die

Betreuung und Versorgung des Klienten hinaus auch dessen Rechte gewahrt werden.

Wichtig ist in diesem Zusammenhang, daß wir uns immer wieder des einmaligen Charakters von Not- und Krisensituationen bewußt sind; für Grübeleien und Reflexionen ist keine Zeit vorhanden, und es besteht auch kaum die Möglichkeit, sich in einem solchen Augenblick über persönliche Freiheiten, über die Privatsphäre oder über den vertraulichen Charakter bestimmter Mitteilungen zu unterhalten. Selbst die kurze Belehrung, wie sie der Polizeibeamte dem Verdächtigen unmittelbar nach dessen Verhaftung vorliest, ist angesichts der bedrängten Lage, in der ein Klient sich befindet, unter Umständen ganz fehl am Platz. Der Klient will von seiner Bürde befreit werden, bzw. der Dritte, der den Krisenhelfer herbeigerufen hat, möchte, daß sofort etwas unternommen wird. Dies ist nicht der Augenblick für Belehrungen, sondern es muß gehandelt werden. Tätige Hilfe geht vor Höflichkeit.

Wenn ein Mensch in einer Krise sich telefonisch oder etwa bei einem Selbstmordverhütungszentrum um Hilfe bemüht, braucht er nur seinen Vornamen zu nennen und bewahrt sich auf diese Weise eine gewisse Kontrolle über die Vertraulichkeit seiner weiteren Mitteilungen. Wenn der Therapeut dagegen am Schauplatz der Krise erscheint, ist diese Vertraulichkeit schon sehr weitgehend aufgehoben, und wenn er dann erst mit der ganzen Familie in deren Küche oder Wohnzimmer zusammensitzt, kann von der Wahrung einer privaten Sphäre kaum noch die Rede sein. Wie wir oben schon sagten, wäre der Versuch, sich nun erst einmal um das bewußte Einverständnis des Klienten mit der Behandlung zu bemühen, ein Luxus, den beide Seiten sich in diesem Augenblick gar nicht leisten können. Dieses Thema kann später zur Sprache kommen, wenn man sich über eine eventuelle weitere Zusammenkunft unterhält, oder auch zu Beginn eines solchen zweiten Zusammentreffens. Wir wollen uns hier mit der Feststellung begnügen, daß unsere Mitarbeiter sich routinemäßig der Zustimmung des Klienten versichern, über ihre zukünftigen Bemühungen mit ihm sprechen, ihn darüber belehren, daß sie unter Umständen gewisse Informationen weitergeben müssen, und sogleich entscheiden, ob für die weiteren Zusammenkünfte eine Gebühr erhoben wird oder nicht (wie dies von einer gemeinnützigen Einrichtung erwartet wird, die öffentliche Mittel erhält). Wichtig ist, daß diese formalen Abmachungen nicht schon beim ersten Zusammentreffen erfolgen müssen. Wollte man diese Dinge auf dem Höhepunkt der Krise mehr oder weniger abrupt zur Sprache bringen, dann wäre dies wohl der schlimmste Einbruch in die Privatsphäre.

Es kommt vor, daß ein Therapeut allzu vorsichtig oder allzu gründlich vorgeht und sich allzusehr davor fürchtet, man könnte ihm schlechte oder falsche Behandlung vorwerfen. Und es kommt vor, daß die Emotionen eines schwer bedrängten Menschen von einer solchen Wucht sind, daß der Therapeut davon fast erdrückt wird und das Gefühl bekommt, er handle wie in einem Alptraum, der kein Ende nimmt. Rufen Sie dennoch nicht nach dem Anwalt. Denken Sie daran, daß Sie als Therapeut in allererster Linie eine Sorgfaltspflicht gegenüber Ihrem Klienten haben. Wenn Sie Ihr Bestes tun, dann werden die Grundsätze des Gewohnheitsrechtes Sie schützend begleiten.

Bibliographie

Einführung

US Department of Justice. Crime in the United States: 1977. Uniform Crime Reports, Washington, D. C., 18. Oktober 1978.
US Department of Justice. Crime in the United States: 1978. Uniform Crime Reports, Washington, D. C., 24. Oktober 1979.
US Department of Justice. Crime in the United States: 1979. Uniform Crime Reports, Washington, D. C., 24. September 1980.
US Department of Justice. Crime in the United States: 1980. Uniform Crime Reports, Washington, D. C., 10. September 1981.

Kapitel 1

Caplan, G. (1964): Principles of Preventive Psychiatry. New York (Basic Books).
Everstine, D. S. (1974): The Mobile Emergency Team. Unveröffentl. Dissertation. California School of Professional Psychology.
Everstine, D. S., Bodin, A. M., und L. Everstine (1977): Emergency psychology. A mobile service for police crisis calls. In: Family Process, 16, 3, S. 281–292.
Everstine, D. S., Everstine, L., und A. M. Bodin (1981): The treatment of psychological emergencies. In: J. R. Hays (Hrsg.): Violence and the Violent Individual. New York (SP Medical and Scientific Books).
Santa Clara County, California, Planning Department (1975): Census.
Watzlawick, P., Weakland, J. H., und R. Fisch: (1974): Change. New York (W. W. Norton). Deutsch: Lösungen. Bern-Stuttgart-Wien (Huber) 1974.

Kapitel 2

Erickson, M. H., Rossi, E. L., und S. I. Rossi (1976): Hypnotic Realities. New York (Irvington). Deutsch: Hypnose. München (Pfeiffer) 1978.
Watzlawick, P. (1964): An Anthology of Human Communication; Text and Tape. Palo Alto (Science and Behavior Books).
– (1976): How Real is Real? Confusion, Disformation, Communication. New York (Random House). Deutsch: Wie wirklich ist die Wirklichkeit? München-Zürich (Piper) 1976.
– (1978): The Language of Change. New York (Basic Books).
Weakland, J. H., und D. D. Jackson (1958): Patient and therapist observations on the circumstances of a schizophrenic episode. In: Archives of Neurology and Psychiatry, 79, S. 544–574.

Kapitel 3

Erickson, M. H., Rossi, E. L., und S. I. Rossi (1976): Hypnotic Realities. New York (Irvington). Deutsch: Hypnose. München (Pfeiffer) 1978.

Erickson, M. H., und E. L. Rossi (1975): Varieties of double bind. In: American Journal of Clinical Hypnosis, 17, S. 143–157.

Watzlawick, P., Weakland, J., und R. Fisch (1974): Change. New York (Norton). Deutsch: Lösungen. Bern-Stuttgart-Wien (Huber) 1974.

Watzlawick, P. (1978): The Language of Change. New York (Basic Books).

Weakland, J., und D. D. Jackson (1958): Patient and therapist observations on the circumstances of a schizophrenic episode. In: Archives of Neurology and Psychiatry, 79, S. 554–574.

Kapitel 4

Salamon, I. (1976): Violent and aggressive behavior. In: Glick, R., Meyerson, A., und J. Talbott (Hrsg.): Psychiatric Emergencies. New York (Grune & Stratton).

Kapitel 5

Bakan, D. (1977): Slaughter of the Innocents: A Study of the Battered Child Phenomenon. Boston (Beacon Press).

Freitas, J. (1979): Family fights: A social cancer must be cured. San Francisco Sunday Examiner & Chronicle, 13. 5. 1979, Sect. B, 3.

Gayford, J. J. (1978): Battered wives. In: J. P. Martin (Hrsg.): Violence and the Family. New York (John Wiley and Sons).

Gelles, R. J. (1972): The Violent Home: A Study of Physical Aggression Between Husbands and Wives. Beverly Hills, California (Sage Publications).

– (1976): Abused wives: Why do they stay? In: Journal of Marriage and the Family, 38, S. 659–668, November 1976.

– (1978): Violence in the American family. In: J. P. Martin (Hrsg.): Violence and the Family. New York (John Wiley and Sons).

Gil, D. G. (1971): Violence against children. In: Journal of Marriage and the Family, 33, S. 637–648, November 1971.

Glick, P. C. (1975): A Demographer looks at American families. In: Journal of Marriage and the Family, 37, S. 15–27, Februar 1975.

Jackson, D. D. (1965): Family rules: The marital quid pro quo. In: Archives of General Psychiatry, 12, S. 589–594.

Kempe, C. H., Silverman, F. N., Steele, B. F., Droegemuller, W., und H. K. Silver (1962): The battered child syndrome. In: Journal of the American Medical Association, 181, S. 17–24.

Levine, M. B. (1975): Interparental violence and its effect on the children: A study of fifty families in general practice. In: Medicine, Science and the Law, 15, S. 172–176.

Marsden, D. V., und D. Owens (1975): The Jekyll and Hyde marriages. In: New Society, 32, S. 333–335.

Mulvihill, D. J., Tumin, M. M., und L. A. Curtis (1969): Crimes of Violence, Band II. National Commission on the Causes and Prevention of Violence. Washington, D. C. (US Government Printing Office).

Parnas, R. I. (1967): The police response to domestic disturbance. In: Wisconsin Law Review, S. 914–960.

Pizzey, Erin (1974): Scream Quietly or the Neighbors Will Hear. Baltimore (Penguin Books). Deutsch: Schrei leise. Frankfurt am Main (Fischer) 1978.

Sears, R. R., Maccoby, E. E., und H. Levin (1957): Patterns of Child Rearing. Evanston, Il. (Row, Peterson).

Steele, B. F., und C. B. Pollock (1968): A psychiatric study of parents who abuse infants and small children. In: R. E. Helfer und C. H. Kempe (Hrsg.): The Battered Child. Chicago (University of Chicago Press). Deutsch: Das geschlagene Kind. Frankfurt am Main (Suhrkamp) 1978.

Strauss, M. A. (1973): A general systems theory approach to the development of a theory of violence between family members. In: Social Science Information, 12, S. 105–125.

– (1974): Leveling, civility, and violence in the family. In: Journal of Marriage and the Family, 36, S. 13–30, Februar 1974.

Steinmetz, S. K., und M. A. Strauss (Hrsg., 1974): Violence in the Family. New York (Harper and Row – ursprünglich veröffentlicht von Dodd, Mead & Co.).

Watzlawick, P., Beavin, J. H., und D. D. Jackson (1967): Pragmatics of Human Communication: A Study of Interactional Patterns, Pathologies, and Paradoxes. New York (W. W. Norton). Deutsch: Menschliche Kommunikation. Bern-Stuttgart-Wien (Huber) [6]1982.

Weakland, J., Fisch, R., Watzlawick, P., und A. M. Bodin (1974): Brief therapy: Focused problem resolution. In: Family Process, 13, S. 141–168.

Wolfgang, M. E. (1958): Patterns in Criminal Homicide. Philadelphia (University of Pennsylvania Press).

Kapitel 6

Bateson, G. (1972): Steps to an Ecology of Mind. New York (Ballantine). Deutsch: Ökologie des Geistes. Frankfurt am Main (Suhrkamp) 1981.

Gayford, J. J. (1975): Battered wives. In: Medicine, Science and the Law, 15, S. 237–245.

– (1978): Battered wives. In: J. P. Martin (Hrsg.): Violence and the Family. New York (John Wiley & Sons).

Strauss, M. A. (1980): Wife-beating: How common and why? In: M. A. Strauss und G. T. Hotaling (Hrsg.): The Social Causes of Husband-Wife Violence. Minneapolis (University of Minnesota Press).

Kapitel 7

Allen, J. J. (1978): Child abuse: A critical review of the research and the theory. In: J. P. Martin (Hrsg.): Violence and the Family. New York (John Wiley & Sons).

Court, J. (1970): Psycho-social factors in child battering. In: Journal of the Medical Women's Foundation, 52, S. 99–106.

– (1974): Characteristics of parents and children. In: J. Carter (Hrsg.): The Maltreated Child. London (Priory Press).

Court, J., und C. Okell (1970): An emergent programme to protect the battered child and his family. In: Intervention, 52, S. 99–104.

Elmer, E., und G. Gregg (1967): Developmental characteristics of abused children. In: Pediatrics, 40, S. 596–602, Teil 1.

Feinstein, H. M., Paul, N., und P. Esmiol (1963): Group therapy for mothers with infanticidal impulses. In: American Journal of Psychiatry, 120, S. 882–886.

Gibbens, T. C. N. (1972): Violence to children. In: Howard Journal, 13, S. 212–220.

Green, A. H., Gaines, R. W., und A. Sandgrund (1974): Child abuse: Pathological syndrome of family interaction. In: American Journal of Psychiatry, 131, S. 882–886.

Johnson, B., und H. A. Morse (1968): Injured Children and their parents. In: Children, 15, S. 147–152.

Klein, M., und L. Stern (1971): Low birth weight and the battered child syndrome. In: American Journal of the Disabled Child, 122, S. 1–18.

Lissovey, V. de (1973): High school marriages: A longitudinal study. In: Journal of Marriage and the Family, 35, S. 245–255.

Lynch, M. (1975): Ill health and child abuse. In: Lancet, 317, 16. August 1975.

Morris, M. G., und R. W. Gould (1963): A necessary concept in dealing with the battered child syndrome. In: American Journal of Orthopsychiatry, 33, S. 298 bis 299.

Nurse, S. M. (1966): Familial patterns of parents who abuse their children. In: Smith College Studies in Social Work, 35, S. 11–25.

Oliver, J. E., Cox, J., Taylor, A., und J. A. Baldwin (1974): Severely ill-treated children in North East Wilshire. Research Report No. 4, Oxford Record Linkage Study, Oxford Regional Health Authority, England.

Ounsted, C., Oppenheimer, R., und J. Lindsay (1975): The psychopathology and psychotherapy of the families: Aspects of bonding failure. In: A. W. Franklin (Hrsg.): Concerning Child Abuse. New York (Churchill Livingstone).

Saruk, S. (1979): Group therapy with child abusing parents. Vortrag, gehalten vor der Western Psychological Association Convention, Los Angeles.

Schmitt, B. D. (1978): The physician's evaluation. In: B. D. Schmitt (Hrsg.): The Child Protection Team Handbook. New York (Garland STPM Press).

Silver, L. B., Dublin, C. C., und R. S. Lourie (1969): Does violence breed violence? In: American Journal of Psychiatry, 126, S. 404–407.

Skinner, A. E., und R. L. Castle (1969): Battered Children: A Retrospective Study. London (National Society for the Prevention of Cruelty to Children).

Smith, S. M. (1975): The Battered Child Syndrome. Boston (Butterworths).

Steele, B. F., und C. B. Pollock (1968): A psychiatric study of parents who abuse infants and small children. In: R. E. Helfer und C. H. Kempe (Hrsg.): The Battered Child. Chicago (University of Chicago Press). Deutsch: Das geschlagene Kind. Frankfurt am Main (Suhrkamp) 1978.

Wasserman, S. (1967): The abused parent of the abused child. In: Children, 14, S. 175–179.

Kapitel 8

Bauer, R., und J. Stein (1973): Sex counseling on campus: Short term treatment techniques. In: American Journal of Orthopsychiatry, 43, S. 824–893.

Bender, L. (1965): Offended and offender children. In: R. Slovenko (Hrsg.): Sexual Behavior and the Law. Springfield, Ill. (Charles C. Thomas).

Burgess, A. W., und L. L. Holmstrom (1974): Crisis and counseling requests of rape victims. In: Nursing Research, 23, S. 196–202.

– (1974b): Rape trauma syndrome. In: American Journal of Psychiatry, 131, S. 981–986.

– (1974c): Rape: Victims of Crisis. Bowie, Md. (Brady).

De Francis, V. (1969): Protecting the Child Victim of Sex Crimes Committed by Adults. Pamphlet der American Humane Association, Children's Division. Denver, Colorado.

Finch, S. M. (1967): Sexual activities of children with other children and adults. In: Clinical Pediatrics, 6, 1–2.

– (1973): Adult seduction of the child: Effects on the child. In: Medical Aspects of Human Sexuality, 7, S. 170–187.

Gagnon, J. H. (1976): Female child victims of sex offenses. In: Social Problems, 13, S. 176–192.

Hilberman, E. (1976): The Rape Victim. New York (Basic Books).

– (1977): Rape: A crisis in silence. In: Psychiatric Opinion, 14, S. 32–38.

Katan, A. (1973): Children who were raped. In: Psychoanalytic Study of the Child, 28, S. 208–224.

Katz, S., und M. A. Mazur (1979): Understanding the Rape Victim. New York (John Wiley & Sons).

Landis, J. T. (1956): Experiences of 500 children with adult sexual deviation. In: Psychiatric Quarterly Supplement, 30, S. 91–109.

Lipton, G. L., und E. I. Roth (1969): Rape: A complex management problem in the pediatric emergency room. In: The Journal of Pediatrics, 75 (5), S. 859–866.

MacDonald, J. M. (1971): Rape Offenders and Their Victims. Springfield, Ill. (Charles C. Thomas).

McCauldron, R. J. (1967): Rape. In: Canadian Journal of Corrections, 9, S. 37–57.

Meiselman, K. C. (1978): Incest. San Francisco (Jossey-Bass).

Peters, J. J. (1973): Child rape: Defusing a psychological time bomb. In: Hospital Physician, 9, S. 46–49.

– (1974): The psychological effects of childhood rape. In: World Journal of Psychosynthesis, 6, S. 11–14.

– (1975a): Social, legal and psychological effects of rape on the victim. In: Pennsylvania Medicine, 78, 2, S. 34–36.

– (1975b): Social psychiatric study of victims reporting rape. Studie, vorgetragen vor der American Psychiatric Association, 128. Jahrestagung, Anaheim, Calif.

– (1976): Children who are victims of sexual assault and the psychology of offenders. In: American Journal of Psychiatry, 30, S. 398–421.

Price, V. (1975): Rape victims – The invisible patients. In: The Canadian Nurse, 71, S. 29–34.

Schultz, L. G., und J. De Savage (1975): Rape and rape attitudes on a college campus. In: L. G. Schultz (Hrsg.): Rape Victimology. Springfield, Ill. (Charles C. Thomas).

Kapitel 9

Adams, M. S., und J. V. Neel (1967): Children of Incest. In: Pediatrics, 40, S. 55 bis 63.

Barry, M. J. (1965): Incest. In: R. Slovenko (Hrsg.): Sexual Behavior and the Law. Springfield, Ill. (Charles C. Thomas).

Browning, D. H., und B. Boatman (1977): Incest: Children at risk. In: American Journal of Psychiatry, 134, S. 69–72.

Cowie, J., Cowie, V., und E. Slater (1968): Delinquency in Girls. Atlantic Highland, N. J. (Humanities Press).

Ekman, P., und W. V. Friesen (1969): Nonverbal leakage and clues to deception. In: Psychiatry, 32, S. 88–106.

Ferreira, A. J. (1963): Family myth and homeostasis. In: Archives of General Psychiatry, 9, S. 457–463.

Freud, S. (1912): Totem und Tabu. Band IX der Gesammelten Werke. Frankfurt am Main (S. Fischer) 1960 ff.

Gebhard, P. H., Gagnon, J. H., Pomeroy, W. B., und C. V. Christenson (1965): Sex Offenders. New York (Harper & Row).

Geiser, R. L. (1979): Hidden Victims: The Sexual Abuse of Children. Boston (Beacon Press).

Kaufman, I., Peck, A. L., und C. K. Tagiuri (1954): The family constellation and overt incestuous relations between father and daughter. In: American Journal of Orthopsychiatry, 24, S. 266–277.

Lustig, N., Dresser, J. W., Spellman, S. W., und T. B. Murray (1966): Incest: A family group survival pattern. In: Archives of General Psychiatry, 14, S. 31–40.

Machotka, P. F., Pittman, F. S., und K. Flomenhaft (1967): Incest as a family affair. In: Family Process, 6, S. 98–116.

Maisch, H. (1972): Incest. New York (Stein & Day). Deutsch: Inzest. Reinbek bei Hamburg (Rowohlt) 1968.

Malinowski, B. (1927): Sex and Repression in Savage Society. London (Routledge & Kegan Paul). Deutsch: Geschlecht und Verdrängung in primitiven Gesellschaften. Frankfurt am Main (Fachbuchhandlung für Psychologie) [4]1979.

Marcuse, M. (1923): Incest. In: American Journal of Urology and Sexology, 16, S. 273–281.

Medlicott, R. W. (1967): Parent-child incest. In: Australia and New Zealand Journal of Psychiatry, 1, S. 180–187.

Meiselman, K. C. (1978): Incest. San Francisco (Jossey-Bass).

Murdock, G. P. (1949): Social Structure. New York (Macmillan).

Parsons, T. (1954): The Incest taboo in relation to social structure and the socialization of the child. In: British Journal of Sociology, 5, S. 101–117.

Peters, J. J. (1976): Children who are victims of sexual assault and the psychology of offenders. In: American Journal of Psychotherapy, 30, S. 398–421.

Peters, J. J., Meyer, L. C., und N. E. Carroll (1976): The Philadelphia Assault Victim Study. Bethesda, Md.: Final Report from NIMH, ROIMH 21304, 30. 6. 1976.

Raphling, D. L., Carpenter, B. L., und A. Davis (1967): Incest: A genealogical study. In: Archives of General Psychiatry, 16, S. 505–511.

Riemer, S. (1971): A research note on incest. In: American Journal of Sociology, 45, S. 566–575.

Seemanova, E. (1971): A study of children of incestuous matings. In: Human Heredity, 21, S. 108–128.

Shelton, W. R. (1975): A study of incest. In: International Journal of Offender Therapy and Comparative Criminology, 19, S. 139–153.

Wahl, C. W. (1960): The psychodynamics of consummated maternal incest: A report of two cases. In: Archives of General Psychiatry, 3, S. 188–193.

Watzlawick, P., Weakland, J. H., und R. Fisch (1974): Change. New York (W. W. Norton). Deutsch: Lösungen. Bern-Stuttgart-Wien (Huber) 1974.

Weinberg, S. K. (1955): Incest Behavior. New York (Citadel).

Weiner, I. B. (1962): Father-daughter incest: A clinical report. In: Psychiatric Quarterly, 36, S. 607–632.

Weiss, J., Rogers, E., Darwin, M., und C. E. Dutton (1955): A Study of girl sex victims. In: Psychiatric Quarterly, 29, S. 1–27.

Kapitel 10

Bard, M., und D. Sangrey (1980): Things fall apart: Victims in crisis. In: Evaluation and Change, Special Issue, S. 28–35.

Burgess, A. W., und L. L. Holmstrom (1974): Rape: Victims of Crisis. Bowie, Maryland (Robert J. Brady Co).

Fields, R. (1980): Victims of terrorism: The effects of prolonged stress. In: Evaluation and Change, Special Issue, S. 76–83.

Lindemann, E. (1944): Symptomatology and management of acute grief. In: American Journal of Psychiatry, 101, S. 141–148.

Sutherland, S., und D. Scherl (1970): Patterns of response among victims of rape. In: American Journal of Orthopsychiatry, 40 (3), S. 503–511.

Symonds, M. (1975): Victims of violence: Psychological effects and aftereffects. In: The American Journal of Psychoanalysis, 35, S. 19–26.

– (1980 a): The »second injury« to victims. In: Evaluation and Change, Special Issue, S. 36–38.

– (1980 b): Acute responses of victims to terror. In: Evaluation and Change, Special Issue, S. 39–41.

Kapitel 11

Amir, M. (1971): Patterns of Forcible Rape. Chicago (University of Chicago Press).

Burgess, A. W., und L. L. Holmstrom (1974): Rape trauma syndrome. In: American Journal of Psychiatry, 131 (9), S. 981–986.

Hilberman, E. (1976): The Rape Victim. New York (Basic Books).

Lindemann, E. (1944): Symptomatology and management of acute grief. In: American Journal of Psychiatry, 101, S. 141–148.

Notman, M. T., und C. C. Nadelson (1976): The rape victim: Psychodynamic considerations. In: American Journal of Psychiatry, 133 (4), S. 408–413.

Silverman, D. C. (1978): Sharing the crisis of rape: Counseling the mates and families of victims. In: American Journal of Orthopsychiatry, 48 (1), S. 166–173.

Sutherland, S., und D. Scherl (1970): Patterns of response among victims of rape. In: American Journal of Orthopsychiatry, 40 (3), S. 503–511.

Whitlock, G. E. (1978): Understandig and Coping with Real Life Crises. Monterey (Brooks/Cole).

Kapitel 12

Bateson, G., Jackson, D. D., Haley, J., und J. Weakland (1956): Toward a theory of schizophrenia. In: Behavioral Science, 1, S. 251–264.

Bernstein, A. (1976): My own suicide. In: B. B. Wolman (Hrsg).: Between Survival and Suicide. New York (Gardner Press), S. 95–102.

Camus, A (1955): Le mythe de Sisyphe. Paris (Gallimard). Deutsch: Der Mythos von Sisyphos. Reinbek (Rowohlt) 1960.

– (1958): Caligula. Paris (Gallimard). Deutsch: Dramen. Reinbek (Rowohlt) [8]1967.

Freud, S. (1916): Trauer und Melancholie. Band IX der Gesammelten Werke. Frankfurt am Main (S. Fischer Verlag) 1960 ff.

Litman, R. E. (1976): A management of suicidal patients in medical practice (Kap. 27). In: E. S. Shneidman, N. L. Farberow und R. E. Litman (Hrsg.): The Psychology of Suicide. New York (Jason Aronson), S. 450–451.

Luchesi, A. (1979 a): Le drame atroce de Nice. In: Nice-Matin, 17. 9. 1979.

– (1979 b): Le drame de Nice. In: Nice-Matin, 18. 9. 1979.

Menninger, K. A. (1938): Man Against Himself. New York (Harcourt). Deutsch: Selbstzerstörung. Psychoanalyse des Selbstmords. Frankfurt am Main (Suhrkamp) 1974.

Randall, K. (1966): An unusual suicide in a 13-year-old boy. In: Med. Sci. & Law, 6, S. 45–46.

Shneidman, E. S. (1969): Prologue: Fifty-eight years. In: E. S. Shneidman (Hrsg.): On the Nature of Suicide. San Francisco (Jossey-Bass).

– (1979): An overview: Personality, motivation, and behavior theories. In: L. D. Hankoff und B. Einsidler (Hrsg.): Suicide: Theory and Clinical Aspects. Littleton, Mass. (PSG Publishing Company).

– (1980): Voices of Death. New York (Harper & Row).

Stekel, W. (1910), in: P. Friedman (Hrsg.): On Suicide. New York (International Universities Press) 1967.

Wallace, S. E. (1973): After Suicide. New York (John Wiley & Sons).

Whitis, P. R. (1968): The legacy of a child's suicide. In: Family Process, 7, S. 153 bis 169.

Kapitel 13

Addington gegen Texas, 47 USLW 4473 (1979), 3 MDLR 164.

California Department of Justice (1978): Child abuse: The Problem of the Abused and Neglected Child. Sacramento: Crime Prevention Unit, Office of the Attorney General, Information Pamphlet No. 8.

Coyne, J. C., und T. A. Widiger (1978): Toward a participatory model of psychotherapy. In: Professional Psychology, 9 (4), S. 700–710.

Everstine, L., Everstine, D. S., Heymann, G. M., True, R. H., Frey, D. H., Johnson, H. G., und R. H. Seiden (1980): Privacy and confidentiality in psychotherapy. In: American Psychologist, 35, S. 828–840.

Fraser, B. G. (1978): The court's role. In: B. D. Schmitt (Hrsg.): The Child Protection Team Handbook. New York (Garland STPM Press), S. 207–219.

Garinger, G., Brant, R. T., und J. Brant (1976): Protecting children and families from abuse. In: G. P. Koocher (Hrsg.): Children's Rights and the Mental Health Profession. New York (John Wiley & Sons), S. 171–179.

Kazan, S. (1981): Psychotherapy and the Law: The duty to warn. In: American Psychologist, 36, S. 914 (Kommentar).

Kempe, C. H., Silverman, F. N., Steele, B. F., Droegemuller, W., und H. K. (1962): The battered child syndrome. In: Journal of the American Medical Association, 181, S. 17–24.

Kohlman, R. J. (1974): Malpractice liability for failing to report child abuse. In: The Western Journal of Medicine, 121 (33), S. 244–248.

McIntosh gegen Milano, 403 A. 2 d 500 (N. J. Super. Ct., 1979).

Megargee, E. I. (1976): The prediction of dangerous behavior. In: Criminal Justice and Behavior, 3, S. 3–22.

Monahan, J. (1975): The prediction of violence. In: D. Chappell und J. Monahan (Hrsg.): Violence and Criminal Justice. Lexington, Ky (D. C. Heath).

Schmitt, B. D. (1978a): Introduction. In: B. D. Schmitt (Hrsg.): The Child Protection Team Handbook. New York (Garland STPM Press), S. 1–4.

– (1978b): The physician's evaluation. In: B. D. Schmitt (Hrsg.): The Child Protection Team Handbook. New York (Garland STPM Press), S. 39–62.

Shah, S. A. (1981): Dangerousness: Conceptual, prediction and public policy issues. In: J. R. Hays, T. K. Roberts und K. S. Solway (Hrsg.): Violence and the Violent Individual. New York (SP Medical and Scientific Books).

Shea, T. E. (1978): Legal standard of care for psychiatrists and psychologists. In: Western States University Law Review, 6 (1), S. 71–99.

State of California Penal Code: Teil 4, Titel 1, Kapitel 2, Artikel 2.5, Sektionen 1165–1172, 1174. Neufassung 1981.

Tarasoff gegen Regents of the University of California: 17 Cal. 3d 425, 131 Cal. Rptr. 14, 551 P.

Thompson gegen County of Alameda, 26 Cal. 3d 741, 167 Cal. Rptr. 70, 1980.

Personenregister

Adams, M. S. 181, 310
Alhadeff, A. 19
Allen, J. J. 139, 307
Amir, M. 222, 311

Bakan, D. 102, 306
Baldwin, J. A. 308
Bard, M. 209, 213, 311
Barrows, S. 19
Barry, M. J. 182, 310
Bateson, G. 126, 252, 307, 312
Bauer, R. 166, 309
Beavin, J. H. 307
Bender, L. 165, 309
Bernstein, A. 258, 312
Biehn, R. 19
Boatman, B. 195, 310
Bodin, A. M. 16, 18, 305, 307
Bolling, W. 19
Brant, J. 313
Brant, R. T. 313
Browning, D. H. 195, 310
Burgess, A. W. 162, 209, 213, 227, 309, 311

Camus, A. 259, 260, 312
Caplan, G. 31, 305
Carlton, L. 19
Carpenter, B. L. 311
Carroll, N. E. 311
Carter, J. 308
Castle, R. L. 139, 140, 308
Chappell, D. 313
Christenson, C. V. 310
Coombs, Th. 19
Court, J. 137, 139, 140, 308
Cowie, J. 182, 310
Cowie, V. 310
Cox, J. 308
Coyne, J. C. 291, 313
Curtis, L. A. 307

Darwin, M. 311
Davis, A. 311
De Francis, V. 160, 162, 163, 165, 166, 309
De Savage, J. 160, 164, 310
Donne, J. 256
Dostojewski, F. M. 10
Dresser, J. W. 310
Droegemuller, W. 306, 313
Dublin, C. C. 137, 308
Dutton, C. E. 311

Einsidler, B. 312
Ekman, P. 204, 310
Elmer, E. 140, 308
Erickson, M. H. 9, 44, 72, 75, 305, 306
Esmiol, P. 308
Everstine, D. S. 18, 25, 291, 302, 305, 313
Everstine, L. 278, 288, 305, 313

Farberow, N. L. 312
Feinstein, H. M. 137, 308
Ferreira, A. J. 189, 310
Fields, R. 217, 311
Finch, S. M. 166, 309
Fisch, R. 305, 306, 307, 311
Flomenhaft, K. 310
Frankl, V. E. 9
Franklin, A. W. 308
Fraser, B. G. 293, 294, 313
Freitas, J. 100, 306
Freud, S. 23, 161, 180, 181, 250, 252, 310, 312
Frey, D. H. 313
Friedman, P. 250, 312
Friesen, W. V. 204, 310

Gagnon, J. H. 165, 309, 310
Gaines, R. W. 139, 308
Garinger, G. 297, 298, 313

315

316

Sachregister

Abhängigkeit 108, 115, 127, 130, 133, 139, 140, 155, 164, 186, 218
Abwehr(mechanismen) 187, 192 f., 200, 215, 216, 226, 228, 245, 267
Abwehrmanöver der Psychotherapie 32
Adaption 216
Adoleszenz 175–178
Ärger 93, 157, 158, 163, 164, 221
Aggressivität 86, 88, 145, 151, 153, 251
agieren 41, 46, 49, 50, 184, 254
Agitierte 35, 48, 54, 60, 65, 72, 86, 88
Alkoholkonsum, Alkoholismus 60, 63 bis 65, 95–97, 101 f., 112 ff., 127, 187, 188, 193, 194, 195, 198, 270
Alleinsein 116
Alptraum 171, 244
Analverkehr 191, 199, 234
Angst 82, 95 f., 108, 167, 131, 173, 175, 208, 215, 229, 235, 240, 241, 244
–, phobische 210
Anorexie 9
Anpassung 147, 214
Aufdecken 10
Autopsie, psychologische 256, 257, 273
Autorität 61, 62, 115, 135, 183, 218, 277
– des Therapeuten 62, 218, 277
–, elterliche 105

Bagatellisierung 64, 208
Behandlung, nichtdirektive 227
Beratung 15
–, nachsorgende 30, 31, 32, 33
Berufsethos 277 f.
–, Pflichten gegenüber Klient vs. Pflicht gegenüber Gesellschaft 289
Beschützer, ungeeigneter 214, 216, 220, 221
Bettnässen, Enuresis 88, 125, 162
Bewußtmachen 10
Beziehung
–, Klammern an pathologische 128
–, komplementäre 41 f., 126 f., 128, 132

– -sfalle 163
–, symmetrische 41, 104
–, therapeutische 57, 132, 231, 277, 291
– u. Sprache 38–40
Borderline-Syndrom 147, 187

Depression 52, 65, 71, 128, 137, 162, 163, 164, 170, 174, 208, 210 f., 212, 226, 228, 249, 250, 251, 252, 253, 260, 274
Deutung 28, 29, 73, 110
Drogenkonsum 60, 63, 64, 101 f., 119, 176, 196, 198, 225

Ehefrau
– als Mißhandlerin des Kindes 139
–, geprügelte 55 f., 63 f., 98 f., 100, 101, 103, 109, 124–135, 139, 300 f.
–, vergewaltigte 300 f.
Ehemann, geprügelter 124
Eifersucht 67, 74, 102, 108 f., 110, 117, 118, 130, 140, 196
Einfühlung 22, 28, 53, 60, 132, 139, 218, 229
Einsicht 72, 226
Einweisung in eine Klinik 74, 75, 79 ff., 262, 281–287, 288, 289, 290, 291, 302
–, Fallbeispiel 89–94
Elektroschock 251
Eltern, alleinerziehende 26
Emergency Treatment Center (ETC) 16, 18
–, Aufgabe 25
–, Fakten u. Zahlen 32 f.
–, Merkmale des Modells 30 f.
–, Organisation 25 f.
Empathie-Training 156
Entpersönlichung 22
»Entschärfung« 72–78
Erniedrigung 22
Erstbesuch, -gespräch 32 f., 53 ff., 66 ff., 149, 150, 197

Weitere Titel aus dem Konzepte-Programm

Texte zur Familiendynamik

Ivan Boszormenyi-Nagy,
Geraldine M. Spark
Unsichtbare Bindungen
426 Seiten

Josef Duss-von Werdt, Rosemarie
Welter-Enderlin (Hrsg.)
Der Familienmensch
Systemisches Denken und Handeln
267 Seiten

Theodore Lidz, Stephen Fleck
**Die Familienumwelt der
Schizophrenen**
272 Seiten

Salvador Minuchin, Lester Baker,
Bernice L. Rosman
**Psychosomatische Krankheiten in
der Familie**
387 Seiten

M. Selvini Palazzoli, L. Boscolo,
G. Cecchin, G. Prata
Paradoxon und Gegenparadoxon
166 Seiten

Norman L. Paul, Betty Byfield Paul
Puzzle einer Ehe
290 Seiten

Mara Selvini Palazzoli
Magersucht
331 Seiten

Helm Stierlin, Ingeborg Rücker-
Embden, Norbert Wetzel,
Michael Wirsching
Das erste Familiengespräch
Theorie — Praxis — Beispiele
225 Seiten

Helm Stierlin
**Von der Psychoanalyse zur
Familientherapie**
Theorie/Klinik
262 Seiten

Michael Wirsching, Helm Stierlin
Krankheit und Familie
Konzepte — Forschungsergebnisse
— Therapie
292 Seiten

Neue Therapien/
Humanistische Psychologie

Anthony Barton
**Freud, Jung, Rogers. Drei Systeme
der Psychotherapie**
269 Seiten

Ruth C. Cohn
**Von der Psychoanalyse zur
themenzentrierten Interaktion**
Von der Behandlung einzelner zu
einer Pädagogik für alle
246 Seiten

Rudolf Dreikurs
**Grundbegriffe der Individual-
psychologie**
180 Seiten

Gerald Epstein
Wachtraumtherapie
Der Traumprozess als Imagination
ca. 250 Seiten

**Meine Stimme begleitet Sie
überallhin**
Ein Lehrseminar mit
Milton H. Erickson
ca. 500 Seiten

Klett-Cotta